JN207238

戦国大名浅井氏と家臣団の動向

～北近江の中世後期における政治・社会構造～

太田浩司［著］

目次

第三章　浅井氏の城郭と合戦

第四章　戦国大名浅井氏の家臣団

第五章　浅井氏家臣の近世的変容

序章

一　地域史的視点からの戦国大名研究

本書の視点

本書は、戦国大名浅井氏権力の性格を考察しつつ、主に十五世紀から十七世紀前半に至る北近江の政治・社会状況を描くことを目的としている。そのフィールドは浅井氏の領国であり、かつ家臣たちが居住する場であった。また、手法としては、地域史料を博捜し、それぞれの文書群の特性や、地域環境も視野に入れつつ、史料の個性を重視した上での考察であることを特徴としている。取り扱う史料としては、中世の歴史学が主に扱う文献（中世文書・編纂物）の他に、近世文書、城郭、民俗学的な聞き取り・伝承も援用して総合的な考察を目指している。

市村高男氏は、十五世紀末から始まる地域権力の成立・展開が、室町幕府・天皇の連携による公武統一王権の衰退・変質と共に起きたとする。その結果、北海道から琉球までの日本国中に、多様な地域権力が分立し、日本史上において分権化が最も高度に現出し、地域の自立や個性が顕在化した時代が戦国期であるという(1)。

本書の視点の背景には、この市村氏の時代把握がある。同氏は十六世紀後半に登場した地域統一権力（後北条氏や毛利氏）の分析を主眼とするなかで、それ以前の日本における分立・並存した戦国権力を、全体としてどう捉えるかに挑んでいる。これを受け、後北条氏や毛利氏のように統一された権力以前、必ずしも集権に応じない地域権力の姿を、北近江という地方の視座から捉えることを本書の課題としている。

したがって、本書は現在の歴史学界で議論されている戦国大名論、あるいは戦国期の地域権力論から、共通の課題や問題を抽出し、比較による解決を行なうものではない。そのような演繹的な手法ではなく、地域の史料から知り得る情報を集めることで、帰納的に日本の戦国史の総体を構築する一助とすることを目的にしている。戦国大名浅井氏を扱うことは、戦国期の北近江の政治・社会構造の固有性を明らかにするもので、同様な日本各地域における戦国大名研究の取り組みが、総体として日本の戦国史を豊かなものにするという発想に基づくものである。

この視点は、「地方」や「地域」のあり方が、「中央」を生み出すという木村礎氏の論を基底にしている。(2)より戦国史に引き付けて言えば、水林純氏が戦国史研究を総括した上で、今後のあり方として、先行研究で提示された条件に当てはめるのではなく、地域の特性を踏まえ実態を追及することが重要との指摘を実践するものである。(3)

こうした地域権力論に基づく研究は、典型的な戦国大名領国とされる後北条氏や毛利氏の領国においても、これまで数多く進められてきたが、本書では、さらに地域に密着し、多様な歴史情報を収集しながら、北近江の戦国史を紡ぐ姿勢を取っている。すなわち、演繹的な手法により地域の課題を各文書群から拾い上げることはせず、土豪・地侍の住む村落共同体の環境や寺院の存立状況を見極め、地域からの視点で論を構築する。それは、地方からの歴史学でありながら、総体としては、日本史全体を構築する、確かなる素材を提供するものと考える。

戦国大名研究の動向

その際、北近江の戦国大名浅井氏を扱う本書としては、戦国大名をめぐる近年の研究動向を行論に必要な範囲で整理しておく必要があるだろう。戦国大名の定義は研究者によって区々だが、さしあたり、十五世紀半ばに起きた応仁文明の乱以降、織豊政権の登場までの間に、郡以上の領域を支配する地域権力と規定しておく。

戦後直後の一九四〇年代から六〇年代の戦国大名研究は、在地領主制の最も発達した形態が大名領国制で、その後に展開した国人領国制論を取り入れる形で、守護大名から戦国大名への推移を説明するものであった。そこに、まったく新しい考え方を示したのが、一九八〇年代以降に隆盛となった、戦国期の室町幕府—守護体制論である。川岡勉氏・今岡典和氏・矢田俊文氏によって論じられたこの考えは、戦国期を中世国家体制の一段階として把握する。(4)国人領主制から大名領国制へ到達した戦国時代と近世の連続性ではなく、室町時代と戦国時代の連続性を強調するものである。それまで戦国大名と言われてきた権力は、室町幕府の補任による守護権を拠り所にすることで、他の地域権力(後述する戦国領主や国衆)の上位に立つことができたと結論する。そして、この属性を持つ地域権力を「戦国期守護」と規定した。

その後、現在に至る戦国大名論の水準は、総括的な普及書を出されている村井良介氏と黒田基樹氏の論に集約されている。(5)村井良介氏は、戦国大名を国人領主の発展として見て、織豊政権・徳川政権と関連させて見る視点でもなく、室町幕府—守護体制論の中で中世との関連で戦国大名を見る視点でもない方向性を示す。領国の周辺に存在した「領」を支配する戦国領主を編成し「家中」を形成していく、地域権力の固有な特性を明らかにすべきとの論である。(6)ただ、果たして戦国期固有の権力の姿を見極め、日本史の流れの中に、戦国期の地域権力を位置づけることが、他の地域の場合も有効なのであろうか。

特に、畿内近国という室町幕府の影響力が色濃く残る地域を考える場合、地域権力が中世的か近世的かを一定度明らかにし、時代区分を明確にする手法の方が、戦国期の地域社会の理解には必要なことだと思う。日本の歴史は、各地域によって区々の進行がある訳で、時代区分の尺度は地域によって異なるべきだと考える。畿内近国の戦国期の政治社会状況は、やはり中世から近世への流れの中で、どこに転機があったかを説明することが、一番大切な論点だと考える。

一方、黒田基樹氏の論は、今川氏が制定した分国法である「今川仮名目録追加」の第二十条に記される戦国大名の「自分の力量」による分国支配を主眼に置く。たとえ室町幕府や朝廷との関係があっても、それは本質的なものとは認識しない考え方である。その権力基盤は外部からのものではなく、内在的な外様を含む「家中」(家臣たち)、そして「村」であったとする。この点、本論で述べるように浅井氏が内在的な権力の構築ではなく、守護に依存する政治的体質を持ち、共生的に存在した家臣たちや村落・寺社を統治したという理解とは、様相を異にすると言えよう。

これら村井氏・黒田両氏の展開する戦国領主・国衆論で対象となる権力は、いずれも戦国大名の家臣(主に外様)に取り込まれる、室町時代の国人の流れを汲む人々である。村井・黒田両氏の主張は、毛利領国と後北条領国というフィールドの違いや、領主の「家中」を主に分析するか、村落に研究(「領の支配」)の重点を向けるかの相違があるものの、戦国大名からの戦国領主・国衆の独立性を論じるものである。

その意味において、室町幕府―守護論も、戦国領主・国衆論も、七〇年代までの戦国大名論を相対化するという点で、同じ目的があると言えよう。すなわち、一九四〇年～七〇年代の守護領国制論や国人領主制論が、在地領主制の高度な進化を唱え、その流れの上に戦国大名が登場するとしたり、戦国大名の中に近世大名の姿を見ようとしたりする姿勢へのアンチテーゼと言えるものと理解できる。

家臣支配や領国統治について、上からの力である守護公権の分有を評価したり、下からの戦国領主・国衆の力を掌握した事実を評価したりすることで、戦国大名が在地領主制の単純な延長線上の存在でないことを証明する議論と見做せよう。

従来の守護領国制論や国人領主論が、戦国大名を在地領主制の到達点と理解し、どちらかというと近世に引き付けて見るのに対し、「戦国期守護」の規定に至る室町幕府—守護体制論は、室町時代の守護の発展として戦国大名を見るもので、中世と戦国期の領主・大名の連続性を指摘するものである。他方、戦国領主・国衆論は戦国期固有の大名・領主のあり方を追究するものであろう。

ここで、本書の立ち位置を示せば、戦国領主・国衆論の関連の枠組みで議論を展開することは難しい。北近江では、浅井氏重臣である赤尾氏・磯野氏・阿閉氏・今井氏が、戦国領主・国衆に相当すると考えられる。ただ、浅井氏の重臣たちの「家中」編成や「領」支配の実態は、地域史料において、部分的には検出されるが、総体としては不明と言わざるを得ないからである。関心としては、浅井氏が重臣たちを如何に編成したかにあり、編成できなかった可能性も含めて検討することにある。

地域史に基づく本書の視点としては、近年の戦国領主・国衆論で浅井氏を分析するよりも、本論で展開するように、戦国期の室町幕府—守護体制論から、浅井氏権力の本質に迫りたい。それは、後述する浅井氏研究の流れから言っても適切な手法だろう。なお、南近江の戦国大名六角氏についても、室町幕府との親近性や、守護としての立場を重視して、権力の性格を論じる議論がある(7)。

畿内近国の戦国大名論

村井氏や黒田氏の戦国大名論は、両氏が主にフィールドとした毛利氏や後北条氏のイメージからの発想であり、浅井氏のような畿内近国の地域権力・戦国大名には当てはまらないだろう。この差異から想起されるのは、市村高男氏が分類した戦国史を見る地域区分である。[8] その中で、北近江は東海や西国とも違う室町幕府の支配に影響され、守護・守護代・国人・奉公衆の地域権力化が順調に進展しなかったエリアに位置付けられる。すなわち、室町幕府体制が色濃く残ったという地域特性がある。その上で、室町幕府につながる守護の地位は、本書でも重視したい。[9]

その点を考慮しつつ、以下に浅井氏研究の歩みを振り返ってみよう。まず、在地領主制・国人領国制の延長に浅井氏を捉え、その権力の家臣や村落への浸透を説く小和田哲男氏の見解がある。[10] これに対し、宮島敬一氏は、浅井氏は家臣や村落に介入できず、それらに推戴された権力と結論する。以下、宮島氏の浅井氏権力論を検討してみよう。[11]

まず、京極氏との関係であるが、浅井初代亮政と二代久政前半、すなわち天文年間（一五三二〜五五）末期までは、浅井氏は京極氏の執権的立場であったとする。しかし、久政後半から三代長政の時代に至ると、自己の権限（裁定者としての地位・裁定方法など）を確立したと述べる。主に竹生島の事例から論を展開するが、浅井郡の祭礼である竹生島蓮華会の外護者・守護者として地域支配者・権威となったとも考えている。

さらに、高時川における村落間の争い、竹生島大工職をめぐる争いや、家臣への書状を分析し、浅井氏が裁定・安堵の証拠や先例を「筋目」と呼び、当事者を小谷城に呼び主張を聞くなど、周到な手続きのもとで、裁定が行なわれていたとする。それは、強権ではなく在地社会との「対話」であったと述べる。

一方で在地では、土豪・地侍が「加地子」収取が主たる目的である連合「地域的一揆体制」を形成していたと見る。浅井氏はこの村落を含む地域連合から裁判権を取り込むことを意図し、地域の「公」となることを目指したが、十分には果たせなかったとする。この点を以下のように総括する。[12]

浅井氏権力はおよそ天文末期に確立するが、そこには六角氏との類似点をみつけることができる。すなわち、浅井氏の発給文書が書状であること、自己の知行体系は形成していないが、土豪・地侍層の実態・既得権を承認することで軍役・家臣団編成を遂げたこと、裁判・訴訟手続きにおける周到さ、使者・奏者としての役割などがそれであり、また村落は「社団」としての機能をもって「領主」権力と対峙していたことである。さらに、家臣は相対的に自立して、「地域的一揆体制」を維持しており、浅井氏はそれらに推戴された権力といえることである。なお、これらは畿内近国の戦国大名の特質と指摘できよう。

この宮島氏の見解は、本書における浅井氏権力論の起点となるものである。その上で、宮島氏の所論にある課題は、以下の三点と考える。

一点目は、浅井氏と京極氏との関係である。具体的には、浅井氏は本当に久政期の後半から長政期で、京極氏から独立した権力となり得たかである。特に、室町幕府―守護体制論や、近年研究の進歩が目覚ましい戦国期の室町幕府の実体性を加味した場合[13]、浅井氏は京極氏を守護として、長政の段階まで奉じていたのではないかという疑問がある。

二点目は、浅井氏の「公」としての権力はどこから生まれたのかという問題がある。宮島氏は土豪・地侍の連合体や村落共同体が保持していた公権を取り込んだと理解する。しかし、その在地の「横」の繫がりには介入できなかったとする。本書も、北近江の在地状況の理解としては、この「横」の連合の存在に同調するが、それが浅井氏権力の根源とする理解には至らない。十分取り込めなかった土豪・地侍や村落が、どうして浅井氏を地域権力として容認するのであろうか。

本書では、浅井氏権力の根源を、守護家である京極氏を支える執権的立場に求める。浅井氏は当時まだ畿内に影響力を持つ室町幕府の守護家京極氏を支える家柄として北近江に君臨した。土豪・地侍や村落に裁定者・調停者として対峙できるのは、宮島氏が言うような在地から吸い上げた公権を帯びるからではなく、室町幕府や守護の公権を体現する存在だったからと考えたい。この議論の背景には、畿内近国における室町幕府体制の残存や、室町幕府―守護体制論があることは言うまでもない。

三点目は、村落内部の分析である。宮島氏の議論は、浅井氏に対する土豪・地侍、村落、寺社との関係論であり、村落内部に渦巻く諸矛盾への指摘がない。この村落内部には、浅井氏が統治する各組織が共生する状況とは裏腹に、土豪・地侍が百姓を被官化する主従性の進化が存在していたと考える。

この動きは、地域社会の最上部にいる浅井氏の権力を、崩壊に導く最大の原因になったものとみられる。宮島氏の論では、浅井氏がなぜ滅亡したかを社会構造的に描き切れていないが、本書では村落内部の矛盾にも切り込むことで、軍事史だけでは描けない、浅井氏の構造的弱点を指摘する。ただ、これは土豪・地侍研究や中世村落研究と関わるので、本章の後半で再論することにする。

もう一つ、先に提示した戦国大名を中世的と見るか近世的とみるか、あるいは戦国期独自の権力と見るかの議論について、浅井氏の場合について言及しておく。浅井氏が統治した北近江の状況は、中間得分（加地子・作職）を成り立たせる土地所有関係が存続した中世的な構造も持っていた。(14) 浅井氏を滅亡させて近江に入って来る織田政権による中間得分の否定の施策（石高制や兵農分離、検地など）とは全く違う状況があった。こと浅井氏の研究においては、その権力が中世的基盤にのっていたことを明確にすることが、時代の流れの中で浅井氏や北近江の地域社会を位置づけることになると考える。

本書の第五章で主題にする兵農分離は、浅井氏滅亡と共に一気に村落を覆い、近世への流れを一世紀かけて辿ることになる。この中世的秩序の崩壊は、浅井氏を戦国期特有な権力としたのでは説明することが難しくなる。中間得分の存在も、宮島氏が述べる中間得分をめぐる連合も、室町時代という中世が生み出したものであった。さらに、浅井氏権力下の村落には、明確に中世から続く被官化の網が浸透していた。この動きについては、以下に問題を掘り下げてみる。

二　土豪・村落関係への視点

本書では、戦国大名の権力論を前半で扱い、後半では浅井氏が統治した地域社会の状況について論究する。そこで、まず戦国期の北近江の在地状況を如何に把握するかを考えたい。浅井氏の時代からは一世紀ほどさかのぼる史料であるが、長浜八幡宮に伝来する永享七年（一四三五）七月の「勧進猿楽桟敷注文次第」は、近江猿楽三座を招いて、社前に桟敷を設けて堂塔整備のための勧進猿楽を行なった記録である。ここに集った人々は、寺院・土豪・村人たちであり、地域の共生的秩序を視覚的（劇場的に）に表しているものであろう。この秩序の上に、浅井氏は権力を構築したのである。[15]

これも、やや前代の史料だが、菅浦と大浦の間の文安二年（一四四五）から翌年にかけての村同士の合戦において、菅浦へ八木公文殿や安養寺殿の近隣の土豪・地侍の他に、塩津・飯浦・西野・柳野・川道・海津西浜などの北近江の村々が合力したように、土豪・地侍と村々の間には、在地におけるネットワークが存在した可能性が高い。[16]この中で、寺社を核とするネットワークについては、宮島敬一氏が詳細に明らかにしている。[17]その上で、国衆を含む土豪・

地侍、また村落・寺社を含む地域における広範なネットワークが想定できると考えている。

浅井氏と同時代の史料としては、天文五年（一五三六）から同九年（一五四〇）にかけての「伊吹社及び三宮修造勧進状・奉加帳」が注目できる。[18]伊吹山麓に鎮座した両社（米原市伊吹・上野）の勧進状二巻・奉加帳七巻の計九巻からなるが、奉加帳二巻には単独で浅井亮政のみ署名と花押がある。その他の奉加帳には、北近江の土豪・村人・寺庵の奉加記録が並列に記載されている。

また、南近江の事例であるが、「元亀の起請文」に署名した人々の姿から、地域の姿を読み取ることができる。一向一揆へ内通しないことを誓ったこの起請文には、野洲・栗太郡の侍（土豪・地侍）、百姓上層、さらには寺院までも加わり署名するものであった。彼らはそれぞれの組織の代表であり、それらが共生的に存在する地域の実態を示している。[19]北近江で十五世紀に検出された地域の実情は、浅井氏時代も変化がなかったと見ていいだろう。以上から、戦国期の北近江には惣村、さらに村内に被官を抱えた土豪・地侍、寺社などの組織が共生し、浅井氏に統治されていた。

その上で、最近の戦国期村落研究の動向について触れておこう。これについては、湯浅治久氏の優れた研究史の総括がある。[20]湯浅氏の纏めから、以下に本書の問題意識を抽出することにする。まず、議論の発端となるのは田端泰子氏が、一九七八年に示した中世後期村落の三類型であろう。[21]それは、①在地領主型村落、②地侍（主導）型村落、③村人型村落の三類型に、中世後期の村落を分類することである。湯浅氏も言うように、②と③が一般的な村落像で、①は戦国期の浅井氏領国では想定しにくい。[22]

その後は、一九八〇年代の藤木久志氏による「自力の村」論が注目され、[23]戦国期の村落論に大きな影響を与えた。これは、武力による紛争解決を含む、中世の村の「自力救済」能力を高く評価するもので、その共同体としての多様な営為を明らかにし、村が自前で生き残る組織としての側面を強調するものである。

この流れの中で、九〇年代には稲葉継陽氏や湯浅治久氏、それに長谷川裕子氏による侍論が発表され議論を深化させた(24)。土豪・地侍に当たる侍が、横断的に連合して、惣村を含む地域社会を守る運動をしていたと見るものである。湯浅氏自身が総括するように、ここにおいて土豪・地侍は、「支配と矛盾の体現者」たる中間層から、「村の擁護者」たる在地勢力に変貌したことになる。

さらに重要なのは、先の田端氏の類型においては、②と③は二律背反のものだったが、この侍論では、両者とも程度の差はあれ、村内に侍（土豪・地侍）的村人を内包するのであり、基本的には同質の共同体であることを明らかにしたことである。②も侍と村人を含めた連合組織と見なし、地域社会を「横」の論理で考える。湯浅氏も結論では、土豪がいる惣村・「自力の村」と、土豪のいない惣村・「非力の村」による地域社会を総体的に見定め、近世への展開を跡付ける必要があるとしている。ここでは、②は③を包摂するものと理解している。

本論の第二章三で土豪の居館を核として見た村落論を紹介したが、②土豪中心の村と、③惣村中心の村が存在したという田端氏と同じ結論が得られる。ただ、本書では北近江の地域社会についても、両者は質的には同等と見做し、地域社会における土豪・地侍と村が連合した「横」の連携を重視する湯浅氏の視点を受け継ぐ。

一方で侍論は、土豪・地侍を「自力の村」の一器官と見なすもので、その内部における矛盾が見えてこないという批判があった(25)。この点について、湯浅氏は本論でも扱った井戸村氏について触れるなかで、重要な指摘をしている。惣村が地域防衛のために土豪を必要としたことは事実だが、土豪の経営は村落に包接されず別の論理で動いていたと述べる。具体的には、百姓らと個別の被官関係を構築していたことを指す。この点は、土豪と被官・百姓、さらには惣村の関係を考える重要な検討事項と纏めている。

本書の後半は、この湯浅氏の問題意識から発展して、北近江の中世地域社会を分析しようとしたものである。「自力の村」や侍論のみでは、地域社会にける過酷な戦国の実態を明確にすることは不可能である。「横」の論理が浅井氏を頂点におきつつ国衆・土豪・惣村・寺社に貫徹する社会のなか、村落内には土豪・地侍による村落民の被官化という、主従制に基づく「縦」の論理が根深く浸透していた。

上記の問題意識のもとに、浅井氏と地域社会との関係について、これまでの研究を振り返ってみよう。小和田氏は家臣団、つまり国衆・土豪に対して浅井氏の支配権が徐々に及ぶようになっていったと考えている。特に今井同名中を例にとり、旧国人系の家臣から、その家臣である土豪・地侍たちを切り離し、浅井氏支配の末端に位置づけようとしていたと説く。また菅浦を例にとり、浅井氏自身よる被官化の動きが村落内にも及んだとする。[26]

これに対し、宮島敬一氏の議論は前述したが、国衆・土豪の家臣たちが関わる村々の用水争いや、菅浦を例にとり、浅井氏はそれらを自らの権力に取り込もうとするが、十分には成し得なかったと述べる。[27] そして、浅井氏は独立した機能と能力を持つ国衆・土豪や「社団」としての村落に推戴された権力であると結論する。

本書としても、先に述べたように、北近江における社会状況は、並列的な各組織（宮島氏が言う「社団」）が共生していたと見るので、浅井氏は内部に入り込めなかったと理解する。浅井氏と地域社会の関係については、宮島氏と同様な状況を想定する。しかし、本書では同氏が説き明かさなかった、最下層にある土豪・地侍が行なう村落内の被官化の問題、すなわち村内部に広がる主従制の追究に最大の関心を寄せる。

宮島氏は、浅井氏が村落と向き合う際の立場は、菅浦の事例から、土豪・地侍層が行なう私権・恣意による違乱行為に対して、唯一の公的な治安維持者としての地位を確立しようとしていたと見る。このように浅井氏から認識される自治村落を、年貢の「村請」を行なっていた機能を重視し、国制上に位置づけ「社団」と呼ぶ。ここで問題なのが、この「社団」とされる村落の内部に起きていた現象について、宮島氏は分析を行なっていないことである。

その点は、宮島氏も「「社団」化による村落内部での緊張関係（身分差別など）、さらに「社団」から排除される人々の問題については論じていない」と自身で述べる。さらに、この二つの問題（村落内部での緊張関係と排除される人々）は「戦国の動乱・不安定さの要因であるとともに次代へ持ち込まれる社会的課題」とし、将来における分析の必要性を指摘する。(28)ここで、宮島氏は村落内の矛盾についての分析は重要と認識しながら、具体的追究は果たせていないのである。

宮島氏の村落論の特徴は権力との関係論であり、村落内部の構造への指摘が行なわれていない。浅井氏の地域支配は、この村落内で起きていた動向を炙り出さない限り、総体を把握できないと考える。宮島氏も村落内の緊張関係が戦国の不安定さの原因であり、それが次代にも引き継がれると説く。本書では、村落内の土豪・地侍による村落民の被官化の浸透が、当地域の戦国期村落の姿を決定的に規定するもので、戦国期を上層から下層まで「戦いの世」にする根本的な要因と考え分析を行なった。

この村落内の被官化の傾向こそが、浅井氏の中世的な権力を崩壊に導いたものであり、その解消を目指したのが、織豊政権の手になる兵農分離と言うべきだろう。本書では、浅井氏が統治した地域支配の実態を把握するため、(29)十六世紀における土豪・地侍と被官の関係、さらに十七世紀における被官化解消の動向の分析を、精力的に行う。

三　本書の構成

本書は一九八五年度（昭和六十年度）に、明治大学へ修士論文「畿内近国の戦国大名—近江浅井氏の政治的位置とその家臣層の存在形態—」を提出して以降、浅井氏に関して発表した論文をまとめ直したものである。発表の早いものは、すでに三十年以上も経過した論文もあり、その間の学会や自身の研究の進展もあり、文章や註を補足・修正した所もあるが、基本的には巻末に示した初出時の体裁を保った。ただ、戦国大名浅井氏の権力の本質について触れた第二章については、発表稿を大幅に書き替え、また第二節・第三節1・2を新たに新稿として付け加えた。以下、各章の概要を示す。

第一章は、北近江の地域権力と浅井氏が登場する前の室町時代に関する論考である。室町中期までの将軍奉公衆の存在形態や、在地支配の実態について、特に坂田郡大原荘の大原氏、坂田郡箕浦荘の土肥氏を素材に考察を行なった。浅井氏が台頭する以前、戦国前期の地域権力である守護家京極氏についても、主にその家臣たちの姿から地域の支配構造を明らかにした。

第二章は、浅井氏の権力構造についての分析で、本書の核心を明示した部分である。まず、その台頭から信長との戦いである元亀争乱までの政治状況を通観し、守護家の京極氏との関係、あるいは畿内近国の政治状況の中に浅井氏を位置づける作業を行なった。また用水相論や寺社との関係を見ることで、その権力の本質を明確化した。

第三章では浅井氏の本城である小谷城を、縄張と対照しながら、文献的な考察を行なった。近世以降の伝承を排除する中で、出来得る限り浅井氏時代の居城の姿を再現した。また、信長との抗争のなかで重要な役割を果たした支城について、縄張を参照しながら文献的考察を行ない、その歴史や役割を明確にした。特に「江濃国境」にあった長比城については専論を用意した。

第四章と第五章はセットとなる。浅井氏家臣の構成と実態、その近世への展開を明らかにした。一方で地域から見れば、国衆・土豪・地侍と呼ばれる彼らと被官(家来)層との関係を解明した。まず、第四章では家臣団の構造について触れ、重臣と見られる赤尾氏・磯野氏・阿閉氏・三田村氏、それに天野川流域家臣の「一揆結合」の実態の分析を行なった。

第五章は浅井氏家臣たちが、近世大名の家臣となった一方で、帰農して郷士身分となる状況を丁寧に追った。その中で、戦国期における土豪・地侍による、村人の被官化の趨勢が、戦国期の村落を規定すること。さらに、土豪・地侍が村に帰農した姿を追うことで、織豊期に行なわれた兵農分離政策の本質を見極めることに主眼を置いた。これは、浅井氏が統治した北近江の在地深層にある矛盾を知るための重要な作業と考える。

戦国大名浅井氏については、小和田哲男氏や宮島敬一氏ら先学による研究の蓄積がある。その成果と課題を踏まえつつ、室町幕府―守護体制論、戦国期守護論、戦国期室町幕府論、それに土豪・地侍などの中間層研究、さらには菅浦を中心とする村落論を絡ませながら、浅井氏権力や北近江の地域社会の実像を、地域史の視点から多角的に提示し、全国的な戦国大名研究に寄与したつもりである。

註

(1) 市村高男「地域的統一権力の構想」(『岩波講座日本歴史』九　中世四(岩波書店、二〇一五年)
(2) 木村礎『地方史を生きる』(日本経済評論社、一九八四年)
(3) 水林純「室町期の守護・国人から戦国期の領域権力へ」戦国史研究会　戎光祥中世論集七『戦国時代の大名と国衆　支配・従属・自立のメカニズム』(戎光祥出版、二〇一八年)。なお、本章の戦国大名の研究動向については、同論文を参考にさせていただいた。さらに、地域からの視座の面では、西近江の戦国期の在地状況と、室町幕府との関係を究明した西島太郎『戦国期室町幕府と在地社会』（八木書店、二〇〇六年）は、本書とフィールドも近く注目できる。また、大和国の視座から、本書と同時期を考察したものとして、田中慶治『中世後期畿内近国の権力構造』（清文堂、二〇一三年）がある。

（4）川岡勉『室町幕府と守護権力』（吉川弘文館、二〇〇二年）、今岡典和「幕府―守護体制の変質過程」（『史林』六八―四、一九八五年）など、矢田俊文『日本中世戦国期権力構造の研究』（塙書房、一九九八年）

（5）村井良介『戦国大名論　暴力と法と権力』（講談社、二〇一五年）、黒田基樹『戦国大名』（平凡社、二〇二三年）

（6）戦国領主・国衆論について気になるのは新谷和之氏が、畿内近国の国衆を一覧した地図において、浅井氏自体を国衆として分類している点である（新谷和之「畿内近国における国衆の特質」戦国史研究会　戎光祥中世論集七『戦国時代の大名と国衆　支配・従属・自立のメカニズム』）。本書第二章二に引用した「二条宴乗記」の記述を重視すれば、他国の国衆と同等の地位を持つ「巨大な国衆」と浅井氏を見做すことも可能かもしれない。ただ、元亀争乱における朝倉氏との連携、それを前にしての織田信長からの市の輿入れなどを考慮すれば、浅井氏を国衆とみることは妥当ではなく、国衆を家臣化する戦国大名と見做すべきだと考える。

（7）今岡典和「戦国期の幕府と守護―近江守護六角氏を素材として―」（『ヒストリア』九九、一九八三年）、松下浩「戦国期六角氏権力に関する一考察」（『近江地方史研究』二九・三〇合併号、一九九四年）、新谷和之「近江六角氏の研究動向」同編『シリーズ・中世西国武士の研究三　近江六角氏』（戎光祥出版、二〇一五年）。なお、今岡氏と松下氏の論文は、新谷氏編著に再録されている。畿内における戦国期の地域権力としては、三好長慶政権の存在が気になる所である。天野忠幸氏は、その権力は室町幕府の守護職などを得て形成したものではなく、都市・流通支配に立脚することで、幕府からの権力の吸収ではない固有の政権を確立したと説く（同『戦国期三好政権の研究』（清文堂、二〇一〇年））。どちらかというと織田政権との継続性を認めるものだが、結果的に三好政権は足利義輝や足利義昭の政権を再生産させてしまうことを思えば、その権力の根源を室町幕府とは無縁と断じてよいかは不安が残る。

（8）註（1）市村氏論文

（9）今岡典和氏は、十五世紀後半以降では、実際に守護職に補任されていることは意味をなさなくなり、守護家の家長であることが、幕府や地域において守護と見做される要件となると指摘する（同「「大名」・「守護」の概念をめぐって」『研究論集　歴史と文化』一二（歴史と文化の研究所、二〇二三年））。いわば、守護家が一種の身分となったとの指摘である。戦国期の京極氏も、この身分としての守護家に相当する。

（10）小和田哲男『近江浅井氏』（新人物往来社、一九七三年）

(11) 宮島敬一『戦国期社会の形成と展開―浅井・六角氏と地域社会』(吉川弘文館、一九九六年)。以下の宮島氏の所説は本書による。なお、同『近江浅井氏』(吉川弘文館、二〇〇八年)も参照。

(12) 註(11)宮島氏書三二一頁

(13) 山田康弘『戦国期室町幕府と将軍』(吉川弘文館、二〇一三年)、同編『戦国期足利将軍 研究の最前線』(山川出版社、二〇二〇年)、木下昌規『戦国期足利将軍家の権力構造』(岩田書院、二〇一四年)など。

(14) たとえば、浅井氏滅亡の前年に当たる元亀三年(一五七二)五月十七日付、下坂四郎三郎宛の浅井長政書状では、「御在所(下坂荘)公文職」という荘園所職が宛行われている(小和田哲男『浅井三代文書集』(浅井家顕彰会、一九七二年)長政七三)。

(15) 拙稿「長浜八幡宮の歴史と古文書」『淡海文化財論叢』一四(二〇二二年)を参照。

(16) 長浜市長浜城歴史博物館『菅浦文書が語る民衆の歴史―日本中世の村落社会―』(二〇一四年)を参照。

(17) 宮島敬一「戦国地方寺社の機能と役割―近江国の寺社と地域社会―」『佐賀大学教養部研究紀要』二二(一九九〇年)

(18) 『改訂近江国坂田郡志』七(一九四二年)には「伊夫氣文書」として、一部が翻刻されている。また、長浜市長浜城歴史博物館『戦国大名浅井氏と北近江』(サンライズ出版、二〇〇八年)には、浅井亮政の署名部分を含めた三巻について写真が掲載されている。

(19) 深谷幸治『戦国織豊期の在地支配と村落』(校倉書房、二〇〇三年)・同『織田信長と戦国の村』(吉川弘文館、二〇一七年)

(20) 湯浅治久「惣村と地侍」(『岩波講座日本歴史』九 中世四(岩波書店、二〇一五年)

(21) 田端泰子「中世後期における領主支配と村落構造」同『中世村落の構造と領主制』(法政大学出版局、一九八六年、初出一九七八年)

(22) 本書第二章三でも述べるように、北近江の戦国期の状況は、菅浦のような惣村という共同体が前面に出る村(③)もあれば、土豪・地侍の村支配が貫徹して、惣村が背面に隠れているように見える村(②)もある。北近江の多くの村は土豪・地侍が主導し、浅井氏の統治も彼らを通してのものであった。ただ、用水相論など若干の具体例は、浅井氏が村に向き合うこともあったことを示す。

(23) 藤木久志『豊臣平和令と戦国社会』(東京大学出版会、一九八五年)、同『村と領主の戦国社会』(東京大学出版会、一九九七年)など。

(24) 稲葉継陽『戦国時代の荘園制と村落』(校倉書房、一九九八年)、湯浅治久『中世後期の地域と在地領主制』(吉川弘文館、二〇〇二年)、長谷川裕子『中近世移行期における村の生存と土豪』(校倉書房、二〇〇九年)

(25) 西村幸信『中世・近世の村と地域社会』(思文閣出版、二〇〇七年)、渡辺尚志編『畿内の村の近世史』(清文堂、二〇一〇年)序

章

(26) 註(10)小和田氏書

(27) 註(11)宮島氏書

(28) 註(11)宮島氏書三二頁

(29) 原田敏丸氏は、主に近江の近世史料から、家来や侍分の存在形態を明らかにしているが、その起源の問題として、戦国期の浅井氏家臣(土豪・地侍)と被官(家来)との関連について触れていない。したがって、本書の土豪・被官論と結びつけるのは難しい。原田敏丸『近世村落の経済と社会』(山川出版社、一九八三年)を参照。

また、吉田ゆり子氏も山城国相楽郡上狛村出身の武士(丹波国柏原藩士など)狛氏と、在地に残った旧臣=「狛連中」の関係が、江戸時代を通して存在したことを明らかにしている(同『兵農分離と地域社会』(校倉書房、二〇〇〇年))。ただ、吉田氏の問題意識が近世村の解明にあり、戦国期村落の解明を行なう本書とは、問題意識がすれ違っている感がある。ただ、同じ事象を近世から見るか、中世から見るかの違いとも思われ、両者の視点の統合が今後の課題であることは認識している。

第一章　北近江における奉公衆と守護京極氏

一　北近江における奉公衆の動向 ―佐々木大原氏を中心として―

はじめに

奉公衆研究の方向性　室町幕府の奉公衆については、福田豊彦氏や川添昭二氏の研究によって、次の様にまとめられている。(1)

①奉公衆は室町幕府の御目見以上の直勤御家人である。
②十五世紀段階の奉公衆のほとんど全貌を示す文安・永享・長享の各番帳に見られる人員構成は、
(a)足利氏一門および守護大名の庶流（その被官＝又者）
(b)足利氏の根本被官、家僚奉行人層
(c)有力国人領主
の三者に大別できる。
③その所領所在国から地域分布をみると、近江・三河・尾張・美濃の四ヶ国に集中し、ついで北陸・山陰・山陽の諸

国となる。

④奉公衆体制は、将軍義教の初期、おそらく永享初年には整えられ、応仁文明の大乱を経たあとの将軍義材の延徳三年(一四九一)の江州動座の頃までは、ほぼ健全に機能していた。

⑤奉公衆の番所属は家ごとに殆んど譜代的に固定化されていて、各番衆は番ごとに強い連帯感情をもって行動していた。

⑥奉公衆は、室町幕府の御料所を預け置かれ、幕府(将軍権力)の経済的基盤をなした。

⑦守護大名の一族庶流が、将軍直勤の奉公衆としてとらえられ、奉公衆中の多数を占める者が守護から独立して将軍に直結する有力国人領主であったことは、有力守護大名を牽制・統制して中央への依存性を強めさせる機能を果たすことになった。

⑧とくに有力国人においてそうであるが、奉公衆は地方における将軍権力の拠点であった。

⑨奉公衆体制の実質的崩壊がすなわち将軍権力の没落を意味した。

⑩奉公衆は、東山文化の重要な担い手であった。

⑪奉公衆の所領には、その全てか本領部分などの特定部分かは不明であるが、守護役・段銭の免除・京済、守護使不入の特権が認められた。

⑫奉公衆は一般に洛中に屋敷地を給与され、この給与のために、将軍御所の移転は同時にその周辺の屋敷地の再開発をともなった。さらに最近では、設楽薫氏によって、明応の政変時における義材直臣団の分裂は、応仁・文明の乱での義政と義視の対立が遠因である点など、研究の進化がなされている。(2)

しかしながら、これまでの奉公衆研究は、その構成員の確認と、中央政界での彼らの役割について述べられるのが主であった。その点を顧みたとき、川添昭二氏の次の発言は、示唆に富むものである。「福田豊彦氏によって、一応奉公衆研究の全般的基礎はすえられたので、今後の奉公衆研究の主要な方向としては、その個別的な研究の進化とその基礎に立つ再構成が期待される。奉公衆の個別的研究としては、特に室町幕府―守護体制における国人領主制の占める意義からいっても、国人領主の奉公衆を研究することが要請される」(3)。その上で、川添氏は、奉公衆筑前麻生氏について、幕府はもちろん、戦国大名化しつつあった大内氏との関係など、北九州の政争の中で、その動きをとらえている(4)。この川添氏の視点にそった研究は、これまでもわずかながら存在する。

飯田良一氏は、十五世紀中期から十六世紀前半における北伊勢の在地勢力について、「十ヶ所人数」と「北方一揆」という二つの一揆を検出し、その構成員や動向について整理している。そして、この内の「北方一揆」が、多く足利氏の根本被官・家僚出身で、南北朝・室町初期に伊勢国に所領を得て在住するに至った奉公衆であり、戦国期の天文年間頃までその結束は保たれることを明らかにした(5)。また、三宅唯美氏は、中世後期の美濃地域史における守護・守護代の研究に比し、同国に多く所領を持つ奉公衆の研究が遅れていることを指摘し、奉公衆土岐明智氏の動向の基礎的な整理を行っている(6)。

本稿は、これらの先学の論稿に導かれながら、北近江という地域の中で、奉公衆の活動をみていきたい。すなわち、彼らの中央での活動よりも、地方での活動に焦点を当て、地方からの目で、彼らを見直すことである。

国人領主としての奉公衆

一方、本稿はこれまで豊富な研究史をもつ国人領主制の研究と密接に関連する。奉公衆は、地方においては国人に他ならないからである。膨大な国人領主制の研究について、ここでまとめる余裕はないが、次の二つの研究は新しい視点からのものであり、注目に値する。

石田晴男氏は、戦国期の研究がより中央の政治史との関連で考えられるべきことを指摘し、幕府・守護・国人・一揆といったこれまで相反すると考えられてきた勢力が、協力関係にあることを明らかにした。そして、国人領主の結合である甲賀「郡中惣」も、六角氏などの上部権力との関係を排除した「地域的一揆体制」ではなく、それらと補完関係を持つ「惣国一揆」と規定すべきだと述べた。(7)

次に、湯浅治久氏は、戦国期になって将軍近習となった近江の国人朽木氏について、戦国期の帳簿類の分析を通して、収取・財政について検討を加えた。その中で、加地子収取は、国人の在地領主としての新たなる展開をもたらすものではなく、彼らの経済的基盤は「公事」と称せられる反銭・棟別などの領主的賦課であり、それらは荘園制的公事に由来することを論証した。この湯浅氏の研究は、室町後期の国人領主が財政的にいかなる方向に進んだかという点について、明快な解答を引きだしている。(8)

本節の目的は、先に述べたように奉公衆の動向を地域の視点で考え直すことである。その際、今紹介した論稿がもつ二つの観点を忘れたくない。すなわち、ひとつは中央政界と奉公衆の地方での動向との関わりである。奉公衆であることが、その国人の領主制の発展のために大きく寄与したであろうことは、すでに先学の研究で説かれている。(9)もうひとつは、彼らの経済的基盤は、何であったのかということ。すなわち、彼らの在地支配の様相をできうるかぎり浮き彫りにしたい。この点については、尾張の国人荒尾氏に関する上村喜久子氏の論稿がある。南北朝期から室町初期にかけての荒尾氏の所領が、国衙領の請所化と同地域の中小領主の被官化によって保たれていたことを明らかにされている。(10)しかし、まだまだこの視点からの研究は遅れていると言えよう。

さらに、もう一点。北近江における奉公衆の動向と、その後の浅井氏の台頭は如何なる関係にあるのかについても言及していきたい。この問題は、同地域の歴史の流れの中に奉公衆を位置づける意味をもっている。

1　北近江の室町・戦国期京極氏の動向

京極氏の動向　鎌倉中期、幕府草創以来の御家人佐々木氏は、信綱の次世代になり四家に分かれる。[11]長男重綱の大原、次男高信の高島、三男泰綱の六角、四男氏信の京極、この四家である。惣領は、六角氏で近江守護職を相伝していく。これに対して、他の三家は庶子家である。庶子家自体は、この時期に限らずとも多くの輩出されるものだが、この四家が特筆されるのは、惣領に対して独立性の高い庶子が生まれたことであった。特に四男氏信の系統である京極氏からは、南北朝時代に京極導誉を出し、その活躍により室町幕府内で、六角氏よりも秀でた地位を得ることになる。室町幕府の四職家の一家となったことは、それを端的に示している。

京極氏の近江における守護権については、下坂守氏と今谷明氏の間に見解の相違があったが、[12]今谷氏の言う北近江における分郡半国守護であったとする考え方を基に、何らかの守護権を持つという考え方が主流となったと見てよかろう。今谷氏は「軍事指揮権と過所遵行権に関しては京極氏が北近江一円の守護、所務遵行権に関して北近江は六角・京極両氏の共同管理、という極めて複雑なあり方を示していた」とまとめている。[13]

さて、こういった京極氏の近江における支配を考えた場合、次の福田豊彦氏・佐藤堅一氏の指摘は看過することができない。佐々木氏は、その一族から多くの将軍近習・奉公衆を輩出しているが、その中でも特に京極氏の高氏（導誉）以降の庶流が多い。このことは、「一面では本来庶子である高氏が幕府に接近し、その兄弟や庶流が将軍近習―直勤御家人となったことを意味し、京極家の幕府上の地位を保証したであろうが、他の面ではこれによって京極氏の領国形成―庶子被官化は阻害され、（結果的に六角氏への）敗北の一因となったと考えられるのである」（括孤内は筆者註）。[14]

さらに庶流家が、奉公衆になるということは、領国内に守護不入の地を多く持つことにもなり、[15]二重の意味で京極氏の北近江における領国形成の障害になると言える。また、義尚・義材と二度にわたる六角征伐は荘園領主が主張する寺社本所領の回復という目的よりも、近江に所領を持つ奉公衆の強い失地回復の要請があったために実施されたと指摘されている。[16]この点からしても、南近江も含めた近江の奉公衆の力量の程が窺われ、その存在自体が京極氏の領国形成に与えた影響は多大であったろう。

一方、下坂守氏は、京極氏の近江における所務遵行を分析したうえで、それが応永以降にならないと確認できない点や、六角氏に比べて組織的な遵行系統をもっていなかったことを明らかにしている。[17]

以上を総合すれば、室町中期までの近江における京極氏の在地支配は、一応北近江に守護権を保有していたものの、極めて手薄なものであったことは明らかである。そのことは逆に、この時期の北近江における奉公衆の力が、いかに大きかったかを示していよう。京極氏が、その居城上平寺城に腰を落ち着け、当地の国人・土豪を被官化し領国経営を強化していくのは、むしろ応仁文明の乱以降のことである。この時期には、高清系と政経系の京極氏が継嗣問題をからめて、北近江において戦闘を繰り広げるが、基本的には高清による領国支配が進み、奉行人奉書を発給するなど政治機構も整備されていく。[18]しかし、この京極氏も大永三年（一五二三）の「大吉寺の梅本坊公事」により、北近江の支配を事実上浅井氏に譲る。浅井氏は、亮政・久政・長政と三代にわたり着々と領国を保持、拡大していくことは、周知の通りである。

これら京極氏と浅井氏の領国支配と奉公衆の関係については、本節の最後や第二章でまとめて述べることにする。

北近江の奉公衆　　本節が対象とする北近江の奉公衆を、全体的に確認するために、番帳と「康正二年造内裏段銭井国役引付」から、北近江に所領を持つと推定される御家人を抽出してみたのが表1である。番帳とは次に示す四つのもので、福田豊彦氏や今谷明氏によって、[19]成立年代も限定されている。

表1　北近江に所領を持つ奉公衆一覧

奉公衆	文安中年御番帳	永享以来御番帳	康正二年造内裏引付	長享元年江州着倒	東山殿時代大名外様附
小串	六郎〈1〉 下総入道〈4〉	六郎左衛門尉〈1〉 次郎左衛門尉〈4〉	次郎左衛門尉〔?〕	下総守貞秀〈4〉	下総守〈4〉
熊谷	次郎左衛門尉〈3〉 右京亮〈5〉	下野入道〈3〉 上総守〈5〉	次郎左衛門尉〔浅井郡〕 新左衛門尉〔今西荘・細江郷〕	弥次郎〈3〉 弥次郎直茂〈5〉	幸夜叉丸〈3〉 左京亮〈5〉 掃部助〈5〉
小坂	二郎左衛門尉〈5〉	次郎左衛門尉〈5〉	次郎左衛門尉〈5〉〔細江郷〕	越中・孫次郎〈5〉	
斎藤朝日	三郎〈3〉 彦左衛門尉〈3〉 孫三郎〈3〉 三郎左衛門〈3〉 因幡守〈3〉 左近将監〈3〉 三郎左衛門尉〈3〉	信濃守〈3〉 彦左衛門尉〈3〉 近江守〈3〉 孫左衛門尉〈3〉	近江守〔朝日郷〕	三郎〈3〉 彦三郎〈3〉 孫左衛門尉〈3〉	三郎〈3〉 孫左衛門尉〈3〉 藤内〈3〉
佐々木宇賀野				九郎〈5〉	民部少輔〈5〉
佐々木大原	備中守〈1〉 民部少輔〈1〉 備中守〈5〉	備中入道〈1〉 (白井太郎〈1〉) 備中判官〈5〉	備中守〔大原荘〕	備中守〈1〉 左馬介尚親〈1〉 大夫判官〈5〉	左馬介〈1〉 五郎〈5〉 判官〈5〉
佐々木黒田			備前守〔黒田〕		備中守〔大原荘〕
土肥	三郎左衛門尉〈2〉	三郎〈2〉		民部少輔〈2〉	三郎〈2〉

注1)〈　〉内の数字は、所属番を示し、〔　〕内は湖北内の所領を示す。

注2)『永享以来御番帳』にみえる「白井太郎」が大原氏の一族とするのは、『改訂近江国坂田郡志』二による。

注3)『永享以来御番帳』の直後に成立したといわれる『久下文書』所収の四番衆交名には、「小串総守」の名がある(今谷明「『東山殿時代大名外様附』について」『史林』63-6)。

①「文安年中御番帳」
成立年代　文安元年(一四四四)五月～文安六年(一四四九)正月

②「永享以来御番帳」
成立年代　宝徳二年(一四五〇)正月～享徳四年(一四五五)正月

③「長享元年常徳院殿様江州御動座当時在陣衆着到」
成立年代　長享元年(一四八七)九月～長享三年(一四八九)三月

④「東山殿時代大名外様附」
成立年代　明応元年(一四九二)五月～明応二年(一四九三)正月

これらは、十五世紀の奉公衆=番衆の全貌

を知る資料として利用されてきている。番衆は五つの番に編成され、その名が記されている。「康正一一年造内裏段銭并国役引付」は、康正二年(一四五六)における造内裏段銭の京済者とその納入額を列記したものである。[20] 奉公衆も段銭を守護の手を介せず、京済できる権利を持っていたので、本引付に名前が見えているのである。

これらによれば、表1のように、八家の奉公衆が北近江には確認できる。このうち、史料が比較的残存している大原氏について最初に考え、その後、熊谷氏・土肥氏についても概観し、彼らの動向や在地支配について考察を深めよう。[21]

2　佐々木大原氏の動向

鎌倉時代の大原氏　前項でも触れたように、大原氏は佐々木信綱の長子重綱が祖である。貞応年間(一二二二〜二四)に、彼が坂田郡大原荘の地頭職を得たことにより、当地を本拠とする領主として発展を遂げた。この貞応の補任は、承久の乱での父信綱や重綱の活躍に対する恩賞であったと推定されている。[22]

重綱の動向は表2に見るように『吾妻鏡』に散見される。彼は、幕府軍の一員として承久の乱で宇治川の合戦に参加し、先陣を遂げた父信綱の補佐として描かれている。すなわち、承久三年(一二二一)六月十四日、宇治川での決戦の日、濁流と京方からの攻撃に苦しめられながらも渡河し、中島まで到達した信綱は、まわりに自軍の兵がいないことに気づき、重綱を北条泰時のところに使者として遣し援軍を求めている。

その後も、重綱は『吾妻鏡』に登場するが、表2に示したように、将軍藤原頼経に近侍し、主に鎌倉で生活していたようである。寛元元年(一二四三)、重綱と泰綱の間の惣庶間の争いが、佐々木氏所領の幕府による没収にまで発展した。『吾妻鏡』の同年十一月一日の条を次に掲げる。[23]

〔史料1〕『吾妻鏡』

佐々木壱岐前司泰綱相伝近江国散在所領、被召放之賜人々、是佐々木太郎左衛門尉重綱法師訴申云、泰綱耀守護権威潜掠領当国内散在之地等、又背式目之旨、引籠犯人跡闕所云々、仍及此御沙汰之間、今日泰綱捧歎状、載父祖并兄弟等勲功、就中信綱被優承久三年軍忠等、又云【中略】重綱法師、只為阿党泰綱不忠不孝、令敵対死骸致告言可被処罪科之由云々

米原市清滝の青瀧寺徳源院に伝わる「京極家系図」によると、重綱は「妾腹之人也」とある。これに対し、泰綱の母は北条泰時の娘であり、「泰」の字も北条泰時の偏諱を賜ったものと推定されている。(24)長子たる重綱が、惣領家を継げなかったのは、こういった政治的背景が存在したのであり、そこでの感情のもつれが、この惣庶間の争いを起こさせたとみられる。

鎌倉後期にいたると、大原氏は「在京人」として確認できる。「在京人」とは、承久の乱以後、制度的に整備された京都詰めの幕府御家人で、篝屋守護人と六波羅評定衆に分類できる。篝屋守護人は、洛中の辻々において洛中警固を行ない、評定衆は六波羅裁判所の訴訟関係を担当したが、両者とも山城付近の悪党追捕を行なうなど、その職掌は多岐にわたった。(25)正和三年（一三一四）九月十九日、新日吉社喧嘩張本の山徒預人となっている佐々木亀夜叉丸が、大原時重ではないかと五味文彦氏によって指摘されている。(26)これは「公衡公記」に見える記事であるが、こういった犯科人を預ることも、「在京人」の職務の一つであった。

なお、鎌倉時代の大原氏の在地での行動は、まったく史料がない。しかし、大原荘内池下（米原市池下）の三島神社

【大原氏系図】

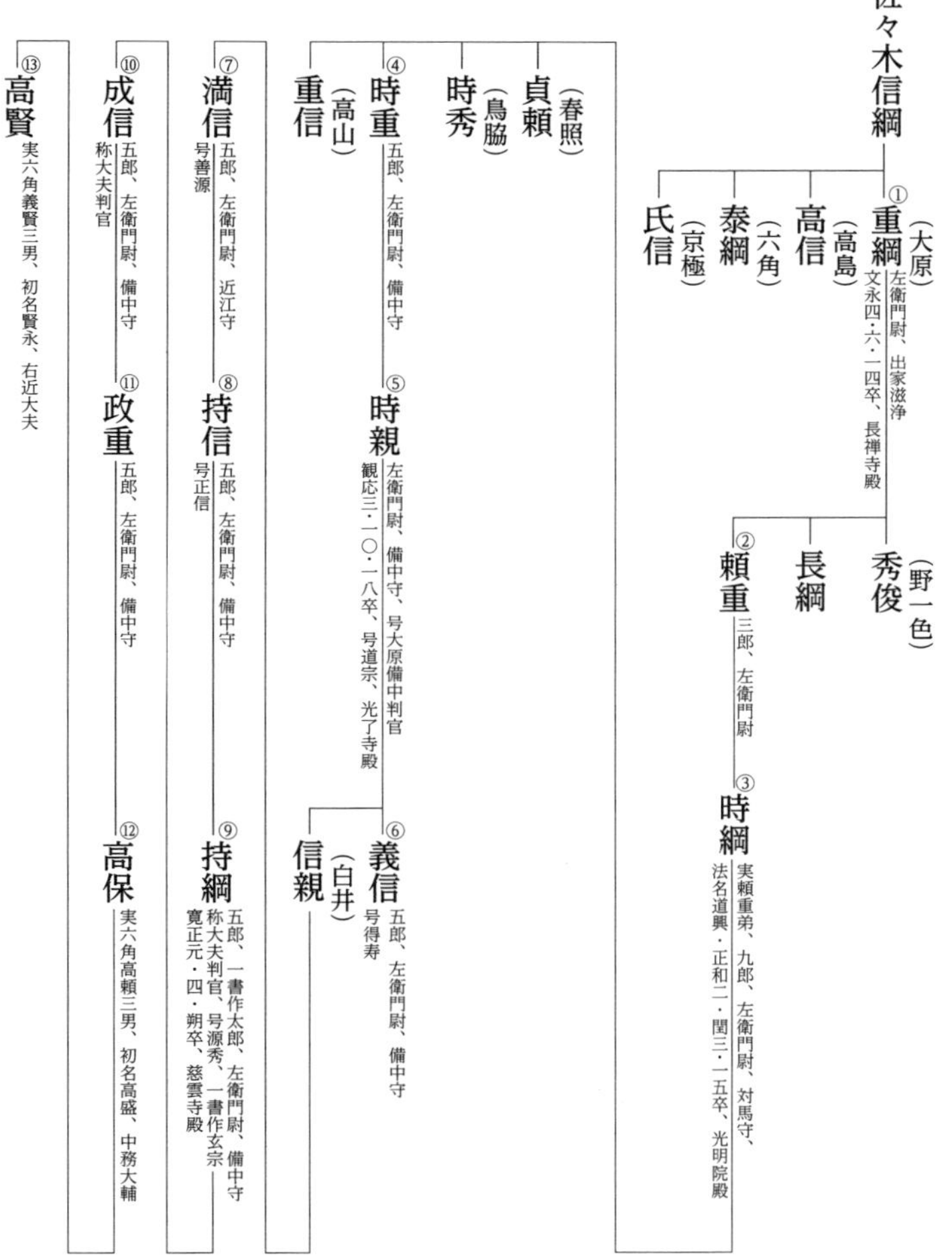

注１）○内の数字は、大原氏の世代。
注２）『改定近江国坂田郡志』二所収図を参考に作成。

表２　大原関係年表

時　代		大原氏当主	事　項
鎌倉時代	1221（承久３年）. 6.14		重綱、承久の乱に際して、父信綱と共に、宇治川の合戦に参陣（『吾妻鏡』）
	1222（貞応元年）. 7. 3		重綱、鎌倉大倉亭における「百日小笠懸」の初日の射手となる。（『吾妻鏡』）
	1225（嘉禄元年）.12.20		重綱、藤原頼経の新御所入につき従う。（『吾妻鏡』）
	1228（安貞２年）. 7.	1 重綱	重綱、将軍頼経の田村の山荘遊覧に従兵、三浦泰村と口論になる。（『吾妻鏡』）
	1231（寛喜３年）. 8.15		重綱、将軍頼経の鶴岡参詣につき従う（『吾妻鏡』）
	1233（貞永２年）. 正. 2		重綱、正月２日の垸飯で、将軍頼経に馬を献上（『吾妻鏡』）
	1243（天福元年）. 8.15		重綱、軍頼経の鶴岡放生会参向につき従う（『吾妻鏡』）
	1243（寛元元年）.11. 1		佐々木（六角）泰綱、重綱との所領争いについて幕府へ歎状を捧げる。（『吾妻鏡』）
	1267（文永４年）. 6.14		重綱没（『尊卑分脈』）
		2 頼重	
	−1300−	3 時綱	
	1313（正和２年）.③.15		時綱没（『尊卑分脈』）
南北朝時代		4 時重	
	1334（建武元年）.10.14		時重、北山殿での笠懸の射手となる。（『建武年間期』）
		5 時親	
	1352（観応３年）.10.18		時親没（『尊卑分脈』）
	1352（正平８年）. 5.22		「近江国大原庄地頭職佐々木一族等跡」、雲樹寺へ寄進される。（『雲樹寺文書』）
		6 義信	
	1358（延文３年）.12.22		義信、将軍足利義詮の参内に際して、宮廷の門でその到着を待つ。（『宝篋院殿将軍宣下記』）
	1379（康暦元年）. 7.25		大原高信、将軍義満の参内につき従う。（『花営三代記』）
	1381（永徳元年）. 3.11		満信・高信、後円隔天皇の室町第《ひろまちてい》行幸につき従う。（『さかゆく花』）
	1392（明徳３年）. 8.28	7 満信	満信・高信、将軍義満の相国寺大伽藍完成の慶賛供養の行列につき従う。（『相国寺堂供養記』）
室町時代	−1400−		
	1412（応永19年）. 8.15		満信、将軍義持の石清水上卿《じょうけい》参向につき従う。（『八幡社参記』）
		8 持信	
	1430（永享２年）. 7.25		持綱、将軍義教の参内《さんだい》につき従う。（『普広院殿御元服記』）
	1437（永享９年）.10.		持綱、後花園天皇の室町第行幸につき従う。（『永享行幸記』）
		9 持綱	
	1438（永享10年）. 8.15		持綱、将軍義教の石清水上卿参向につき従う。（『石清水放生会記』・『八幡社参記』）
	1460（寛正元年）. 2. 1		持綱没（『改訂近江国坂田郡志』）
	1462（寛正３年）.12. 7		成信、「大原庄御年貢」の沙汰を仁和寺から命じられる。（『仁和寺文書』）

	1464（寛正５年）. 4.10	10 成信	成信、将軍義政の糺河原勤進猿楽観覧につき従う。（『糺河原勤進猿楽記』）
	1466（文正元年）. 3.17		成信、将軍義政の伊勢参向につき従う。（『斎藤親基日記』）
	1467（応仁元年）. 8.23		成信、山名方として禁中の警固にあたったが、細川方の進言により追放される。（『応仁記』）
	1487（長享元年）. 9.12		成信、一族尚親等と共に将軍義尚の第１次六角征伐に参陣。（『常徳院殿様江洲御動座当時在陣衆着到』）
（戦国時代）	―1500―	11 政信	
	1520（永正17年）. 5. 3	12 高保	高保、細川高国の軍として三好之長を京都等持院に攻める。（『永正十七年記』・『拾芥記』）
	1520（永正17年）. 5.		高保、朽木植綱や金勝寺浄厳坊へ出陣見舞の礼をなす。（『朽木文書』・『浄厳院文書』）
	1528（大永８年）. 7.10		高保、保内商人と石塔商人の争いについて、家臣水原氏に処理を命じる。（『今堀日吉神社文書』）
	1537（天文６年）. 7.16		高保、以後天文17年までに毎年本願寺へ贈物をする。（『天文日記』）
	1542（天文11年）. 3.28		高保、足利義晴の入洛につき従う。（『親俊日記』）
	1545（天文14年）. 2. 3		高保、雁・鯛などを幕府に献上する。（『大館日記』）
	1546（天文15年）.12.19		高保、将軍義藤の元服に際し、泔坏《ゆするつき》役となる。（『光源院殿御元服記』）
	―1600―	13 高賢	
安土桃山時代	1601（慶長６年）. 7.26		高賢没（『改訂近江国坂田郡志』）

注）月を○で囲むのは、閏月を示す。

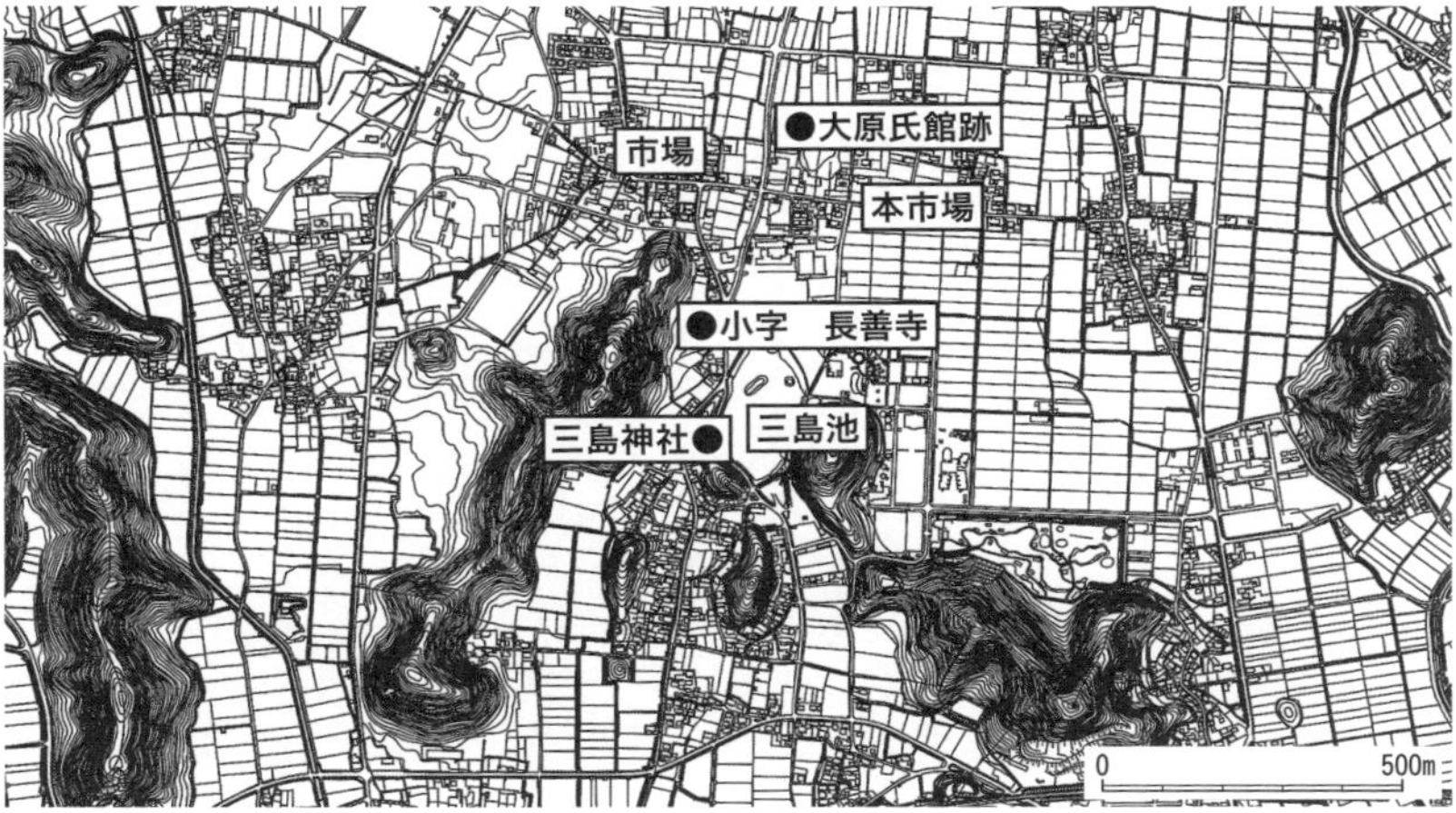

●が館跡・小字の場所

注）ベースは、米原市１万分の１地形図

図１　大原荘中心部図

勧請についての次の言い伝えは、参考になるかもしれない。重綱は幕府から領地を与えられなかったことを怒り、鎌倉に訴えに赴いたが、その途中伊豆の三島社に参拝、領地を得ることを祈願した。鎌倉での訴訟の結果、幕府が重綱に大原荘を与えたので、彼は当荘に赴くやいなや、三島神社を勧請したと言うのである。[27] もちろん、この話自体をそのまま信じることはできないが、大原氏の館に近接したこの神社（図1参照）は、重綱からそう下らない大原氏によって勧請されたことは間違いなかろう。

室町時代の大原氏　室町時代の大原氏が、奉公衆の一員として見えることは、すでに述べた。ここでは、大原氏の在地での領主としての姿を、「大原観音寺文書」を中心に見てみよう（表3参照）。[28]

大原観音寺は、正式には「伊富貴山観音護国寺」といい、本来は伊吹四ヶ寺の一つとして、弥高・太平・長尾の三ヶ寺と共に伊吹山中にあった。現存する史料から推考する限りでは、鎌倉中期に現在の大原荘の地に移転し二十三坊を擁する大寺院となった。所蔵する文書には、大原氏についてはもちろん、伊吹修験道、中世の寺領、浅井氏や秀吉関係の史料が豊富に残存し、北近江の政治・経済・宗教史を考える上での基礎史料となっており、昭和五十三年（一九七八）に六二五点が滋賀県指定文化財となっている。[29] まず次の文書を見てみよう。

〔史料2〕大原満信為貞名領家米寄進状「大原観音寺文書」五二

寄進　観音寺

近江国坂田郡大原庄本郷内為貞名

領家米事

表3　大原氏関係文書

番号	県番号[1]	年　月　日	文書名[2]	内　容	備考[3]
1	52	1394(明徳5年).6.17	大原満信為貞名領家米寄進状	大原荘本郷内為貞名年貢米を観音寺へ寄進。	花押
2	53	1395(応永2年).7.25	大原満信段銭免除下知状	庭尉任官・元服代継目の時の課役賦課と臨時段銭の免除を観音寺へ通知。	花押
3	54	1396(応永3年).5.13	大原満信村居田野畠寄進状	観音寺法輪院へ村居田野畠の内1町を寄進。	花押
4	55	1400(応永7年).8.22	大原満信置文	大原時綱の時、押置いた「護国寺」の寺号を観音寺へ再び与える。	花押
5	56	1404(応永11年).10.22	大原満信名田寄進状案	庄田内1段小を観音寺へ寄進する。	
6	477	1409(応永16年).4.7	無動寺蓮光坊書状案	観音寺からの「往古支証」召上について大原氏へ通知。	
7	438	1432(永享4年).11	大原持綱袖判禁制	観音寺の山林竹木等の切り荒しを禁ずる。	花押
8	440	1433(永享5年).3.29	大原持綱段銭寄進状	観音寺領分の段銭を寄進することを通知。	
9	61	1433(永享5年).3.29	大原持綱段銭寄進状案	同上	
10	62	1433(永享5年).3.29	大原持綱段銭寄進状案	同上	
11	57	1438(永享10年).8.18	大原持綱千部経田寄進状案	先祖追善・家族逆修の為、法華経一千部の読誦を依頼。田地を観音寺へ寄進。	
12	58	1438(永享10年).8.18	大原持綱千部経田寄進状案	同上	
13	59	1438(永享10年).8.18	大原持綱千部経田寄進状案	同上	
14	60	1439(永享11年).6.25	大原信成千部経田目録	千田経田15筆、1町3段大の目録。	花押
15	99	1450(宝徳2年).4.11	六角氏奉行人連署奉書案	大原荘の勢多橋用木役を免除。 裏書=「此正文預申　持綱判」	
16	102	1450(宝徳2年).4.11	六角久頼書下案	大原荘の諸役催促を停止。 裏書=「此正文預申　備中守持綱判」	
17	439	1454(享徳3年).8.22	大原持綱安堵状	観音寺本寺領田数2町5段・山林等を安堵。	花押
18	70	1458(長禄2年).5.11	大原持綱田地寄進状	和田入道等3人の追善の為、田地1段を観音寺へ寄進。	
19	442	1482(文明14年).9.16	重満安堵状	竹熊殿(大原政重)の意により、観音寺仏田を安堵。	
20	443	1484(文明16年).12.27	大原政重天役免除状	観音寺領3町小を、源秀(持綱)の寄進状に従い、天役を免除。	花押
21	484	1494(明応3年).7.2	観音寺々領田数注文控	寺領目録。端裏書=「太郎殿(小原氏)代御形より御尋之時如此可出也」	
22	469	1523(大永3年).9.7	寺領指出案文断簡	寺領目録。奥書=「大原殿様ノ上使吉田源三左衛門殿へ差出安文也」	

23	492	1526（大永6年）.11.15	寺領田数注文控断簡	寺領目録。奥書＝「河内へ　五郎殿様（大原高保）ヘノ指出帳也」	
24	305	1526（大永6年）.11.18	夫馬郷節田段銭之儀留書	大原五郎より命じられた段銭について節田分を免除された事由を記す。	
25	455	7. 8	水原氏家奉書	大原氏の意により、観音寺内諸坊領を安堵。	
26	63	8. 7	大原賢永書状	観音寺への銭（青銅）20疋の礼状。	花押
27	64	9. 4	大原亀松丸書状	観音寺への柿1籠の礼状。	
28	65	9.13	大原賢永書状	観音寺への柿1籠の礼状。	花押
29	506	□.23	大原賢永書状	観音寺への柿1籠の礼状。	花押
30	499		大原荘内夫馬一色百姓等申状案	平庄司名田について観音寺と相論。文中＝「時綱の御時…御寄進状」。	

注1）『大原観音寺文書』（滋賀県文化財保護協会　1975年）の文書番号
注2）大原氏家臣の文書は省略した。ただし、奉書は表記した。
注3）「花押」とあるのは、大原氏の花押が確認できることを示す。

合壱石参斗三升三合三勺者
右彼年貢者、仏物借用仁云令便風、且依有宿願、限永代、所奉寄進之也、若於子々孫々中、雖有致違乱輩、任此状之旨、寺家可被知行之者也、仍為後証寄進之状、如件、
明徳五年甲戌六月十七日　　左衛門尉満信（花押）

ここで、大原氏が観音寺に荘園年貢の一部を寄進しているということは、もともとこの年貢を大原氏が領していたことを示している。(30)

福田榮次郎氏の研究によると、残された史料上から、大原荘は十二世紀後半から十五世紀後半にわたって仁和寺領であったことが確認されている。その中で、室町時代には、荘内に東福寺の普門寺領や石清水八幡の所領が散見されるようになる。(31) 大原氏が、いかなる経緯で大原荘の本年貢を収納するに至ったかは不明であるが、他にも同様の収取を行なっていた可能性はあるであろう。また、やはり本年貢系の収取である地頭職得分も得ていたことは、次の延平八年（一三五三）の「後村上天皇綸旨」から推定される。(32)

〔史料3〕後村上天皇綸旨

近江国大原庄地頭職　佐々木一族等跡
同国箕浦庄地頭職　　除土肥佐渡入道跡
丹波国宮田庄領家職
播磨国弘山庄地頭職
備前国須恵保地頭職
右所々、為大興禅寺造営料所、所被定置也、速可被終土木之功者、
天気如此、仍執啓如件、
　正平八年五月廿二日　　　　　　　　左少弁（花押）
謹上　雲樹寺方丈

本書によれば、大原荘地頭職は「佐々木一族等跡」とされている。「佐々木一族等」とは、大原氏のことを指すと考えられる。ここで、大原荘地頭職は、出雲の雲樹寺に寄進され、大原氏の手から離れたように見えるが、これは観応の擾乱直後の政治状況不安定時の付与であって、実質的にはこれ以後も同職は大原氏が持ち続けたとみられる。

守護課役排除と段銭賦課

〔史料4〕六角氏奉行人連署奉書「大原観音寺文書」九九

勢多橋用木事、於坂田之郡大原庄者、自往古、為諸役御免除之地上者、早可被停止採用、同石橋殿御代官方に、其段可被申達之由也、仍執達如件、

宝徳二年四月十日　為信　在判
了承　在判

伊庭出羽守殿

（奥書）
「自　六角殿奉書案文」

（裏書）
「此正文預申　持綱　判」

中世において勢多橋の修繕には、守護六角氏が大きく関わっていたと考えられるが、(33)ここで大原荘は〔史料4〕によって、その賦課を免除されている。さらに、裏書により、この文書の正文は、大原氏が預かっていたことがわかる。この正文が、具体的に最初どこに保管されていたかは不明であるが、大原氏がそれを預かるという事実は、大原荘の荘務に同氏が大いに関与していたことを示していよう。そして、これは、奉公衆としての大原氏の力が、守護による賦課を排除した事例として評価されるべきであろう。

〔史料5〕大原満信段銭免除下知状「大原観音寺文書」五三

庭尉并元服代継目之時課役者、為先規之間、可被懸之、於臨時段銭者、所令免除也、仍為子々孫々後見、下知如件、

応永二年乙亥七月廿五日　　　　　　左衛門尉源朝臣（花押）
観音寺

「庭尉」＝「廷尉」は、検非違使の唐名である。したがって、本書は大原氏当主の検非違使任官と元服代継目の段銭は、以前通り懸けるが、臨時段銭については、これを免除する旨を観音寺に伝えたものである。この時代の段銭としては、幕府が公役として懸ける一国平均役などのほか、守護段銭や領主段銭の存在が知られている。(34) ここで、大原氏が賦課しようとしているのは、明らかに領主段銭であり、同氏の経営を支える要素として注目される。また時代は下り戦国期の史料であるが、次の〔史料6〕も大原氏が段銭を懸けていた例証となるものである。

〔史料6〕夫馬郷節田段銭之儀留書「大原観音寺文書」三〇五

大永六年　霜月十八日
大原之従五郎殿様、夫馬之郷内へ段銭一反ニ付テ弐百十文宛、御懸候時、当寺之節田仁付テ可有段銭由、夫馬之百性衆色々被申候而、年行事へ公方催促を被入候へ共、其時大荷箱を開、先規之支証文を見分申候処ニ少も不相紛、依昔悉ク寄進之証状数通候間、以其旨理候而、当座礼分計にて相果候【下略】

ここで大原氏（五郎）は、夫馬郷内に段銭を賦課しようとしたが、百姓等から当初は観音寺の「節田」であり、(35) 同寺への寄進の土地であるから、段銭を懸けるのは不当であると抵抗を受け、礼銭相当額しか徴収できなかったことを示している。しかしこれは逆に、大原氏による在地への段銭賦課の一断面を伝えてくれる。

〔史料7〕観音寺寺領目録「大原観音寺文書」四九二

【前欠失】

字村居田ノ大力はな　村居田ノ
壱反　経田ノ内　分米五斗　立蔵

字同カキノ木町
小　経田ノ内　分米弐斗　同　立蔵

【以下四筆略】

大永六年丙戌十一月十五日

河内へ

五郎殿様へノ指出帳也

〔史料7〕に見える「五郎」は、大原氏の代々当主の通称であるから大原高保（〔史料6〕も）、「河内」は大原氏家臣の水原氏家であ る。本書の様に観音寺の寺領目録が、大原氏に提出されていたことが分かるものは、他にも四点程あり、[36]それぞれ「公方エ指出ノ案文」・「大原殿様ノ上使吉田源三左衛門殿へノ差出安文也」・「太郎殿代　御形より御尋之時如此可出也」などと注記がある。このように、大原氏が観音寺の寺領の把握に努めていたのは、先に見た領主段銭賦課の台帳を作る意図も含まれていたであろう。[37]

大原氏の領主制の限界

〔史料8〕大原持綱禁制「大原観音寺文書」四三八

（花押）

大原庄内観音寺山林竹木等切荒事、不可然、縦一族若党申共、堅可有禁制、公方用者、以折紙可申下也、次殺生事、同堅可有禁制之状、如件、

永享四年十一月　日

持時（花押）

満幸

大原持綱の袖判のある禁制で、奥下の二人は大原氏の家臣と解釈できる。ここで、観音寺山林での伐採・殺生禁断を告げ、さらに大原氏の命により伐採等を行なう時（公方用）は折紙を以て指示する旨が添えられている。(38) 観音寺の山林に対する権益を保護すると共に、大原氏の同山林への独占的な用益権を主張した文書であり、荘内における大原氏の山林支配の一端を我々に示している。

以上、見てきたように、大原荘において大原氏は、荘園の本年貢系の収取を行い、地頭職に補任されていた。さらに、領内から段銭の収納を行ない、そのための台帳として指出を命じていた一方、山林についても独占的な権利を有していたこともわかった。

もちろん、これらは、観音寺領という大原氏の領内の限られた地域での実証で、おのずから限界を持っていたことは否めない。しかし、室町時代を通じて、将軍に近侍し京都で活動し続けた同氏の経済力をみたとき、在地での以上のような安定的な年貢・諸役の収納が行なわれていたことを考えなければ説明がつかない。安芸の奉公衆沼田小早川

氏の場合も所領内に領主段銭をかけ、さらには検地も行なっていたことが証明されている。[39] 観音寺領での事例は、決して寺領であるからこその特殊例でなく、大原氏の領内全域にわたる状況であったと考えたい。

なお、小早川氏との関係でもう一点考えておかなくてはならぬ問題がある。それは、庶子と家臣団形成の問題である。沼田小早川氏の場合は、文明期頃までには直臣団を抱えると共に、庶子家の家臣化に成功し、これによって強力な領主制を展開することができたという。[40] 大原氏の場合も、重綱の子息秀俊の流れをくむ野一色氏を筆頭に、春照・鳥脇・白井・夫馬など多くの庶子を大原荘内外に輩出している。

このうち、春照氏は応永二十一年（一四一四）の段階で、坂田郡の春近に知行分を、さらに浅井郡の速水公文職を得ていたことか確認されている。[41] このように荘外に及ぶまでその勢力を伸ばしていたことが確認さる春照氏は、惣領家からは独立した独自の発展を遂げていたと推定される。また、「文安年中御番帳」にみえる「民部少輔」、「永享以来御番帳」にみえる「白井太郎」、「長享元年常徳院殿様江州御動座当時在陣衆着到」にみえる「左馬之介尚親」は、いずれも一番に所属するが、大原氏庶子白井氏であるという。[42] これが事実ならば、大原氏の庶子の中には奉公衆となり、五番に属する大原氏惣領と、対等な地位にあった庶子家が存在することになる。

ところが、大原氏の家臣団においては、これら庶子家をその中に取り込んでいったことを示す徴証はまったくない。このあたりが、戦国期に大きく発展した中国地方の小早川家と、戦国期にはその動向が徐々に不明確となる畿内近国の大原氏との大きな相違点であり、大原氏にとってはこの庶子家を含めた土豪層の勢力伸張が、その領主制の基盤を脅かした一つの原因であることを類推させる。

大原氏の氏寺について　　現存する古文書で見る限り、大原氏の氏寺とみられる寺を、三ケ寺確認することができる。

まず、第一は大原観音寺である。永享十年(一四三八)八月十八日、大原持綱は、観音寺に対して千部経田を寄進しているが、[43]それらは祖父満信や父持信の追善や、自身の逆修のためとしている。また、大原時綱の時、一時停止した「護国寺」の号を、満信は応永七年(一四〇〇)八月二十二日に、再び観音寺に与えている。[44]このように、観音寺が大原氏の氏寺であったことは明らかである。

第二は、志賀谷光明院である。寺伝では文永元年(一二六四)三月二十二日、大原時綱の建立で、願行上人が開基であるとする。[45]多く所蔵されていたであろう古文書類は、元亀年間(一五七〇~七三)の織田信長による浅井攻めの兵火により焼失し、現在は大原氏関係のものはほとんど残っていない。光明院の号は、大原時綱の法号で、現在境内本堂裏には、時綱の墓と伝える宝篋印塔が建っている。

第三は、長禅寺である。この寺号は、大原氏初代重綱の法号でもあるが、江戸初期に廃寺となった。現在、池下の毘沙門堂に安置されている毘沙門天像と不動明王像は、この長禅寺のものであったと伝える。[46]寺地は、池下の小字長善寺と考えられるが、ここは、大原氏の館跡の地や、大原氏が勧請したと推定される三島神社の隣接地であり、大原氏の荘内支配の中心地であったとみられる(図1参照)。また、この付近の市場という地名(米原市市場・本市場)は、荘内中心地での市場の形成を類推させる。

この長禅寺について、次のような史料が残ってる。[47]

〔史料9〕『御前落居記録』

一建竪書記与得長蔵主相論近江国坂田郡大原庄内長禅寺并寺領等事

彼寺者、建竪舎兄佐々木近江入道善源、依有異子細永代渡之、無他妨者也、然間一期之後者令譲与得長侍者之処、存命之中、称我物成建仁寺西来院（庵カ）末寺、取本院挙状、当身申給安堵御判、令追出伯父建竪書記訖、爰彼得長望申安堵御判之処、壇那大原判官、就此寺住持職者有子細之由支申之間、其時被召出彼建竪、申披之、已前以得長所給御判等下給建竪、重披成還補　御判畢、

永享四年十二月十七日

（飯田）右衛門尉為秀
（松田）美作守秀藤

ここで、大原氏の一族とみられる得長は、大原満信（善源）の弟建堅の一期分長禅寺支配の権限（満信から与えられた）を無視してこれを押領したが、幕府によって建堅への還補命令が出されている。文中、「壇那大原判官、就此寺住持職者有子細之由」とみえ、室町中期に至っても大原氏が長禅寺と深い関係を保っていたことを物語る。

戦国・江戸時代と大原氏　室町期、将軍の奉公衆として、また在地領主として安定した勢力を保った大原氏も、戦国期に入ると政重の代を最後に正統が絶え、六角氏の一族が大原氏を継ぐようになる。すなわち政重の後を継いだ高保は、六角高頼の三男、さらにその後を継いだ高賢は、六角義賢の三男である。

この時期に至ると、大原氏は事実上六角氏の家臣となり、六角氏と共に行動するようになる。奉公衆の組織は、明応の政変以後崩壊し、京都での活躍の場はなくなっており、また在地での領国支配も六角氏と対立する浅井氏の勢力伸長とともに、形骸化が進んだのではないかと推定される。大永八年（一五二八）には、大原高保が保内商人と石塔商

注）ベースは、国土地理院５万分の１地形図「長浜」（平成元年修正）

図２　姉川の井懸り

人の争いに関して文書を発給しており、(48) その本拠も近江南部に移しつつあったとみて間違いなかろう。

さて大原氏の動向は、「大原観音寺文書」に残る大原賢永の礼状を最後にまったくつかめなくなる。江戸時代、幕臣の中に佐々木大原氏の末裔との家伝を伝える大原家が二家あるが、(49) それらの由緒書については、なお慎重な検討が必要であろう。

姉川用水と大原氏　ここで江戸時代の記述ではあるが、注目したい史料に、「出雲井由来記」がある。(50) 出雲井とは、現在の米原市伊吹で姉川から取水し、大原荘全域を灌漑する用水である（図2参照）。同書によると、この出雲井は、大原重綱が鎌倉中期に当荘に入部してまもなく、重綱とその縁者馬渕五郎左衛門尉の手により築造されたとしている。この伝説には、白雉元年（六五〇）出雲国の人が築造したとする異説があるものの、[51]出雲井と大原氏の深い関係を暗示しているといえよう。

一方、この出雲井と、下流の東上坂で取水し現在の長浜市全域を灌漑した郷里井との間には、「出雲井落し」という水利慣行がある。[52]これは、渇水時の非常事態として、下流の郷里井側が、出雲井の堰を六月以降三度に限って、それぞれ一昼夜切ることができるというものであり、天文二十二年（一五五三）の浅井氏家臣の文書により、すでに戦国期には行なわれていたことが分かっている。[53]この慣行の始まりについて、同記は次のよう述べている。文中の上坂氏は、郷里井側の代表者である。

〔史料10〕「出雲井由来記」

渇水之砌、六月晦日、七月十四日と年ニ三度、上坂八右衛門之状通を以、水遣由緒ハ、大原判官左衛門尉持時卿之息女、上坂信濃守江御縁段有之ニ付、然ル処、文明之頃大旱魃渇水ニ付、掘水等ニ至まて致渇水、不用心、人馬ニ至まて難儀之趣、御姫方より御使者を以御頼ニ付、依之御評定之上、出雲喜兵衛尉被仰付、依之一之銚子ニて石三ッニ積分ケ、水を落し遣す事、晦日之鳥より朔日之鳥迄一日一夜之間遣シ、要害相調、又七日、十四日之水を遣す、此水を以、民家領分養育し給へハ、上坂殿御喜悦之余り御酒御肴到来、且又御自身為御礼御来臨有て、此時以後又格別渇水之節ハ、此例を以上坂殿、堀部殿御両家江可相遣段、堅御約速（ママ）等有之、即御墨付等遣シ被成候等、是格式之始也、

このように、婚姻関係を利用して、郷里井の代表者上坂氏が、出雲井の代表者大原氏に依頼して始められたとして

いる。なお上坂側の記録によれば、上坂氏の注進により、京極氏の許しを受けて行なわれたとのみ記されているが、[54]いずれもこの「出雲井落」が始められた時期を文明年間とするのは一致している。

それぞれ異説はあるものの、大原荘を灌漑する出雲井と大原氏の密接な関係が、江戸時代の史料で指摘されていることは重要である。出雲井の創設を大原氏が行なったかどうかの真偽はともかく、すでに戦国期には確認される「出雲井落し」の慣行には多少なりとも関与していたであろうし、大原荘の代表者として出雲井をめぐる内外の調整に大原氏は大きく関わっていたことも事実であろう。とすれば、出雲井支配の権限は、同氏の領内支配におけるひとつの重要な手段であったと考えられる。

ここで、関連して述べる必要があるのは、同じ北近江を流れる高時川の用水についてである。[55]浅井久政の時代である天文二十四年（一五五五）の渇水時、上流堰＝大井と下流堰＝下井の用水配分をめぐる争いがあったことが知られている。浅井氏の法廷まで持ち込まれたこの相論は、大井側の代表者井口経元と下井側の代表者三田村貞政・定綱が、裁判の中心となり展開している。いずれも、それぞれの井懸りの村々で大きな発言力をもつ土豪であり、地域間の対立を解決する主体が、その地の領主である点、姉川での大原氏と上坂氏の場合とよく似ている。

ただ高時川の場合、姉川の事例と大きく異なるのは、時代がやや下った浅井氏の時代であり、当事者の上に調停者としての浅井氏の姿があったことである。さらに、高時川の場合、江戸時代初めに至ると、上流堰＝餅ノ井をもつ浅井郡諸村と、下流堰から取水する伊香郡諸村の間で激しい用水相論が展開する。この中で餅ノ井の一時的な切り落し「餅ノ井落し」の慣行が生まれる。高島緑雄氏は、この井落慣行の確立を十七世紀中頃とし、戦国期の解決法と対置させ、農民相互の妥協による自主的な解決と評価し、ここに近世的用水体系の成立をみている。この点、先に「出雲井落し」が中世の領主間の妥協の産物と評価したのとは大きく相違する。

この高時川の場合を見ても、時の政治状況が地域の用水紛争の解決に影響を及ぼすことは明らかである。姉川の場合でも後世の史料とはいえ、大原氏と出雲井の密接な関係を指摘する史料が存在する事実は同氏の当地域における政治的・経済的影響力を示す意味で、見逃せないことを改めて痛感させられる。

大原荘内の土豪の台頭　ところで、戦国期の大原氏と大原荘の用水について、非常に興味深い文書が「大原観音寺文書」の中に存在する。天文十八年（一五四九）卯月五日付の〔史料11〕である。

〔史料11〕野一色小太郎亮頼書状「大原観音寺文書」七七

野一色用水之余水之儀、鳥脇溝へ、一所ニ取流度由、承候間、成其心得候、然上者、後々末代違乱煩不可有他妨候、

天文十八年　　　　　　　　　　　　　　　　　野一色小太郎
卯月五日　　　　　　　　　　　　　　　　　　亮頼（花押）

鳥脇谷
作人中
まいる

尚以、用水余、脇へはつし候者、堅く糺明可仕候、

野一色家は、大原荘内の野一色に居住する大原氏の庶流である。この文書の出された戦国期には、おそらく浅井氏に仕える土豪として活躍していたものとみられる。この文書では、野一色家の「余水」を、その下流村鳥脇の用水に

流すことを同意している。大原荘内の小地域間での用水紛争が前提にあっての判断と推定されるが、野一色氏が付近の用水秩序の安定に大きな発言権を持っていたことが読み取れる。
先に述べたように、この野一色氏のような大原氏の一族・被官を含めた荘内の土豪の発展が、大原氏衰退の背景のひとつであったとも考えられる。また、戦国に至ると同荘における大原氏の統治能力はまったくなく、土豪たちの手にその実権は移っていたことも、この文書は示している。

3　北近江の奉公衆の動向

近江熊谷氏　「熊谷系図」(56)によれば、近江熊谷氏は、熊谷直実の兄直中系とされる。すなわち直中から四代後の直朝の項に、「江州塩津熊谷衆此筋也、直貞ヨリノ総領筋也」とある。直貞とは、直中・直実の父である。ここでは、この江州伊香郡塩津荘に本拠を置いた近江熊谷氏の中世の動向を、簡単に追っておこう（表4参照）。

同氏が、初めて湖北の史料上に登場するのは、「菅浦文書」の文永六年（一二六九）九月九日「左兵衛尉小串行方愁状案」である。(57)この中で小串行方が、その父小串民部大夫入道によって熊谷直村に預けられた菅浦荘惣追捕使職の還補を、菅浦の領主竹生島に訴えている。この文書から、熊谷氏がすでに関東から入部し、近江に本拠を置いていたことがわかる。さらに永仁五年（一二九七）十二月には、塩津荘地頭熊谷七郎次郎が、弟直明をひきつれて菅浦に乱入、釣り漁などを妨害し種々の狼藉を行なっている。(58)このことから、鎌倉末期には、他荘にまでその勢力の拡張を図るほど安定した在地領主経営を行なっていたことが知られる。

この熊谷氏の菅浦乱入に関しては、六波羅からたびたび召文が出されている。(59)それらに熊谷氏が応じない理由を守護使平家綱は、「申在京由、御教書不請取候」と述べている。(60)奉公衆の前身は、鎌倉時代の在京人に求めることがで

表4　熊谷氏関係年表

年・月・日	熊谷氏人名	事　項
1269（文永６年）　9. 9	直村	小串行方、父が熊谷直村に預けた菅浦惣追補使職への還補を竹生島に訴える。（『菅浦文書』239）
1297（永仁５年）12	七郎次郎	七郎次郎、弟直明と共に菅浦に乱入し釣漁等を妨害する。（『菅浦文書』275等）
1334（建武元年）	次郎左衛門尉	次郎左衛門尉、上使として片山兵庫助と共に越前国河口荘に赴き、狼藉をなす。（『大乗院記録』）
1339（暦応２年）　3.23	くまかへのひかしとの	熊谷東殿の殿原、大浦が竹生島から運んだ粟俵・籾俵を菅浦にて差し押さえる。（『菅浦文書』42）
年不明　8.25	熊谷	熊谷、京極高秀から、菅浦の日指・諸河を「当年一作預置」かれる。（『菅浦文書』787）
1351（観応２年）　9.12	直高	直高、八相山合戦の際、足利尊氏の案内をする。（『天正本太平記』）
年不明　5.23	直高	直高、竹生島高禅坊と月定院の出入を仲介する。（『竹生島文書』86）
1368（応安元年）　7.20	直重	直重、伊香郡黒田郷を妙心寺雑掌に打ち渡す。（『妙心寺文書』）
1403（応永10年）　3.28	直将	直将、将軍義満の石清水参向につき従う。（『八幡社参記』）
1421（応永28年）　3.16	満実	満実、将軍義持夫人の熊野参向につき従う。（『花営三代記』）
1422（応永29年）正.18	満実	満実、幕府弓場始の時、高名、盃を賜る。（『花営三代記』）
1424（応永31年）　3.21	満実	満実、将軍義持夫人の伊勢参向につき従う。（『花営三代記』）
1425（応永32年）正.17	満実	満実、幕府弓場始の時、射手となる。（『花営三代記』）
年不明　7. 2	下野守	下野守、朝日近江守と共に、竹生島寺内の確執について幕府の命を伝える両使となる。（『竹生島文書』30）
1431（永享３年）　5.16	下野守	下野守、もと裏松中納言家の知行していた中御門高倉の地を賜る。（『永享年中文書』）
1443（嘉吉３年）　5.16	左京亮	左京亮、下坂荘の年貢について草津率分所過書を朝廷へ要求する。（『建内記』）
1445（文安２年）	しほつせい	塩津勢、菅浦に味方し、大浦に攻め入ろうとするが、遅れる。（『菅浦文書』281）
1447（文安４年）	宗信入道	宗信、山門西塔末集福寺において、寺僧・贓物を召捕ったと訴えられる。（『北野神社文書』）
1453（享徳２年）　7.25	直泰	直泰、朝日教貞と並んで、義政の任大将の拝賀式に帯刀の役を勤める。（『大将軍拝賀散状』）
1461（寛正２年）10.13	上野守	上野守、松平益親の率いる菅浦包囲軍に加わる。（『菅浦文書』323）
1465（寛正６年）　8.15	直盛	直盛、将軍義政の石清水上卿参向につき従う。（『斎藤親基日記』）
1466（寛正７年）　1.17	直盛	直盛、幕府御的始の時、射手となる。（『斎藤親基日記』）
1466（寛正７年）　2.25	近江守	近江守、義政夫妻の飯尾之種邸渡御につき従う（『斎藤親基日記』）
1466（文正元年）　8.24	近江守	近江守、庭前の柿「妙湛」を、蔭涼軒の「益之集箴」に送る。（『蔭涼軒日録翰林本』）
年月日不明	直泰	直泰、将軍義政の不正を諫言し、所領没収となる。（『応仁記』）

1491(延徳3年)	9	直清	直清、京極材宗によって殺害される。(『後法興院記』・『鳩拙抄』)
1510(永正7年)	2.23	次郎	次郎、将軍義尹により、足利義澄のこもる岡山城の攻撃を命ぜられる。(『昔御内書符案』)
1534(天文3年)	8.20	下野守	下野守、浅井亮政による京極高清親子の饗応に加わる。(『浅井備前守宿所饗応記』)
年不明	2. 2	直元	直元、東野与次郎の被官離反について、東野氏に浅井亮政の意を伝える。(『東野文書』)
1573(元亀元年)	8.12	次郎左衛門尉	次郎左衛門尉跡、垣見助左衛門尉に新知として宛行われる。(『垣見文書』)

注)文書番号、『菅浦文書』＝滋賀大学経済学部附属史料館発行本、『竹生島文書』＝『東浅井郡志』四

きることは先に触れたが、ここでの熊谷氏の弁解が、同氏のたびたびの在京を物語るとすれば、熊谷氏も在京人の一人として位置づけることが可能かもしれない。室町時代に入ってから、奉公衆の一員として活動する様は、表4に見る通りであるが、この時期在地でも領主制を発展させていたことは、わずかな史料からではあるが確認することができる。たとえば、寛正二年(一四六一)の大浦荘と菅浦の衝突は、日野家の代官松平益親の率いる北近江の諸勢力による菅浦包囲に結果するが、この包囲網の一員に「しほつ熊谷上野守、いまにし・くまかゑ」が見えている。[61]近江熊谷氏は、伊香郡塩津荘を本拠地としたが、庶子に浅井郡今西荘を本拠とした家があった。「いまにし・くまかゑ」とは後者を指す(表5参照)。

この様に、地域における紛争処理に参陣を求められるということは、熊谷氏が在地で一定の安定した領主経営を行なっていたからこそであろう。[62]また応永年間(一三九四〜一四二八)前後と推定されている幕府からの奉書によれば、竹生島内での衆徒と下僧の対立について、守護が調停に乗り出したところ、守護使不入の理由で、熊谷下野守と朝日近江守の奉公衆二人が幕府から両使として、その処理を命じられている。この例なども、熊谷氏の北近江での領主としての実力を期待されての指示であろう。

延徳三年(一四九一)、[63]熊谷直清が守護家の京極材宗によって殺害されるという事件が起こる。これに対し、熊谷氏の所属する奉公衆三番衆は連署状を作成し、

表５　今西熊谷氏関係年表

年・月・日	今西熊谷人名	事　項
1460（長禄４年）正	直保	直保、今西十禅師権現に狛犬一対を寄進する。（『比伎多理神社狛犬銘』）
1457～60（長禄年間）	直政	直政跡等、南禅寺末龍雲寺領となり、幕府から段銭以下を免除される。（『妙心寺文書』）
1461（寛正２年）10.13	いまにし・くまがゑ	いまにし・くまがゑ、松平益親の率いる菅浦包囲軍に加わる。（『菅浦文書』323）

注）文書番号、『菅浦文書』＝滋賀大学経済学部附属史料館発行本

表６　土肥氏関係年表

年・月・日	土肥氏人名	事　項
1284（弘安７年）10.17	道日	道日（土肥元頼）、番場蓮華寺に銅鐘を奉納する。（『番場蓮華寺銅鐘銘』）
1353（正平３年）5.23	土肥佐渡入道	後村上天皇、「近江国箕浦庄地頭職、除土肥佐渡入道跡」を出雲・雲樹寺へ寄進する。（『雲樹寺文書』）
1434（永享７年）7	土肥殿	土肥殿、坂田郡八幡宮で勧進猿楽を観覧する。（「長浜八幡宮文書』）
1490（延徳２年）閏8.16	土肥庶子分	松田長秀が、自領「江州北郡箕浦庄内土肥庶子分跡」を、京極政経によって横領された旨、幕府に訴える。（『伺事記録』）
年不明　6.5	土肥美濃	土肥美濃、京極氏の弓削正武退治に出陣を要請される。（『八木文書』）
1510（永正７年）2.23	土肥美濃入道	土肥美濃入道、将軍義尹より、足利義澄のこもる岡山城の攻撃命ぜられる。（『昔御内書符案』）
1539（天文８年）閏6.7	土肥庶子分	松田晴秀が、自領「江州箕浦庄内土肥庶子分跡」を、守護によって横領された旨、幕府に訴える。（『披露事記録』）

総番の一味を呼びかけ、京極氏の処罰を求めている。(64) この事件は、将軍義材の近江出兵の最中のことであった。義尚と義材の二回に及ぶ将軍の近江出兵の背景には、奉公衆と守護の所領をめぐる争いがあったが、この事件もその延長として考えられる。応仁・文明の乱後、近江での在地支配を強めようとする守護京極氏と、奉公衆たちの葛藤を示すものとしてこの事件を理解したい。

この翌年、幕府内では明応の政変が起こり、奉公衆の組織自体は分裂に向かった。この中で、熊谷氏の在地での活動は、浅井氏台頭の頃までは追うことができる。天文三年（一五三四）、これまでに北近江の支配権を京極氏から奪取した浅井亮政は、京極高清・高広親子を小谷城清水谷の居館に饗応する。これは政権移譲のセ

レモニーと考えられるが、その時の座配を見ると、京極氏に次ぐ上座にすわるのは、加賀・黒田・岩山など佐々木一族の将軍近習や奉公衆と、熊谷下野守であった。こういった公式の場に列席することは、形式的とはいえ、熊谷氏の北近江での力が依然無視しえぬものであったことを物語っていよう。[65]

しかし、すでに北近江で展開されていた京極氏の継嗣問題に端を発する地域紛争には、まったく熊谷氏は関与していない。さらにその後、勢力を得る浅井氏の領国形成において、熊谷氏が重要な働きをしたとする徴証もない。熊谷氏の在地での影響力は、奉公衆の組織的崩壊の頃から徐々に低下していったと考えてよいであろう。[66]

近江土肥氏　土肥氏は、言うまでもなく相模国足柄郡土肥郷（神奈川県足柄下郡湯河原町・真鶴町付近）を本拠とした関東御家人である。近江には、鎌倉時代のそう下らない時期に、その一族が西遷してきたとみられる。箕浦荘の地頭として[67]、後の中山道の宿駅として知られる番場に本拠をおき、その南東の山頂に鎌刃城を築城したとされる。同氏については、本章二や表6を参照願うとして、ここでは必要なことのみを述べておきたい。

六波羅探題北条仲時一行が自害した所として知られる番場蓮華寺には、弘安七年（一二八四）の銘が入った重要文化財の銅鐘がある。その銘によると、鐘鋳造の大檀那として道日という人物が見えるが、これが本寺の再興に尽力した土肥元頼の法号だとされる。[68]本堂脇には元頼の墓といわれる宝篋印塔が建つ。

その後、長浜八幡宮で行われた永享七年（一四三五）の勧進猿楽の記録に、「土肥殿」の観覧の記事が見える。[69]ここでは、「今井殿」や「小足殿」など、領主としてそれぞれの地域で一定の力を持ち、後に京極氏・浅井氏の家臣となっていく人々と席を同じくしており、この時点においては、土肥氏も北近江において、同様な地位を保っていたようである。

また延徳二年(一四九〇)には、松田丹後守長秀が、自らが領していた「江州北郡箕浦庄内土肥庶子分跡」を京極政経が押領したと幕府に訴えている。(70) このように土肥氏は在地で一定の基盤を持ち、在地領主制を展開していたと考えられるが、戦国期に入るころから、庶子分ではあるが跡職として史料に現れることからみても、徐々に勢力を失っていったと考えられる。天文二年(一五三三)の浅井亮政による今井秀俊の謀殺の際に、今井方として浅井氏から疑惑を持たれ、土肥氏は逃亡したとする記事を最後に、北近江の政治史の表舞台から一切姿を消すのである。(71)

ここで、参考までに南近江に目をやってみよう。近江の国内には、守護六角氏の勢力に対抗するため、多くの奉公衆に所領が与えられていたと言われているが、(72) 南近江の場合、実際に自らの所領で領主制を展開していたことがわかるものは少ない

その中で、比較的在地での行動が史料に現れるのは、蒲生郡鏡荘を本拠にした佐々木鏡氏である。(73) 同氏は、佐々木信綱の兄定重の子久綱を祖とする。久綱は承久の乱の際、京方につき敗死している。その後、佐々木高氏(導誉)の弟貞氏がこの家を名のっている。『康正二年造内裏段銭并国役引付』にも鏡荘段銭京済者として、「佐々木兵部」の名が上げられている。これは「東山殿時代大名外様附」の五番衆に、「鏡兵部大輔」とみえることから、鏡氏とみてよいだろう。また、鏡山上の星が崎城は鏡氏の築城と伝える。

しかし、永正七年(一五一〇)、将軍義尹により、足利義澄の籠る岡山城の攻撃を命ぜられた時、他の奉公衆と共にその名が見えるのを最後として動向がつかめなくなる。もちろん、戦国期の六角氏の家臣団の中で、重要な動きをした形跡はまったくない。

まとめ

以上、大原氏・熊谷氏・土肥氏の例をとり、北近江の奉公衆について在地での動向を中心に考えてきた。ここで共通した現象として指摘できることは、いずれも十六世紀＝戦国期になると、地域での領主としての力を失うことである。

北近江の戦国期は、大きく二つに分けてみることができる。[74] すなわち、応仁・文明の乱からの前半は、継嗣問題から端を発した一族内の紛争をかかえながらも、京極氏の支配が浸透していた時期である。この中では、京極氏の被官である上坂・下坂・多賀・三田村・浅見などの諸氏が、当地の政治に大きな影響を与えた。そして、大永・天文期からの後半は、浅井氏が勢力を伸ばし、北近江の戦国大名として発展していく。ここでは磯野・赤尾・雨森・阿閉といった、また新しい被官層が登場するのである。このいずれの時代においても奉公衆たちは、地域政界において重要な働きをしていない。最後に、このような戦国期における奉公衆の没落の原因を探ることで、本節を閉じることにしよう。

まず、その第一の理由として上げられることは、第一項でも指摘した通り、応仁・文明の乱以降の京極氏の在地性の深化である。それまで幕府の枢要にいた京極氏は、伊吹山の麓上平寺城に本拠を構え、政治機構と領国支配の整備を推し進める。たとえば書状形式の奉行人奉書という、京極氏独自な形式の文書を、基幹文書として発給するようになるのも応仁・文明の乱以降であり、その独立した政治機構は、浅井氏台頭後まで存続したと考えられる。

また、戦国期以降整備されたと推定される上平寺城も、最近の城郭研究によると、二つの山城と、その麓に館、家臣の屋敷、それに町場が展開する「弥高上平寺城塞群」として把握すべきだと言われている。[75] その規模は、浅井氏の小谷城にまさるとも劣らないものであり、京極氏の強い在地性と家臣団の掌握を物語っている。こういった京極氏の勢力伸張の結果、京極被官の地域政界での活躍の場は増えていったが、奉公衆たちはそこから排除されていく。このように、奉公衆の没落の原因として、京極氏による奉公衆の抑圧政策が推定されるのである。

第二の原因は、奉公衆の組織の崩壊である。一般に、奉公衆の組織の崩壊は、明応の政変以後と言われている。奉公衆の在地支配が、直接中央での政治的立場と関係があるとするのは、結果論のそしりを受けるかもしれない。しかし彼らの在地支配において、京都で将軍に近侍するという地位は、領主としての権威を高める上できっとプラスになっていたに違いない。南近江の佐々木鏡氏も、ほぼ同じ時期に衰退に向かったと推定される点も参考になる。奉公衆組織の解体と、彼らの在地領主としての没落は、無関係であったとは考え難いのである。

第三の原因としては、経済的基盤の相違をあげなくてはなるまい。京極・浅井氏の家臣となっていく一族は、一般に土豪と呼ばれる階層に属すると理解できる。彼らが経済的成長をとげる背景には、地主として収納する加地子があったことは見逃してはならない。近江におけるこの加地子の重要性については、すでに勝俣鎮夫氏や宮島敬一氏によって指摘されているところであるが(76)、土豪との結びつきについては、たとえば「井戸村文書」に残る五十点近くの売券などが如実に物語ってくれる(77)。

しかし、この加地子集積それ自体は、領主的支配の強化とは、まったく無関係であると考える(78)。この点、本節で大原氏の場合で見たように、奉公衆が段銭などにより、領主として領域から収納を行なおうとしていたのとは、大きな相違であろう。状況から見るかぎり、近江の生産力の高さが、大量の加地子を生み、奉公衆からみれば一足遅れて在地に勢力をはり、加地子をその主な経済的基盤とする土豪層の台頭を容易にしたと考えられる。

したがって極論すれば、北近江における国人＝奉公衆の没落は、加地子のしからしめたものと言えるかもしれない。いずれにしても、浅井氏の家臣団は、この土豪層のみによって構成される。ほぼ同じ経済的地盤をもつ、六角氏の戦国期家臣団の中心後藤氏・進藤氏らが、戦国期になって台頭してきた家臣であり、室町期に一定の領主制を展開していたと推定される奉公衆佐々木鏡氏が、戦国初期以降まったく動向がつかめなくなる南近江の状況も見逃せない。

この点、奉公衆小早川氏や国人安芸熊谷氏などを家臣にとり入れ、戦国大名に発展していく毛利氏などとは対照をなすであろう。毛利氏に見るような、国人を中心とする典型的な戦国大名の家臣団を、浅井氏や六角氏が形成しえなった遠因は、まさにここに求められる。北近江における奉公衆の没落は、浅井氏の家臣団構成や領国支配へと影響を与えていくのである。

註

(1) ①福田豊彦「室町幕府の「奉公衆」―御番帳の作成年代を中心として―」(『日本歴史』二七四、一九七一年)・②同「室町幕府の「奉公衆」の研究」(『北海道武蔵女子短期大学紀要』三、一九七一年)、後に『論集日本歴史』五(有精堂、一九七五年)に再録・③同「室町幕府の御家人と御家人制」『御家人制の研究』(吉川弘文館、一九八一年)所収・④川添昭二「室町幕府奉公衆筑前麻生氏について」(『九州史学』五七、一九七五年)、後に同『九州中世史の研究』(吉川弘文館、一九八四年)に再録。以下の引用は、③の論文による。

(2) 設楽薫「足利義材の没落と将軍直臣団」(『日本史研究』三〇一、一九八七年)

(3) 註(1)④川添氏論文

(4) 註(1)④川添氏論文

(5) 飯田良一「北伊勢の国人領主~十ヶ所人数、北方一揆を中心として~」(『年報中世史研究』九、一九八四年)

(6) 三宅唯美「室町幕府奉公衆土岐明智氏の基礎的研究」(『マージナル』九、一九八八年)

(7) 石田晴男「室町幕府・守護・国人体制と「一揆」」(『一九八八年度歴史学研究会大会報告号』)。本稿では、守護京極家と北近江の奉公衆の対立の図式を強調し、石田氏の論旨とは矛盾するかもしれない。しかし、石田氏が説くのは幕府を頂点とする全体的な枠組みの問題であって、地域レベルでの政争において、両者が対立することまでを否定したものではないと考える。

(8) 湯浅治久「中世後期における在地領主の収取と財政―朽木文書の帳簿類の分析から―」(『史学雑誌』九七―七、一九八八年)、後に同『中世後期の地域と在地領主』（吉川弘文館、二〇〇二年）に再録。
（9）田端泰子「小早川氏領主制の構造」『中世村落の構造と領主制』（法政大学出版局、一九八六年）
（10）上村喜久子「国人層の存在形態—尾張国荒尾氏の場合—」（『史学雑誌』七四—七、一九六五年）
（11）佐々本氏全般についての記述は、『八日市市史』二（一九八三年）によるところが大きい。
（12）下坂守「近江守護六角氏の研究」（『古文書研究』一二　一九七八年）・今谷明「近江の守護領国機構」同『守護領国支配機構の研究』（法政大学出版局、一九八六年）所収、下坂氏の論の要旨は、京極氏が近江北部を中心に奉公衆と同様な権利を有する所領を多く保持していたことは事実であるが、守護権は持っていなかったとするものである。なお、下坂・今谷両氏以降の京極氏の守護権についての研究は、第二章一を参照。
（13）註（12）今谷氏論文
（14）註（1）②福田氏論文、なお、福田豊彦・佐藤堅一「室町幕府将軍権力に関する一考察—将軍近習を中心として」（『日本歴史』二三八・二三九、一九六七年）も参照のこと。
（15）小林宏「室町時代の守護不入権について」（『北大史学』一一、一九六六年）、後に『論集日本歴史』五（有精堂、一九七五年）に再録。
（16）百瀬今朝雄「応仁・文明の乱」岩波講座『日本歴史』七　中世三（岩波書店、一九七六年）・註（2）設楽氏論文
（17）註（12）下坂氏論文
（18）宮島敬一「京極氏奉行人連署奉書について」（『戦国史研究』一六、一九八八年）は、京極氏奉行人連署奉書を分析したうえで、同様の結論を導き出している。
（19）註（1）①福田氏論文・今谷明「『東山時代大名外様附』について」（『史林』六三—六、一九八〇年）、後に同『室町幕府解体過程の研究』（岩波書店、一九八五年）に再録。
（20）註（15）小林氏論文。
（21）ここで、表1には見えるが、本文では触れない家について、若干の解説を付しておきたい。まず、小串氏であるが、上野国多胡郡小串郷の出身とされ（『角川日本地名大辞典』二五・滋賀県（一九七九年）、大井郷の項）、すでに鎌倉時代には菅浦の惣追捕使職であったことが確認できる（文永六年（一二六九）九月六日「小串行方愁状案」『菅浦文書』二三九、本書での同文書の文書番号は、滋賀大学経済文化研究所史料館（滋賀大学経済学部附属史料館）『菅浦文書』上・下（一九六〇年・六七年）による）。くだって貞

和四年（一三四八）、斎藤朝日氏の一族間の紛争について、幕府より在地での実情を尋ねられている小串秀信がおり（『東浅井郡志』三「斎藤秀定の項」、また康正元年（一四五五）十二月二十七日には、小串成行が近江国浅井郡南北郷・大井郷西方などの地を、幕府から安堵されている（康正元年十二月二十七日「足利義政御判御教書」『東浅井郡志』四「南部文書」）。このように、小串氏は北近江浅井郡に本拠をもち、在地領主として一定の成長をとげたとみられる。小串氏については、拙稿「城郭地名「御館」に関わる歴史」同『北近江地名考　土地に息づく歴史』（サンライズ出版、二〇二二年）を参照。

小坂氏については、表1に示す「康正二年造内裏段銭拝国役引付」のほかには、北近江との関連を示す史料は見当たらない。

斎藤朝日氏については、鎌倉から南北朝期にかけて浅井郡朝日郷久米名の地頭職を相伝していたことが知られる（『東浅井郡志』三、斎藤氏の項）。この他、応永年間（一三九四〜一四二八）のものと推定される幕府からの奉書に、竹生島寺内の確執について、熊谷下野守と共に朝日近江守が幕府の命を伝える両使として登場する（年欠七月五日「満某書状」・年欠七月十七日「満某書状」、『竹生島文書』三〇・三一、『東浅井郡志』四所収、文書番号も同書による。また『市立長浜城歴史博物館年報』三（一九八九年）にも掲載）。

佐々木宇賀野氏は、坂田郡宇賀野（米原市宇賀野）を本拠にした奉公衆ではないかと推定し表1に掲げた。北近江での動向は、いま一つはっきりしないが「下坂文書」に応永十九年（一四一二）十二月五日「宇賀野孫六田地売券」（『改訂近江国坂田郡志』六、本書第五章三の表1・A甲6）があるほか、「長浜八幡宮文書」の永享七年（一四三五）「勧進猿楽桟敷注文次第書」（『改訂近江国坂田郡志』七所収）には、西の桟敷の上席に座る「宇賀野殿」の名が見える。こういった地元の文書に見える宇賀野氏と奉公衆宇賀野氏との関係は定かでないが、永享の史料では、いならぶ土豪層の最上席に座っており、関連を指摘してもよさそうである。

佐々木黒田氏については、将軍近習であったことは、はっきりしているが、その本拠とみられる坂田郡黒田での動向はまったくつかめない（『改定近江国坂田郡志』二、黒田氏の項）。しかし戦国期に入ると、永正七年（一五一〇）、将軍足利義尹により黒田四郎左衛門が、足利義澄のこもる岡山城の攻撃を命じられるほか（「御内書案」）、天文三年（一五三四）には、同じく黒田四郎左衛門尉が浅井亮政による京極高清—高広親子の饗応に出席するなど（「天文三年浅井備前守宿所饗応記」『続群書類従』所収）、多少ながら在地での動向を知ることができる。なお、拙稿「黒田官兵衛の先祖」小和田哲男監修『黒田官兵衛　豊臣秀吉の天下取りを支えた軍師』（宮帯出版、二〇一四年）を参照。

このほか、表1には掲載しなかったが、小串氏と共に浅井郡大井郷の地頭職を保持した彦部氏は、奉公衆の一員ではあるが（『角川日本地名大辞典』二五・滋賀県、大井郷の項）、三河国が本拠とみられる。なお、斎藤朝日氏と小串氏については註（12）下坂氏論文を参照。

(22) 註（11）書。なお、佐々木大原氏に関する系譜など一般的記述は、『改訂近江国坂田郡志』二（一九四二年）に負うところが大きい。

(23) 改訂増補　国史大系『吾妻鏡』（吉川弘文館、一九六八年）

(24) 註（11）書

(25) 五味文彦「在京人とその位置」（『史学雑誌』八三—八、一九七四年）

(26) 註（25）五味氏論文

(27) 『改訂近江国坂田郡志』四（一九四二年）八幡神社（池下）の項

(28) 以下同文書の引用は、滋賀県教育委員会「大原観音寺文書」（一九七五年）による。文書番号も同様である。但し、一部写真により校訂している。なお、同文書については、史料纂集古文書編『近江大原観音寺文書』（続群書類従完成会、二〇〇〇年）により、康正二年（一四五六）までの翻刻を見ることができる。

(29) 同文書については、以下の研究がある。福田榮次郎「『近江大原観音寺文書』の綜合的研究」（昭和六三年度『明治大学人文科学研究所紀要』別冊九）、同氏編「特集『近江大原観音寺文書』の基礎的研究—中世史料論の課題を求めて—」（『駿台史学』一〇一、一九九七年）。また、観音寺をはじめ近江の有力寺社と地域社会の密接な関係を説いた宮島敬一「戦国期地方寺社の機能と役割—近江国の寺社と地域社会—」（『佐賀大学教養学部研究紀要』二二、一九九〇年）がある。宮島氏の論稿は、「大原観音寺文書」を中心に扱っている。

(30) この為貞名内の年貢一石三斗三升三合（三勺）については、文和四年（一三五五）十一月八日付の観音寺の支払に対する請取状が残っている（「大原観音寺文書」三九）。この請取状が、どこから発給されたものかは、端裏書に「本所当」とあるのみで定かではないが、この段階で同所の年貢が観音寺の収入になっていなかったことだけは確かである。この後、大原氏の収取するところとなり、本書の明徳五年に観音寺に寄進されたと理解する。

(31) 福田榮次郎「近江国坂田郡大原荘の伝領関係をめぐって」安田元久先生退任記念論集『中世日本の諸相』上（吉川弘文館、一九八九年）

(32) 東京大学史料編纂所架蔵影写本「雲樹寺文書」

(33) たとえば、天文十三年（一五四四）の勢多橋再興の勧進は、近江守護六角定頼の命によって行われている（『天文日記』同年三月

二十一日条)。なお、下坂守「中世の勢多橋」小笠原好彦編『勢多唐橋』(六興出版、一九九〇年)参照。

(34) 田沼睦「室町幕府・守護・国人」岩波講座『日本歴史』七—中世三(一九七六年)

(35) 「節田」とは、毎年「正月廿日節」として行なわれる大原荘内夫馬郷の年頭行事の費用に、その収納があてられる田地である。註(29)宮島氏論文参照。

(36) 以下、「大原観音寺文書」の文書番号のみを記す。二三五、二六九、四六九、四八四。

(37) 永正二年七月二十六日「観音寺々領田数注文」(「大原観音寺文書」二六六)に、「天文拾二年、六郎衛門殿ノ時、反銭之時之サシ出取是也」と添書があるのは、寺領目録と段銭の深い関係を物語っている。ただ、「六郎衛門殿」は、今のところ比定する人物が見当たらない。

(38) 公方=大原氏であることは、永享五年(一四三三)三月二十九日「大原持綱段銭寄進状案」(「大原観音寺文書」六二)の端裏書に、「天役免状　公方ヨリ」とあることから見ても明らかである。なお、この文書は、大原持綱が観音寺に寺領内の段銭を寄進したものである。ここからも、本来段銭は大原氏が収納するものであったことが裏付けられる。

(39) 註(9)田端氏論文

(40) 註(9)田端氏論文

(41) 応永二十一年九月六日「細川満元遵行状」『大日本古文書』家わけ四『石清水文書』六　菊大路文書

(42) 『改訂近江国坂田郡志』二

(43) 「大原観音寺文書」五七

(44) 「大原観音寺文書」五五

(45) 『改訂近江国坂田郡志』四

(46) 『改訂近江国坂田郡志』五(一九四二年)

(47) 桑山浩然校訂『室町幕府引付史料集成』上(近藤出版社、一九八〇年)による。

(48) 大永八年七月十日「大原高保書状案」『今堀日吉神社文書』一〇五・六六四、文書番号は仲村研編『今堀日吉神社文書集成』(雄山閣、一九八一年)による。

(49) 『寛政重修諸家譜』によると、戦国後期の資直を系図の筆頭におく大原氏は、次のような家伝を載せる。

佐々木近江守信綱が五代大原左衛門尉時親が後胤にして、その先近江国甲賀郡に住して村山を称し、のち大原に復すといふ。今尊卑分脈を按ずるに、信綱が子大原左衛門尉重綱を大原の祖とす。これより四代にして時親に至る。

このように、鎌倉末から南北朝期の大原氏の当主時親を直接の祖としている。この家は、江戸時代において采地百石と廩米五十俵を賜り、小十人組に所属する旗本であった。

一方、「大原勘兵衛家由緒書」（大原美範氏蔵）によると、別の幕臣となった大原氏の家系を伝える。

一先祖　　大原勘兵衛

権現様遠州浜松　御成被為成　御座候節、近江大原村佐々木神社神主従佐々木家、天正卯月日不知被　召出、地名依而大原と改青山藤七郎・内藤弥三郎支配ニ御勝手方勤、【下略】

この大原勘兵衛家は、二十俵二人扶人を賜り、小普請方改役下役を勤める御家人であった。

(50)「大原四ヶ郷共有文書」六四。文書番号は、山東町教育委員会編『大原四ケ郷共有文書』（一九八五年）による。

(51)『改訂近江国坂田郡志』四、岡神社の項

(52) 喜多村俊夫『近江経済史論攷』（大雅堂、一九四六年）、小和田哲男『近江浅井氏』（新人物往来社、一九七三年）など。

(53)（天文二十二年）六月二十二日「月瀬忠清・河毛清充連署書状」（「宮川文書」、『東浅井郡志』四）の中に「上坂より出雲井、明日被落に付而」とある。なお年次は『東浅井郡志』の推定である。

(54) 注（52）喜多村氏書

(55) 高時川の用水については、高島緑雄「近世的用水秩序の形成過程―近江伊香郡・浅井郡の用水の研究―」（『駿台史学』三九、一九七六年）による。なお、本書第二章三を参照。

(56)「熊谷系図」『続群書類従』七上　系図部（続群書類従完成会、一九七九年）

(57)『菅浦文書』二三九

(58)『菅浦文書』二七一・二七四・九六・二七五・七三五

(59)『菅浦文書』六九七・六五・五九・七三三・七三四・七三六・二四六

(60) 永仁七年四月二日「近江守護使平家綱請文案」『菅浦文書』六四

(61) 寛正二年十一月三日「菅浦大浦両庄騒動記」『菅浦文書』三二三

(62) 『竹生島文書』三〇・三一

(63) 増補　続史料大成『後法興院記』二（臨川書店、一九七八年）延徳三年九月十一日条

(64) 明応元年十一月「三番衆老若一味同心申合間事」「鳩拙抄」所収、『東浅井郡志』一（一九二七年）参照。

(65) 『天文三年浅井備前守宿所饗応記」『続群書類従』武家部二三下（続群書類従完成会、一九七九年）

(66) 熊谷氏に関する地元での資料・伝承などをまとめた澤田修二「近江熊谷氏とその足跡」同『湖北の歴史を探る』（一九八六年）によると熊谷氏の城郭について次のような記述がある。

（熊谷氏の）塩津城は、塩津浜小字城の越にあったといわれ、今日僅かに城の石垣を残している。塩津浜にある浄光寺の裏山を円山といって僅かな平地を村人は相撲場にしていた。この円山から西の小高い所に熊谷松跡と言い伝える所があり、地蔵尊が祀られている。熊谷氏の物見台あるいは墓地の跡であろう。熊谷氏の塩津浜の遺跡は、これ以外全く見当らないのは残念である。西浅井町には塩津城と別に集福寺城があった。集福寺の西方字若山にその城址があって、又集福寺字村荒谷には熊谷屋敷と称する所が残っている。集福寺城址は、国道八号線を北上して集福寺部落の入口にある墓地西方の小高い山で、正に塩津谷を扼する場所である。

また、福井県敦賀市疋田の疋壇城は、戦国時代に塩津熊谷氏に攻撃されたという（敦賀郷土博物館叢書十二『敦賀の城砦』（一九七七年））。

これらの伝承や、江戸期以降北近江に同氏の後裔と伝える家が存在することは、中世における同氏の在地での影響力の大きさを間接的に物語るものであろう（以上の点については、泉朝美氏のご教示を得た）。

(67) 〔史料3〕の「後村上天皇綸旨」で、「箕浦庄地頭職除土肥佐渡入道跡」とあるのは、言うまでもなく同氏が、鎌倉時代以来、当荘の地頭であったことを証明している。

(68) 『改訂近江国坂田郡志』二・五（一九四二年）

(69) 永享七年七月「勧進猿楽桟敷注文次第書」（「長浜八幡宮文書」、『改訂近江国坂田郡志』七（一九四二年）所収）

(70)「伺事記録」桑山浩然校訂『室町幕府引付史料集成』上（近藤出版、一九八〇年）
(71)「嶋記録」の「従是本書之覚書」。なお、滋賀県教育委員会編『滋賀県中世城郭分布調査』七（一九九〇年）に「嶋記録」は全文翻刻されている。
(72) 註(12)下坂氏論文
(73) 鏡氏については、『近江蒲生郡志』二、『角川日本地名大辞典』二五「滋賀県」（一九七九年）などによる。
(74) 北近江の戦国期の政治動向については、『東浅井郡志』一・二（一九二七年）が詳しい。
(75) 滋賀県教育委員会『滋賀県中世城郭分布調査』六（一九八九年）、長谷川銀蔵・博美「上平寺城について」（『近江の城』一七、一九八六年）
(76) 勝俣鎮夫「六角式目における所務立法の考察」（『岐阜大学教育学部研究報告・人文科学』一七、一九六八年）、後に同『戦国法成立史論』（東京大学出版会、一九七九年）に再録、宮島敬一「荘園体制と『地域的一揆体制』」『一九七五年歴史学研究会大会報告号』
(77)「井戸村文書」については、本書第五章一を参照。
(78) 註(8)湯浅氏論文

〔付記〕
本稿は、市立長浜城歴史博物館で一九八九年一月三十一日から三月五日まで行った特別陳列「佐々木大原氏―坂田郡の中世史―」での成果を発展させたものである（小冊子であるが、展示に際しては「解説シート」を発行している）。また成稿にあたり、一九九〇年三月二十三日、内乱史研究会において発表の機会を与えられた。その場での、ご助言に心から感謝したい。（一九九〇年五月成稿　一九九一年四月改稿）

〔追記〕
改稿の後、『山東町史　本編』の発刊（一九九一年二月）を知った。中世部分は京極氏の記述が中心で、大原氏についての記事はあまり多くない。しかし、文明十四年（一四八二）五月十三日、大原政重の逃亡によって、幕府が大原荘の知行を一時細川政誠に命じた（「吉田文書」）という記事は、私にとって新知見であった。

〔補注〕

湯浅治久氏の『中世後期の地域と在地領主』（吉川弘文館、二〇〇二年）は、大原氏と大原荘を核心部分の論証に用いており、本節で提起した本（公方）年貢を収取する大原氏の在地領主としての姿、「武家領」としての大原荘の内部構造を詳細に描いている。また、奉公衆の最新研究として、木下聡「室町幕府の外様衆と奉公衆」（同成社、二〇一八年）がある。

二　中世箕浦荘と奉公衆土肥氏

1　はじめに—箕浦荘の荘域と伝領

近江国坂田郡の南西部に存在した箕浦荘は、中世に番場(米原市番場)を本拠とする土肥氏や、箕浦(米原市箕浦)を本拠とする今井氏に代表される多くの国人・土豪が割拠した。特に、戦国期については、比較的この地域の史料が多いため、先学の論稿も見られ、(1)私も「嶋記録」や今井氏について触れた論稿を発表している。(2)

本節は、平成三年(一九九一)度に発掘調査された殿屋敷遺跡が、箕浦荘の地頭である土肥氏関係の遺構であると考えられるため、(3)中世の同荘における領主について、特にその在地支配のあり方に焦点をすえ考えてみる。その際、箕浦荘内を古代の東山道、中世の東海道、さらには近世の中山道が通過していたことを念頭におき、荘内の交通路の変遷と領主の盛衰が、いかなる関係にあるかという問題についての考察に重点をおいた。

さて、箕浦荘の荘域であるが、中世の史料で明確に示すものは残念ながら存在しない。江戸時代の地誌である『近江輿地志略』によれば、次の諸村が箕浦荘に所属していたという。(4)

番場・久礼・門根・樽水・西坂・蓮華寺(以上、南箕浦村→息郷村)
樋口・牛打・枝折・醒井・上丹生・下丹生(以上、醒井村)
寺倉・能登瀬・多和田・日光寺・新庄・箕浦・岩脇・西円寺(以上、息長村)
武奈・妙幸(以上、鳥居本村)

米原（以上、入江村）
飯（以上、法性寺村）

括弧内は明治二十二年（一八八九）施行の町村制にもとづく所属村名を記したが、息郷村・醒井村・入江村が平成十七年（二〇〇五）までの米原町、息長村と法性寺村が同じく近江町、それに鳥居本村が彦根市の一部となっている。この荘域記載がどの程度正確かは、現在確かめる術をもたないが、息郷村・醒井村・息長村三ヶ村の区域については、ほかの荘園と重なる可能性も少なく、箕浦荘であったことはまず間違いない。[5]

特に興味深いのは、息郷村が明治二十二年（一八八九）四月から同二十三年四月まで、南箕浦村と称していたことである。これは、中世箕浦荘の一部であったことが、この当時まで伝承として生きており、村名として命名されたものであろう。さらに、現在近江八幡市赤尾町にある覚永寺の弘安四年（一二八一）の梵鐘は、本来番場正福寺の鐘であったことが分かっているが、その銘には「近江国坂田南郡箕浦御庄馬場宿正福寺鐘也」と記されている。[6]ここで確認しておきたいのは、土肥氏の本拠とした番場は、中世箕浦荘に所属したことである。「箕浦」の地名からは、米原市箕浦がある旧息長村付近を想定しがちだが、[7]この大字名は中世後期の箕浦荘の中心であった八日市場が所在したことから命名されたものであり、本来の「箕浦」は荘園名で、旧良息郷村の番場を含む広域な範囲を指す地名であった。なお、八日市場については後述する。

ここで箕浦荘の伝領について略述しておく。[8]従来の研究によれば、本荘は皇室領と妙法院門跡領が確認できる。前者については、すでに『明月記』の建保元年（一二一三）十二月六日条により、後鳥羽上皇が預所職の任免を行なっていたことが分かり、さらに嘉元四年（一三〇六）の昭慶門院領目録案（竹内文平氏旧蔵文書）によれば、当荘に「後鳥羽院御影堂領」の注記がある。一方、妙法院門跡領としては『民経記』の寛喜三年（一二三一）九月十四日には、妙法院門跡綾小路宮尊性が当荘の伊勢奉幣駅家免除を申請し、その許可を得ている。この他にも、二者の所領であった徴証は散見する。

『改訂近江国坂田郡志』では、箕浦荘に青蓮院門跡領が存在することを指摘し、それと後鳥羽院御影堂領の関係について、「後鳥羽院御影堂領と山門領と在りしが、前者は北部即ち今日の息長村方面、後者は南部即ち息郷村方面に在りしには非ざりしや」としている。(9) しかし、後鳥羽院御影堂領と山門の両門跡（妙法寺・青蓮院）領の関係は、本家・領家の重層関係とみなした方がよいであろう。一方、「摂津勝尾寺文書」には、暦仁元年（一二三八）を初見として、「延命院領箕浦山方庄」が確認できることが指摘されているが、(10)「井戸村文書」の応永八年（一四〇一）十一月十日付「尼女畠地売券」での四至表示の後に「公方山方」とあるのは、山方荘分の年貢上納地を指すのではなかろうか。この売券の売地は、後述する箕浦荘の一つの中心であった八日市場であるが、他の八日市場の売券にこの記載がないことからして、箕浦山方荘は地域的なまとまりを示すものではなく、箕浦荘内に散在していたと考えるべきであろう。

2　箕浦荘内の交通

古代からの東山道　箕浦荘内の交通を考える際、もっとも重要な道は東山道である。この古代に整備された官道は、中世に至っても都と東国を結ぶ道として使われた。綿密な現地調査に基づき東山道の復元を行った黒坂周平氏は、江戸時代の中山道と東山道の関係について次の様に述べている。(11)

江戸時代の近江国中仙道は、北は彦根市から南は草津市まで、途中進行方向の角度変更や曲折は数ヵ所あるが、全体的に直線的進行形態をもって終始している。これはおそらく、古代からあった東山道をほぼ重複して利用したところから現れたもので、近江国の東山道の最も特徴的なところといえる。

江戸期の中仙道は、上野・信濃・美濃においては、推定東山道筋と重なるところもあるが、いずれも一部分だけである。とくに信濃などはほとんど別の道筋を通っている。「近江東山道」の場合、この二道が全体的にほぼ同一経路をとっていると推定される点に他国と異なる特色がある。これがいわば「近江東山道」の基本的性格であろう。

さらに、彦根市から先の箕浦荘域についても、米原に出て天野川を遡るルートの可能性を指摘しつつも、摺針峠から番場・醒ケ井に抜ける中山道に沿う形で、東山道が存在したと結論している。つまり、箕浦荘はその立荘以前から、すでに荘内を東山道が通る重要な地点であったわけである。

「箕浦」周辺の交通　さらに、中世においても当荘が、美濃・尾張から東国に向かう東海道の重要なポイントにあったことは、表1を見れば一目瞭然である[12]。この表は、中世の日記や紀行文の中から、畿内と美濃・東国への往復において、箕浦荘内を通った形跡のある記事を拾い上げたものである。通過地点は、箕浦荘内及びそれに最も近い地点を上げ、前後の地名から箕浦荘内を通過したと推定される場合も含めている。この表で、通過地点を検討すると、時代により次のような特徴があることに気がつく。

①鎌倉前期以前　「箕浦」を通過地点としている
②鎌倉後期以後　摺針峠・番場を通過地点としている

表１　箕浦庄内の交通

No.	年　月　日	通過人物	直前地名	通過地点	直後地名	出　　典
1	保元元（1156）	源為義	三井寺	箕浦		保元物語
2	建久元（1190）11.	源頼朝	柏原		野路	吾妻鏡
3	建久元（1190）12. 15	源頼朝	小脇	箕浦	青波賀	吾妻鏡
4	暦仁元（1238）10. 14	藤原頼経	小脇	箕浦	垂井	吾妻鏡
5	仁治３（1242）8.	源親行	おいその社		さめが井	東関紀行
6	寛元４（1246）7. 25	源頼経	垂井	馬場	鏡	吾妻鏡
7	建長４（1252）2.	崇尊親王	鏡宿	箕浦		増鏡
8	弘長２（1262）	西大寺叡尊	小野		佐女井	関東往還記
9	弘安２（1279）	阿仏尼	小野		醒が井	十六夜日記
10	弘安３（1280）11. 15	飛鳥井雅有	いぬかみ	すりはり山 ばんばの宿	さめが井	春のみやまち
11	元弘３（1333）5.	北条仲時軍	小野	番場ノ峠 番場		太平記
12	建武２（1335）		小野	番場	佐目加井	実暁記
13	文和２（1353）7.	二条良基	小野		さめがゐ	小島のくちずさみ
14	応永25（1418）3.	正徹	小野	すり針 番場	さめが井	なくさめ草
15	永享４（1432）9.	尭孝	小野	すりはり峠	不破の関	覧富士記
16	文明５（1473）5. 5	一条兼良	はつさか	朝妻（船）	さめが井	ふち河の記
17	文明５（1473）5. 21	一条兼良	たる井	番場 すりはり峠	小野	ふち河の記
18	文明11（1479）7.	興福寺使者	小野	番場	柏原	大乗院寺社雑事記
19	長享２（1488）12. 30	濃州年貢		朝妻（船）		実隆公記
20	天文２（1533）10.	仁和寺尊海	しま	つくま 朝妻（船）	醒井	あつまの道の記
21	天文２（1533）8. 22	山科言継	垂井	朝妻（船）	坂本	言継卿記

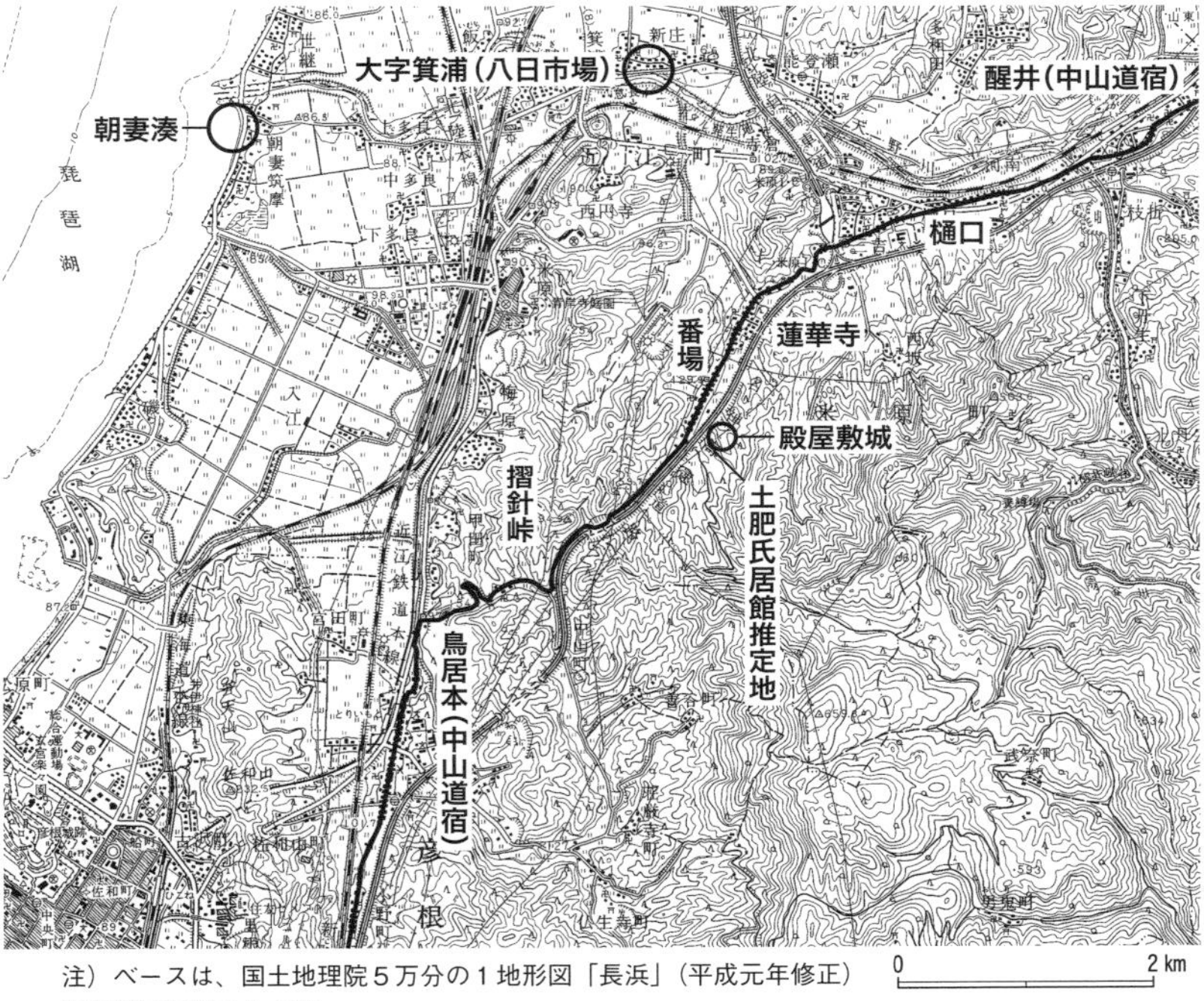

注）ベースは、国土地理院５万分の１地形図「長浜」（平成元年修正）
※実線は近世の中山道

図１　箕浦荘付近図

③戦国時代　　湖上航路と朝妻湊が多く
使用されている

この内、③の朝妻は箕浦荘の西方の湖岸にあった良港である。この時代、大津・坂本付近から船に乗り、朝妻に着岸、以後は陸路を大字箕浦・新庄・能登瀬を経て、樋口で中世東海道と合流するルートが盛んに使われていた。この箕浦荘北部を横断する陸路は、後に朝妻街道と呼ばれる。②は、古代の東山道や近世の中山道と同じ道が、中世においても東海道として、にぎわっていたことを示す。②から③への変化は、史料残存の偶然性もあるだろうが、やはり湖上交通の発展により、戦国時代になると航路が積極的に利用されるようになったことを示している。

この点、『新修大津市史』は、「坂本や大津からの舟運も、初めは志那浜や矢橋・山田といった対岸地への渡船的性格が強かったのに対して、のち（室町中期以降—太田註）には北の島（近江八幡市島町）・朝妻といった遠方への沿岸航路が飛躍的に発展していったことも見逃してはなるまい」と述べている。[13] また、『改訂近江国坂田郡志』も、朝妻湊と坂本の交通がより頻繁になるのは、応仁・文明の頃としている。[14] それ以前も、朝妻湊は古代の史料にも登場し、多くの和歌に詠み込まれており、港として成立していたことは間違いないが、この時期に交通量がより増大し、中継地として記録されることも増えたことを、表1の状況は示している。[15]

では、①の「箕浦」は、どの様に解釈したらよいであろうか。先学の研究では、現在の米原市大字箕浦と断定してきた。[16] しかし、『吾妻鏡』の記事をみると、いずれも野路・小脇・鏡など南近江の宿と、醒ヶ井・柏原・垂井など美濃方面へ抜ける宿との間で、「箕浦」を通過している。この経路の往反については、古代東山道—つまり番場を通過するのが一番近道であり、なぜ遠回りになる大字箕浦をわざわざ通過するのか疑問がもたれる。結論から言えば、この①の「箕浦」とは、現在の番場のことを指すと考えられる。それは、中世前期において、この番場が箕浦荘の中心であったからである。

中世の八日市場　一方、現在の米原市大字箕浦は中世どのように呼ばれていたか。大字箕浦の地は戦国時代、北近江の戦国大名浅井氏や、当地の有力領主今井氏に従った井戸村氏が本拠をおいた場所である。井戸村氏は、約六十点にのぼる中世文書＝「井戸村文書」を残しており、中世後期の坂田郡南部の状況を知り得る格好の史料となっている。[17] 同文書の売券中、表2-1の通り七通に「八日市場（庭）」なる地名が登場する。この「八日市場」については、小和田哲男氏により次の指摘がある。[18]

表２－１　井戸村文書中の八日市場売券

No.	年　号	土　地	場　所	売　主	買　主	郡志（注）
1	応永８（1401）11. 10	畠　１　段	字八日市場出口下	尼　　　女	—	4
2	応永17（1408）３. 18	居屋敷２畝	八日市	いは脇定明	惣　　　阿	5
3	永享12（1440）11. ４	畠　８　畝	八日市場光雲寺西畠 コウタイ寺西畠	惣持庵善信	井戸村備後	13
4	文安４（1447)閏2. ５	田地２畝	八日市場福山殿屋敷前	堀部河上妙性	井戸村備後	14
5	文安４（1447）３. ５	屋敷108歩	八日市庭ノ南屋敷	堀部河上妙性	ヌ　キ　(注)	15
6	享禄２（1453）11	畠　２　畝	八日市場光雲寺西	三　郎　二　郎	井戸村備後	20
7	文明13（1481）５. ３	田地１段	八日市庭西出口	下坂浜仏心寺祖印	井戸村備後	29

(注) 郡志…『改訂近江国坂田郡志』７の文書番号
(注) ヌキ…該当部分が空白になっていることを示す

表２－２　八日市場売券の四至

No.	東	南	西	北
1	堀　殿　地	今　井　殿　地	福　山　殿　池	今井西殿池
2	(地類)	平四郎屋敷	岩脇北殿地	沢
3	—	—	—	—
4	福　山　殿　地	今　井　殿　地	岩　脇　殿　地	沢
5	[　　　　]	今　井　殿　地	[　]地次ハ大道	市　[　　　]
6	監物殿作地	井戸村殿下地	所　之　地	溝
7	橋　　　田	堀河内方地	今井西方作ノ地	今井西方作ノ地

箕浦荘の八日市場とはどこにあったのであろうか。今日、大字名にしても小字名にしても八日市場という地名はない。しかし、(一)現在、近江町箕浦に東西約二〇メートル、南北約一五メートルの広場があり、(二)その広場は私有地ではなく、昔から箕浦の共有地で、(三)広場を古くは市場とも称していたことがあった事実を聞き取り調査によって確認し得た。広場は三叉路になっており地理的にも箕浦の中心で、そこの小字名を立町といっているのも、そこが多少なりとも町的な集落のあったことを予想させる。

この広場は、三叉路の南東にあり、現在駐車場に利用されている。片隅には、最近建てられた「箕浦市場跡」の石柱も見える。小和田氏は八日市場の範囲について厳密には述べていないが、この広場のみに限定して考えるべきではないだろう。表2の売券の土地所在地やその四至をみても、地名のばらつきがうかがえ、とうてい二十×十五メートル程度の広場内ではおさまらない。現在の大字箕浦全体を、八日市場と称していたと考えるのが妥当であろう。つまり、大字箕浦は、中世においては大字八日市場であったのである。

大字箕浦の永福寺に残る応永三十三年(一四二六)十二月八日の恵福寺屋敷建立証文(19)によると、「箕浦荘之内之市場西浦」に同寺を建立するので、末代退転なきよう「市場西屋敷ノ法浄」が申し送っている。「市場西浦」・「市場西屋敷」が「八日市場内の西方」の意に解せるとしたら、やはり現在の大字箕浦全体を八日市場と言っていた証となる。この恵福寺の後身に当たる永福寺は、大字箕浦のまさしく西方にある。

このように八日市場は、中世の応永年間(一三九四～一四二八)頃から発達した市場で、新しい箕浦荘の中心になった所と考えられる。これは、先に説いたように湖上交通による朝妻湊の繁栄を背景とするもので、さらに北国街道との分岐点でもあったことも、人と物を集中させることになった。朝妻方面からの道は、大字箕浦の南から集落に入り、三叉路で右におれ東海道（近世の中山道）に向かった。この三叉路を直進すれば、顔戸・加田・宮川・国友をぬけ、近世の北国脇往還の伊部宿へ出ることになる。戦国期において、この道は浅井氏の居城小谷の城下町伊部・郡上に到達する「小谷道」でもあった。

現在の大字箕浦を「箕浦」と称するようになるのは、おそらく戦国時代の末、織豊期からであろう。大字箕浦が、史料上で「箕浦」と呼ばれるのは、天正十九年（一五九一）に石田三成へ預けられた秀吉の蔵入地目録に、「長岡内箕浦村」とあるのが最初と見られる。[20] したがって、先の①に相当する「箕浦」は、現在の大字箕浦を指すものではない。それは、道順からいっても現在の番場であり、この時代にはおそらく八日市場は町場として成長を遂げていなかった。

ここで、もう一度整理し直せば、中世を通して箕浦荘の中心は、前期の番場から後期の八日市場―大字箕浦に移った。番場の繁栄を担って、そこに在地領主制を展開したのが土肥氏であり、八日市場の繁栄を担って、領主として自立したのが今井氏である。そして前者は、後者の台頭を横目でみながら、その勢力を失っていく。次に、その土肥氏の動向を追ってみよう。

3　箕浦荘地頭土肥氏

史料に表れる土肥氏　箕浦荘に住したと考えられる領主としては、治承の内乱で兵を上げた近江源氏・山本義経の子蓑浦冠者義明がいる。[21] しかし、荘内のどこに本拠をおいたかなど、具体的な在地との関係は分かっていない。この義明の流れを汲むという箕浦氏は、南北朝時代に佐々木導誉の命により柏原（米原市柏原）に移ったといわれるが、当荘との関係はそれ以上分からない。[22]

一方、「八坂神社文書」の寛喜三年（一二三一）八月二十一日の「鎌倉将軍家安堵下文案」によれば、丹治信員に対して武蔵国賀美郡安保郷内別所村・播磨国須富荘と共に、近江国箕浦荘内村壹所地頭職が安堵されている。これは、「亡父実員の例に任せて」とあるから、父からの相伝所領であった。しかし、丹治氏は武蔵国の安保郷を本貫とする武士であり、(23)この補任によって箕浦荘に移住し、在地での支配を行なったとは考えられない。

箕浦荘における、在地領主制の本格的展開は、関東からの土肥氏の入部を待たなくてはならない。ただ、近江番場に入った土肥氏については、系図すら伝わっていない。源頼朝の側近で、相模国足柄郡土肥郷を本拠とする土肥実平の子孫であるとは推定できても、それを証明するものは苗字以外何もない。さらに、いつ、どの段階で土肥の嫡流から別れ、近江に土着したのかも分からない。

近江土肥氏が初めて史料上に登場するのは、第一節表6にみるように番場蓮華寺に残る弘安七年（一二八四）の銅鐘銘である。(24)「奉鋳江州馬場宿蓮華寺突鐘事」で始まるこの銘文の最後に、「大壇那沙弥道日」とある。この道日こそ、箕浦荘に地頭として入部した土肥元頼の法号といわれる。それが正しいことは、鎌倉時代の法制史料「吉田本追加」に次のような記事があることで確かめられる。(25)

〔史料1〕「吉田家本追加」

近江国箕浦荘加納與本庄東方堺事

土肥六郎入道行蓮與舎兄三郎入道々日、於六波羅被経御沙汰、御注進以後経八ヶ年、永仁六年七月十六日重御注進之外、求出肝心証文、於御引付、依申子細、被付奉行人弾定忠畢、仍御沙汰在之、

ここでは、箕浦荘の加納分を押さえる土肥六郎入道行蓮と、本庄（東方）を押さえる土肥三郎入道道日の間で堺相論

が起こり、すでに八年が経過していること。永仁六年(一二九八)に至って重訴が行われていること。土肥三郎元頼＝道日が箕浦荘本庄の少なくとも東方のみは領し、さらにこの当時は紛争があったものの、一族へ付近の所領を配分して領主制を展開していたこと、などを読み取ることができる。

一方、番場蓮華寺の寺伝によれば、その前身である法隆寺が建治二年(一二七六)雷火で消失した後、弘安七年(一二八四)に北陸遊行中の一向俊聖と力を合わせて蓮華寺を創建したのは、箕浦荘地頭土肥元頼であったという。(26)現在も、本堂脇には、彼の墓と言われる宝篋印塔が建っている。このように、元頼が近江土肥氏の初代であるかは不明ではあるが、彼の活躍した鎌倉時代後期には、土肥氏は確実に番場に本拠をおき蓮華寺を氏寺とし、領主として在地支配を行なっていたことが明確になるのである。

第一節表6でもわかるように、土肥氏の史料は非常に断片的であり、在地支配の具体相などはまったくわからない。しかし、その史料中で最も注目すべきは、長浜八幡宮で行なわれた永享七年(一四三五)の勧進猿楽の記録に、「土肥殿」の観覧が確認できることである。(27)ここでは、「小足殿」など領主として、それぞれの在地で一定の力をもつ人々と席を同じくしており、土肥氏もこの時期北近江において同様な地位を保っていたことが分かる。『蔭涼軒日録』の文明十七年(一四八五)十二月十二日・十三日の記事によれば、建仁寺禅居庵領である「江州箕浦庄内馬場西方」を土肥兵部少輔が押領していることが問題となっている。(28)これも、裏返して考えれば、土肥氏の勢力がまだ箕浦荘やその中心の番場に及んでいたことを示していよう。

奉公衆としての土肥氏　さて、この土肥氏を語る上で見逃せないのは、同氏が室町幕府の奉公衆であったことである。奉公衆とは室町将軍の親衛軍である。その体制は第六代将軍義教の初期に整えられ、守護大名の庶子や足利一門・

被官、有力国人によって構成されていた。彼らは、各地にあって将軍の直臣として、その国の守護大名を牽制する役目を帯び、また将軍直轄領の代官を命ぜられたりした。室町将軍家の軍事・政治・経済各面における基盤となる人々である。その活躍の場所はもちろん京都であり、将軍外出の際は彼らがつき従い、その護衛にあたっている。そして、番といわれる五つの組を作り集団で行動していた。[29]

この奉公衆をはじめ、幕府役人のリストである「文安年中御番帳」・「永享以来御番帳」・「東山殿時代大名外様附」[30]によると、奉公衆の二番所属として土肥氏の名がみえている。最初の「文安年中御番帳」に「土肥三郎右衛門尉」とあり、後者二本には「土肥三郎」とある。土肥元頼の通称が「三郎」であるから、近江番場の土肥氏を指しているとはまず間違いない。また、長享元年（一四八七）、将軍義尚が近江六角高頼を追討に出陣した際、つき従った人々を記入した「常徳院殿様江州御動座当時在陣衆着到」[31]によれば、やはり奉公衆の二番に「江州土肥民部少輔」の名が見えている。

この奉公衆の組織は、細川政元による明応二年（一四九三）の将軍義材の追い落し＝明応の政変以後、急速に崩れ去っていった。と同時に、土肥氏の場合、在地での勢力も失っていくのである。第一節表6のように、十六世紀に入ると、ほとんどその徴証をつかむことができなくなる。永正七年（一五一〇）に土肥美濃入道が、将軍より岡山城の攻撃命令を受けた「御内書案」が、土肥氏の動きを知り得る最後である。延徳二年（一四九〇）閏八月十六日の「伺事記録」によれば、京極政経が「江州北郡箕浦庄内土肥庶子分跡」を押領しているが、それが再燃する形で、天文八年（一五三九）閏六月七日の「披露事記録」の記事でも、「江州箕浦庄内土肥庶子分」が守護の押領を受けている。すでに庶子分の跡職であること、そこを幕府奉行人松田長秀・晴秀が知行地と主張している点からして、当時まで土肥氏が箕浦荘に影響力をもっていたとは考えがたい。[32]こうした在地での傾向は、他の北近江の奉公衆でも同じである。[33]

ここで、土肥氏の居館跡について考えてみよう。註(3)の報告書でも詳細に触れられているが、発掘された殿屋敷遺跡の南西約二〇〇メートルの一区画が、土肥氏の居館推定地である。明治六年(一八七三)の地籍図によれば山を背にして前三方を細長い地割が回っており、おそらくこれが土塁の跡であろう。堀でもある川を隔てて、すぐ前は中山道が通る。この道は、古代東山道の時代から中世の東海道に至るまで、東国への街道として頻繁に使われたことは前項で述べた。さらに、居館跡の裏手、比高約七〇メートルの山頂に、土肥氏の詰の城と目される殿屋敷城があった。(34)

中世の番場宿は、「元番場」と呼ばれる上番場(現在の西番場)に存在したと考えられるが、(35)この土肥氏の居館と城は、この街道と番場宿の入口を扼する位置にあったことになる。これについては、軍事的な意味もさることながら、経済的意味を考えなくてはならない。もとより、土肥氏とこれまで述べてきた街道・宿駅との経済的関係を示す史料は何もない。その居館の位置から、宿駅の市場の管理や関所の設置による収入を、土肥氏が領主経営の一部に組み入れていたであろうことは容易に想像できる。

この街道と番場宿が、戦国時代に入る頃から、八日市場(大字箕浦)を通る朝妻街道の発展により、相対的に利用度が減ったと推定されることは前項で触れた。その時期が、奇しくも土肥氏の衰退期と一致するのは、単なる偶然であろうか。(36)土肥氏の在地での勢力喪失の理由は、所属する奉公衆の解体もその要因だが、本貫地・番場の箕浦荘内での交通的地位低下による、領主としての経済基盤の破綻も、ひとつの要因とみなすことができるのではないか。その対極として、八日市場の繁栄があり、そこを本拠とする今井氏の勢力伸張をみるのである。さらに付言すれば、土肥氏関連施設とみなされる殿屋敷遺跡の遺構・遺物が戦国期に及ばないことも、土肥氏の衰退と街道の地位低下を裏打ちしている。

なお、「嶋記録」に次のような記載がある。(37)

〔史料2〕「嶋記録」

嶋若狭守いまた四郎左衛門尉なりし時、今井左衛門尉秀俊京極殿御不審かうふり、江北にて浅井備前守亮政ために生害せられけれハ、秀俊妻女ハ番場土肥か息女なりしか、秀俊か息八歳尺夜叉をかかえへ土井《(肥カ)》もろ共に、牢籠せしかハ【後略】

これは、天文二年（一五三三）、浅井亮政がその家臣今井秀俊を神照寺において殺害した事件を記した部分である。注目すべきは、今井秀俊の妻は土肥氏の娘であったことである。箕浦荘内で新旧交替した領主が、姻戚関係で結ばれていた事実は極めて興味深い。[38]

4　今井氏の在地支配―まとめにかえて

「今井軍記」と「嶋記録」　今井氏は、藤原秀郷を出自とし、その七代後になる俊季の代から箕浦（大字箕浦）に住したと言われる。[39]これまでの研究では、鎌倉時代から室町時代にかけての今井氏の動向について触れる場合、「今井軍記」にのみによってきた。[40]逆に言えば、この軍記以外には、同時期の今井氏について知り得るものは存在しない。「今井軍記」は、[41]俊季から四代後の俊綱から、戦国時代に活躍した清遠まで、十二代に及ぶ戦功を略述している。

しかし、「今井軍記」には疑問な点が多い。例えば、承久の乱の際、今井俊綱が上皇軍として戦った際、幕府軍の熊谷小次郎と勢多橋上で組み合い、水中に転落しながらも、熊谷の首をとった話などは、本軍記にしかみえず、他本で確認することができない。[42]さらに、南北朝期、今井遠俊の八相山での戦功なども、同様のことが言える。今井氏の由緒を正すために書かれたこの本の性格上、今井氏の活躍が古く鎌倉時代にまで及び、いかに歴代の戦功が多いかを

[今井氏系図]

大職冠鎌足―秀郷（俵藤太武蔵守）―千明―頼清―頼俊―行俊―季俊―秀堅―俊季（三郎太夫 始・箕浦住む）―俊宗（泉大夫修理亮 始・番場住む）

俊宗―俊成（堀藤太）
　　―俊正
　　―俊安
　　―俊平―俊景

俊景―俊綱（今井九郎進士 今井祖 承久年中）―資綱（今井六郎）―宗俊（藤六左衛門尉）―遠俊（六郎左衛門尉）―資俊（六郎左衛門）―高俊（六郎左衛門 越中守）―秀遠（六郎左衛門 美濃守）―詮遠（権六 美濃守 応永年中）―光遠（越中守）―高遠（美濃守）

高遠―秀遠（備中守）―清遠（左衛門尉）―清秀（左衛門 美濃守 秀遠四男）

清秀―秀俊（権六 釈夜叉丸 神正寺にて切腹）―定清（釈夜叉丸 権六 備中守 嫡子 人質流 観音寺にて生害）―秀形（権六 小法師丸 改め秀家 天正十一年討死 今井氏断絶）
　　―秀隆（今井忠兵衛）

『近江町史』より

強調するのは当然である。それ故に、内容については慎重な検討を要するであろう。要は、今井氏が鎌倉時代より大字箕浦の地に住し、各地で軍功を挙げていたとする点は、それを裏づける在地の史料も他になく信用しがたい。

戦国期今井氏に従い、同じく大字箕浦を本拠とする土豪井戸村氏の相伝文書には、今井氏に関する史料が含まれる。(43)まず、応永八年(一四〇一)の十一月十日、尼女畠地売券の売却地「八日市場出口下」にある畠地一段の四至は、南隣が「今井殿地」であり、北隣が「今井西殿地」であった。さらに、応永二十二年(一四一五)三月二十八日の今井大南藤吉の田地売券、同年十一月十八日の今井新某の田地売券が続く。以後、売券の四至などに今井氏の名が散見する(表2‐1参照)。このように、確かな史料によれば、今井氏は少なくとも応永年間には、大字箕浦＝八日市場の領主として存在していた。『江北記』(44)には、京極氏の被官としてその名がみえるが、以上から今井氏は応永から文明の室町時代中期に発展を遂げた一族とみるのが妥当であろう。

浅井氏が台頭してからの今井氏については、「嶋記録」に詳しく先学の記述もあるのでここでは省略する。(45)それにしても、今井氏の戦歴については、比較的詳細にわかるのであるが、在地支配の状況については、ほとんど史料が残っていない。「嶋記録」によれば、今井秀俊が亮政によって殺害された天文二年(一五三三)以降、庇護を受けた六角氏を離れ、再び浅井氏に仕えるようになる天文二十一年(一五五二)に、忍海庄本所職を本領安堵されたとしている。さらに、「多良跡」や「下坂公文」など十数ケ所を、太尾城攻略の戦功として宛行うことが、浅井久政から伝えられている。しかし、これら箕浦荘の外縁に点在する荘園所職を、今井氏が確実に得ていた確証はなく、これも慎重な検討が必要であろう。そもそも、今井氏は箕浦荘について、いかなる所職を得ていたのか、はっきりしたことが分からない。(46)

今井氏の在地史料

その中で、大字箕浦の永福寺に残る「今井権六定清書状」は貴重なものである。(47) 永福寺の前身・恵福寺が、若宮（箕浦八幡神社）の神領の内一段を買い上げたのに対し、今井定清が天文十五（一五四六）十二月十一日に安堵を加えたものである。一般的に、このような買地安堵を行なえる者は、その地域の経済的・法的秩序を掌握していたと考えられ、今井氏の在地支配の一端をのぞかせる。

もう一つ注目すべきは、日撫神社に残る永禄八年（一五六五）銘の懸仏である。(48) 径二五・三センチで、仏像・天蓋・右宝瓶などを欠いているが、裏面木製円板に「奉施入／日撫大明神本地薬師如来／永禄八年乙丑卯月吉日／今井中西家政敬白」と墨書がある。今井中西家政は、天文二年（一五三三）の今井秀俊、永禄四年（一五六一）の今井定清と相次いで今井氏当主が不慮の死をとげる中、動揺する家中をおさえて、今井同名中の中心となり、戦国期の同氏を支えた人物である。(49) 日撫神社は隣庄朝妻荘の惣社で、今井氏は当荘にも所職を得ていたとすれば、その在地支配の上では、同社の祭祀権掌握は必要不可欠であったと考えられる。したがって、この懸仏も間接的に今井氏の在地支配を伝える史料といえよう。なお同社には、永禄九年（一五六六）の年号のみ入る懸仏が他に二面ある。

以上のように、今井氏が箕浦荘やその周辺において、いかなる所職を得ていたかは定かでないが、応永年間（一三九四～一四二八）頃からの室町時代中期に発展し、戦国時代に至るまで八日市場に住し、在地支配を行なっていた領主であることは明らかである。(50) その発展の背景には、湖上航路・朝妻湊・朝妻街道の隆盛、その上での八日市場の町場としての繁栄があり、番場宿と土肥氏の衰退とオーバーラップする。もっとも、近世に至ると米原湊の開港により、朝妻湊の使命は終わり、八日市場の繁栄は番場や米原、それに羽柴秀吉によって開町された長浜の箕浦町へと分散されていく。(51)

註

（1）小和田哲男『近江浅井氏』（新人物往来社、一九七三年）。なお本荘に居住した井戸村氏については、太閤検地との関係で豊富な研究史をもつ。本書第四章一・第五章一などを参照。
（2）本書第五章一。なお、土肥氏については「近江の土肥氏について」（『息長里郷土資料館研究紀要』一、一九八九年）という小稿を記したことがある。
（3）発掘の成果については、米原町教育委員会『米原町埋蔵文化財調査報告』XⅧ（一九九三年）を参照。
（4）『近江輿地志略』は『校定頭注　近江輿地志略』（歴史図書社、一九六八年）による。、村名の漢字は原本通りには表記せず、江戸時代の村名など通常使われているものに改めた。
（5）逆に、旧法性寺村の飯村については、朝妻荘域である可能性が高く、『近江輿地志略』の記載は全面的には信用できない。
（6）『改訂近江国坂田郡志』五（一九四二年）
（7）以下、現在の米原市箕浦をさす場合は「大字箕浦」と表記する。
（8）以下の箕浦荘の伝領関係については、日本歴史地名大系二五『滋賀県の地名』（平凡社、一九九一年）に負うところが大きい。
（9）『改訂近江国坂田郡志』二（一九四二年）
（10）「井戸村文書」は、『改訂近江国坂田郡志』七（一九四二年）に翻刻がある。
（11）黒坂周平『東山道の実証的研究』（吉川弘文館、一九九二年）
（12）児玉幸多編『日本交通史』（古川弘文館、一九九二年）でも、新城常三氏の研究をうけて、この番場経由の道（美濃路）が鈴鹿越（伊勢路）と共に、中世の東海道であると指摘している。
（13）『新修大津市史』二（一九七九年）
（14）『改訂近江国坂田郡志』三（一九四二年）「琵琶湖志」
（15）古代において朝妻湊が物資の輸送に使われていたことは、天暦四年（九五〇）の東大寺封戸荘園并寺用帳（「東南院文書」）に、美濃国の封戸からの調絹米等の「朝妻定」の船賃が記されていることなどで知られる（註（8）『滋賀県の地名』参照）。また、朝妻を詠み込んだ歌については、『改訂近江国坂田郡志』四（一九四二年）の「詞藻志」参照。
（16）『改訂近江国坂田郡志』三（一九四二年）・『近江町史』（一九八九年）など。さらに註（12）の『日本交通史』でも、「近江の箕浦宿は建久元年の源頼朝鎌倉下向の際宿泊したところであるが、これは古代の東海道の路線に当たり、後には摺鉢（ママ）峠から番場宿を経由する方が本道となった。」と述べ、箕浦宿＝大字箕浦の考え方を踏襲している。

(17)「井戸村文書」については、第五章一を参照。

(18) 註（1）小和田氏書

(19)『改訂近江国坂田郡志』六（一九四二年）

(20) 註（8）『滋賀県の地名』

(21)『吾妻鏡』養和元年（一一八一）二月十二日条など。『吾妻鏡』は岩波文庫本（一九三九年）を参照した。

(22)『改訂近江国坂田郡志』二

(23)『近江町史』参照

(24)『改訂近江国坂田郡志』五（一九四二年）

(25) 佐藤進一・池内義資編『中世法制史料集』一（岩波書店、一九五五年）「吉田家本追加目録」一〇による。

(26)『改訂近江国坂田郡志』五

(27)『改訂近江国坂田郡志』七（一九四二年）、なお拙稿「長浜八幡宮の歴史と古文書」『淡海文化財論叢』一四（二〇二二年）にも、本史料の分析がある。

(28) 増補続史料大成二二『蔭涼軒日録』二（史籍刊行会、一九五四年）

(29) 奉公衆については、福田豊彦「室町幕府の御家人と御家人制」『御家人制の研究』（吉川弘文館、一九八一年）に的確なまとめがある。なお、前節を参照。

(30)「文安年中御番帳」・「永享以来御番帳」は、『群書類従』二九　雑部（続群書類従完成会、一九七九年）。「東山殿時代大名外様附」は、今谷明「『東山殿時代大名外様附』について」（『史林』六三―六　一九八〇年、後に同『室町幕府解体過程の研究』（岩波書店、一九八五）に再録）に全文紹介されている。

(31)『群書類従』二九　雑部

(32)「御内書案」は『大日本史料』第九編之二（一九六八年）による。「伺事記録」・「披露事記録」は桑山浩然校訂『室町幕府引付史料集成』上（近藤出版社、一九八〇年）による。

(33) 本章一参照

(34) 滋賀県教育委員会『滋賀県中世城郭分布調査』六（一九八九年）
(35)『近江輿地志略』の「上番場」の項に「磨鍼嶺より半里許にあり元番場といふ」とある。
(36) 本章一参照
(37) 滋賀県教育委員会『滋賀県中世城郭分布調査』七（一九九〇年）。なお、註（1）小和田氏書にも全文の翻刻が載る。第四章六を参照。
(38)『改訂近江国坂田郡志』二に、次の様にある。

土肥氏に支家三あり。番場・多和田・醒井の三所に分住するを以て、箕浦荘の三土肥と称す。【中略】猶、土肥の八軒衆とて八人の老臣ありたり。野勢・能勢・堀・江龍・百々等を姓とす。

この内、醒井土肥氏が米原市の枝折城の城主だといわれている（『滋賀県中世城郭分布調査』六（一九八九年））。また、番場を本拠とする領主としては、堀氏の名が知られている。堀氏については、拙稿「京極氏・浅井氏と江北の国人・土豪」（米原市『米原町史』通史編（二〇〇二年）所収）や谷口克広『信長と消えた家臣たち』（中公新書、二〇〇七年）を参照。
(39) 註（16）『近江町史』
(40)『改訂近江国坂田郡志』二、註（16）『近江町史』など
(41)『改訂史籍集覧』一三（近藤出版部、一九二一年）所収。なお、同本の奥書に、「右今井軍記八葉以新庄内匠所蔵本写之」とある。新庄内匠とは、常陸国麻生藩第二代藩主の新庄直定次男で旗本新庄家を起こした直之の養子直政のことである（『寛政重修諸家譜』）。新庄氏は大字箕浦の隣村である大字新庄を本拠とした土豪から身を起こしている。
(42) この熊谷云々の話は、『承久記』勢多合戦の項にみえる、上皇側の山田次郎の郎従が熊谷平左衛門の首をとったという記事に、改変を加えて作られた可能性が高い。
(43)「井戸村文書」については、第五章一を参照。
(44)『群書類従』二一　合戦部（続群書類従完成会、一九八〇年）
(45) 註（1）小和田氏書、註（16）『近江町史』など、第四章六も参照。
(46)「今井軍記」によれば、文明四年（一四七二）に今井秀遠の弟八郎五郎が、箕浦荘の地頭職を得たというが、これを裏づける史料

はない。また、今井氏は同庄の公文であったともいう（註（1）小和田氏書）。

(47)『改訂近江国坂田郡志』六

(48)註（23）『近江町史』参照

(49)第四章六を参照。

(50)今井氏の居館といわれる米原市新庄の箕浦城跡も、平成元年度県営ほ場整備事業のため発掘調査がなされている。その報告書（滋賀県教育委員会『ほ城整備関係遺跡発掘調査報告書』一八―九「箕浦城・浄蓮寺遺跡」（一九九一年）によれば、堀跡や建物跡が検出されており、現在まわりより一段高くなっている約二〇メートル四方の土壇を中心に、周囲一〇〇メートルぐらいに堀がまわる館であった可能性があるが、その廃絶時期は十五世紀後半と結論されている。しかし、文献上の今井氏の活動は、十六世紀後半に至るまでたどれ矛盾が生じる。この点については、今後さらなる検討が必要であろう。

(51)羽柴秀吉によって天正二年（一五七四）頃から成された長浜城下町の一町である箕浦町は、大字箕浦の商人が移住した所と伝える。

〔付記〕

戦国時代に至る相模土肥氏について詳述した論稿として、湯山学「西相模の在地領主―土肥氏を中心として」（『歴史手帖』九八、一九八一年、後に同『相模国の中世史』下（私家版、一九九一年）に再録）がある。あわせて、参照されたい。

三　京極氏の権力構造

はじめに

本節は戦国期の京極氏家臣団について、文献史学から考察を加えようとするものである。それは、京極氏居館を中心とした上平寺館跡、家臣団屋敷があった高殿地区(上平寺南館)の遺跡が、いずれも戦国期のものと推定され、当時の文献とのつきあわせが必要と考えられるからである。

室町幕府四職家の一つであり、北近江三郡の他、飛騨・出雲・隠岐に守護権を有した京極氏についての研究はきわめて少ない。古典的な研究として、『近江坂田郡志』や『改訂近江国坂田郡志』があるか、一九七〇～一九八〇年代の研究としては下坂守氏・今谷明氏の研究が目をひく程度である。(1) さらに、二氏の論稿も京極家の北近江での守護権をめぐる議論であり、家臣団について言及されたものではない。それらは、時代も室町中期が対象となり、戦国期を考察の中心に置いている訳ではない。

ところで、京極氏の家臣について、『改訂近江国坂田郡志』では、隠岐氏・多賀氏・若宮氏・大津氏・上坂氏・下坂氏・慶増氏・今村氏・伊吹氏・小足氏・箕浦氏・今井氏・堀氏・新庄氏の十四氏を上げる。しかし、この中には戦国期の京極氏家臣としては確認できない者もいる。そこで、本稿ではこの記述にとらわれず、当時の古文書・記録類、それに比較的信用に足る編纂物をひもとくことで、原史料から純粋に京極氏家臣団の姿を描きたい。

そういった視点で京極氏を考察する際、注目すべき研究が宮島敬一氏によって行なわれている。(2) 宮島氏は、室町中期も含めた京極氏奉行人奉書の一覧を作成し、同政権と上坂氏・浅井氏などの有力家臣との関係について明らかにされた。そこでは、これまで知られていなかった戦国期の京極政権の位置付けが明確になったと言える。本節では、この宮島氏の研究に学びながら、より多角的に京極氏家臣について考察を深めたい。まずは、戦国期の始まりとされる応仁・文明の乱以降について、北近江の政治状況を簡単に紹介しよう。[3]

1　戦国期の北近江と京極氏

宮島氏は、先の研究で「京極氏は、応仁・文明の乱以前は京都にあって幕府の官僚的立場から権力・国内統治をしていたが、乱後は近江国に帰り、在地に根を下ろした独自の権力体系を構築した」と述べている。[4]つまり、室町中期の京極氏は中央政権の官僚であったが、戦国期に入ると北近江の地方政権の長となるとの意味である。この京極政権の変質にともない当主館と家臣団屋敷が設定されたのが、上平寺館・高殿地区であったと考えられる。なお、応仁・文明の乱を境にしての守護家の変質は、京極氏に限らず戦国期守護には見られる現象で、当時の社会的現象として理解できる。[5]

当初、京極氏の北近江支配は、極めて不安定なものであった。それは、京極氏一族間での内紛が絶えなかったからである。混乱は、文明二年(一四七〇)の京極持清の死去から始まった。京極持清は嘉吉元年(一四四一)に家督を相続すると、佐々木本宗家で近江一国守護権を伝統的に有する南近江の六角氏を圧倒、京極導誉以来百三十年ぶりに近江一国守護に任じられ、京極氏の勢力を大いに伸長させた。

ところか、持清が死去すると、一族内ではそれぞれ持清の子である高清(初名秀綱、持清の孫とも言われる)と政経(政高)が対立し戦闘を繰り返す。応仁・文明の乱の中では前者が西軍につき、後者が東軍につき争った。また、多賀氏や下坂氏など家臣団の一族争いも加わり事態は混迷を極める。とはいえ、京極高清が基本的には北近江の支配権を掌握し、これに対し政経とその子・材宗が、出雲国から北近江の政権奪回を狙うという構図が続いた。

しかし、これも永正二年（一五〇五）に、箕浦荘日光寺（米原市日光寺）における講和により、両者の闘争は終結し、京極高清を上坂家信が補佐する安定した政権が現出する。大永三年（一五二三）、「大吉寺梅本坊の公事」が起きる。この事件の内容はまったく不明だが、『江北記』に記された内容からすると、上坂信光（家信の子）が補佐する京極高清政権に対する、浅見氏・浅井氏・三田村氏・堀氏などの京極氏家臣のクーデターであった。(6) この乱によって、家臣たちが当主として推したのか京極高清の長男・高広（高延・高明）である。また、次男の高慶も上坂氏に推され、以後北近江で微妙な動きを繰り返し、高広との対立を深める。

一方、京極氏家臣の中からは浅井氏が台頭、その当主亮政は次第に家臣団中の盟主と目されるようになり、小谷城を本拠とし戦国大名化していった。浅井氏の勢力伸長の中、京極高広政権は浅井亮政の子・久政期の天文末年に至るまで存続し、奉行人など一定の官僚組織を維持していた。浅井亮政・久政は、この京極高広を北近江の守護と認め「御屋形様」と呼び、その存在を尊重しつつ大名化を果たしていったのである。

浅井氏は久政の後、永禄三年（一五六〇）に長政が家督を相続する。長政の時代に至ると、京極政権の姿はまったく記録上から消えたように見える。浅井氏政権の独立は、この時初めてなされたと宮島氏は説く。(7) なお、京極高慶の行動も高広とほぼ同時期まで追え、高広を戴く浅井氏と対立した。

以上から、戦国期の家臣団を取り扱う本節の対象は、京極高清・高広親子の家臣たちとなるであろう。

2　京極氏の執権多賀氏と上坂氏

多賀清直から宗直

多賀氏は、中世は多賀大社の神人であったという犬上郡を本拠とする国衆であるが、南北朝時代に京極導誉に属してからは、京極氏の家臣となったという。[8] 京極氏は室町幕府においては四職家となり、代々侍所所司をつとめたが、多賀氏は若宮氏と交代にそれを補佐する所司代の要職に就いていた。[9] このように多賀氏は室町時代から、京極氏の有力家臣であったが、応仁・文明の乱の頃には、清直を当主とする出雲守（右衛門尉）家と、高忠を当主とする豊後守（左衛門尉）家に分かれていた。

京極持清が侍所所司として京都で活躍していた時代には、多賀高忠が補佐していたが、文明二年（一四七〇）八月四日に京極持清が死去すると、京極高清を擁立して多賀清直が北近江で覇をとなえるようになる。この時代は応仁・文明の乱の最中で、多賀清直と高清は山名持豊を総帥とする西軍についた。これに対し、京都にいた多賀高忠は細川勝元を総帥とする東軍に従い、しばしば北近江に攻め入り高清・清直政権を脅かした。多賀清直が京極持清の死去直後から、北近江における政治の実権を握っていたことは、次の文書から明らかである。[10]

〔史料1〕多賀清直書状

江州坂田郡楞厳院惣持寺領田畠等事、如何様之人躰雖望申、不可有其煩者也、雖然彼坊主御敵同意、并内通以下有現形子細、可被行寺領等闕所由、依仰執達如件、

文明三年八月三十日　　右衛門尉（花押）

垣見源次殿

この差出人の「右衛門尉」が多賀清直で、京極高清の「仰せ」によりこの文書を発給するとある。多賀清直が京極氏の執権的立場にあったことを、文書の上からも確認することができる。この他、同年閏八月十二日付けで、坂田郡長沢（米原市長沢）の地侍・慶増大和守に対して「筑摩十六条川公文」の成敗権を保証した文書を出している。これも、清直が京極高清の意を奉じて出す形をとっている。(11)

その後、文明十二年（一四八〇）頃と推定されるが、多賀清直が没し子の兵衛四郎宗直が家督を相続した。しかし、文明十八年（一四八六）に至ると、宗直と京極高清は不和となり、同年八月十七日高清は甲賀郡の三雲に逃れることになる。次の宗直の文書は、その直後のものである。(12)

〔史料2〕多賀宗直書状

江州坂田郡長沢関並枝関等事、任御成敗之旨、如元御知行不有相違候也、依状如件、

文明十八年九月十三日　　宗直（花押）

若宮藤六殿

ここでは、多賀宗直は京極氏の「御成敗」を尊重する形はとっているが、文書形式上は「依状如件」で書き止められる直状形式の文書を出している。文明三年（一四七一）の〔史料1〕段階の京極氏の意を奉じた奉書からみると、より差出人の権限が大きくなっている。多賀氏は一時的にではあるが京極氏の家臣としての地位を越えて、大名として歩み始めたことになる。だが、それも長くは続かなかった。同年十月には、京極高清が下坂氏などの協力を得て北近

江に復帰するからである。宗直は美濃へ敗走した。

翌年、逃れていた美濃から近江に入った宗直は、京極高清の軍勢と国友川原で合戦し敗北、月ケ瀬（長浜市月ヶ瀬町）の地で自刃した。ここに、十五年余り京極氏の執権的立場であった多賀出雲家は滅亡し、その役割は十余年後から登場する上坂家信に引き継がれて行くのである。

なお、豊後守系の多賀高忠は京極政経に従い、京極高青・多賀清直と戦っていたが、文明十八年（一四八六）に近江で戦死した模様である。その後、浅井亮政が天文三年（一五三四）に京極高清・高広親子を小谷城に迎えた時の記録である「天文三年浅井備前守宿所饗応記」[13]には、多賀豊後守貞隆の名が登場するが、これは高忠の子孫と考えられよう。だが、豊後守系多賀氏が北近江の政情に影響を与えた形跡は他にはなく、出雲にいた京極政経・材宗の家臣として活動していたのではないかと推定される。

上坂家信の執権　宮島敬一氏は、京極氏奉行人連署奉書の発給状況を分析し、前期型と後期型に分類された[14]。前期型は応仁・文明の乱以前に、京極高数と持清によって出されたものなので、戦国期を扱う本節では検討の対象外とする。

ここで問題になるのは、応仁・文明の乱以降、京極高清・高広親子の時代に出された後期型である。宮島氏によると、後期型の奉書は連年順調に発給された訳ではない。すなわち、明応六年（一四九七）以前はきわめて少なく、また永正八年（一五一一）から大永六年（一五二六）までの十六年間の途絶時期があるのである。前者は、京極高清と出雲に勢力を保った京極政経・材宗の確執時期で、政権の不安定が原因と考えられるのに対して、後者は上坂家信が執権的立場にあった時期に重なる。

表1　京極氏奉行人連署奉書一覧

番号	年月日	奉公人	宛　名	内　容	書き止め	出　典
1	文明18(1486) 11.3	光堅 清信	山上永安寺	寺領返付	…由被仰出者也、恐々謹言	永源寺文書
2	長享2(1488) 9.29	師貞 (下坂)秀隆	三田村又四郎	新恩給与	依仰執達如件、	三田村文書
3	明応6(1497) 12.23	秀成 忠郷	狩野将監	寺領安堵	…由被仰出者也、恐々謹言	永源寺文書
4	明応8(1499) 10.9	慶行 師貞	当社神官中	寺領安堵	…由被仰出候也、恐々謹言	多賀大社文書
5	文亀元(1501) 11.20	宗祐 継実	竹生嶋年行事	課役免除	…由被仰出候也、恐々謹言	竹生島文書
6	永正2(1505) 8.23	秀忠 慶行	当島年行事御坊	課役免除	…由被仰出候也、恐々謹言	竹生島文書
7	8.23	秀種 家加	竹生島年行事御坊中	課役免除	恐々謹言	竹生島文書
8	6.5	秀忠 慶行	土肥美濃	軍勢催促	…由候、恐々謹言	八木文書
9	永正8(1511) 4.2	(大津)清忠 清慶	多賀社神官中	神事指示	…由被仰出候也、恐々謹言	多賀大社文書
10	大永6(1526) 7.27	(山田)清氏 (大津)清忠	朝日郷名主百姓中	寺領安堵	…由被仰出候也、恐々謹言	金光寺文書
11	享禄2(1529) 4.5	(山田)清氏 (大津)清忠	竹生島年行事坊	相論裁許	…由被仰出候也、恐々謹言	竹生島文書
12	享禄2(1529) 10.2	(山田)清氏 (大津)清忠	長福寺	寺務安堵	…由被仰出候也、恐々謹言	上平寺区有文書
13	享禄3(1530) 12.20	氏重 信忠	観音寺公文坊	寄進安堵	…由被仰出候、恐々謹言	大原観音寺文書
14	天文5(1536) 12.25	(山田)清氏 (大津)清忠	竹生嶋惣山	相論裁許	…由被仰出候也、恐々謹言	竹生島文書
15	天文7(1538) 9.16	(黒田)宗清 (多賀)昌運	当坊住持	寺領安堵	…由被仰出候也、恐々謹言	上平寺区有文書
16	天文11(1542) 9.15	(山田)清頼 (大津)秀信	下坂左馬助	知行宛行	…由被仰出候也、恐々謹言	下坂文書
17	天文11(1542) 9.15	(山田)清頼 (大津)秀信	下坂左馬助	知行宛行	…由被仰出候也、恐々謹言	下坂文書
18	天文12(1543) 8.20	(山田)清頼 (大津)秀信	菅浦寺庵百姓中	金銭引替	…由被仰出候也、恐々謹言	菅浦文書
19	天文13(1544) 10.10	(山田)清頼 (大津)秀信	下坂左馬助	替地宛行	…旨被仰出候也、恐々謹言	下坂文書
20	天文18(1549) 2.1	(山田)清良 (大津)秀信	尊勝寺称名寺	禁制	…旨被仰出候也、恐々謹言	称名寺文書
21	天文18(1549) 2.1	(山田)清良 (大津)秀信	安養寺薬神社神主	禁制	…旨被仰出候也、恐々謹言	大安養神社文書

註1)宮島敬一氏が作成した表(本文註(2)論文・著書掲載)に改変を加え、後期型のみを表化した。

上坂家信が京極高清の執権的立場につくのは明応八年（一四九九）のことで、子の信光が大永三年（一五二三）に失脚するまで、上坂氏は足掛け二十五年間にわたり京極政権を支えた。[15] 上坂家信はその前半の十二年は奉行人連署奉書の発給を許し、その後永正八年以後は同奉書の発給を禁じたと宮島氏は結論する。

永正二年（一五〇五）には、箕浦荘日光寺で京極高清と、出雲の京極材宗の講和が成立し、応仁・文明の乱直後から続いた両京極氏の争いは一応終止符が打たれた。また、同四年には京極材宗が高清によって殺害され、また材宗の父・政経も同五年出雲安国寺において死去する。京極高清政権は、もはや誰に邪魔されることもなく、北近江支配に専念できる環境が整った。これが、政権を舵取りした上坂家信の力をさらに強大にさせ、京極氏の官僚（奉行人）組織の機能を停止させたものと推定される。

さらに、宮島氏は竹生島に残る次の二つの文書を提示して、京極政権内での上坂家信の地位を説明する。一通は、永正三年（一五〇六）閏十一月二日付けの上坂家信（政道）書状である。[16] ここでは、竹生寺関係者と考えられる応徳寺慶蔵主が早崎（長浜市早崎町）内に持っていた土地を、百々氏が侵害するので停止させるよう命じている。文書の中で、家信（政道）は御屋形様（京極高清）から下知を受け「御島警固」を行なっていると述べているが、問題の早崎は昔から竹生島領なので、違乱をしてはならないと独自の判断を行なっている。

もう一通は、十二月七日付けで伊香郡の国衆である阿閉貞俊が竹生島に出した書状である。[17] 差出人の貞俊は、竹生島「下野名日御供米」の地の代官を務めていた。この文書では、西野氏の未進によって年貢が収納できないので、先に得た奉行人奉書を提示して、まずは京極氏奉行人の一人・山田彦七を通して京極高清に訴えを起こしたが、聞き入れられなかったと記す。そこで、今回は上坂家信に対して、阿閉自身が訴状を書き訴えたが、「定一途可被申付候」と家信の判断に期待を寄せている。

これらから、当時の京極高清政権では京極氏自身ではなく、実質的には上坂氏が在地を取り仕切っていたと推定される。後者の文書に如実に表れているように、上坂家信の権力増大は、山田氏ら奉行人たちの権限を縮小化させ、奉行人奉書の発給を停止させたのである。

この他、上坂家信は永正十八年（一五二一）六月九日に、坂田郡の総持寺（長浜市宮司町）へも寺内掟を出している。檀家と住持の対立を仲裁したものだが、「為上意従祖父上野入道代、当寺之奉行儀被仰出候」と、京極氏から総持寺奉行を命じられていることを強調する。(18)

この総持寺に対しては、後代戦国大名化した浅井亮政や賢政（長政）も寺内掟を出している。同寺に対して掟書を出している上坂家信は、浅井亮政・長政同様、北近江の実質的支配者であったと考えてよいであろう。家信執政期には京極高清の存在は、きわめて象徴的なものになっていたのである。なお、この総持寺文書によって、上坂治部丞家信は入道して「大釣斎」、または「政道」と号したことが知られる。

他方、大原観音寺（米原市朝日）に対しても、家信が一族の上坂秀信や石田景俊と連署して、寺領安堵を伝えた文書が残っている。(19)この場合、石田景俊は観音寺付近の地侍として寺領の保証を与えているのに対して、上坂家信はより広域な支配者として保証に加わっているものと判断される。これも、上坂氏の北近江での地位を表している。

なお、余談だが上坂家信は、公家の中御門家領であった浅井郡湯次下荘（長浜市湯次町付近）の代官も務めていた。(20)永正四年（一五〇七）と十四年（一五一七）の年末、中御門家への三十石の年貢納入には、家信の副状が付されていたことが知られている。

3　奉行人たちと京極氏

京極高清及び高広の時代、家臣への知行宛行・寺領安堵および禁制など、政権の最も基本的な判断を伝達する機能を担ったのが、奉行人による連署奉書であった。その奉行人連署奉書を表にしたのが表1である。この表を見て明らかなように、奉行人には多くの京極家臣の中から、代々大津氏と山田氏が多く選任されている。ここでは両氏について見てみよう。

奉行人大津氏　大津氏は本来駒井氏だが、鎌倉初期の佐々木定綱・広綱・信綱の時代に大津屋形の代官職を務めたので、大津を苗字としたという[21]。その後、佐々木氏が大原・高島・六角・京極の四家に分立してから、四男の京極氏信に従い北近江に移住したという。この大津氏の家系は、明確にはつかみ難い。表1から復元すると、永正から天文初期まで名前が見える大津若狭守清忠、天文中期から後期に名前が見える大津秀信の二世代が確認できる。

先にも引用した『天文三年浅井備前守宿所饗応記』には、饗応当日の座配が記録されている。それによると、上座の京極親子に続いて、幕府奉公衆の熊谷下野守が座り、さらに加賀・岩山・高橋などの京極一門が着座する。次に多賀・浅井の京極氏家臣が座り、末席に大津若狭守と山田越中守の奉行人の姿が見える。この座席を見る限りでは、奉行人の京極氏家臣としての地位は低い。しかし、上坂氏の失脚の後、当主の側近として政権の中での役割は時代を追うごとに重要となっていく。

京極家の奉行人奉書は、奉行人の実名のみしか記さず、名字や官途は知ることができない。したがって、奉行人の苗字の確定は、他の文書との比較が必要となってくる。大津若狭守清忠については、表1の14の文書に関連して、十日前の十二月十五日に単独で出した書状が残っている。この文書の裏面には「封上書」があり、清忠の名字と官途が「大津若狭守」であることが確認できる。この二通の文書本文を引用しよう。[22]

〔史料3〕大津清忠書状

就御神領早崎村権断職並諸役等之儀、早崎弾正忠方と被仰結候、彼仁之儀、依数年同道仕候、存分雖申上候、以扱之旨参万疋被遣早弾一行明鏡之上者、於向後不可有異儀候、恐惶謹言、

十二月十五日　清忠（花押）

竹生島惣山

御坊中

〔史料4〕京極氏奉行人連署奉書

就御神領早崎村権断職之儀、当寺与早崎弾正忠連々申結子細在之云々、雖然各任扱筋目、以礼物相果、弾正忠一行明鏡之上者、自今以後不可有異儀之由、被仰出候也、恐々謹言、

天文五

十二月二十五日　清氏（花押）

清忠（花押）

竹生島

惣山

ここでは、竹生島神領の早騎の検断職をめぐり、島と当地の地侍であった早崎弾正忠正俊の対立が問題となっている。結局、竹生島が早崎氏へ礼物三百貫文を支払い、早崎氏が後代において同職を侵害しないと誓った一筆を島へ進上することで解決した。先の文書からは、最終的な京極氏の裁許である奉行人奉書の発給を前にして、奉行人大津清忠が竹生島の説得に当たっていることが分かる。また、この事件に関連して出された浅井亮政書状からは、清忠が事件の処理に奔走し、島から礼物として百貫文を送られていることが知られる。(23) これらの文書により、当時の京極政権の実質的な運営は、この大津氏をはじめとする奉行人が担っていたことを読み取ることができる。なお、表2・3に見るように京極当主が発給する書状の使者として、大津一族の名前が見えるが、奉行人の庶子と考えるべきだろう。

また、成菩提院(米原市柏原)に残された、天文三年(一五三四)十二月付け「年中雑々」と表題された帳簿には、御屋形(京極氏)へ歳末巻数を送る際、大津右京亮への添状をつけると記す。(24) これは、御屋形への披露を依頼するため添えられたもので、奉行人清忠と同時期の人物と推定される大津右京亮も、京極当主の側近と考えられる。この大津右京亮は実名を秀澄と称したことは、同院文書に残る河毛三河守清元との連署書状によって判明する。(25)

奉行人山田氏　山田氏の出自はまったく不明で、京極高広の時代から奉行人として登場する。(26) それ以前は、京極氏家臣として名前が見えないので、高広の側近として台頭した家筋と考えるべきではないだろうか。初見は、「大吉寺梅本坊の公事」の直後、大永六年(一五二六)の浅井郡朝日郷名主百姓中宛奉書で、山田清氏が大津清忠と連署する。(27)

以後も、表1に見るように大津氏と連署して奉行人連署奉書を天文十八年(一五四九)まで出し続けるが、天文中期には清氏は入道して引退し、清頼・清良へと世代は交代するようである。しかし、清氏は入道した後も、京極高広の

側近として実権を握っていたようで、「郷野文書」に次のような書状が残る。(28)

〔史料5〕山田玄良（清氏）書状

長岡之内鏡新田、并下之御名公方米事、先年於河内以被仰付筋目、于今御知行之旨、以浅井左兵衛方御申之處、不可有御別儀趣、御意之通従久政私迄一札候之間、則致披露被成御対面、御礼相納候之条珍重候、委細以面謁申候之間、不能再三候、恐々謹言、

三月十八日　玄良（花押）

（端裏ウハ書）

「（別筆）

「天文弐拾年辛亥」　山田越中入道

（捻封）郷伊豆守殿　御宿所　玄良」

ここでは、浅井久政の書状を受けて、坂田郡長岡の地侍である郷氏が権利を主張する鏡新田などの安堵を行なっているが、京極高広への披露を山田清氏入道玄良が担当していたことが読み取れる。本書は封上書に別筆で記された墨書を信用すれば、天文二十年（一五五一）のものであるが、当時浅井氏は二代目の久政の時期で、完全に北近江の支配権を確立していた。しかし、ここで浅井氏は最終的な知行地の安堵を、京極政権に求めている。当時、浅井氏は単独で知行安堵を行う立場にあり、このような事例は郷氏の場合のみで、当時の北近江に普遍的ではない。

このような本書に見る浅井氏と京極氏の重層的支配は、坂田郡南部の地域性によるか、それとも郷氏と京極氏が特

別な関係があった等の特殊事情が考えられよう。だが、天文末年に至るまで、奉行人によって支えられた京極政権が機能していた事実は少なくとも確認できる。浅井氏が京極政権を容易に排除できなかったのは、「御屋形様」と称され北近江三郡の守護職を有する京極氏の伝統的な権威が、天文期までは薄れていなかったことを示している。

4　下坂氏と京極氏

下坂氏の歴代　下坂氏は、坂田郡南部を代表する国衆で、坂田郡下坂荘の地頭職を得ていた。(29)すでに、建武三年(一三三六)七月十五日の足利直義感状に下坂治部左衛門尉が登場し、北朝軍として戦い軍忠を賞されている。応水三年(一三九六)には京極高詮から、余呉庄内菅並・八戸などの地を与えられているので、(30)室町時代から京極氏家臣であったことが確実な家である。

その後、下坂秀雄・秀隆親子は、文明年間(一四六九~八七)に一族の下坂注記と争いつつも、京極高清の家臣として行動していたことは『江北記』に詳しい。特に文明十八年(一四八六)、多賀宗直によって追われていた高清が、甲賀三雲から北近江に帰還した際、下坂荘の本領と共に草野本所方代官職を高清から与えられている。大永三年(一五二三)の「大吉寺梅本坊の公事」では、秀隆が高清に従って美濃へ逃れるが、その弟秀興は京極高広に従い北近江に残った。

浅井氏の時代に入ると、浅井亮政から書状を得る下坂四郎三郎がいるにも関わらず、天文十一年(一五四二)から天文十六年(一五四七)にかけて、京極氏や京極氏奉行人から書状や知行宛行を受ける下坂左馬助がいる。この左馬助も、天文二十一年(一五五二)には浅井久政から安堵状を得ているので、(31)京極氏を離れ浅井氏に従ったものと解釈できる。浅井長政段階に至ると、下坂四郎三郎の名前が再び登場する。浅井氏に早くから従った四郎三郎家と、天文末期に至るまで京極家臣であった左馬助家とは如何なる関係にあるか文書は語らない。ただ、下坂氏は浅井氏に従う家と、京極氏に従う家が分立していたことは確かだろう。

浅井久政が家督を相続した天文十一年（一五四二）からの京極高広の家臣としては、奉行人奉書に連署する大津・山田の両奉行人しか表面に登場しないが、下坂氏の場合は京極氏からの文書を受け取ることで、家臣として行動していたことが確認できるのである。おそらく、天文年間に至っても、下坂氏と同様に京極氏家臣であった家が他にもあったと考えられる。しかし、古文書の伝存の関係であろう、現在確認できるのはこの下坂氏のみである。

『江北記』にみる京極家臣

『群書類従』に収められている『江北記』は、およそ次のような構成をとっている。

①応仁・文明の乱頃までの京極氏歴代当主の書き上げ
②京極氏被官（家臣）の書き上げ
③応仁・文明の乱から大永三年「大吉寺梅本坊の公事」までの年代記
④京極家の年中行事
⑤小倉実隆詠歌三十六首
⑥京極高清宛近衛稙家書状と浅井亮政宛亀井安綱（尼子氏家臣）書状二通

『東浅井郡志』は『江北記』について「天文の初、下坂秀興の記せる者《ママ》」とする。[32]本文中には、下坂秀雄・秀隆の行動を特記する箇所が多くあり、著者が下坂一族であることは首肯できる。また、⑥の亀井安綱からの書状も、天文五年（一五三六）に下坂氏が、村田氏と共に使者として出雲へ派遣された関係で写が手元にあり、末尾に引用されたと解釈できる。この事実からも、下坂氏が本書の編纂者であることを裏付けることができるが、秀隆の弟・秀興が著者であるとする点は、根拠が不明である。

製作年代は、巻末に「是高清の御代也」とあることから、京極高清が没した天文七年（一五三八）以降と判断できる。[33]さらに、「浅井蔵人今の備前守の親の事なり」との記述があることから、[34]浅井備前守亮政の生存中であり、彼の没年である天文十一年（一五四二）が製作年代の下限ということになる。すなわち、いまだ京極氏政権が存続している天文七年〜十一年の間に成立したものであり、その記事内容は信憑性が高いものと判断される。

さて、本書の内で京極氏家臣に関する記事として注目されるのは②の部分である。次に簡略化して引用してみよう。

A根本当方被官の事

今井・河毛・今村・赤尾・堀・安養寺・三田村・弓削・浅井・小野八郎・河瀬九郎・二階堂

B一乱初刻御被官参入衆の事

井口越前・浅見・弓削式部・伊吹弾正・渡辺・平田

C近年御被官参入衆の事

東蔵・狩野・今井越前・今井十郎・西野・布施備中・小足・高宮・隠岐殿・一園殿・慶増

A「根本」被官（家臣）に対して、B「一乱初刻御被官参入衆」とあるのは、応仁・文明の乱以降京極氏被官となった者であろう。C「近年御被官参入衆」は、さらにその後に被官になった新参の者たちである。

ここで、まず注意しなければならないのは、先に見たように京極氏の執権的立場であった多賀氏や上坂氏、それに奉行人の大津氏・山田氏、下坂氏が含まれていないことである。もっとも多賀氏・上坂氏については③の年代記でその名が登場し、下坂氏が除外されているのは、本書の編纂者であるためと解釈できる。要は、この記述が京極氏の家臣を網羅したものではないことである。

名前が上がった者の内、Aの今井・河毛・堀・三田村・浅井、Bの井口越前・浅見・渡辺、Cの狩野・慶増などは、③の年代記でも京極氏家臣としてその動向が追える。しかしながら、Aの弓削・小野八郎・二階堂、Bの平田、Cの東蔵など『江北記』や別の文献でも、京極氏家臣としての徴証をまったくつかめない者も含まれている。さらに、室町中期に京極氏家臣として、郡奉行または遵行使を務めていたことが明らかな小足氏が、Cの近年家臣となった者のグループに入れられているのも不自然である。

『江北記』全体の史料的価値は、成立経緯から見ても高いと考えるが、部分的には厳密な考証を必要とする場合があると言えよう。『江北記』の京極氏家臣の書き上げは、本節の考察のように、古文書等の裏付けを取りながら使用すべきではないだろうか。

5　京極氏当主の文書

これまで、京極氏家臣について考究してきたが、ここでは京極氏の当主自身について少し考えてみよう。表2・3に高清以降の京極氏当主発給文書をまとめてみた。すでに記したように、戦国時代の京極氏は、京極高清―高広親子が基本的に北近江の支配権を確立していたが、前半期には出雲にいた京極政経・材宗親子がしばしば北近江に侵入し、文書を発することがあった。また、後期には高清の次男である高慶が高広と対立し、独自の文書を発給した。

表２　京極高清・高広発給文書一覧

番号	年月日	発給者	宛　名	内　容	使　者	文書様式	出　典
1	5.17	宗意（京極高清）	多賀豊後	大夫招請依頼	河瀬五郎右衛門尉	書状	金光寺文書
2	大永４(1524) 3.26	〔京極〕高延（高広）	自仙侍者	住持職安堵		書下	勝楽寺文書
3	9.19	〔京極〕高明（高広）	善法寺	返礼		書状	石清水菊大路家文書
4	(天文７)(1538) 8.4	〔京極〕高広	上坂助八	軍忠感状		書状	上坂文書
5	(天文７)(1538) 5.8	〔京極〕高広	荒尾新七郎	軍忠感状		書状	百々文書
6	(天文10)(1541) 4.3	〔京極〕高広	浅見新右衛門尉	軍忠感状	箕浦次郎	書状	林文書
7	(天文10)(1541) 6.7	〔京極〕高広	上坂助八	軍忠感状		書状	上坂文書
8	(天文11)(1542) 1.11	〔京極〕高（ママ）	下坂四郎三郎	宛行約束		書状	下坂文書
9	(天文13)(1544) 9.2	〔京極〕高広	下坂左馬助	軍忠感状		書状	下坂文書
10	(天文16)(1547) 閏7.4	〔京極〕高広	下坂左馬助	宛行約束	若宮左近兵衛尉	書状	下坂文書
11	(天文19)(1550) 6.26	〔京極〕高広	下坂左馬助	軍勢催促	大津三郎左衛門尉	書状	下坂文書
12	(天文19)(1550) 7.24	〔京極〕高広	下左馬（下坂左馬助）	軍事連絡	若与兵（若宮与一兵衛尉）	書状	下坂文書
13	(天文20)(1551) 5.23	〔京極〕高広	今蔵（今井蔵人）	軍事連絡		書状	嶋記録
14	(天文20)(1551) 10.17	〔京極〕高広	今権（今井権六定清）	軍忠感状	河彦（河井彦左衛門）	書状	嶋記録
15	4.29	〔京極〕高広	楞厳院	課役免除	大津庄次郎	書状	総持寺文書
16	12.17	〔京極〕高広	善法寺	巻数感状	大津又四郎	書状	石清水菊大路家文書

註１）(　　)内の年号は『東浅井郡志』による推定。

表３　京極材宗・高慶（高佳）発給文書一覧

番号	年月日	発給者	宛　名	内　容	使　者	文書様式	出　典
1	(文明18)(1486) 10.11	〔京極〕材宗	三田村又四郎	軍忠感謝	（多賀）兵衛四郎	書状	三田村文書
2	(明応７)(1498) 11.20	宗忠（京極材宗）	竹生島年行事	諸公事免除		書状	竹生島文書
3	(享禄元)(1528) 9.11	〔京極〕高慶	若宮藤右衛門尉	軍忠感状	沼波与三右兵衛尉	書状	若宮文書
4	(享禄３)(1530) 12.20	〔京極〕高慶	大原庄観音寺惣中	寄進分安堵		奉書1)	観音寺文書
5	(享禄４)(1531) 閏5. 7	〔京極〕高慶	若宮藤右衛門尉	関知行安堵		書状	若宮文書
6	(天文７)(1538) 6.10	〔京極〕高慶	慶増左京入道	調停依頼		書状	嶋記録
7	(天文７)(1538) 7. 8	〔京極〕高慶	今井尺夜叉	人足依頼	大和（大谷和泉守）	書状	嶋記録
8	9.28	〔京極〕高慶	須賀浦名主中	年貢運上命令		書状	菅浦文書
9	(永禄２)(1559) 9.19	〔京極〕高佳	荒尾民部丞	軍勢催促		書状	百々文書
10	(永禄２)(1559) 9.27	〔京極〕高佳	楞厳院惣持寺	禁制	大津三郎左衛門尉 野村伯耆守	書状	総持寺文書
11	10.11	道安（京極高慶）	万徳坊	返礼	（浅井）長政	書状	清滝寺文書

註１）六角定頼の意を受けた文書と考えられる。
註２）（　　）内の年号は、『東浅井郡志』による推定。

ここでは、北近江を支配し続けた京極高清―高広系の文書を表2に示し、これに相対した京極材宗・同高慶の文書を表3にまとめた。まず、両者に特徴的に言えるのは、わずかな例外を除いて、「恐々謹言」などの書き止め文言で終わる書状形式となっている点である。書状はあくまでも私的な文書であり、政令としての形式を保った直状形式とは区別される。

また、内容も当座の連絡や、軍忠を謝すもの、それに軍勢催促など、一時的な事項にとどまっている。すなわち、京極氏奉行人連署奉書に見えるような知行宛行や知行安堵など、永続的な効力をもつ重要な文書は含まれていない。繰り返すが、戦国期京極氏の基幹文書は奉行人連署奉書であって、当主の書状ではないことが、この表をみることで改めて確認できる。

以上から、戦国期京極氏の当主は極めて象徴的であり、奉行人などの官僚組織や有力家臣によって推戴された政権であったことが読み取れるのである。これは、宮島敬一氏などによって明らかにされた南近江の六角氏政権と共通する傾向である。(35)

なお、書状には「猶大津三郎左衛門尉に申すべく候」などと、本文の最後に使者が記される場合が多い。表2・3では使者も表記したが、表2では京極氏奉行人の一族とみられる大津氏が使者として多く登場する。箕浦・若宮など応仁・文明の乱以前からの古い京極氏家臣の名も使者としてみえる。これら使者も、戦国期の京極氏家臣として付け加える必要があろう。

まとめ

さて、最後に上平寺館と高殿地区(上平寺南館)の家臣団屋敷と、これまで考察した内容の関係について触れねばなるまい。上平寺城絵図によると、上平寺館には隠岐氏・弾正(大津氏)の屋敷、高殿地区には若宮氏・加賀氏・浅見氏・黒田氏・多賀氏・西野氏の屋敷跡が存在したことが知られる。

この内、隠岐・加賀・黒田各氏は佐々木・京極氏一門であり、若宮氏は室町時代から京極氏家臣であったことが確認できる家筋である。また、浅見氏・西野氏は『江北記』によれは戦国期前半に京極氏家臣となった家であり、多賀氏も上坂氏が登場する以前、応仁・文明の乱直後に執権的立場にあった。

大津氏は、京極氏奉行人として京極高広の時代まで活動が見えるが、『改訂近江国坂田郡志』三に載る絵図に、「大津屋敷」とあるのみで、最も成立が早いと推定される米原市所蔵「上平寺絵図」には、「弾正屋敷」としか見えない。

確かに、江戸時代に成立した『江州佐々木南北諸士帳』には「大津弾正」という人物が登場する。[36]ところが、中世の同時代史料には奉行人「大津若狭守」や、当主書状の使者として大津一族が確認できるが、「弾正」という人物はいない。「弾正」とは、例えば『江北記』の家臣書き上げに見える「伊吹弾正」を指すと考えることもできる。地元の伝承でも当地を「オオツ屋敷」と呼ぶそうであるが、「弾正屋敷」を大津氏屋敷跡と断定するのは難しいのではないか。

以上の理由から、大津氏を除外して考えると、絵図で上平寺に屋敷をもった家臣たちは、京極高清段階の家臣であり、次代の京極高広段階の家臣は含まれていないことが分かる。さらに、上坂氏屋敷の伝承地がなく、多賀氏屋敷の伝承地のみ存在する事実に注目すれば、高清時代でも初期の多賀氏執権時代の家臣団屋敷と推定することも可能である。しかし、絵図には住居者を明記しない区画が多くあり、たまたま屋敷地が特定できる家臣のみから、絵図に描かれた時代を推論するのは無理があることも付言しておかねばならない。

ただ、上平寺館と高殿地区に当主館と家臣団屋敷があったのは、京極高清の時代であり、高広時代には別の場所に、京極氏の本拠が移転したことは十分考えられる。その際、たちまち想起されるのは小谷城の「京極丸」である。同城の伝承によれば、浅井氏は京極氏を当地に移住させたと伝えるが、これは古文書などで裏付けを取ることができない。[37]京極高広段階の本拠地としては、「郷野文書」所収の山田玄良（清氏）書状で、当主（高広）の居所地として登場する河内（米原市梓河内）が、最も有力な場所であると考えられる。[38]それが事実であれば、上平寺の家臣団屋敷も、高広時代には廃絶したとみなすべきであろう。

註

（1）下坂守「近江守護六角氏の研究」（『古文書研究』一二、一九七八年）・今谷明「近江の守護領国機構」同『守護領国支配機構の研究』

（法政大学出版局、一九八六年）。西島太郎「京極氏領国における出雲国と尼子氏」同『松江藩の基礎的研究』（岩田書院、二〇一五年）は、近年の研究動向を簡潔にまとめている。

（2）宮島敬一「浅井氏権力の形成」永原慶二編『大名領国を歩く』（吉川弘文館、一九九三年）、及び同『戦国期社会の形成と展開—浅井・六角氏と地域社会—』（吉川弘文館、一九九六年）。また、同「中世後期の名と村落—近江国伊香郡余呉庄丹生郷を中心として—」（『駿台史学』六二、一九八四年）でも京極氏の北近江統治について触れている。

（3）ここに記述する応仁・文明の乱以降の政治状況は、『東浅井郡志』一（一九二七年）による。

（4）註（2）宮島氏一九九三年論文

（5）天野忠幸『列島の戦国史④　室町幕府分裂と畿内近国の胎動』（吉川弘文館、二〇二〇年）、川岡勉『戦国期守護権力の研究』（思文閣出版、二〇二三年）など

（6）『群書類従』二一　合戦部（続群書類従完成会、一九八〇年）、適宜「国立公文書館デジタルアーカイブ」の『江北記』で補正した。

（7）私見では長政の時代まで、浅井氏は京極氏を名目的な主君・守護家として遇していたと考えるが、この点は第二章二を参照。

（8）多賀氏の基本的な事蹟は、『改訂近江国坂田郡志』二（一九四二年）によった。

（9）註（1）今谷氏論文

（10）「垣見文書」二（文書番号は、『改訂近江国坂田郡志』六（一九四二年）による）

（11）「多良文書」二（文書番号は、『改訂近江国坂田郡志』六による）

（12）「大脇文書」一（文書番号は、『改訂近江国坂田郡志』七（一九四二年）による）

（13）『続群書類従』二三下　武家部（続群書類従完成会、一九七九年）所収

（14）註（2）宮島氏一九九三年論文

（15）上坂氏の基本的な事績は、『改訂近江国坂田郡志』二によった。

（16）「竹生島文書」八一（文書番号は、『東浅井郡志』四（一九二七年）の文害番号）

（17）「竹生島文書」八二（文書番号は、『東浅井郡志』四の文書番号）

（18）「総持寺文書」五九（文書番号は、『改訂近江国坂田郡志』七の文書番号）。なお、文中の「祖父上野入道」は、上坂教信と同書は註している。

（19）「大原観音寺文書」四六五（文書番号は、滋賀県教育委員会『大原観音寺文書』（一九七五年）による）

(20)『東浅井郡志』一による。
(21)大津氏の基本的な事績は、『改訂近江国坂田郡志』二によった。
(22)〔史料3〕は「竹生島文書」一〇七（文書番号は、『東浅井郡志』四の文書番号）、〔史料4〕は「竹生島文書」一一一（文書番号は同上）
(23)「竹生島文書」一〇六・一〇九（文書番号は註（22）と同じ）
(24)「成菩提院文書」記録一（文書番号は、『改訂近江国坂田郡志』七の文書番号）。なお、平成六〜八年度科学研究費補助金・一般研究（B）研究成果戟告書『中世・近世地方寺社史料の収集と史料学的研究』（研究代表者福田榮次郎、一九九八年）には、本書を含めた同院帳簿類の全体像が示されている。
(25)「成菩提院文書」七（文書番号は、『改訂近江国坂田郡志』六の文書番号）
(26)山田氏の基本的な事績は、『改訂近江国坂田郡志』二によった。
(27)「金光寺文書」二（文書番号は、『東浅井郡志』四の文書番号）
(28)「郷野文書」の翻刻は『改訂近江国坂田郡志』六、または『郷野家文書』調査報告書刊行会『『郷野家文書』調査報告書』（執筆・編集は筆者が行なった、二〇一二年）を参照。後者は、すべての中世文書を写真付きで翻刻している。
(29)下坂氏については、本書第五章三を参照。
(30)註（29）に同じ。
(31)註（29）に同じ。
(32)『東浅井郡志』二（一九二七年）、十八頁
(33)『群書解題』一三（続群書類従完成会、一九八八年）
(34)『江北記』文明十七年の項
(35)註（2）宮島氏一九九三年論文
(36)滋賀県教育委員会『滋賀県中世城郭分布調査』五（一九八七年）所収
(37)本書第二章二参照
(38)註（37）に同じ。

第二章　戦国大名浅井氏の政治動向と統治構造

一　浅井氏の政治動向

1　京極氏から浅井氏へ

京極氏の発展　佐々木京極氏は、鎌倉中期に近江守護佐々木家に、重綱（大原氏祖）・高信（高島氏祖）・泰綱・氏信の四兄弟が出て、四男の氏信が柏原荘を与えられて泰綱の嫡流家（後の六角家）から分家した家系である（系図参照）。最初は、単なる佐々木氏の一庶子家に過ぎなかったが、南北朝から室町時代にかけて京極高氏（導誉）が足利尊氏に仕えて勢力を拡大する。近江には京極高氏に関する史料や史跡は少ないが、米原市清滝の徳源院にはその墓（宝篋印塔）や宛行状が残り[(1)]、米原市米原の青岸寺の前身である米泉寺は、この導誉が法華経を奉納したのを機縁に建立されたと伝える。また、終焉の地とされる甲良荘内の勝楽寺（犬上郡甲良町正楽寺）にも導誉の墓（宝篋印塔）とされる石塔がある[(2)]。

続く京極高秀・高詮等も将軍の信頼を得、室町幕府で侍所所司をつとめる四職家の一つとなった。さらに、京極高数は嘉吉の乱で、将軍足利義教の側近として、義教と共に殺害されている。近江においては、六角氏の一国守護権から独立した北近江三郡の守護権を有し、飛騨・出雲・隠岐の守護職も所持する、当時有数の守護家に発展していた。ただし、京極氏の守護権については、半国守護・分郡守護・副守護、あるいは守護として認められず奉公衆的・将軍

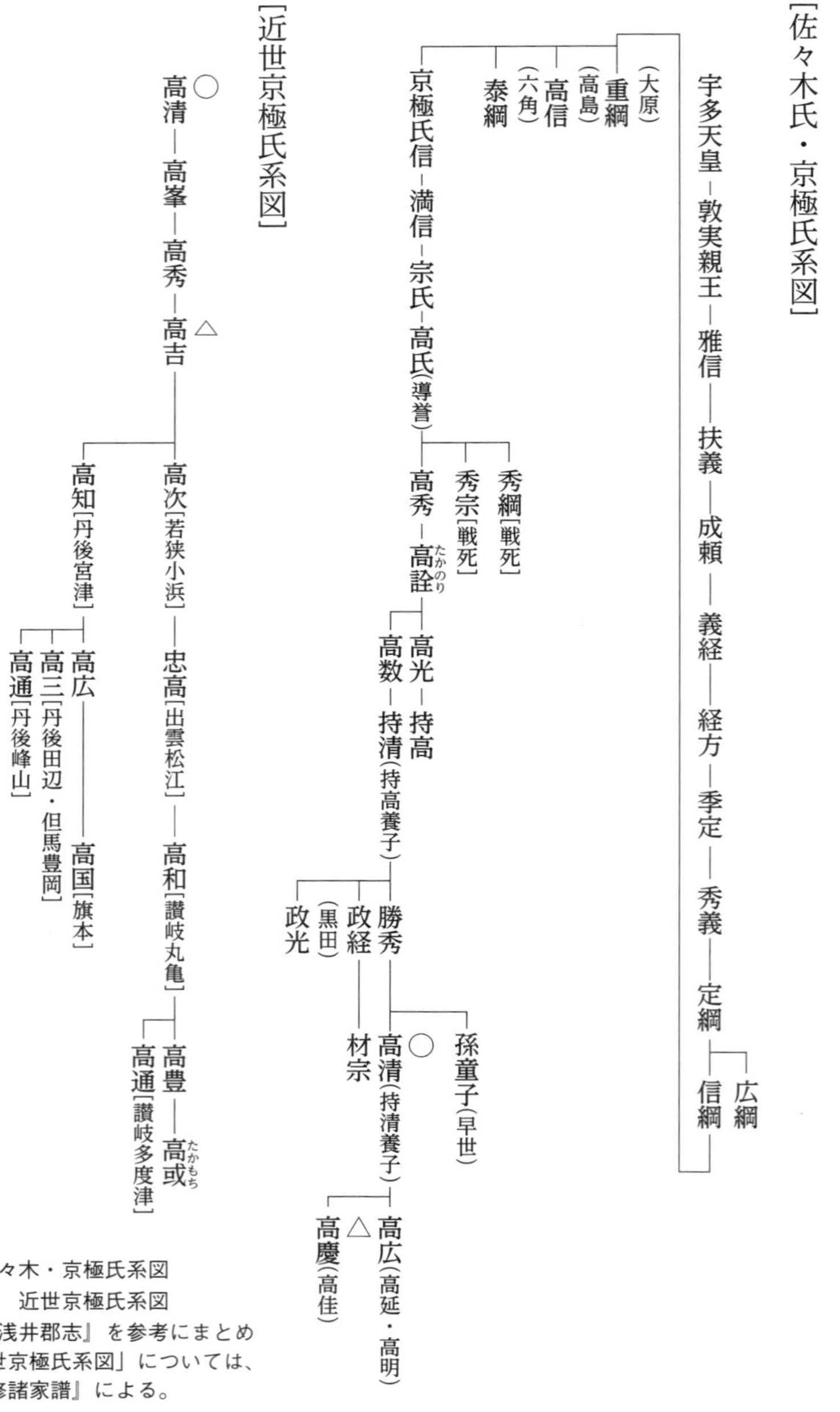

図１　佐々木・京極氏系図
附　近世京極氏系図
主に『東浅井郡志』を参考にまとめた。「近世京極氏系図」については、『寛政重修諸家譜』による。

近習的存在との見解がある。ここで、本書は室町時代の京極氏守護論を扱うのが本旨でないので、詳細な考察は避けたいが、後の戦国期守護としての領国形成へつながる姿を重視して、北近江の分郡守護と理解すべきだと考えている。[3]

しかし、この京極氏の性格は、応仁・文明の乱を境として、大きく変化することになる。室町中期までの京極氏は、京都に拠点を持つ室町幕府(中央政権)の構成員であったが、応仁・文明の乱を経過した戦国期に入ると、北近江を支配する地域大名としての性格が強くなる。それまでの京極氏が近江国内に出していた文書は、その多くは守護としての職権に関わるものが大半であるが、戦国時代には家臣への知行宛行や、寺社への安堵など、地域を支配する大名としての権限で出す文書が多く見られるようになる。[4]これにともない、近江国内の本拠も、室町時代にまでは導誉以来の清瀧寺徳源院(米原市清滝)周辺の館だったが、戦国時代には新たに上平寺城(米原市上平寺)を築き、城郭・家臣団屋敷・城下町の整備を行なっていく。

戦国時代の京極氏　応仁・文明の乱勃発直後、京極氏の北近江支配は、極めて不安定なものであった。それは、京極氏一族間での内紛が絶えなかったからである。混乱は、文明二年(一四七〇)の京極持清の死去から始まった。京極持清は嘉吉元年(一四四一)に家督を相続すると、佐々木本宗家で近江一国守護権を伝統的に有する南近江の六角氏を圧倒、京極導誉以来百三十年ぶりに近江一国守護に任じられ、京極氏の勢力を大いに伸長させた。

ところが、持清が死去すると、一族内ではそれぞれ持清の子である高清(初名秀綱、持清の孫とも言われる)と政経(政高)が対立し戦闘を繰り返す。応仁・文明の乱の中では前者が西軍につき、後者が東軍に従い争った。また、多賀氏や下坂氏など家臣団の一族争いも加わり事態は混迷を極める。とはいえ、京極高清が基本的には北近江の支配権を掌握するという大勢は不動であった。これに対し、室町幕府や六角高頼の援助を受けるなどして、政経とその子・材宗が、出雲国から北近江の政権奪回を狙うという構図が続いた。[5]

しかし、これら京極一族間や家臣間での戦闘も永正二年(一五〇五)、箕浦庄日光寺(米原市日光寺)で、京極高清と材宗の講和が成立し終結する。この結果、京極高清を上坂家信が補佐する安定した政権が出現する。[6]

浅井亮政の台頭　大永三年(一五二三)、「大吉寺梅本坊の公事」が起きる。この事件の内容はまったく不明であるが、『江北記』[7]に記された内容からすると、上坂信光(家信の子)が補佐する京極高清政権に対する、浅見氏・浅井氏・三田村氏・堀氏などの京極氏家臣のクーデターであった。この乱によって、家臣たちが当主として推したのが京極高清の長男・高広(高延・高明)であった。次男の高慶も上坂氏に推され、以後北近江で微妙な動きを繰り返し、高広との対立を深める。

一方、京極氏家臣の中からは、一時は浅見貞則が盟主として担ぎ出されたが、次第に浅井郡丁野(長浜市小谷丁野町)出身の国衆・浅井氏が台頭、その当主亮政はやがて家臣団中の盟主と目されるようになり、小谷城を本拠とし戦国大名化していった。浅井氏の勢力伸長の中、京極高広政権は浅井亮政の子・久政期の天文末年に至るまで存続し、奉行人など一定の官僚組織を維持していた。[8]浅井亮政・久政は、この京極高広を北近江の守護と認め「御屋形様」と呼び、その存在を尊重しつつ大名化を果たしていったのである。

浅井氏は久政の後、永禄三年(一五六〇)に長政が家督を相続する(系図参照)。長政の時代に至ると、京極政権の姿はまったく記録上から消える。浅井氏政権の独立は、この時初めてなされたとする考え方もある。なお、京極高慶の行動も、高広とほぼ同時期まで追うことができ、高広を戴く浅井氏と対立した。[9]

六角氏との戦い　さて、大永三年の混乱が終息した後、国衆たちの盟主に担がれた浅見貞則は、同年十一月と翌年十月、菅浦と竹生島に文書を出しているので、一度は北近江の支配権を掌握したようである。しかし、大永五年（一五二五）までに浅井氏は、一度尾張に追った高清を、完成間もない小谷城に迎え、浅見氏にかわって実権を握ったと『東浅井郡志』は述べている。事実、大永五年五月には、和解した京極高清や上坂信光と共に、浅井氏は北上して坂田郡まで侵入した六角定頼の軍と戦っている。

この時、六角定頼の軍は五月二十四日に磯山城（米原市磯）に着陣している。六角軍は、浅井郡の西草野谷（長浜市上草野地域）を襲い大吉寺（長浜市野瀬町）を焼き、浅井郡尊勝寺（長浜市尊勝寺町）にまで攻め入った。九月には、浅井亮政・京極高清・高広が北近江から脱出している。六角氏は九月十七日に、竹生島へ奉行人連署奉書を出しており、北近江統治の実権を一時掌握した。

この戦いは、浅井氏側の劣勢が目立ったものであったが、浅見貞則に替って、浅井氏が北近江での政治的実権を握っていたことを確かめることができる意味で重要である。京都の公家鷲尾隆康の日記である『二水記』は、この合戦について「中書（京極高清）被官アサイ城、此間六角少弼（定頼）之を攻む」と記しており、浅井氏を北近江の勢力の代表として認識している。

内保合戦と箕浦合戦　大永五年の合戦で、浅井長政も京極高清も国外に逃れたが、翌年には早くも北近江の支配権を取り戻している。ところで、京極高清と共に大永三年に美濃へ没落した高慶は、坂田郡河内城（米原市梓河内）にいたが、浅井氏に擁された兄高広を討ち京極家の当主となる機会をねらっていた。享禄元年（一五二八）八月、京極高慶は兵を上げ、北進を始めたのに対し、高広はこれを内保（長浜市内保町）の草野川の川原で迎え撃った。この合戦は、

［浅井氏系図］

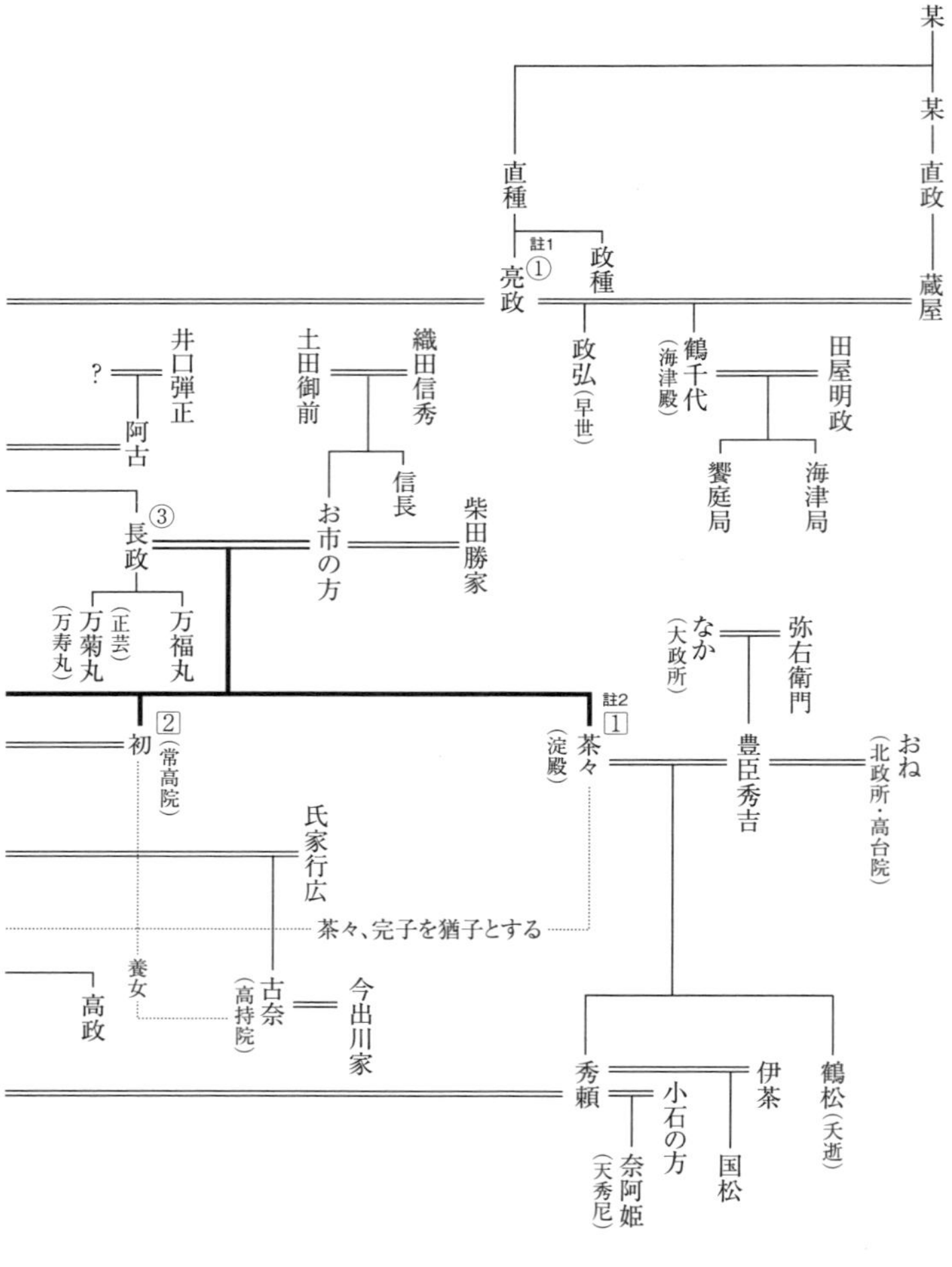
某
某
直政
蔵屋
直種
政種
註1 ①
亮政
政弘（早世）
鶴千代（海津殿）
田屋明政
饗庭局
海津局
井口弾正
?
阿古
土田御前
織田信秀
信長
お市の方
柴田勝家
③
長政
万福丸
万菊丸（正芸）（万寿丸）
なか（大政所）
弥右衛門
註2 1
茶々（淀殿）
豊臣秀吉
おね（北政所・高台院）
2
初（常高院）
氏家行広
茶々、完子を猶子とする
養女
古奈（高持院）
今出川家
高政
秀頼
伊茶
鶴松（夭逝）
小石の方
国松
奈阿姫（天秀尼）

註1　①～③は浅井三代
註2　1～3は浅井三姉妹
註3　京極忠高の母は高次側室山田氏（玉台院）。
　　　高政の母は同側室小倉氏。

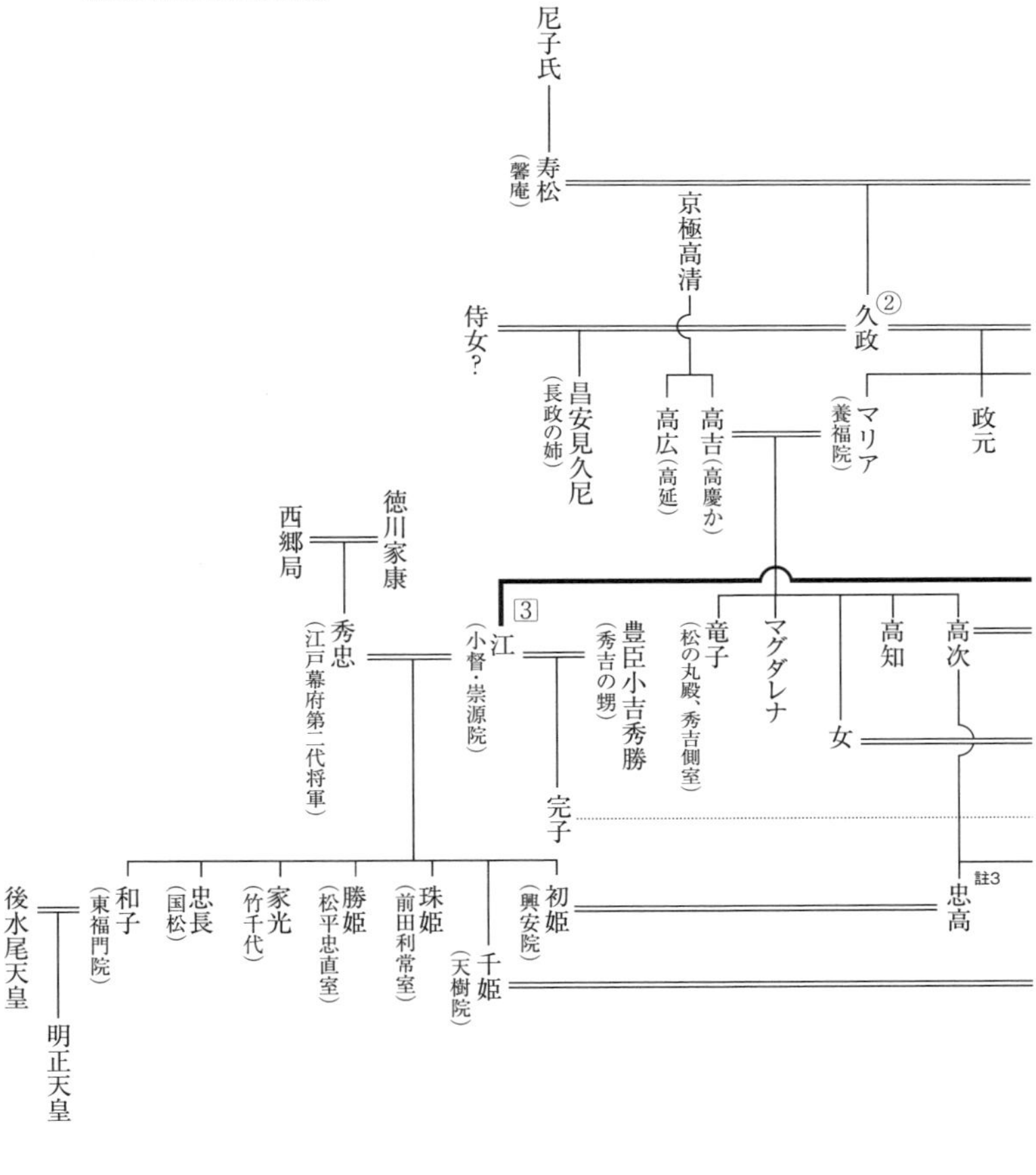

高慶側の軍に多くの死傷者が出て、高広側の勝利であった。さらに、この戦いは六角定頼が推す京極高慶と、浅井亮政が推す京極高広の代理戦争であったとも考えられる。

このように、六角氏と連携を持った京極高慶の勢力が、坂田郡南部を本拠とし、この地域の支配権を確立していた浅井氏と兄高広を時に脅かすという状況が、浅井久政の時代まで続く。

享禄四年（一五三一）四月六日、箕浦川原（米原市箕浦南の川原）において、浅井軍と六角軍の大規模な合戦が行なわれた。『長享年後畿内兵乱記』によると、「箕浦合戦、浅井敗北、（六角）定頼勝を得る」と簡潔に結果のみ記されている。この合戦では、浅井亮政が三田村直政にその戦功を賞して感状を送っている（三田村文書）。また、六角氏側の史料としては、日野町内池の摂取院に、出陣した蒲生氏家臣の中で、討ち死にした三十人の名を列挙した過去帳が残っている。さらに、同じく六角氏方として参戦した小倉氏家臣の端可清が二十ヶ所の傷を負い、まもなく没していることが知られる（端家文書）。端家は神崎郡山上（東近江市山上町）の地侍であった。両軍の激突が熾烈だったことを物語っていよう。(10)

2　安定へ向かう浅井三代の治世

浅井氏支配の浸透　天文二年（一五三三）正月、浅井亮政は今井秀信（秀俊）を神照寺（長浜市新庄寺町）に誘い謀殺した。今井氏は、浅井氏と共に『江北記』では京極氏の「根本被官」とされた北近江の有力武将である。坂田郡八日市場（米原市箕浦）を本拠として、同じく藤原秀郷を祖とするという井戸村・岩脇・嶋などの各氏を家臣として従え、坂田郡南部の天野川西部流域に大きな力を持っていた。(11)ここで、謀殺された直接の理由は不明であるが、京極氏に代わって北近江の支配権を確立しつつあった浅井亮政は、自らに対抗する可能性がある国衆の力を早めに削ぐ必要があったと見られる。

さらに、浅井亮政は天文三年(一五三四)八月二十日に、京極高清・高広親子を小谷城の館に招いて、宴をはりもてなしている。この酒宴は、政治的な意味を色濃く持っている。浅井亮政が京極親子を、自らの館に招き接待することで、浅井氏が京極氏の筆頭家臣であり、北近江支配の実権を掌握していることを、内外にアピールすることができたからである。その模様は、「天文三年浅井備前守宿所饗応記」により詳細に知ることができる。[12] 十七献の献立が準備され、浅井氏と京極氏の間で贈答が繰り返される中、能が十五番まで舞われた。

これ以後も、浅井亮政は京極氏を北近江の統治者として尊重するが、それは象徴的な扱いにとどまり、浅井氏の権限はますます拡大していくのである。

近江南北の争い　天文四年(一五三五)正月から、京極氏家臣である多賀貞隆の反乱に端を発して、六角軍が北近江南部の佐和山・鎌刃城付近に進出、浅井亮政の軍と合戦になった。

天文七年(一五三八)の春、戦国期前半に北近江の統治を行なってきた京極高清が病死した。これをきっかけとするように、京極高慶と六角定頼は北近江に兵を入れ、五月二十三日には佐和山城を陥落させ、六月四日には、浅井氏方の掘元積が守る鎌刃城を落城させた。この後、六角軍は兵を小谷に向けて展開し、九月十二日には国友川原付近で、両軍の主力がぶつかり六角軍の勝利となった。小谷城下は放火され、浅井亮政らは一時小谷城を退去している。

しかし、この時も京極高広や浅井亮政は、すぐさま北近江の地の支配権を回復している。六角氏は、この時すでに京都の室町幕府を支える最大の勢力となっており、都の治安維持に腐心せねばならず、軍隊を長く北近江に駐留できない現実があった。

この天文七年の合戦では、太尾城(米原市米原)も六角定頼方の今井尺夜叉(後の定清)によって攻められ、さらに磯山城（米原市磯）や佐和山城（彦根市佐和山町など）を落とされ、六角定頼が北近江に駐留している。このように、彦根市北部に所在した佐和山城、それに米原市西部に所在した鎌刃城・太尾城・磯山城などは、何れも浅井氏領国と六角氏領国の「境目の城」として、たえず南北の争いで争奪の対象となった。

浅井久政の家督相続　天文十一年（一五四二）正月六日、浅井亮政が死去した。浅井氏は、亮政の子である久政が家督を相続する。ただし、亮政の嫡女である鶴千代の夫・明政と、亮政の側室尼子氏の子・久政との間に家督をめぐる争いがあったと推定される。明政は西近江海津（高島市マキノ町海津）の田屋氏の出身で、通称が亮政と同じ新三郎で、当主を約束された身であったと推定される。(13)

一方、浅井氏の二代目となった久政の通称は新九郎で、本来は庶子であったが、南近江の六角氏の後押しを受けることで、当主の座に就いたと考えられる。したがって、久政の時代は前代の亮政や後代の長政の時代と異なり、六角氏との戦闘がない時代であった。事実上、六角氏の勢力下に入っていた時代である。(14)六角定頼の花押と久政の花押が類似していることは、そのことを象徴的に示している。(15)

久政が無能の当主として、「父に劣りて、大将の器量無く、家老其の外諸士にうとまれける」（『重編応仁記』）や、「久政代の事は、何れも人の笑ひと成るべき事のみ多く候」（『浅井三代記』）と軍記物で描かれるのは、亮政や長政とは異なり、六角氏に対して融和路線をとったことが、近世には軟弱と受けとめられたからである。

天文は二十三年で終わり、年号は弘治と変わる。この弘治年間（一五五五〜五八）は、足利義輝と細川晴元にうち勝った三好長慶政権の全盛期であり、京都付近の政情は極めて安定していた。(16)これまで室町将軍家を支援するため戦ってきた六角氏も、京都及び近江では大きな合戦を行なっておらず、国内政治に専念できた唯一の時期と言われる。また、その余裕からか伊勢侵攻を弘治二年(一五五六)から三年にかけて行なっている。浅井氏は、この遠征に従軍しており、ここでも六角氏旗下として、軍事動員される浅井氏の姿を確認することができる。

浅井長政の家督相続　永禄二年(一五五九)正月、新九郎と称した後の浅井長政が元服した。六角義賢から一字を得て、初めは「賢政」と名乗っている。さらに、六角氏の家臣である平井定武の女を妻として迎えた。これは、久政の意向を受けたもので、六角氏に従うことで、浅井氏政権を保つための布石であった。

しかし、浅井氏の政権内には、亮政時代の対六角強硬策をとなえるグループがあり、これが長政の元服を機に一気に勢力を得た。同年四月には平井の女を親元へ送還して離縁し、翌年の永禄三年(一五六〇)八月に愛知郡野良田(彦根市野良田町)で六角氏と合戦し、浅井氏は歴史的な勝利をあげている。この前後に、久政が引退し長政が家督を相続した。

これら一連の動向は、浅井久政の親六角氏策を批判しつつ、長政を当主に担ぐグループの台頭を意味している。ここに、浅井氏は六角氏と戦いながら、領国を保持するという亮政時代の政策に回帰したことになる。

織田氏との同盟の成立　永禄四年(一五六一)五月頃、浅井賢政は「長政」と名を改めた。「賢」の字は、六角義賢から一字下賜されたものであったが、「長」は織田信長の一字と解すことができる。浅井長政の改名は、長政と信長の妹お市との婚儀、すなわち浅井—織田同盟の成立による改名であったと理解できる。(17)

この永禄四年という年は、浅井氏や織田氏にとって、新たな勢力との同盟が必要な時期であった。この時期、浅井氏は六角氏から離れ、美濃斎藤氏とも対立するようになっていた。事実、長政はこの年美濃国へ侵攻しており、六角氏に代わる勢力との同盟は、喫緊な課題であった。他方、織田信長も前年から行なっていた美濃攻めを本格的に始めていた。五月に斎藤義龍が急死し、その後を幼少の龍興が継いだ混乱をついたものであった。美濃を攻めるためには、同じく美濃を敵にもち、その背後をつくことができる浅井氏と同盟を結ぶのが最善と、信長は判断したのである。お市の輿入れが永禄四年とすれば、最もよくこの同盟の意味を理解できる。

実は、長政とお市の婚期については、研究者の中で説が対立しており、いまだ決着をみていない。従来は『浅井三代記』が説く永禄七年（一五六四）説が有力であったが、小和田哲男氏は奥野高広氏の研究を基に、永禄十一年（一五六八）四月説を取っている。しかし、最近になって宮島敬一氏は、永禄二年（一五五九）の浅井長政の元服から、六角氏家臣の平井氏女の離縁、永禄三年の長政家督相続、織田信長との同盟は一連の出来事で、計画的・意図的な戦略であったとし、永禄二年六月以降、永禄六年を下らない時期に、両者の結婚が行なわれたと結論している。

小和田氏の説明にもあるように、この結婚の時期によって、同盟の意味は変わってくる。すなわち、永禄十一年説をとれば美濃国は織田領国だったので近国同盟となり、永禄六年以前説をとれば美濃国は両者にとって敵対勢力だったので、遠交近攻同盟となる。ただ、あまり問題視されていないが、この同盟がお市の浅井家への嫁入という、信長側にとって圧倒的な不利な条件で成立した事実がある。この点を考慮すれば、信長側の必要性から同盟は成立したことになり、その力が十分蓄えられていない永禄初期の婚儀と考えた方が自然であろう。やはり、浅井―織田同盟の成立は、永禄四年と考えたい。(18)

浅井氏の勢力拡大　永禄六年（一五六三）、六角義弼は、突然その家臣後藤賢豊親子を、観音寺城で殺害した。世に言う観音寺騒動の始まりである。これにより、従来からくすぶっていた六角家中の当主と家臣団の対立が表面化し、六角氏の力は大きく低下していく。これに対し浅井氏は、観音寺騒動に際して愛知郡まで兵を出し、東近江地域までその勢力を伸ばした。さらに、翌年には初めて西近江高島郡内で所領宛行を行なっている。

永禄十一年(一五六八)二月二十七日には、南近江の六角氏の勢力が衰える中、甲賀郡の山中俊好と知行地の協議を行ない、同年十二月十二日には誓紙を高島郡の朽木元綱に送り、高島郡内に新地を与えると共に、朽木氏所領の保全を約束している。[19] このような本来の北近江三郡をはるかに超えた勢力から、浅井氏勢力が六角氏領国を大きく侵食していたことを読み取ることができる。この永禄末年が、浅井氏勢力の最盛期と考えられる。

3 元亀争乱と浅井氏

浅井長政の決断　浅井氏の全盛は、上洛を果たした織田信長が、元亀元年(一五七〇)四月に越前朝倉氏を攻めたことで一転した。従来、浅井氏は織田氏との同盟よりも、越前朝倉氏との同盟を選んだと説明される。浅井氏は長政の祖父に当たる亮政以来、越前朝倉氏と軍事同盟を結んでおり、この旧縁を重視したと言われる。[20] これは、大永五年(一五二五)五月に、六角定頼が浅井亮政を攻めた時、越前国から朝倉教景(宗滴)が浅井氏の来援に来たという事実を前提にしている。

しかし、近年の佐藤圭氏の研究によって、[21] 教景は六角氏を来援しに近江に入ったのであり、実際は浅井氏を攻撃に来たことが明らかになった。とすれば、亮政以来の浅井―朝倉同盟の存在を証明する史料は、何一つ残されていないことになる。確かに、浅井氏領国の南や東には「境目の城」が多く置かれたが、朝倉氏との国境である北には「境目の城」が置かれなかったという事実はある。しかし、これは朝倉氏が加賀や若狭との対立を意識し、近江には攻め込む意思も余裕もないことを、浅井氏は十分承知していたからであろう。いわば暗黙の不可侵条約であり、軍事同盟といった内容ではなかったと推察できる。

元亀元年（一五七〇）四月の浅井長政の決断は、朝倉氏との単一同盟を重視したものではない。武田信玄をはじめとする、本願寺・一向一揆・比叡山・三好三人衆・朝倉氏によって構成された反信長包囲網に加わることを表明したと考えるべきだろう。[22]『毛利家文書』に残された同年七月十日付けの織田信長朱印状には、浅井氏は「近年別而令家来之条、深長無隔心候き、不慮之趣、無是非題目候事」と記す。[23]すなわち近年「家来」となったが、謀反するとは許しがたいと言うのが信長の意識であった。長政は、このまま信長との同盟を続ければ、その家臣団の一部に包摂され、一大名としての独立性を失うと判断したのである。多くの勢力と協調し信長を倒した後、再び大名としての独立性を保とうと長政は決断したのである。しかし、これは結果的には大きな判断ミスであった。

織田信長の近江侵攻

朝倉氏を攻めるため若狭国から越前国に入った信長は、越前敦賀付近まで進軍していたが、長政の謀反を聞き、大慌てで朽木谷を経て京都まで逃れた。その後、信長は態勢を整え、六月には北近江に出陣、徳川家康も信長の加勢にまわった。この信長の近江侵攻にあたり、長比城（米原市柏原）・苅安尾城（米原市上平寺など）を守備していた堀秀村と樋口直房は、浅井氏から離反し信長に降った。浅井氏の領国防衛にとって、東の要となる二城を、早々に失ったことは大きな誤算であった。

六月二十八日、浅井・朝倉の連合軍は、織田・徳川連合軍を姉川に迎え撃ったが敗戦したと通説では言われる。しかし、この姉川合戦は、長政による信長軍への奇襲作戦の失敗が実像であり、浅井・朝倉両軍には言われるほどの損害は出ていないと私は考えている。[24]その証拠に浅井・朝倉氏の滅亡は、この合戦の三年後である。姉川で両軍が大敗したのであれば、小谷や一乗谷の落城は、もっと早く起きていたであろう。姉川合戦の後、信長は小谷城を力攻めすることを避け、横山城（長浜市石田町・米原市村居田など）に秀吉を置き、長期戦で浅井氏攻めを行なうこととした。

志賀の陣　同年九月から年末にかけて、浅井・朝倉軍は坂本や比叡山上まで南下、「志賀の陣」が展開する。浅井・朝倉氏に加え、三好三人衆や六角承禎、それに大坂本願寺により信長包囲網が形成され、摂津に出陣していた信長を大いに悩ませた。

九月二十日に坂本口に陣した浅井・朝倉軍らに対抗するため、宇佐山城を出た信長の部将・森可成は、下坂本で朝倉軍と合戦となったが、可成自身が討死した他、信長の弟・信治も戦死し惨敗した。その後、浅井・朝倉軍は逢坂山を越えて、山科・醍醐まで攻め入っている。九月二十四日、長政は比叡山に登り青山に、朝倉義景は近くの壺笠山（大津市坂本本町）に陣を置いた。信長も同日には摂津から下坂本に戻り、近江と京側両方に要害を構築し始める。比叡山にはその所領の返還を条件に、浅井・朝倉軍を山上に入れないことを求めたが拒否された。これが、翌年の比叡山焼き討ちの口実となる。この後、両軍は比叡山周辺で戦闘を繰り返すが、戦線は膠着状態に陥った。

この間、十一月十二日付けの浅井長政書状によれば、長政が大原来迎院（京都市左京区大原来迎院町）に宛て、滋賀郡に散在する所領の安堵を行なっている[25]。浅井軍が滋賀郡の一部を実行支配していた状況が読み取れる。「志賀の陣」の経過については、さらなる考究が必要だが、滋賀郡における浅井軍の優勢を示す史料として注目できる。また、同年十一月二十七日付けの浅井長政書状によれば、長政が真宗大谷派寺院である覚伝寺の前身寺院に当たる大浦（長浜市西浅井町大浦）黒山寺に宛て、課税を免除し、寺領や本堂への侵害がないように保障した書状も残る[26]。この書状は滋賀郡への遠征のため、小谷城から湖西の高島郡・滋賀郡への経路を確保する必要性が生じ、高島郡に隣接した浅井郡大浦荘の黒山寺を味方とすることを意図して出されたと見られる。浅井氏当主の文書は、初代亮政文書が国宝「菅浦文書」に五通残る他は、西浅井町域では確認されていなかった。信長との戦いに及び、西浅井町域も確実に領国として取り込む必要からも本書は出されたと推定できる。

十一月から十二月にかけて、信長は将軍義昭や関白二条晴良を動かし、浅井・朝倉軍との勅命講和に漕ぎ着けた。近江北郡の知行分について、三分の一が浅井氏、三分の二が信長という、浅井氏にとってきわめて不利な条件だったが、この講和は「勅命」であるが故に応じざるを得なかったと言われる。浅井氏は信長をたたく最大のチャンスを逃したのに対し、信長は彼の一生において最大の危機を乗り越えた。浅井氏・朝倉氏の滅亡は、姉川合戦での敗北よりも、この陣において中途半端な講和に応じたことの影響の方が大きいと考えられる。

一向一揆の蜂起　元亀元年九月十二日、本願寺顕如は各地に檄を飛ばして、信長と戦うことを宣言した。反信長包囲網への参加表明であった。ここに北近江一向一揆も蜂起し、浅井・朝倉軍と共に信長と戦うことになった。北近江の村落には、蓮如が布教を行なった戦国初期以来、浄土真宗が深く浸透していた。天文年間（一五三二〜五五）には、「北郡坊主衆」・「北郡番衆」といった北近江真宗教団が、湖北十ヶ寺を中心に形成されていた。浅井氏の家臣たちの多くは、村落の有力者＝土豪・地侍であり、この真宗教団の一員だった。したがって、浅井氏と真宗教団は、必然的に同じ運命を辿らなければならなかったのである。本願寺の下知がなかったとしても、北近江の一向一揆は浅井氏と共に信長と戦うことになっていただろう。(27)

浅井氏は、浅井郡種路村（長浜市湖北町山本）の金光寺、同郡尊勝寺村（長浜市尊勝寺町）の称名寺、それに八幡中山村（長浜市八幡中山町）の徳満寺関連の玉泉坊などに安堵状を出し、浄土真宗寺院の保護を行なっている。信長との戦闘に入ってからは、浅井長政が湖北十ヶ寺に対して、「夜廻火の用心」を命じた九月二十日付の回章（十ヶ寺で回覧する書状）が有名である（湯次誓願寺文書）。また、本願寺の坊官である下間正秀が、「十ヶ寺惣衆」に宛てた九月十日付の書状（元亀三年と推定）では、信長との戦闘に際して、一向一揆の軍隊のみが「魁」をつとめることを問題としている。この書状で、下間は坊主衆（一向一揆）と武辺衆（浅井氏家臣）が代わる代わる「魁」となるよう、浅井長政に申し伝えていることを述べている。浅井氏と一向一揆の連合軍は、さまざまな課題を負いながら信長との戦闘に臨んでいた（湯次誓願寺文書）[28]。

なお、『天文日記』や「顕如上人文案」によれば[29]、浅井氏は亮政以来三代にわたって、本願寺証如・顕如と贈答を繰り返し、良好な関係を保持し続けている。本願寺と浅井氏、それに北近江の坊主・門徒との音信は、元亀元年九月の石山合戦突入以後、頻度を増していった。本願寺・浅井氏・一向一揆の軍事同盟は、浅井氏滅亡寸前まで機能していたと考えられる。

坂田郡南部での戦況　元亀二年（一五七一）二月二十四日、姉川合戦後から佐和山城に籠城していた磯野員昌が、信長側に降伏し城を出た。磯野員昌は浅井氏の重臣として知られ[30]、今井氏・岩脇・嶋・井戸村・河口氏ら坂田郡南部の旧近江町域の地侍と共に、浅井氏領国の南端にあたる同城に籠城し信長に抵抗を続けていた。

「嶋記録」は磯野員昌の謀反について[31]、当初は籠城兵と共に小谷へ入城するつもりであったが、浅井長政が磯野の行動を不審に思い入城を拒否。さらに小谷城内にいた老母を磔にしたので、仕方なく信長に従うことになったと伝える。磯野は、その後、信長から高島郡を与えられ、その家臣として天正六年（一五七八）まで活躍する。

元亀二年五月六日、浅井長政は姉川まで出陣し、一軍を木下秀吉が守る横山城に備えさせ、浅井井規を大将とする五千の兵を、堀氏・樋口氏の城である鎌刃城を攻めるため、箕浦表（番場付近と推定される）へ派遣した。横山城の木下秀吉は五・六百の兵を連れて、浅井方に気づかれぬように堀氏・樋口氏の加勢にまわり、すぐさま浅井軍を北へ押返した。両軍は、下長沢（米原市長沢付近）で衝突し、さらに小谷方面に逃れる浅井軍を、八幡（長浜市の長浜八幡宮を中心とする地域）まで追撃、残兵を下坂の「さいかち浜」（長浜市下坂浜町付近）まで追いつめ、湖に追い入れ溺死させたと伝える。この戦闘には、多くの浄土真宗の坊主・門徒が浅井同盟軍として参加し、多数の死傷者が出たと伝えられている。(32)

さらに、「妙意物語」が伝える所によれば、(33)元亀三年（一五七二）一月頃、坂田郡岩脇（米原市岩脇）の地侍・岩脇定政は、その主君である今井小法師丸（後の秀形）と謀って、堀氏・樋口氏が守る鎌刃城を攻めるため、番場の北の丹生谷（米原市西円寺南部の谷）にまで至った。しかし、このことを知った堀氏・樋口氏は丹生谷まで兵を派遣し、定政の軍に襲いかかった。定政は近くの丹生堂山に駆け上がり、にわかに砦を築いて防戦したが衆寡敵せず戦死した。浅井長政はその戦死を悼んで、閏一月十八日に今井氏に対して感状を出している。

追い詰められる浅井氏　この戦乱の中、織田信長は木下秀吉に宛てた朱印状（東京大学史料編纂所蔵）を出し、「北国」から「大坂」へ行く商人などの往来を、姉川と朝妻（米原市朝妻筑摩）の間で留めるよう命じている。年号がなく正月二日とのみ記されているが、元亀三年のものであると推定され、(34)ここでの「北国」は、朝倉義景の領国・越前国や、一向衆が勢力を保つ加賀国を指し、「大坂」とは大坂本願寺のことであると考えられる。信長と敵対し浅井氏と誼を通じる一向衆の使者が、浅井氏の領国を通って越前や加賀と連絡を取るのを防ぐ目的があったのであろう。朝妻は古代以来、中世を通じて琵琶湖の舟運で栄えた良港であった。姉川封鎖を命じたこの朱印状は、元亀三年一月の段階で、朝妻から姉川に至る坂田郡の全域が、信長の制圧下にあったことを示している。

この年七月、信長は横山城を基点に、再び北近江に攻め入った。二十一日には、小谷城清水谷「水の手」まで攻め込んでいる。さらに、二十二日には阿閉貞征・貞大が守る山本山城に木下秀吉を派遣して麓を攻撃、二十三日には越前国境から木之本、二十四日には草野谷(長浜市上草野地域及び米原市東草野地域)・大吉寺・竹生島を攻撃している。そして、信長は七月二十七日から、小谷城が眼前にそびえる虎御前山に本格的に本陣を構築し始め、八月には完成している。これにより、浅井氏攻めの最前線は、虎御前山城に移ったが、横山城と虎御前山城の間に軍用道を設け、途中の宮部(長浜市宮部町)・八相山(虎御前山の南部)にも城郭を造っている。浅井氏親子は小谷城に封じ込まれたのである。(35)

浅井氏の滅亡　翌年の天正元年(一五七三)になると、信長は二月に石山・今堅田、七月には六角義治が立て籠もる百済寺(東近江市百済寺町)を攻撃、槇島城(宇治市槇島町)に将軍義昭を攻め、八月には浅井・朝倉攻めに本腰を入れる。八月八日、山本山城(長浜市湖北町山本)の阿閉貞征や月ヶ瀬城(長浜市月ヶ瀬町)が信長に降した。十日には朝倉義景が援軍を率いて木之本付近に陣したが、十二日には小谷城北側の搦手・焼尾を守る浅見対馬守も降伏し、越前衆が入っていた大嶽・丁野山城も信長の手に落ちた。翌十三日には援軍に来ていた朝倉軍が退却を始め、刀根坂(敦賀市刀根)で信長軍の追い討ちを受け大敗している。一乗谷に戻った朝倉義景は重臣の離反にあい、二十日越前大野で自刃する。

越前に攻め入っていた信長は、越前平定の事後処理を行い、二十六日には虎御前山城まで戻っている。以後、小谷城へ対し総攻撃を開始する。信長軍の先陣であった木下秀吉の軍は、清水谷を「水の手」谷から駆け上がり京極丸に突入、八月二十九日、小丸の浅井久政を自刃に追い込んだ。続いて、翌九月一日に本丸下段の赤尾清綱屋敷で長政が自刃する。(36)ここに、浅井三代約五十年の歴史が幕を閉じた(天正元年八月は「小」の月で三十日はない)。久政は四十九歳、長政は二十九歳であった。なお、長政の長男万福丸は、当時十歳であったが、信長側によって捉えられ、関ヶ原で磔

にかけられたという。(37)

久政・長政の自害の日については、『信長公記』が久政八月二十七日・長政二十八日とし、「嶋記録」が久政八月二十八日・長政二十九日にするなど異説があるが、一周忌に制作された浅井長政像（徳勝寺旧蔵、小谷城城址保勝会蔵）の賛文などから、長政の命日は九月一日とするのが妥当であろう。初代亮政の時代には京極氏の家臣でありながら実権を掌握し、二代久政の時代には六角氏の旗下に入り、そして三代長政の時代には織田氏と同盟を結び、微妙なバランス感覚で、北近江の統治を続けて来た浅井氏であったが、織田氏からの離反は、決定的な判断ミスであった。浅井長政とお市との間に生まれた三人の娘は、それぞれ豊臣秀吉側室（茶々、淀殿）、京極高次正室（初、常高院）、三代将軍の徳川秀忠正室（江、崇源院）となり、織豊期から江戸初期の歴史に大きな影響を与えた。

註

（1）「清瀧寺文書」『改訂近江国坂田郡志』七（一九四二年）
（2）鎌倉・南北朝期の京極氏については、森茂暁『佐々木導誉』（吉川弘文館「人物叢書」、一九九四年）参照。拙稿「京極氏の歴史」伊吹町教育委員会編『京極氏の城・まち・寺』（サンライズ出版、二〇〇三年）も参照。
（3）西島太郎「京極氏領国における出雲国と尼子氏」同『松江藩の基礎的研究』（岩田書院、二〇一五年）を参照。
（4）今谷明「近江の守護領国機構」同『守護領国支配機構の研究』（法政大学出版局、一九八六年）。また、本書第一章三を参照。
（5）戦国初期の守護京極氏については、註（3）西島氏論文、同「戦国期守護をめぐる尼子氏と京極氏」（『古文書研究』九二、二〇二一年）を参照。
（6）戦国期の北近江の政治状況については、『東浅井郡志』一（一九二七年）による。また、註（2）の拙稿参照。
（7）『群書類従』二一　合戦部（続群書類従完成会、一九六〇年）所収
（8）第一章三参照。

(9)『東浅井郡志』二（一九二七年）、註（2）の拙稿を参照。以下、京極氏・浅井氏の政治的動向の事実関係は『東浅井郡志』二による所が大きい。
(10)「端家文書」については、『永源寺町史』通史編（東近江市、二〇〇六年）を参照。
(11)第四章六参照
(12)『続群書類従』二三下　武家部（続群書類従完成会、一九七九年）
(13)高橋昌明「江北の戦国政治史―浅井氏と京極氏―」滋賀県教育委員会『滋賀県中世城郭分布調査』七（一九九〇年）、拙著『浅井長政と姉川合戦―その繁栄と滅亡への軌跡―　増補版』（サンライズ出版、二〇二三年）
(14)この間、『東浅井郡志』二は、浅井久政と京極高広との間に戦闘が行なわれたとする。しかし、この間の合戦の多くは京極高広と高慶間の交戦と見られ、浅井久政と京極高広間の関係は良好であったと理解する。
(15)註（13）高橋氏論文参照
(16)この間の六角氏の動静は、村井祐樹『戦国大名佐々木六角氏の基礎的研究』（思文閣出版、二〇一二年）等による。
(17)浅井長政の「長」の字について、織田信長から「長」の字を与えられたとの私の所説について、桐野作人氏は確証がないと述べている（同『織田信長―戦国最強の軍事カリスマ―』新人物文庫、二〇一四年、初出二〇一一年）。信長が「長」の字を与えたのは家臣で、「信」の字は大名子弟へ与えていたからである。これに対し、浅井氏は家の格の上では京極氏の家臣でしかないので、「長」の字を与えたのではないかと私は反論した（拙稿「浅井長政は、なぜ織田信長を裏切る決断をしたのか」渡邊大門編『信長研究の最前線②』（洋泉社歴史新書、二〇一七年）。また、市の代わりとして信長の許へ元亀元年（一五七〇）に送られたのが、京極高次なのではないかとの考えも同書で展開した（同上）。
(18)長政・市の結婚時期についての詳細も、註（17）の拙稿を参照。
(19)山中氏宛は神宮文庫蔵文書、朽木氏宛は内閣文庫蔵文書。いずれも、小和田哲男『浅井三代文書集』（浅井家顕彰会、一九七二年）に掲載されている（長政四五・久政五六・五七）。また、長浜市長浜城歴史博物館『戦国大名浅井氏と北近江』（二〇〇八年）に、いずれも写真が掲載されている。
(20)水藤真『朝倉義景』（吉川弘文館、一九八一年）など。
(21)佐藤圭「朝倉氏と近隣大名の関係について―美濃・近江・若狭を中心として―」（『福井県史研究』一四、一九九六年）
(22)香水敏夫氏は、長政が信長に反旗を翻したのは、「将軍義昭の主命」を遵守したものだと解している（同『小谷城主浅井長政の謎なぜ、信長に刃向かったのか』（ユニオンプレス、二〇二〇年）。
(23)　『大日本史料』第十編之四（一九三四年）
(24)　姉川合戦については、註（13）拙著を参照。
(25)　二〇二〇年八月二十日に、NHKのBSPで放送された「京都　千年蔵」で、勝林院（京都市左京区勝林院町）から新たに発見された文書である。長浜市長浜城歴史博物館編『信長苦戦す！　元亀争乱と湖北』（二〇二一年）に写真・解説が掲載されている。
(26)　長浜市長浜城歴史博物館『浅井長政と菩提寺・養源院』（二〇二二年）に写真・解説が掲載されている。また、坂口泰章「「浅井長政書状　大浦黒山寺宛」と志賀の陣」（『日本歴史』九〇五、二〇二三年）を参照。
(27)　拙稿「戦国期真宗の展開と一向一揆―湖北の事例から―」特別展「湖北真宗の至宝と文化」実行委員会『湖北真宗の至宝と文化』（二〇一一年）
(28)　以上の文書は、『東浅井郡志』四（一九二七年）・『改訂近江国坂田郡志』六（一九四二年）を参照。
(29)　前者は上松寅三編纂校訂『石山本願寺日記』上（復刻版、清文堂出版、一九六六年）。後者は同『石山本願寺日記』下（同）に掲載されている。
(30)　磯野員昌については、本書第四章三に詳述した。
(31)　「嶋記録」については、本書第四章六を参照。
(32)　この合戦については、『信長公記』と共に、五月十一日付の木下秀吉書状（長浜市長浜城歴史博物館蔵）が実情を伝える。註（27）の拙稿を参照。
(33)　「妙意物語」については翻刻がなく、長浜市長浜城歴史博物館に寄託されている原本によった。ただし、同書の浅井長政書状については小和田哲男『浅井氏三代文書集』（註（19））などに掲載されている。また、章斎文庫（米原市管理）には「妙意物語」の写本が存在する。
(34)　市立長浜城歴史博物館『湖北・長浜と羽柴秀吉』（一九八八年）に写真・解説が掲載されている。本朱印状をめぐる政治状況については、拙稿「京極氏・浅井氏と江北の国衆・土豪」（『米原町史』通史編（米原町、二〇〇二年）所収）を参照。
(35)　この一連の戦況については、奥野高広・岩沢愿彦校注『信長公記』（角川文庫、一九六九年）による。以下の小谷落城までの戦況も同じ。
(36)　この「赤尾清綱屋敷」には現在も「浅井長政公自刃之地」と記された石碑が建つ。そこから東側下方にはさらに二段の腰曲輪があり、石碑が建つ曲輪の岸には三十六メートルに渡り石垣も存在する（長浜市『史跡小谷城跡　総合調査報告書』（二〇二〇年）参照）。ただし、同時代編纂で信頼できる『信長公記』（同上）などには、長政と清綱が共に自刃したとは記しても、長政が「赤尾清綱屋敷」に籠り最期を迎えたという記述はない。また、この地が「赤尾清綱屋敷」との伝承は、本書第三章一のごとく江戸時代に製作された小谷城絵図によるものである。したがって、「赤尾清綱屋敷」は単なる本丸の腰曲輪の一つで、屋敷跡ではないと可能性もあり、厳密には浅井長政自刃の地は不明と言わざるを得ない。

(37)『信長公記』（同上）による。なお、浅井長政には次男がいたとする説（米原市長沢福田寺住職、豊後国杵築藩士浅井氏、大坂の陣で活躍した浅井井頼など）が各地に残るが、すべて江戸時代からの遡及資料を基にしており確証はない。詳細は、拙稿「お市と浅井三姉妹の生涯」長浜市長浜城歴史博物館『戦国大名浅井氏と北近江』（サンライズ出版、二〇〇八年）を参照。また、福田寺住職になった浅井長政次男の所伝については、小野航「史料紹介　福田寺所蔵「江府浅井家」関係文書」淡海文化財論叢刊行会『淡海文化財論叢』一二（二〇二〇年）が詳しい。

二　浅井氏権力の構造

1　浅井氏研究の軌跡

戦国大名と何か　ここでは、北近江を中心にその領国を形成した浅井氏三代が、戦国大名として如何に位置づけられるかを見ていくことにしよう。

　黒田基樹氏は、戦国時代には、戦国大名が「村」と「家中」（家臣）を支配する地域国家を形成したと見る。その領域を分国法などにより、「自分の力量」で支配する権力と説くのである。[1]ただ、この戦国大名の定義は、後北条氏など東国の大名についての視点である。黒田氏によれば、戦国大名の属性として、①年貢・公事の賦課、②検地・棟別改の実施、③「御国」の論理に基づく分国法や国役の徴収、④街道などに関を設けた流通の掌握、⑤村役人を通した「村」を単位とした村落支配、軍事動員も「村」が単位、⑥訴訟裁判による村落間の紛争処理、といった点を挙げている。

　浅井氏がこの①～⑥の要項に当てはまる権力であるかだが、①については年貢の賦課は菅浦では確認できるが、他の村落では明確な証拠はない。[2]②検地は浅井氏領国で行なわれた形跡がない。棟別銭は一部の寺院では賦課されていたようだが、[3]領国全体へは課されていなかったと見た方がいい。③分国法は制定された徴証がなく、「国役」の賦課も事例がない。④浅井氏による流通掌握の実態は徴証がない。⑤菅浦のように村落支配は「村」を単位としたと見られる面もあるが、土豪・地侍が力を得ていた村では、果たしてそれがなし得たか事例が不足している。[4]⑥用水争いを中心に村落間の紛争について、訴訟を受ける形で裁判していたと見られる。[5]このように見ると、浅井氏は戦国大名たる要素が欠落しているように感じられる。

戦国大名浅井氏を見る視点　最近の室町幕府の研究により、東国などの遠方は別として、畿内や西国の戦国大名は、畿内近国に隠然たる影響力をもった幕府との関係を意識する存在であったと考えられている。(6) つまり、「戦国期守護論」が適応できる権力であったことになる。(7) 本章で後述するように、浅井氏も守護京極氏を否定することが出来ない存在だったことからすれば、室町幕府の体制内に成長した戦国大名と言えよう。一方、村落や土豪たちに対しても、宮島敬一氏が述べるような土豪連合である(ア)「地域的一揆体制」、(イ)土豪一族(浅井氏家臣)、(ウ)地域有力寺社による地域連合、(エ)惣村のゆるやかな連携上に乗った勢力だと見られる。(8)

畿内近国の戦国大名である浅井氏の姿は、室町幕府体制と荘園制的な「職の体系」の中に育った、いわば「領国内の調停者」としての姿なのである。(9) 東国の戦国大名が行なったような、家臣団の強力な統制や、検地による村落内の把握という近世への道筋の中で育った、「自分の力量」により支配を行なう「領国内の権力者」としての姿。この基準で戦国大名たる浅井氏を捉えることは出来ない。国内の一定地域の土豪・国衆、それに寺社・村落を支配する戦国大名を、一律の基準で定義することは不可能で、畿内近国と東国・西国は別の尺度が必要である。(10) その中で、図1に示したように、浅井氏自身が「戦国期守護」になり得なかった事実は重要である。これは、自らが守護家であった六角氏、あるいは守護相当となった朝倉氏と相違する点である。さらに、同じ京極氏領国であった出雲における京極氏と尼子氏の関係も参考にする必要がある。戦国大名尼子氏は京極氏の守護代から、出雲国守護となったと理解できるだろう。(11) これらの点は、京極氏の家臣である立場を脱し得なかった浅井氏の特殊性を理解し、その権力論や文書形式論を展開する必要がある。

別の視点から言えば、戦国大名のあり方は地域により多様であったとするのが、浅井氏研究から導き出せる戦国大名論ということになろう。この視点から、過去の浅井氏研究を、以下に振り返って見てみよう。

小和田哲男氏の説　小和田氏は「いかなる「大名」が戦国大名としてとらえられるかという問いかけは、戦国大名研究の一つの争点ともいえよう。」と述べた上で、浅井氏が戦国大名となった指標として次の四点を挙げている。[12]①主に高時川の用水争いの検討により、天文年間（一五三二～五五）末年には、浅井氏が裁定者になっていたこと。②家臣への知行宛行が、長政の家督相続の頃から、「跡」表記から石高表記となり在地把握が進んでいること。③同じく長政家督相続の頃から、土豪である家臣の同名衆が他の家臣に預けられたこと。④重臣である磯野員昌を、長政が本貫地でない佐和山城に配置させたこと。これをもって、浅井氏の戦国大名化の起点を、長政家督相続後の永禄三・四年（一五六〇・六一）としたのである。

これは、横山晴夫氏が、その戦国大名化の画期を、天文三年（一五三四）の浅井亮政による、京極高清親子の小谷城饗応としていることに反論したものである。[13]この小和田氏の指標は、近世大名へと繋がっていく、東

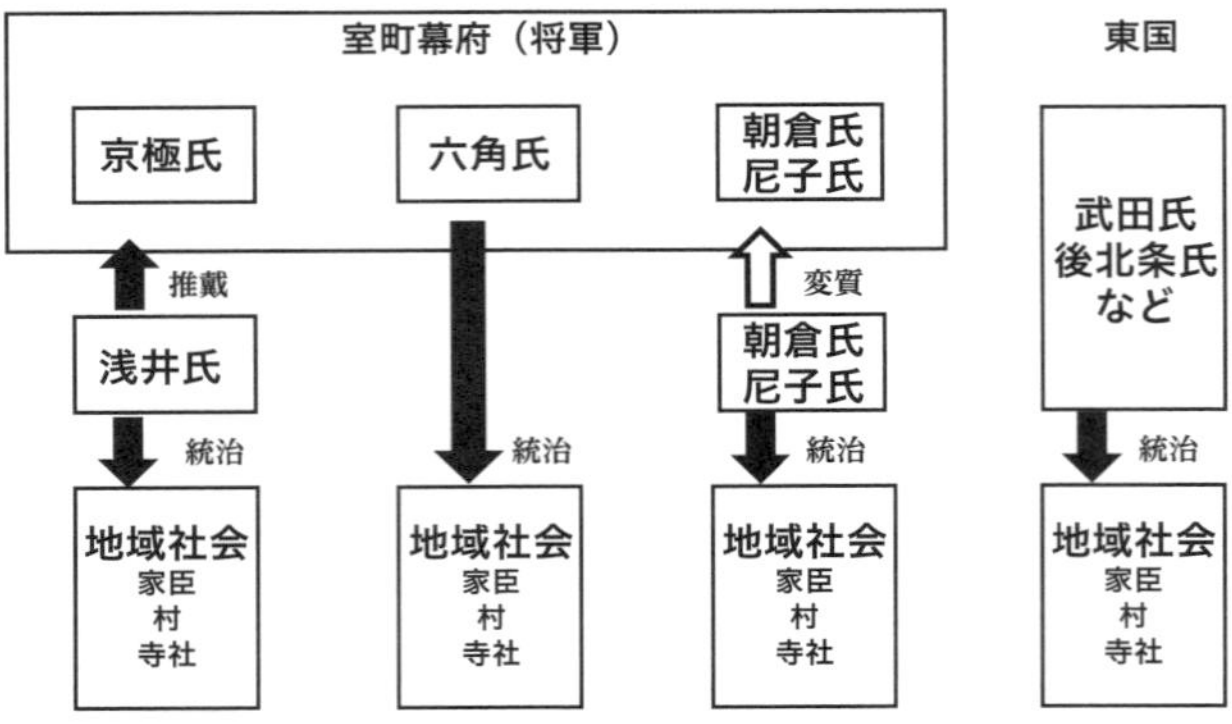

図1　浅井氏権力イメージ図

国の戦国大名が成しえた戦国大名化であり、畿内近国の戦国大名を論じるには別の指標が必要だと考える。ただ、これらの現象は「領国内の調停者」としての役割の進化と考えることは出来る。①は「調停者」そのもの姿で、③・④は軍事的な一時的な編成と見るべきであろう。③は論拠となっている永禄四年(一五六一)六月二十日付け、垣見助左衛門宛の浅井長政書状(垣見文書)に、「此表一途之間」と戦闘中に限っての注記があることを忘れてはならない。②は「領国内の調停者」として、在地把握が進んでいた事実を表わすものであろう。小和田氏の論は戦国大名を全国一律に理解しようとしており、畿内近国全体の政治状況の研究が進む中、その地域性を加味して浅井氏のあり方を考え直す必要がある。

大音百合子氏の説　浅井氏研究のその後の展開としては、大音百合子氏と宮島敬一氏の論考が重要である。大音氏は浅井氏の三代文書を分析して、次のように結論している。[14] 浅井氏の発給文書は、書状形式で書下形式の文書がないこと。書状形式が領国や家臣支配の基幹文書であり、奉行人奉書などを出す行政機構を持ち得ていなかったと指摘する。隣国の六角氏がすでに宝徳年間(一四四九〜一四五二)から奉行人奉書の様式を完成させ、朝倉氏が大永年間(一五二一〜一五二八)から恒常的に奉行人連署奉書を発給していたのと比較すると未熟であったと結論する。これは、大名権力としても未熟であったことを示していよう。

その上で、浅井氏の京極氏からの自立は天文二十年(一五五一)三月から十二月であること、亮政・久政時期の家臣文書は当主文書の副状の域を出るものでなく、ようやく長政期に至って、磯野員昌のように家臣文書をもって浅井氏の最終的意向が示される状況が見られるようになり、奉行奉書の萌芽が見られるようになったとする。これも浅井氏権力の行政機構の未成熟を示すと考えている。

宮島敬一氏の説　これに対し、宮島敬一氏は同じく浅井氏の文書形態を検討し、大音氏が言う整然とした奉行人・官僚組織を持つ専制的な権力を戦国大名の典型とするのは、東国や西国のイメージでしかないと批判する。(15) 宮島氏の戦国大名論は、前述したように畿内特有の政治状況の中で、戦国大名を論じる必要を説くもので、後北条氏や武田氏・今川氏、それに毛利氏を典型と見るような戦国大名論に一石を投じようとするものであった。

宮島氏はさらに浅井氏の文書を解説し、書状が安堵・知行宛行・裁許・軍勢催促などの権力の基幹的な用途に当てられている。東国の大名や織田信長が印判状を新たな公文書として生み出したように、浅井氏は書状を基幹文書とするために、新たに付年号を付し、「浅井」という苗字を署名に入れる書状形式の文書を生み出したとする。戦国時代は様々な勢力が多様な権力の姿を創り出したと考え、その一つが書状形式を基幹文書とした浅井氏だったと見る。

その上で、浅井氏と家臣との関係は「一揆」的・「国衆」的関係を一定度持ち続けたとする。つまり、家臣との関係を小和田氏のように、あるいは一般的な戦国大名論のように、「縦」の関係ではなく「横」の繋がりを重視して考える。この「同士」・「共和」的な構造が、かえって浅井氏の軍事的な強さだとする。また、本章に関して重要な指摘は、守護としての京極氏の権威を完全には否定できなかったが、その権威の「克服」は天文年間の終わりとする。逆に言えば永禄三年(一五六〇)以降、浅井氏は京極氏の権威を浅井長政が家督相続した時代には否定できたと考えている。

本書での浅井氏論　この宮島氏の考えに対して私は、浅井氏は守護京極氏の家臣として立場を、浅井氏の滅亡まで脱し切れなかったと考える。それは、近年室町幕府の畿内近国については、その影響力が信長上洛の頃まで続いていたと説かれることに同調するからである。つまり、浅井氏は室町幕府体制の中で、守護京極氏の家臣として権力を掌握した戦国大名であった。書状形式を基幹文書とするのは、東国や西国の大名と比較して「未熟」というよりは、守護京極氏の家臣だからこその文書形式であり、公的な権力（守護）に寄り添いながら私的な権力（実力）を発揮する浅井氏の戦国大名としての特徴をよく示している文書形式なのである。これは、幕府から与えられた官位を持つ戦国大名であった朝倉氏や六角氏とは権力形態がまったく異なるものであり、また松平氏（徳川氏）や毛利氏のような「国衆」から実力で戦国大名となった権力とも、まったく異なる権力形態である。強いて言えば、将軍・守護を強く意識して権力を形成した三好氏に通じるものがあろう。

宮島氏が戦国大名を、東国や西国の大名をして典型的と見ることに否定的であることには賛成するが、その権力を家臣との「一揆」的な横の関係を基盤とすると見ることには賛同しかねる。浅井氏の権力基盤は、室町幕府体制であり、守護京極氏であった。ただそれは、京極の筆頭家臣という私的な関係を基盤としていることに特徴があった。だからこそ、その基幹文書は私的な文書に使用される書状形式なのである。その背景には、浅井氏が京極氏の権力を長政の時代まで否定できなかった事実がある。

宮島氏が紹介している史料だが、天文十四年（一五四五）の「浄信寺地帳」（木之本浄信寺文書）に、三石の寄進を浄信寺へ京極高明（高広）が行なったが、これには浅井亮政の折紙（書状）が副状として付いていたという記載がある。これは京極氏に実権がなく、浅井氏の副状を必要としたと取るか、浅井氏はあくまで京極氏の家臣であったと捉えるか、宮島氏も述べるように判断に窮するところである。(16) 私としては、後者を重視したい。この浅井氏と京極氏の二重政権の問題を、以下で詳しく追ってみよう。

2　浅井氏と京極氏との二重政権

「御屋形様」と記す久政文書

京極氏と浅井氏の関係を示す文書として、宮島敬一氏も引用されるのが、郷野文書に含まれる浅井久政書状である。[17]

〔史料1〕浅井久政書状

長岡鏡新田之事、先年被成御成敗旨、御屋形様江御意候処、被聞食分之由、被仰出候之間、於向後聊不可有別儀候、恐々謹言、

天文拾九　　　　浅井左兵衛尉
十一月二日　　　　久政（花押）

郷伊豆入道殿
　御宿所

ここで「御屋形様」と言っているのは、京極高広と見られ、浅井久政が家督を相続した天文十九年（一五五〇）に至っても、土地の安堵について京極氏の決裁があったことを示している。この決裁は翌年も問題化したようで、京極家の奉行人である山田玄良（越中入道）は、当事者の郷伊豆守秀就に対して、久政から聞いた件は了解し、高広に伝達した旨を伝え、面謁を期している。[18]

〔史料2〕山田玄良書状

長岡之内鏡神田、幷下之御名公方米事、先年於河内以被仰付筋目、于今御知行之旨、以浅井左兵衛尉方御申之處、不可有御別儀之趣、御意之通従久政私迄一札候之間、則致披露被成御対面、御礼相納候之条珍重候、委細者、以面謁申候之間、不能再三候、恐々謹言、

三月十八日　　玄良（花押）

（端裏ウハ書）
「天文弐拾年辛亥　　山田越中入道
（捻封）郷伊豆守殿　御宿所　玄良」

この書状の前日十七日付けで、浅井久政が山田越中入道に宛て、この所領問題について仲介を依頼する書状を出している。これらの文書により、天文二十年に至っても、浅井氏は京極氏を「御屋形様」として敬い、かつ山田越中入道らを中心とする奉行人体制を維持し、浅井氏とは違う独自の政権を維持していたことが読み取れる。

坂田郡の南東部、岐阜県境に近い成菩提院（米原市柏原）には、「年中雑々」という史料が残る。[19]そこに、天文三年（一五三四）の「歳末巻数」の送り先として、「御屋形」があると共に、「浅井殿」もある。亮政と見られる「浅井殿」には「正月礼」として二十疋（二百文）が送られている。ここにも、京極氏を「御屋形」と尊重しつつも、浅井氏にも礼を尽くす寺院の姿がある。

ただし、京極氏に対し浅井氏が所領安堵の決裁を仰ぎ、成菩提院が歳末の送り物をするのは、坂田郡南部の特殊事例と見なす方がいいだろう。浅井氏領国内において、浅井氏が京極氏との二重政権を意識するのは、当時の京極氏の本拠が坂田郡の最南端にあたる霊仙山中にあったと思われるからである。京極氏の支配権は、坂田郡南部にしか及ばなくなっていたと考えたい。[20]

霊仙内の京極氏居所　ここで、注目すべきは京極高広が前年決裁した場所を、河内と記していることである。これは、米原市河内にある八講師城、あるいは同所の猪の鼻城と見られる。前者は「江州佐々木南北諸士帳」には「河内八光山城主　多賀豊後守」・「同住　同日向守」とある。多賀豊後守は京極持清の重臣多賀高忠（室町幕府侍所所司代）を指すとみられるが、城郭構造からは十六世紀の城であり、京極高広あるいはその敵対勢力である弟の京極高慶の居城と推定される。[21]また、後者の猪の鼻城は、文明年間（一四六九～八七）以降の京極氏内訌の際、京極氏一族が構築したものとされる。[22]「嶋記録」所収文書に、この河内の城が登場する。

〔史料3〕　京極高慶書状

今日敵働事昨日内々聞候分ハ、可為山中様ニ候間、成其覚悟候処、下通打出候間、即中筋へ人数遣之処、はや打帰候間不及是非候、仍河内城普請今少不調所候間、人足一日被申付候者、可為祝着候、其方ニも可入候得共、一日之事候間、入魂簡要候、猶大和可申候、恐々謹言、

七月八日　　　　高慶判

ここで、今井尺夜叉（後の定清）に対して京極高慶は、敵が出撃してきたが山中であること。今井が「下通」まで出撃し即時退却したのは仕方ない措置だったこと。河内城の普請が遅れているので、今井も人足を出して欲しいこと、などを記している。「下通」がどこを指すかは不明ながら、高慶がいる霊仙山中と見られる「山中」ではなく麓であることは想像がつく。本書引用の直前には、「京極河内畑ナトニ幽（かすか）成躰ニテ御入」との但書もある。[23]

この「河内」が八講師城を指すか、猪の鼻城を指すか、あるいはその城主は京極高広か、高慶だったのか判然としないが、京極氏内訌後の京極氏居城の一つであった可能性を指摘できる。城主は時期によって変動したのであろう。「厳助往年記」の天文十九年（一五五〇）十一月条によれば、[24]京極高広が多賀（犬上郡多賀町）・四十九院（同郡豊郷町四十九院）・枝村（同郡豊郷町上枝・下枝）を放火している事実を見ると、浅井氏の勢力伸長時の京極氏が、河内を先方とする霊仙山域の山間部を拠点としていたことも考えられる。とすれば、河内の南西に当たる男鬼入谷城（彦根市男鬼町）も、十六世紀の巨大な権力によって構築されたものであり、中井均氏が指摘するごとく、京極氏の築城と見てもよいではなかろうか。[25]

坂田郡南部の郷氏が土地の安堵を求め、浅井久政が決裁を受けている京極氏は河内の居城を先手とし、霊仙山中に巨大な支配権を持つ京極氏だったと考えられる。久政の時代まで、この霊仙山中の京極政権は機能しており、浅井氏と時に応じて協調・敵対関係にあったと理解すべきだろう。この京極氏も浅井長政の時代となり、その独立性を失い、小谷城に住まいするようになる。それが、小谷城京極丸と考えられる。

小谷城の京極丸

小谷城の構造についてだが、大嶽から伸びる東尾根にその主要部がのる形となっている。普通、小谷城といった場合は、この部分を指す。図2のように、この東尾根には、番所から茶屋・馬屋・桜馬場・広間・鐘丸とながるA群の曲輪群と、中丸・京極丸・小丸・山王丸とつながるB群の曲輪群からなる。この内、A群の主郭は広間で浅井氏の生活空間と見られるが、B群の主郭は西の一段下がった曲輪に水の手に向かう虎口を持ち、東側に大きな土塁を構築した京極丸である。[26]

この京極丸について『浅井三代記』は、京極高岑入道利角斎が度々心替わりして浅井亮政に反抗するので、小谷城内に居所を造りそこに住まわせれば、変心もなくなるだろうと創設したものだとする。その後、浅井氏の威勢も盛んとなり、それを見た京極高岑は野心を抱くこともなくなり、大野木土佐守を通しての高岑からの嘆願もあったので、天文八年(一五三九)五月二日に、京極氏の居所を上平に戻したという。[27]先述したように、京極高岑なる人物は存在しないこと、また浅井氏と京極氏との争いが、浅井氏が台頭する以前の永正年中(一五〇四～一二)からあったと記す点など、この記述には虚説が多く含まれていることから、まったく信用できない内容である。

ただ、この曲輪を京極丸と称していたことは、『信長公記』の元亀元年八月二十七日条(実際は二十九日)[28]に、次のようにあるので間違いない(括弧内は筆者註)。

〔史料4〕『信長公記』

八月廿七日、夜中に、羽柴筑前守、京極つぶらへ取り上り、浅井下野、同備前父子の間を取り切り、先ず、下野が居城を乗つ取り候、(中略)羽柴筑前守、下野が頸を取り、虎御前山へ罷り上り、御目に懸けられ候、翌日、又、信長、京極つぶらへ御あがり候て、浅井備前・赤生《赤尾》美作生害させ、浅井父子の頸京都へ上せ、是れ又、獄門に懸けさせら

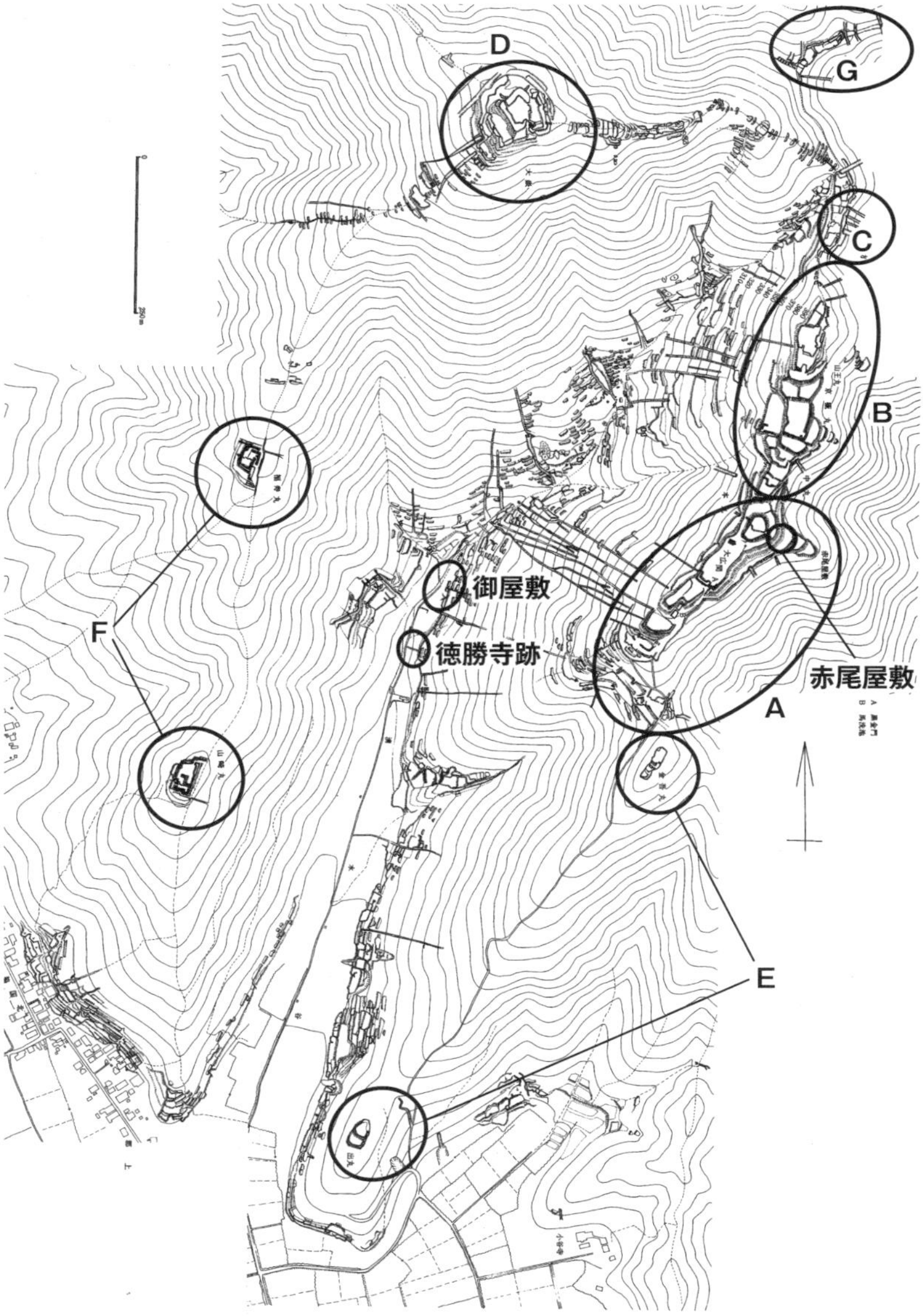

図２　小谷城縄張図

れ、

ここで、秀吉が最初に攻撃した曲輪を「京極つぶら」としている。「つぶら」は「丸」の意味であるから、京極丸は浅井氏居城当時から使用されていた曲輪名であることが確認できる。「京極」を冠していることから、京極氏の居住空間であると推定され、浅井氏が強制的にここに居所と決めたというより、前述の記載から京極高広を当主として迎えるために構築されたものだろう。小谷城の広間付近の標高は約三百五十メートル、京極丸は約四百メートルである。浅井氏は自らの居館がある広間よりも上部に京極氏の居館を設定したことになり、京極氏をあくまでも当主と仰ぐ浅井氏の戦国大名としての姿を如実に物語る。(29)

京極丸への居所移動時期　後代の史料にはなるが、『寛政重修諸家譜』の丸亀藩京極氏の系譜には、織豊期の当主・高次の父である京極高吉について「若年より光源院義輝につかへ近習の列たり、のち上平寺城に住す」(30)としているのに対し、高次については「永禄六年近江国小谷に生る」とある。高吉の時代に上平寺城を使用していたとするのは誤りとみられ、既述のようにその南の霊仙山中を居所にしていたと考えたい。しかし、高次が生まれる頃には小谷城に居所を移していたことになる。その時期は、永禄六年（一五六三）以前となるが、京極氏の動きが史料上に見えなくなる天文年間（一五三二～五五）末と考えられる。(31)

坂田郡下坂中村の地侍であった下坂左馬助は、天文十六年（一五四七）まで京極の当主・高広の書状を得ており、天文年間（一五三二～五五）後期まで京極氏に仕えていた。しかし、天文二十一年（一五五二）二月七日付けの浅井久政書状により、浅井氏に仕えることになった事実が知られる。(32)これは、独立した京極氏政権の崩壊を示すもので、霊仙山中の居所を退去して、浅井氏の小谷城内の京極丸に座所を移したと理解したい。その時期は天文年間の末であろう。ただ、これをもって宮島氏が説くように京極氏の権威が失墜し、浅井氏の独立性が増したと私は考えない。[33]むしろ、京極氏を自らの権力内に取り込むことで、守護京極氏と浅井氏の一体性が高まり、浅井氏の畿内型戦国大名としての立場が明確になったのではなかろうか。

なお、永禄六年(一五六三)の将軍足利義輝の家臣、それに永禄十年(一五六七)から十一年の同足利義昭の家臣を列挙したとされる「光源院殿御代当参衆幷足軽以下衆覚」に「御供衆　次第不同」として「佐々木治部大輔高成　京極弟」なる人物が登場する。[34]「京極弟」は京極高慶(吉)の弟であることが、五十嵐正也氏によって明らかにされている。[35]だとすれば、霊仙山中にいた京極高広は小谷城京極丸に迎えられ、その弟の高吉・高成は将軍直臣となったことになる。[36]高吉は安土城下で妻(京極マリア)と共にキリスト教の洗礼を受けており、信長の家臣化した可能性も指摘できる。あるいは、細川藤孝のように将軍直臣から信長家臣に転じたとも考えられる。

志賀の陣の禁制　本章の一でも触れたように、元亀元年(一五七〇)九月から十二月、浅井長政が朝倉義景と共に比叡山周辺まで至り、織田信長と対陣した「志賀の陣」の初戦では、浅井・朝倉軍が醍醐・山科まで攻め入ったこともあり、両氏から京都や近江の寺社に対して、禁制が発せられている。これまでに、浅井長政禁制が九通、朝倉軍(義景・景建・景鏡)の禁制七通が知られていた。[37]さらに、二〇一二年の浅井歴史民俗資料館の調査により、長浜市旧浅井町内から次の禁制が発見された。[38]つまり、「志賀の陣」における浅井長政の十通目の禁制が新たに知られたことになる。

〔史料5〕浅井長政禁制

制札　蔵光庵

一、当手軍勢甲乙人等濫暴狼藉事

一、伐採竹木之事

一、陣執放火之事　付寄宿

右条々、堅令停止訖、若違背之輩於有之者、速可處厳科者也、仍執達如件、

元亀元年九月　日

浅井備前守

長政（花押）

浅井長政が伏見にあった蔵光庵に対して、自軍が境内を荒らさないこと、竹木を伐採しないこと、陣取を行なわないことなどを禁止した文書である。内容はすでに知られて禁制と同じで、蔵光庵の要請によって、長政が出したものと考えられる。

問題は宛名の蔵光庵である。旧浅井町の個人宅に伝来する近代に成立した「湯次神社付近絵図」や「湯次神社由緒案」によれば、宛名の蔵光庵は、旧浅井町内に当たる大依村（長浜市大依町）の小字加茂田付近にあった湯次神社の神宮寺と記されている。だとすれば、この禁制は浅井氏領国の浅井郡内にあった寺に出されたことになる。ただ、「志賀の陣」の禁制であるという背景からすると、本禁制は北近江の寺社宛ではなく、京都周辺で出されたものと判断せざるを得ない。蔵光庵は京都市伏見区の御香宮神社の東にあった寺と考えるべきだろう。[39] なぜ、浅井郡の寺に伝来したかは不明である。

禁制の意味するもの　この合戦で、浅井・朝倉軍は近江や京都市中に多くの禁制を出している。小泉義博氏・水野和雄氏は、この禁制を分析して、浅井長政は朝倉義景の家臣の立場にあったと述べる[40]。これは、朝倉義景や景健が出した禁制の書止文言が、「仍如件」や「仍下知如件」といった直状形式であるのに対し、浅井氏が出した禁制の書止文言が、「仍執達如件」という奉書形式となっている事実を根拠にしたものである。直状は大名が出す文書形式であるのに対し、奉書は家臣が大名の意思を奉じて出す文書形式である[41]。

水野氏は、浅井氏が朝倉氏の命を受けて禁制を出していたから、奉書形式をとったと判断し、浅井氏は朝倉氏の家臣であったと結論した。しかし、これは浅井氏が奉じた大名を見誤っている。浅井氏が奉じた大名は、守護京極氏であった。信長が全国二十一ヶ国の大名・武将に宛て、禁裏修理を行なうため上洛を触れた文書が、「二条宴乗記」の永禄十三年（一五七〇）二月の記事に掲載されている[42]。浅井氏の地位を推し量るには、重要な文書なので、関係部分を引用する。

〔史料6〕「二条宴乗記」

信長上洛付、書立。昨日、京都北大へ下。
就信長上洛可有京衆中事
北畠大納言殿〈同北伊勢／諸侍中〉徳川三河守〈同三河／遠江諸侍衆〉姉少路中納言殿〈同飛騨国衆〉山名殿父子〈同□国衆〉畠山殿〈同［　］衆〉遊佐河内守
三好左京大夫殿　松永山城守〈同和州諸侍衆〉

同右衛門佐　松浦孫五郎〈同和泉国衆〉
別［虫損　］〈播磨国衆〉同孫左衛門〈同□国衆〉
丹波国悉　一色左京大夫殿〈同丹後国衆〉
武田孫犬丸〈同若狭国衆〉　京極殿〈同浅井／備前〉
同□子　同七佐々木　同木林源五父子
同相州南諸侍中　紀州国衆
越中神保名代　能州名代
甲州名代　淡州名代
因州武田名代　備前衆名代
池田・伊丹・塩河・有右馬此外其寄□ニ衆として可申触事

同触状案文

禁中御修理武家御用其外為天下弥［　］来中旬可参洛候条、各御上洛、御礼被申上、馳走肝要、不可有御延引候。恐々謹言

［　］月□日　信長

依仁躰文躰可有上下

ここで、浅井長政については「京極殿」の下に割書で「同浅井備前」とあるのみである。他の国の記載事例からすると、浅井長政（備前）は京極氏領国における「国衆」に過ぎないことになる。当時の京都の常識では、浅井氏はいま

だ京極氏の家臣であり、一大名としては扱われていなかったことをこの記事は如実に示している。北近江の支配実権を握った浅井氏であったが、守護京極氏の存在は形式的には否定することはできなかった。それが、領国外では奉書形式の文書を出さざるを得なかった理由と考えられる。

無位無官の戦国大名　以上、戦国大名浅井氏の研究を振り返り、畿内近国の十六世紀後半（戦国時代後半）の政治情勢を踏まえ、同氏が室町幕府体制や、在地における寺院連合、土豪（地侍）、惣村の独自な動きに規定された存在であったことを明らかにした。具体的には守護京極家との一体性を体現しなければ大名権力を維持できず、かつ在地には「調停者」として臨む姿である。

浅井氏のこの姿を端的に表すのが、最後の当主・長政が生前において無位無官に終わった事実である。[43] 備前守の官途は私称と見られる。朝倉義景が従四位下で左衛門督、六角義賢が従五位下で左京大夫と、官位があったのとは大いに異なる。[44] つまり、その立場は国制上位置づけられないのである。長政の贈位・任官は没後となる。長政の孫にあたる東福門院和子が、後水尾天皇に奏請して寛永九年（一六三二）に従二位権中納言の官位を得ている。実に没後六十年近くになっていた。無位無官で領国統治を行なう浅井氏にとって、最後の最後まで守護家京極氏の伝統的権威は必要不可欠なものだった。

註

（1）　黒田基樹『増補　戦国大名　政策・統治・戦争』（平凡社、二〇二三年）

（2）　永禄九年（一五六六）八月二十二日付けの浅井長政書状では、加田三郷（長浜市加田町周辺）に対して、浅井氏が召し抱える鷹匠関係の賦課「餌刺」の免除を伝えている（小和田哲男『浅井三代文書集』長政三七（浅井家顕彰会、一九七二年））。また、同十三年（一五七〇）三月十二日付けの浅井久政書状は、黒田・大沢（以上、長浜市木之本町黒田）・高田（同市高月町東黒田）・唐川（同町唐川）と木之本浄信寺に対し、山田（長浜市小谷上山田町・下山田）での三日間の徴用を命じた文書がある（同久政五八）。この二点は、浅井氏による村落に対する公事役の賦課として珍しい事例である。

（3）十月二十日付け雨森弥兵衛尉宛ての浅井久政書状（小和田哲男『浅井三代文書集』久政七六）では、惣侍寺の「寺門棟別」が免除されているが、このような「棟別」が領国全体に賦課された形跡はない。

（4）天文二十四年（一五五五）四月二十六日付け雨森地下人中宛ての浅井久政書状によれば、伊香郡雨森村と同郡小山村の山論を裁許しているが（小和田哲男『浅井三代文書集』久政三七）、浅井氏が後述（本章三）する水論以外で、土豪を介さず村に直接指示を出している文書として珍しい。

（5）本章三参照

（6）とりあえずは、山田康弘編『戦国期足利将軍　研究の最前線』（山川出版社、二〇二〇年）を参照。山田氏は室町将軍が「天下諸侍の御主」として世間から尊敬されていたこと、また大名に栄典を授与し、社会におけるランクを与える存在であったことを重視、第十五代将軍足利義昭までの室町幕府の存続を積極的に評価している。

なお、池享氏は戦国期の畿内近国は、天文中期以降、将軍・天皇を上位の権威とし、一方では本願寺の支配下にある一向一揆、他方では将軍・天皇と恒常的に結びついた地域権力による二重権力的地域支配に立脚した一つの広域支配圏を構成していたとする。この構造を「将軍・天皇の間接統治的秩序」と呼んでいる（同『戦国・織豊期の武家と天皇』（校倉書房、二〇〇三年）。

（7）「戦国期守護」については、川岡勉『戦国期守護権力の研究』（思文閣出版、二〇二三年）を参照。

（8）「地域的一揆体制」や地方寺社の地域連携については、宮島敬一『戦国期社会の形成と展開―浅井・六角氏と地域社会―』（吉川弘文館、一九九六年）を参照。

（9）荘園制の解体をいつとみなすかも大いに議論となる所だが、それを経営と支配の単位と見て、京都を中心とする求心的な経済構造の崩壊時と考えるのが一般的であろう。だとすれば、十五世紀後半の応仁文明の乱と考えるべきだろう。しかし、私は荘園制の下での「職の体系」から派生した加地子（土豪らの中間搾取）を否定した太閤検地をもって荘園制の解体と見る。伊藤俊一『荘園墾田永世私財法から応仁の乱』（中央新書、二〇二一年）参照。

（10）註（8）宮島氏書

（11）出雲における京極氏と尼子氏の関係については、西島太郎「戦国期守護職をめぐる尼子氏と京極氏」（『古文書研究』九二、二〇二一年）、今岡典和「出雲尼子氏の守護職補任を巡って」（『古文書研究』九六、二〇二三年）などを参照。

(12) 小和田哲男『近江浅井氏』（新人物往来社、一九七三年）。本書は、同『近江浅井氏の研究』（清文堂、二〇〇五年）に改訂されたが、浅井氏の戦国大名化の指標は、前書の方が明確に示されている。

(13) 横山晴夫「戦国大名の支配権力の形成過程―近江浅井氏の場合―」（『國學院雑誌』五五―二、一九五四年）

(14) 大音百合子「近江浅井氏発給文書に関する一考察」（『古文書研究』四一・四二合併号、一九九五年）

(15) 宮島敬一『近江浅井氏』（吉川弘文館、二〇〇八年）、以下の宮島氏の所説は同書による。

(16) 宮島敬一「補論『浄信寺地帳』の考察」（『佐賀大学教養部研究紀要』二二、一九九〇年）

(17) 『郷野家文書』調査報告書刊行会『『郷野家文書』調査報告書』（執筆・編集は筆者が行なった、二〇一二年）で、すべての中世文書を写真付きで翻刻している。

(18) 註（17）調査報告書

(19) 福田榮次郎（平成六年度～平成八年度科学研究費補助金（一般研究（B））『中世・近世地方寺社史料の収集と史料学的研究―『大原観音寺文書』を初めとする近江国坂田郡内寺社の悉皆的研究―』に、湯浅治久氏による翻刻が掲載されている。

(20) 先の浄信寺の例は、京極氏側が寄進を行なっている事例であり、領国統治を前提とした安堵や歳末贈物を受けた事例とは、性格が相違すると考える。

(21) 八講師城は、二〇二三年度に米原市教育委員会によって発掘調査が行なわれ、十六世紀中頃～後期の建物跡・遺物が発掘されている。二〇二四年度も継続して発掘が行なわれる予定である。「江州佐々木南北諸士帳」は、滋賀県教育委員会『滋賀県中世城郭調査』五（一九八七年）に全文掲載されている。城郭構造については、高橋順之「八講師城」中井均『近江の山城を歩く70』（サンライズ出版、二〇一九年）を参照。また、「近江国阪田郡郷士在名蝶」には、この八講師城を指すと見られる「稗谷城主」として京極高数・同大郎・多賀高忠・貞際の名前を上げている（小野航「資料紹介「近江阪田郡郷士在名蝶」（上）淡海文化財論叢刊行会『淡海文化財論叢』八（二〇一六年））。

(22) 『改訂近江国坂田郡志』三（一九四二年）。猪の鼻城の構造については、滋賀県教育委員会『滋賀県中世城郭分調査』六（一九八九年）を参照。ただし、中井均氏は同報告書の猪の鼻城の図面は、中世城郭として理解しがたいもので、河内における城郭は八講師城以外認められないとしている（中井均『男鬼入谷城跡　現地調査報告書』多賀町教育委員会・多賀町立文化財センター、二〇二一年）。『江北記』（『群書類従』所収）には、文明四年または五年に、下坂秀維と多賀清直の対立の中、秀維が「あつさ河内いのはなを拵引籠候」とある。下坂氏は京極被官であったので、いずれにしても同城は京極氏関係の城郭と見られる。上記の中井氏の所見を参考にすれば、この「いのはな」城は八講師城を指すものと考えるべきかもしれない。
(23)「嶋記録」は、滋賀県教育委員会『滋賀県中世城郭分布調査』七（一九九〇年）の拙稿で全文紹介した。
(24)「厳助往年記」（大和文華館蔵、国文学研究資料館図書データベース）には「北郡京極六郎従濃州差出云々、多賀四十九院・枝村等放火云々、即時敗北静謐也」とある。
(25)中井均「京極氏の陣城　霊仙山をめぐる山城」同『戦国期城館と西国』（高志出版、二〇二一年）
(26)北村圭弘「浅井氏の権力と小谷城の構造」（『滋賀県立安土城考古博物館紀要』一一（二〇〇三年）、拙著『浅井長政と姉川合戦―その繁栄と滅亡への軌跡―増補版』（二〇二三年）を参照。
(27)『浅井三代記』九「京極入道利角斎上平ニ館ヲ被移事」。木村重治『復刻　浅井三代記』（二〇一〇年）による。
(28)『信長公記』（角川文庫、一九六九年）
(29)註（26）論文で、北村圭弘氏は「浅井氏は京極氏を推戴することで権力を掌握したのであり、その支配の正当性・正統性を主張するためには、小谷城内に守護家が住まい伊吹権現＝山王権現を奉祀する空間を有す必要があった」と述べている。卓見と思うが、山王権現は伊吹権現に置き換える必要はなく、山王権現＝比叡山＝荘園領主と理解すべきと考える。
(30)『寛政重修諸家譜』巻第四一九「宇多源氏　佐々木支流　京極」（続群書類従完成会、一九六五年）による。なお、「京極御系図」丸亀市『新修　丸亀市史』４　史料編（一九九四年）でも同様の記載がある。
(31)浅井氏時代の京極氏政権については、本書第一章三を参照。
(32)下坂氏とその文書については、本書第五章三を参照。
(33)註（15）宮島氏書を参照。
(34)「光源院殿御代当参衆并足軽以下衆覚」は、「永禄六年諸役人附」の書名で『群書類従』雑部　所収。国立公文書館デジタルアーカイブでも閲覧した。
(35)五十嵐正也「京極香集斎考」淡海文化財論叢刊行会『淡海文化財論叢』一五（二〇二三年）
(36)一五八二年二月十五日（天正十年一月二十三日）長崎発パードレ・ガスパル・クエリヨより耶蘇会総長に送りたるもの（村上直次郎『耶蘇会の日本年報』一（春秋社松柏館、一九四三年）
(37)小泉義博「朝倉景義と景鏡の感状」（『武生市史編さんだより』二六、一九九五年）に一覧表が掲載されている。

（38）所蔵者の意向で、個人名は公表しないことになっている。ただし、浅井歴史民俗資料館の特別陳列「浅井長政禁制と大依村文書」（会期：二〇二二年六月二日～七月二十七日）において、後述する「湯次神社付近絵図」や「湯次神社由緒案」と共に実物展示した。なお、この他に、付論25の禁制も見つかっているので、「元亀争乱」時の浅井長政禁制は合計十一通となる。

（39）蔵光庵とは、十四世紀後半から十六世紀後半にかけて伏見に存在し、その後秀吉の伏見城築城を機に嵯峨へと移転して、天龍寺塔頭となった禅宗寺院である。同庵については、佐々木創「伏見蔵光庵 ―「跡地」の歴史から考える―」（武蔵大学人文学部日本・東アジア比較文化学科日本中世史演習『看ゼミ活動報告書』（二〇〇九年）所収）を参照。また、宝永二年（一七七三）の序をもつ『山城名勝志』（『新修　京都叢書』一三・一四（臨川書店、一九六八・六九年）所収）にも、「蔵光庵　元在伏見」とある。

（40）註（36）の小泉論文、水野和雄「天下統一への序章」滋賀県立安土城考古博物館『元亀争乱　信長を迎え討った近江』（一九九六年）

（41）渡邊大門氏は、織田信長禁制を例にとり、「仍執達如件」との書止文言があるからと言って、必ずしも奉書とは言えないと指摘している（同「織田信長の禁制に関する一考察」（『政治經濟史學』六二九、二〇二九年）。渡邊氏は信長禁制が足利義昭の意向ではなく、自らの判断で出した実態論を強調したものだが、「執達」に主人の意を奉じる意味がある限り、形式的には奉書と見るべきだろう。文書は効力の実態論ではなく、書札礼の形式論で論ずべき面が多大にあろう。渡邊氏も当時の信長禁制が室町幕府勢力圏内で発給された事実は認めている。なお、註（15）の宮島氏書にも「仍執達如件」との書止文言があるからと言って、必ずしも奉書とは言えないとの指摘がある。

越前国の戦国大名であった朝倉氏について、佐藤圭氏や横田拓也氏は、当主や家臣の発給文書形態を総括する論考を纏めている（福井県立一乗谷朝倉氏遺跡資料館『企画展　古文書が語る朝倉氏の歴史』（佐藤圭氏執筆分、二〇〇五年）、横田拓也「朝倉氏の越前支配に関する発給文書について」『大阪公大日本史』二七、二〇二四年）。それらによれば、朝倉氏初代孝景の時代の当主「奉書」文書は、守護の斯波氏を奉じたものであるが、二代氏景・三代貞景の時代の「奉書」は、特定の上位者を奉じたか不明なものであるという。さらに、四代以降の当主発給文書は、判物に取って代わられるという。この点、「奉書」形式で出す意味を積極的に解釈すれば、「仍執達如件」で終わる「奉書」は、斯波氏とは特定できないものの、守護や室町幕府といった上位者を意識している形態であることは言えよう。本書で述べた、志賀の陣における浅井氏「奉書」も、この朝倉氏の例に照らせば、京都に近い場所での発給が原因して、京極氏を上位者として意識せざるを得ない状況を反映していると解すべきである。

（42）「二条宴乘記」は、興福寺一乗院門跡に仕えた二条宴乗の日記。石川真弘「二条宴乗記」（天理図書館報『ビブリア』五三、一八七三年）によった。釈文中の〈　〉は、割書き部分である。その中の改行は、「／」で示した。石川氏史料紹介には割書きのままで記されている。

(43)　最近、西島太郎氏は、「室町幕府申次覚書写」により、浅井久政が室町将軍足利義晴から白傘袋・毛氈鞍覆御免の栄典を受けていたことを明らかにされた（同『室町幕府将軍直臣と格式』（八木書店、二〇二四年）。西島氏の言うように、当時浅井氏が従属し、室町幕府とも近かった六角定頼の推挙によるものであろう。しかし、これ以外に浅井氏と幕府の関係は一切認められない。

(44)　朝倉義景・六角義賢の官位受領については、高柳光壽・松平年一『戦国人名辞典』（吉川弘文館、一九六二年）、今谷明『戦国大名と天皇』（福武書店、一九九二年）、池享『戦国・織豊期の武家と天皇』（校倉書房、二〇〇三年）などを参照した。

三　浅井氏の領国統治

1　浅井氏と村落

菅浦の特殊性　浅井氏の領国統治を考える場合、村落との関係を述べる必要がある。しかし、浅井氏が領国内の村落をいかに統治したかについては、その領国内に中世の村落文書が、必ずしも多く残されていないため語る材料が少ない。(1)

その中で、浅井郡菅浦(長浜市西浅井町菅浦)は、国宝「菅浦文書」の中に多くの戦国期の文書があり、浅井氏と村落との関係を知る上では格好のケースと言える。菅浦は室町中期には年貢額を二十石二十貫文と定め、村の責任者がまとめて領主に上納する「地下請」という制度を確立していた。これは、江戸時代の年貢「村請制」の前身として、菅浦の自治能力の高さを物語るものと評価されている。また、中世の菅浦には多くの領主が関係したが、引き起こされる相論・訴訟ごとに、自分の味方となる領主を味方に付けてきた一面があった。(2)

すなわち、村が領主を決めた所に、菅浦の歴史の特徴がある。しかし、これは大浦荘の辺境に在し、中世における菅浦の荘園領主と村落が一対一の関係にならず、明確でない特殊性から来る村落事情があり、浅井氏領国の一般集落とは様相を異にすると考えるべきである。また、似鳥雄一氏も中世菅浦は多角的生業が存在した「商村」であり、惣村の典型とも言える「輝かしい自治」は、中世村落としては特殊な状況下で培われたものであり、一般に成立した村落社会のモデルとはならないと明言している。(3)浅井氏領内における中世村落と領主との関係は、以下に示すように様々であった。

浅井氏の菅浦支配　菅浦も浅井氏が台頭すると、その直接支配を受けるようになる。浅井氏初代の亮政は、菅浦に対して徳政条目（債権・債務の破棄令）や隠しごとをしてはならないと記した掟書を下すが、二代目久政の時代からは、浅井氏一族の浅井井伴が、代官として直接年貢を徴収するようになる。さらに、浅井氏は船の徴用命令を下す他、軍資金を徴発、それを支払えない菅浦は、浅井氏に借銭を負うようになる。(4) また、永禄十一年（一五六八）には、村に背く行動を行った人々を、菅浦の村掟に従い裁こうとしたが、浅井氏からの介入を受け、村はそれを受け入れざるを得ない状況に追い込まれた。(5) これを「惣の崩壊」と見るか、惣村に背いた人びとを自ら処罰した点に、惣の機能の存続を見るかは議論が分かれる所である。私としては、後者のように理解し、惣村の自治機能の近世への継続を重視したい。銭静怡氏は、浅井氏の裁判権と菅浦惣村の自権断は重層的に存在し、浅井氏の介入は、惣を潰す目的で行なわれたものでないと述べるが、これに賛意を表したい。(6)

平安時代以来の荘園領主のような遠方の権力とは異なり、浅井氏は北近江に本拠を構える地域権力であった。浅井氏時代の菅浦の自治は、権力が近くに所在し、強大となったことで、かつての自由がきかなくなったことは事実であろう。同時に、菅浦は自らの判断で領主を選べなくなり、警察権・裁判権などが制限されていったと考えられる。しかし、中世に成立した自治制度の内、「地下請」や「乙名」制度などの一部の権限や体制は、確実に近世の膳所藩領「菅浦村」に引き継がれていった。(7)

土豪居館から見た村落類型　中井均氏は近江の村落と土豪居館の関係について、次の四つの類型を導き出された。①居館主導型、②居館縁辺型、③居館分離型、④村落独立型である。(8)

①は愛東町目賀田の目賀田氏館や、長浜市木之本町小山の伊吹半右衛門屋敷を上げている。この類型の村は居館が

村の中心にあり、土豪の主導によって村落が形成された。居館の堀を水源とする農業用の水路が集落を囲んでおり、土豪は村の生産に責任を持っていた。長浜市下坂中町の下坂氏館も、居館と村落が直結しており、この類型に入れてよいと考える。(9)

②の類型としては、小沢町の小沢城がこれに該当する。私見では幕府奉公衆小串氏の居館と推定される長浜市曽根町の御館や、米原市箕浦・新庄の今井氏居館と推定されている箕浦城もこの類型に入れていいだろう。(10)中井氏によれば、山門などの寺社権門に任じられた在地の領主が村落の縁辺に居館を構えたケースとする。これらの領主は浅井氏の家臣となる土豪よりも一世代前の領主であり、村落との関係は希薄であったと結論している。また、村落内に城主などの伝承が伝わりにくい。長浜市の御館は、明治の地籍図を見る限り明かに平地城館であるが、曽根の集落には城主についての伝承は全く残らない。

③の居館分離型は、外来の権力者が村と一定の距離を保って構えた場合とされる。長浜市常喜町にある常喜城は、村落から離れた田地中に「城」の小字のみ残り、この類型に属する。長浜市三川町の三川城は、小字「内形」・「堀之北」・「堀ノ東」・「堀ノ前」などの地名が残る。(11)羽柴秀吉の家臣となる田中吉政が出た田中家の居館とも目されるが、この類型に入れていいだろう。

④の村落独立型は、土豪などの領主権力が出現せず、村落住民の自治によって村が維持されていた類型である。菅浦はその典型として上げることができよう。(12)

浅井氏と村落の関係で言えば、この①居館＝土豪(主導)型村落と④村落独立＝村人(惣村)型村落の類型が問題となろう。領国内には両者が存在し、①の場合は家臣(土豪)を通して村の支配を行なうため、村の内部まで浅井氏が介入しないが、④の場合は菅浦のように浅井氏当主や浅井氏一族が直接文書を発給し統治を行なうので、浅井氏権力が村落共同体である惣と直接対決することになるのである。先に示した菅浦の借銭、村掟をめぐる村人との関係はその典型と見てよいだろう。

浅井氏による水争いの裁定　このように北近江の村落では、土豪と村の関係によって、浅井氏の勢力の及び具合が異なったと推定できる。村内に力を持った土豪がおらず、惣を直接把握していたのが菅浦の特殊例であり、土豪の動きが目立ち、村落の動きが見えなくなっている例が浅井氏領国の一般的なあり方と考える。つまり、浅井氏はその家臣たる土豪・地侍を掌握することで、村落支配を行なっていたと理解できる。このような中で、土豪・村人両者が関わったことが知られ、比較的史料が豊富な水争いを通して、浅井氏の村落統治の一端を見ることにしよう。

ここで、浅井氏が北近江の用水争いを裁定した事例を見てみよう。

「富田文書」によれば、高時川の井堰から引水する御料所井の「下三郷」と浅井郡富田荘との紛争に際して、浅井久政は小谷城に当事者を登城させ審理を行ない、最終的には半分ずつ水を引くよう命じている。また、「高月三田村文書」によれば、天文二十四年(一五五五)に高時川の大井と下井の争いが起こり、久政は大井を代表する井口氏と、下井を代表する高月三田村を介在させながら、問題の解決に当たっていた事実が知られる。このように、浅井氏の村落間における用水相論に対する姿勢は、両者の言い分を聞いた上で、当事者同士の調整を行なう調停者としての姿であった。その背景には、旧慣行の遵守という姿勢があった[13]。

2　姉川の用水争いをめぐる上坂氏と村落

文明の用水争い　近江国浅井郡と坂田郡の境界を流れる姉川については、第一章一で記したように、上流から出雲井、その下流に大井・郷里井の井堰が存在した。(14)出雲井は姉川左岸の坂田郡大原荘（米原市大原地域）を灌漑し、大井は相撲庭村から下流の浅井郡の姉川右岸、郷里井は横山丘陵の先端である龍ヶ鼻を越えた所に堰があり、坂田郡東上坂村・西上坂村・堀部村・春近村（長浜市東上坂町・西上坂町・堀部町・春近町）など近世には郷里荘と呼ばれる左岸を灌漑した。郷里井の井頭は浅井氏家臣の上坂氏が居住した西上坂村であった。

この地域には、渇水時に下流の郷里井が上流の出雲井を、六月以降三回にわたり一昼夜切る「出雲井落し」の慣行があった。(15)この三堰の下流には、姉川右岸の野村・三田村（長浜市野村町・三田町）を灌漑する野村大井・柴原井が存在した。(16)ここで、最初に紹介するのは、郷里井の井頭である西上坂村と、野村大井から取水する三田村との水争いである。

京都の公家の日記である『晴富宿禰記』や『雅久宿禰記』の文明十一年（一四七九）の記事によれば、北近江において上坂と三田村の合戦があって、六百人以上の死者が出たとする。この衝突記事からは、上坂氏と三田村氏の土豪同士合戦なのか、上坂村と三田村の村落間の合戦かは判断がつかない。一方、浅井氏の家臣である嶋氏の年代記「嶋記録」や上坂家に残った『上坂家譜』によれば、この合戦を応永年間（一三九四〜一四二八）のこととするが、土豪同士の合戦と理解している。(17)

姉川から取水する郷里井は上坂氏が支配し、同じく野村大井・柴原井は三田村氏が支配していたと見られ、渇水に際して両地域の土豪が合戦に及んだ可能性が高い。ここで、土豪が村の用水権をめぐって争っているのは、その再生産システムを保障する責任を持っていたからである。しかし、この水系には土豪がいない村も存在した。次に、その例である相撲庭村と土豪がいる西上坂村の用水争いを追ってみよう。

浅井氏と用水争い　姉川水系の用水争いについて、浅井氏が関与したことが分かる最も早い史料が〔史料1〕の浅井亮政書状で、坂田郡相撲庭村（長浜市相撲庭町）の「宮川文書」として伝来した。[18]

〔史料1〕浅井亮政書状

上坂大井可落由申候処、先規於無之儀者、不可然候、何ニ不及相届理不尽之儀者、双方共ニ可為曲事候、謹言、

七月四日　浅井
亮政（花押）

相撲庭
百姓中

「出雲井落し」に当たり、出雲井と郷里井の中間にある大井も切ることを、郷里井が求めたのに対し、浅井氏がその先例なしとして却下した内容である。ここで、「上坂」とは如何なる主体を指すのであろうか。近世の写ではあるが、「出雲井落し」については〔史料2〕が発給されたとされる。[19]

〔史料2〕出雲井落シ折紙案

少相違有之候
出雲井折紙あと

一番
就此方湯水、明後日十三日ニ出雲井如先規可落給候、可有其御心得候、恐惶謹言、

上坂八右衛門
正信（花押影）
堀部（花押影）

六月十一日

大原
御政所殿
御宿所

二番水之あと
就此方湯水、重而出雲井明後日十一日ニ落可給候、可有其御心得候、恐惶謹言、

月日
名判

当所

三番
就此方弥々湯水、重而候も、此おくハかわり無御座候、

一回目の文書以降、渇水が続いた場合、二回目・三回目の書状案が続くが、ここで郷里井側が「出雲井落し」を「大原御政所殿」に依頼しているのは、西上坂村の土豪・上坂正信である。正信は織豊期の上坂家当主であるが、戦国中

期の亮政の時代も、この正信の祖父・景信や父・意信といった上坂当主の名で「出雲落し」が大原荘側に依頼されていたと見られる。[20]したがって、先の〔史料1〕で用水に権限を持つ「上坂」は、上坂村ではなく上坂氏であったと考えるべきだろう。ここに、郷里井を代表する者として上坂氏があり、用水管理を通して村全体を統治していたことが想定される。

そもそも、「出雲井落し」の起源についても、大原荘の地頭である大原氏息女が上坂氏に嫁に行き、文明年間の渇水時に息女からの依頼により、大原氏が許可して始められたとしている。一方、上坂氏側は同氏が京極氏に依頼して始められたとする。[21]いずれにしても、郷里荘については上坂氏が、大原荘については大原氏が、地域の用水権を掌握していたことを示していよう。

浅井久政と相撲庭村　以下に引用する〔史料3〕は「宮川文書」に伝来した文書であるが、戦国期の農民の覚書として貴重な書付である。久政治世期である天文二十二年（一五五三）七月にも「出雲井落し」が行われたが、大井から取水する相撲庭村への水量を測る分木の位置について、郷里井側と紛争が生じたことが知られる内容である。[22]

〔史料3〕　相撲庭村大井分木書付

切水ニ出雲井下ニ付而、相撲庭之大井之分木之事、従先規井口ニ打木分木を郡ら新義之旨被仰候てたもとニ打由被仰候を、百姓迷惑之由申、立相不申候処を、郡より人数を被上たもとニ被打候、則浅井衛門尉殿御知行めされ候間注進申候処、御奉行ニ藤山与大郎殿を被上候而、郡衆打所ニ各被疵候所へくいを新義之所有迷惑之由被仰候て、郡衆へ御使被立候へハ、何かと御まきれ候処、新義之旨候者迷惑之由被仰候て、くいをねかせられ候時、郡衆も被備候、此方之御奉行衆も被備申候、其晩まて分きハ打不申候處ニ、上坂より扱を被入候て、如先規之井口ニ郡衆を立相分木打申候、是□相究候事まきれなく候、其已後南之知行之折節、切水ニ付而出雲井下候時も、無別義井口ニて立相分木打申候事、子細まかわす候、重而是而相きわまる候之旨、新儀を被仰候事、一段迷惑仕候、此上ハ郡ニも立相候て、くいを被打候仁于今被居候間被召上、御ふしんニおいてハ可成御尋候、

天文廿弐癸丑
六月十三日　　相撲庭

姉川の出雲井と郷里井の間にあり、姉川右岸に取水する大井の「分木」の位置をめぐって、郷里井側（「郡」・「郡衆」と記される）が「たもと」（「井口」より相撲庭村側）に打つ行動に出たのに対して、「井口」と主張する大井側の相撲庭村が異議を申した立てたこと。相撲庭村は、本件を同村の知行主とされる浅井衛門尉に訴えたこと。結局、上坂氏による「扱」が入り、郷里井側の立会いのもと、相撲庭村が「分木」を「たもと」から抜き、相撲庭村の主張通りの「井口」に立て直したことを記す。

この経過の中で、相撲庭村は「浅井衛門尉殿御知行めされ候間注進申候」とある。この「浅井衛門尉」が誰であるか明確にし得ないが、浅井氏一族で後述する福寿庵である可能性が高い。(23) すなわち、相撲庭村は浅井氏一族の直轄領であったのである。「出雲井落し」の慣行のなかで、大井からの取水量を確保するため、「分木」の位置を「たもと」するか「井口」にするかについて、郷里井側の発動に際して、相撲庭村は浅井氏に直接訴え奉行の藤山与大郎を派遣してもらっている。土豪が不在な直轄領の相撲庭村は、直接浅井氏へ救援を求めたことが分かる。一方、郷里井側の

住民の蜂起を、「扱」として制御できるのは上坂氏だったことも重要だろう。土豪のいない相撲庭村と、土豪がいる西上坂村の対応は好対照である。

本書に先立って、相撲庭村の訴えに対して、浅井久政は以下の〔史料4〕を、郷里井の代表者である大野木土佐守と上坂八郎兵衛に対して下していた㉔。

〔史料4〕浅井久政書状写

書留

就出雲井下分木之有所相違之旨、相撲庭百姓罷上申候、如何在之義文如前々候て可然候、相紛に於て者、急度可被詮作候、恐々謹言

浅井左兵衛尉

久政　在判

天文廿弐

六月朔日

大野木土佐守殿

上坂八郎兵衛殿

御宿所

本書により、〔史料3〕では「郡」とか「郡衆」と記されていた郷里井側の代表がこの両氏であったことは明白だろ

う。大野木氏は東上坂村の土豪、上坂氏は西上坂村の土豪で、いずれも浅井氏家臣である。[25] 両井の対立が激化し、浅井氏直轄領の侵犯を危惧して「扱」村人へを命じられるのも、上坂氏が郷里井側の事実上支配者だったからであろう。

さらに、浅井氏当主の久政やその家臣は、相撲庭村に以下のような文書を出している。[26]

〔史料5〕浅井久政書状

相撲庭分記之事、我等存分者、先日申候間、福寿庵へ自其一往御届候者、井被落可然候、猶以其御心得肝要候、恐々
謹言、

六月廿二日　久政（花押）

（左兵衛尉）
左兵

（捻封ウハ書）
「
（河毛参河守清充）
参州
（月瀬若狭守忠清）
若州
御返報」

〔史料6〕月瀬忠清・河毛清充連署

上坂より出雲井明日被落に付而、相撲庭ふんきの事、上坂ゟ被申候、則左兵へ其分申候処、如此御返事候、為御披見進之、御返事承可申遣候、恐惶謹言、

六月廿二日　(月瀬若狭守)忠清(花押)

(河毛参河守)清充(花押)

(捻封ウハ書)

「　河参

月若

清充

福寿庵

侍者御中」

いずれも、この相撲庭村と上坂氏との争いに、最終的には浅井氏当主やその側近が関与していることを示す。宛名の福寿庵は先に述べたように〔史料3〕の「浅井衛門」の可能性が高く、〔史料5〕・〔史料6〕は浅井氏当主が、その一族の知行地(浅井氏直轄領)である相撲庭村の権利の保護に努めていた状況を示すと理解される。

浅井久政と上坂氏　この年の相撲庭村と上坂氏のとの用水争いについては、「上坂家文書」にも関連文書が残る。(27)

〔史料7〕浅井久政書状

相撲庭より御在所井公事之儀ニ付て、如此申来候、両通為御披見遣之候、於時宜者猶己牧・月若申入申候、不可有御油断義簡要候、尚以両人へ能々御相談可然候、恐々謹言

七月五日　久政（花押）

（封ウハ書）

「浅井左兵衛尉

上坂八郎兵衛尉殿　久政」

御宿所

久政が上坂氏に対して、相撲庭村との用水争いについては、己牧院や月瀬忠清と相談するように伝えている。八月二十九日付で、浅井久政が己牧院に宛てた書状も残されており、その中では「油断なく馳走」すべきことが命じられている。(28)「宮川文書」に残る一連の郷里井との水争いの文書が六月付、本書が七月五日付である点、さらに前者でも登場する月瀬若狭守忠清（月若）が関与している点から、同じ水争いに関する文書と見てよいだろう。浅井氏は郷里井側の代表者を、当地の土豪である上坂氏と見做していることが再度確認されるだろう。

繰り返すが、重要なのは大井側の相撲庭村の場合は、そこを直轄支配していた浅井氏一族である福寿庵（浅井衛門）が争いの前面で出て来るが、郷里井側は上坂氏が代表者である点である。上坂村のように有力な土豪が在村する場合は、彼らが用水の支配を行なうが、相撲庭村のように有力な土豪が不在の村は、浅井氏が一族を通して直轄領として、村人の訴えのもとに用水管理をしていたと考えられる。

このように、浅井一族の福寿庵（浅井衛門）が支配権を持つ相撲庭村は、同じく浅井氏一族の浅井井伴が代官を務め

た浅井郡菅浦の状況とよく似ている。(29) 菅浦も浅井氏の直轄領と見做していいだろう。浅井氏支配の北近江の村々は、土豪・地侍が主導する村と、村人が前面に出て惣村として存立する村があると前項で述べたが、後者については浅井氏一族が領主・代官などになって治める形態があったと理解できる。

上坂氏の村落支配　次に土豪が在村する村について、彼らと村人との関係を「上坂家文書」から探っておこう。土豪上坂氏と村落の関係を示す文書として、石田三成の父で、佐和山城領の支配を三成から任されていた石田正継の文書がある。(30)

〔史料8〕石田正継藍印状

上坂伊賀兄弟手作分公事役等事、太閤様可為如被仰付候、新儀族不可然候、少し出入可令堪忍候、昔者主にて可有之候道に行相候者、腰をもかゝめ可然候、左候者天道之恵有而地下も可令繋昌候、余恣有之所者草木も枯行候、可成其心得事肝要候也、仍執達如件、

十二月九日　　隠岐㊞

上坂

庄屋百姓中

ここで、上坂伊賀兄弟とは、浅井氏家臣から秀吉家臣となる伊賀守意信と、その弟で村に残り土豪の跡職を守った信濃守貞信のことである。時代は、意信の子の正信の時代となっているが、石田正継や村人にとっては、意信や貞信

が上坂氏当主との認識があったのだろう。上坂氏の手作分役儀については不納があってはならないとの指示であるが、手作分を耕作する上坂氏被官と上坂氏との関係を、道で行き合えば、腰を屈めて挨拶したものだと説く。「主」に対する礼儀がないようでは、「草木も枯れ行き候」と述べる。本書が、「上坂庄屋百姓中」宛てであることからすると、村落民の大多数が上坂氏の被官となっていたことが想定できる。

そのことは、以下の村の請文からも窺える。(31)

〔史料9〕西上坂村彦右衛門尉憑状

御書之趣委細拝見仕候、小百姓以下まてニ申きかせ、如前々伊賀殿・信濃殿役儀等之義、堅可申付候、此等之趣可然候様ニ御披露奉憑候、仍一紙如件、

慶長三年

十二月九日

西上坂村

彦左衛門尉（花押）

同

与左衛門尉（花押）

同

又六（花押）

同

彦次（花押）

御使

堀部弥介殿

村落上層と見られる彦左衛門尉ら四人が、先の石田正継の文書を受けて、上坂氏への役儀を遺漏なく務めることを、堀部弥介に伝えたものである。堀部は〔史料2〕にも登場する坂田郡堀部村の土豪と見られるが、上坂氏の寄子的な存在とみられる。この堀部弥介から上坂氏や石田正継へ報告がなされたと考えられる。ここでは、上坂氏への役儀は西上坂村の小百姓まで負っていたことが分かり、同氏の村落支配は用水管理のみでなく、手作地の宛作や小作関係にも及んでいたことが知られる。

上坂氏の西上坂村の支配は村の機能全般に及んでおり、このような土豪が主導権を持つ村では、惣村や村落の姿は史料上に現れないことになる。〔史料3〕で、西上坂村の村人らが「郡」・「郡衆」として登場するのは、事実上は上坂氏の被官として行動したものと推定できる。結局、彼らの行動を止めるのは「扱」を行なった上坂氏であることは、そのことを如実に示していよう。

村持ちの用水管理へ　さて、戦国期には郷里井の代表者・支配者として浅井氏から認識されていた上坂氏は、近世の用水慣行の中で、如何なる存在となったであろうか。この点、延享四年(一七四七)夏に上坂八右衛門信門が纏めた「井水之古実」に興味深い記述がある。出雲井と郷里井の争いについて、以下のよう述べる。(32)

〔史料10〕

○番水之事

【中略】

井水之法者、筋御奉行方ゟ急度被仰付、家法之通ニ相済之上、水奉行・村役人相対以、家法之格式者相背申間敷

間、水引之儀村役人惣中へ預り度依願ニ、村中一紙連印を取り、水奉行を村役人へ預ヶ候也

【中略】

○水奉行手形之事

【中略】

指上申手形之事

一、当年就湯水、出雲井御落被下忝奉存候、如先規之水奉行衆ニ水御引かせ可被成之處、当村中之者共望御座候ニ付、庄屋・横目・組頭以御訴訟仕候へ者、当年一年之儀者、望之通ニ被成可被下之由忝奉存候、下水之儀も三川之御作法水奉行衆ニも相談仕、如先規之番水御作法相違不仕候様ニ、東上坂村・春近村共請取渡し可仕候、ヶ様ニ被成被下候上ハ、組頭之者共として吟味仕、水無沙汰ニ不仕候様ニ見廻可申付候、惣中ニも組頭衆と申合、御作法猥ニ成不申候様ニ可仕候、当年之儀ハ以来之例ニハ仕間敷候、猶以御指図之通相背申間敷候、為後日連判手形、仍而如件、

西上坂村
庄屋印
横目印
組頭印

貞享二年丑ノ七月朔日

水奉行連印
惣中連印

上坂八右衛門様
上坂甚内様

貞享以来大方如此之連印也、

【中略】

○村役人筆頭之事

一、往古ゟ在々ニ郷士多シと、知行領地も不定、一村二村所持し、其上何村ニ何町・何段・何条・何里・何坪、并ニ被官何人と所持シ、或者田地或者被官も売買し、相譲りなとして、公方之年貢を納、其余力を以分限高下有も在り、村々ニ郷士・名主雖有之、或者他所ゟ地方を求め引越、住村ニ由緒無之族多し、仍而一々其村之陳人と云ニもかきらず、依之氏神・井水なと之沙汰ハ、其庄内之根生の庄官之掟に随ふと見へたり、上坂伊賀守ハ元来坂田之主しにて、坂田郡之旗頭也、もとより郷里之庄ハ幕下なれハ、万事伊賀守下知ニ随ふニより、井水之支配・修理・相続・普請以下迄伊賀守裁許たり、堀部村・春近村当村ニ相随ひ勤る也、永正之乱以後段々易行して慶長ニ至り、殿様御領地ニ相成り、筋御奉行・川御奉行土地之御支配人相定るニよつて、常々修理・普請等ハ、村役人彦根御奉行江格式之趣御願申上、堀部村・春近村を誘引し、三ヶ村として相続する也、

まず、「番水之事」では、用水管理を行なう水奉行の役を、この段階で西上坂の惣中の望みにより村へ預けているという。「水奉行手形之事」では、西上坂村の村役人が、「出雲井落し」時の引水を水奉行と相談して行なうと、上坂氏当主に誓約する文書を引用する。(33)さらに、「村役人筆頭之事」では中世土豪の姿を記し、当時は「井水之支配・修理・相続・普請以下」は上坂伊賀守意信の管轄だったが、彦根藩領となってからは「修理・普請」は西上坂・堀部・春近三ヶ村が相続して管理していると記す。

郷里井と三田村等との用水争いについて記した「井水書物抜書」においても、(34)上坂氏は「寛永之比より井水之支

配村役人江預ヶ申候」とあるので、戦国期には上坂氏が用水の管理者であったが、寛永年間(一六二四~四四)からその実権は西上坂村に移譲されたことになる。近世中期に記された「井水之古実」が示す状況は、近世前期からの状況であったことになる。

このように、戦国期には上坂氏が用水管理を行なう権限を有していたが、江戸時代には形式的な上坂氏の権限は残りつつも、(35)実質は西上坂村を中心とした村落に、管理権が引き継がれていた。土豪の用水をめぐる村落支配は、近世に至ると彦根藩の権力のもとで村人の用水管理となり、土豪の実権は失われている状況が読み取れよう。「村役人筆頭之事」に描かれた土豪の姿は、売買できるような多くの被官や田地を所有し、氏神や井水を通して地域を支配する土豪の姿を活写している。戦国期において、土豪がいない相撲庭村とは好対照である。

姉川の用水争いを通して明らかになったのは、土豪がいない坂田郡相撲庭村は、惣村が前面に出る前項で示した村人(惣村)型村落であった。一方、西上坂村をはじめ郷里荘の村々は上坂氏が土豪として地域全体を支配していたので、土豪(主導)型村落であったと理解できる。浅井氏領国内の在地状況は、両方の村落形態が併存し、寺社の組織などと共生する状況が存在した。

浅井氏は、村落内部や土豪の支配に介入することなく、その調停者としてのみ存在したと考える。本項で見た姉川用水をめぐる浅井氏の態度は、両方の言い分を聞く調停者であり、決して強権を発していない。ただ、浅井氏の本拠である小谷城膝下の用水慣行については、強権を発する場合が例外的に存在した。その事例を次項で紹介しよう。(36)

3　高時川の井水慣行と浅井氏

餅の井の「懸越し」

伊香郡から浅井郡にかけて流れ、姉川に合流する高時川は、伊香郡・浅井郡の村々にとって貴重な水源となっていた。両郡の村々は、高時川の平野への出口にあたる井明神橋（木之本町古橋・高月町尾山）付近に井堰を設けて取水した。慶長八年（一六〇三）閏八月十四日「伊香郡・浅井郡用水裁許絵図」[37]によれば、その井堰は上流から下流に向けて、①餅の井、②松田井、③上水井、④大井、⑤下井の順で構築されていた。①の餅の井は、二俣村・丁野村・郡上村から中野村までの浅井郡高時川の左岸八ヶ村を灌漑した。②の松田井は、左岸の伊香郡高野村（高月町高野）の田地を灌漑する用水。③上水井は尾山・洞戸・田部村など、右岸の木之本町最南部から高月町最北部の五ヶ村を灌漑する用水。④大井は井口村・雨森村をはじめとする、右岸の高月町中心部十四ヶ村に懸かり、⑤は右岸の高月町南部六ヶ村に懸かった（図1参照）。

問題は、村の位置が最も下流の浅井郡諸村を灌漑する餅

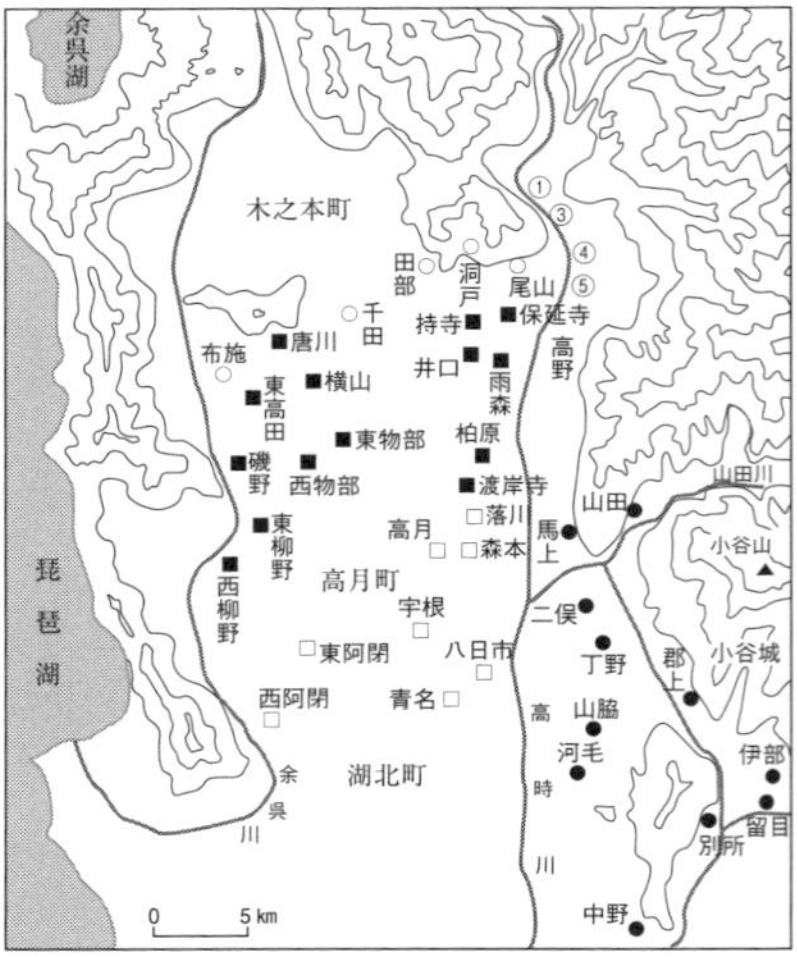

図１－１　用水地図

○上水井懸村々　③同堰　■村井懸村々　④同堰
□下井懸村々　⑤同堰　●餅の井懸村々　①同堰

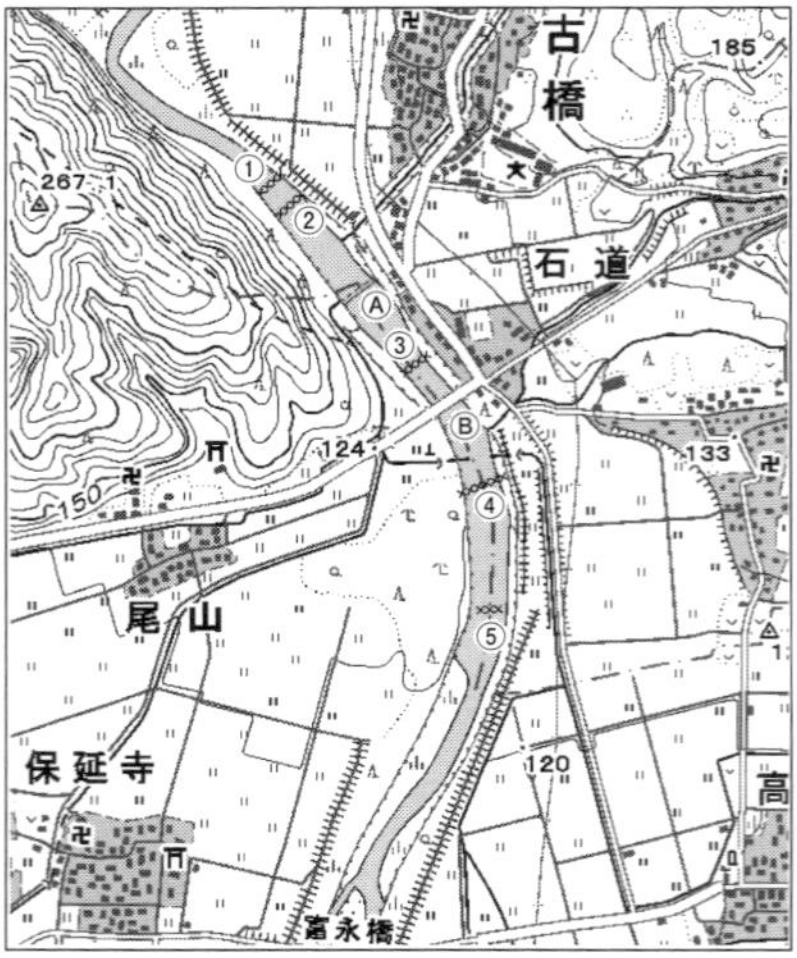

図１－２　高時川の井堰

①餅の井堰　②松田井堰　Ⓐ合同井堰　③上水井堰
Ⓑ井明神橋　④大井堰　⑤下井堰
（注）合同井堰完成以前の井堰および用水路を示す。

の井が、川の最上流に井堰を持つ事実である。通常の用水秩序からすると、上流に位置する村ほど、川上に井堰を設けるのが普通であり、この餅の井のように最下流にある村が、最上流に井堰を持つのは異例と言えよう。この異常な状況は、餅の井の「懸越し」という行為によって成立したと言われる。その「懸越し」とは、次のようなものであった。[38]

戦国大名として力をつけた浅井久政は、伊香郡三用水（上水井・大井・下井）の管理権を持ち「井預り」として国人級の力を蓄えた井口経元を、その武力によって圧倒し、同氏支配の三用水を「懸越し」て、餅の井の取水口を最下流から最上流へ移動した。その代償として、大井・下井に対して、渇水が甚だしい場合は、餅の井落しを行なうことを許可したという。

「懸越し」を証明する文書

この「懸越し」を証明する文書の写が、伊香郡から浅井郡の村々に多く残る、次の浅井久政書状である。[39]

〔史料11〕浅井久政書状写

餅井掛越之事、井口越前守許容之上者、末代不可有違失候、尤掛越之村々、為時限之厳重相守可申、宜可仰付候、為其恐々謹言、

天文十一
五月六日　　浅井左兵衛尉
久政（花押影）

八相遠江守殿
　并ニ村々百姓
　　長男中

〔史料12〕浅井久政書状写

餅井竪様儀、川筋共如絵図面、不可有異儀候、宜可仰付候、恐々謹言

天文十一
　五月十一日　　浅井
　　　　　　　　　久政（花押影）
　八相遠江守殿
　　并ニ所々
　　　百姓中

この二通の文書は、小和田氏や高島氏、それに久保寺氏が述べるごとく、明らかに偽文書である。天文十一年（一五四二）段階では、久政は「新九郎」を名乗っており、この文書にあるように「左兵衛尉」の官途を名乗るのは、天文十九年（一五五〇）以降である。従って、この段階では、久政の名乗りは「新九郎」でなければならない。「左兵衛尉」とあるのは、偽作された故の誤りである。また、「井口越前守許容之上者」という文言や、「為時限之厳重」との文言は、浅井氏書状としては不自然な言い回しで、この点からも当時の文書と考えることはできない。

しかし、文書は偽りであっても、この餅の井の「懸越し」は、浅井氏が行なった以外には考えられないであろう。餅の井が灌漑する地域は、小谷城の西麓からその本貫地である丁野に至る美田地帯である。そこは、浅井氏の権力基盤と言ってよく、その直轄領も多かったのではないかと推定できる。餅の井の水が安定的に供給されない限り、浅井氏の経済基盤が失われることになる。最下流の井堰を、最上流に移動させるという離れ業は、強大な権力をもってしか行ない得ない。浅井氏は地域権力としての政治力を背景に、伊香郡用水を統括していた井口経元を説得し、餅の井の「懸越し」を実現したのである。(40) 当地の歴代の支配者を考えてみても、このような異常な用水慣行を新設できる権力は、浅井氏以外は見当たらない。先の浅井久政書状は偽文書であるが、歴史的事実を反映して創作された文書と解するべきであろう。

矛盾の解消――餅の井落し(41)　なお、伊香郡・浅井郡の村々では、これとは別の天文十一年(一五四二)五月十五日付の〔史料12〕の浅井久政書状を引いて、餅の井落しの慣行も、浅井久政と井口経元の協議において始められたと伝えている。

〔史料13〕浅井久政文書写

高月川預り井口越前守許容之上、餅井懸越し候間、以来其心得候而、飢水ニ成迷惑之時ハ、水まかし可被致候、恐々謹言、

天文十一　　　　　　　　　　　　　　　　浅井

久政(花押影)

五月十五日
大井懸所々
百姓中

この文書も文言が不自然で偽文書と考えられるが、久政が「大井懸所々百姓中」に宛てて、渇水時は「水まかし可被致候」と記されている。「水まかし」とは餅の井の「井落し」のことを指すと見られる。この「井落し」とは渇水時に大井・下井懸りの村々が、白装束で餅の井堰の中央三間を切って、水を一時的に大井・下井まで流すという慣行である。その破壊行動を牽制しながら見守っていた餅の井懸りの村々は、大井・下井懸りの村々の後姿が見えなくなると、切られた井堰の復旧工事に入った。その復旧がなるまでの約三時間、餅の井堰の破壊部分から、下流の大井・下井堰に水が供給されるのである。

この慣行は、浅井郡中野村（虎姫町中野）の「せせらぎ長者」という者が、井口越前守に依頼して始められたという別の伝承も存在する[42]。しかし、いずれにせよ「懸越し」が通常の井水慣行からして異常で、無理がある行為だったからこそ、その矛盾の解消として編み出されたのが、餅の井落しという近世的秩序であったと考えられる[43]。その無理が行なえる権力は、伊香郡・浅井郡地域の中世史を概観しても、浅井氏以外には考えられないのである。

浅井久政の正室であり、また長政の生母でもある阿古御料は、伊香郡用水の「井預り」であった井口経元の女と言われている[44]。この婚姻は、明らかに餅の井の「懸越し」を行なうための、浅井氏による井口氏に対する懐柔策と考えることができる。先に見たように、通常の用水裁定では、浅井氏は旧例遵守の方針を持っており、新たな用水慣行を打ち出すことはしていないが、この餅の井に関する事例は特例と言えよう。浅井氏が戦国大名として、村落領主や村落の意思を超え、旧慣行を破ってまでも、絶大な権限を発動したことを示す事例として注目すべきである。ただ、この事例は浅井氏の本拠である小谷城膝下の灌漑状況を好転させるために取った異例な政策であり、浅井氏の村落秩序に対する姿勢は、旧慣行の維持にあったことを繰り返しておく。

註

（1）浅井領国内の国宝「菅浦文書」以外の村落文書としては、伊香郡井口村（長浜市高月町井口）に伝来した「井口日吉神社」がある。同文書は、福田榮次郎「山門領近江国富永荘史料―『近江井口日吉神社文書』について―」（『駿台史学』五八、一九八三年）・同「續山門領近江国富永荘史料―『近江井口日吉神社文書』紙背文書について―」（『駿台史学』六一、一九八四年）で全容を見ることができる。

（2）国宝「菅浦文書」中の主な文書については、長浜市長浜城歴史博物館『菅浦文書が語る民衆の歴史―日本中世の村落社会―』（二〇一四年）に写真と解説（拙稿）が掲載されている。また、同書には「難波村惣中」・「乙名」の文字が記される「難波村牛頭天王寄進留書」も掲載されている。難波村（長浜市難波町）の神事中組に伝来した本書も、国宝「菅浦文書」以外に惣村の実在を確認できる文書である。

（3）拙稿「中世菅浦「惣村」の変遷―「菅浦文書」が語る村の歴史―」（註（2）長浜市長浜城歴史博物館書所収）、似鳥雄一『中世の荘園経営と惣村』（吉川弘文館、二〇一八年）

（4）湯浅治久氏は菅浦の年貢未進による借財と、浅井氏による徳政令は、戦国大名が村落をからめとる手段だとする（同『中世後期の地域と在地領主』（吉川弘文館、二〇〇二年）。これに対し、阿部浩一氏は菅浦の年貢未進について、必ずしも菅浦の経済的困窮を示すものではないという解釈を示している（同『戦国期の徳政と地域社会』（吉川弘文館、二〇〇一年）。

（5）註（3）似鳥氏書

（6）銭静怡『戦国期の村落と領主権力』（吉川弘文館、二〇一八年）

（7）註（3）拙稿

（8）中井均「居館と村落―近江を中心とした分類の試み―」同『中世城郭の実像』（高志書院、二〇二〇年）

（9）本書第五章三参照

（10）御館については、拙稿「城郭地名「御館」に関わる歴史」拙著『北近江地名考』（サンライズ出版、二〇二二年）を参照。箕浦城については、米原市遺跡リーフレット二九『平地居館　箕浦城跡』（二〇一〇年）を参照。

（11）拙稿「田中吉政の出生と立身」市立長浜城歴史博物館・岡崎市美術博物館・柳川古文書館『秀吉を支えた武将　田中吉政』（二〇〇五年）を参照。

（12）菅浦では菅浦家が多くの土地を集積するが、土豪となるには至らなかった。永島福太郎・原田敏丸「菅浦家文書　一」（『滋賀大学経済学部附属史料館研究紀要』一四（一九八一年）、「菅浦家文書　二」同一五（一九八二年）を参照。

（13）高島緑雄「近世的用水秩序の形成過程―近江伊香郡・浅井郡用水の研究―」（『駿台史学』三九、一九七六年）では、「新堂区有文書」にある永禄三年（一五六〇）四月二十二日の浅井久政書状を上げ、新たに用水のために溝を掘ることを伊香郡「片岡内新堂村」に命じた事実を指摘している。これをもって、浅井氏が新儀を設定した例とするので、浅井氏が慣行順守という立場のみではなかった事実もある。しかし、新堂村の一村にとどまるものであるのに対し、次々項に展開する高時川餅の井に関わる「新儀」は、郡を越えた規模で行なわれたものであり、浅井氏の用水裁定としては異例と言えよう。

（14）第一章一の図2参照。また、第四章五を参照。

（15）喜多村俊夫『近江経済史論攷』（大雅堂、一九四六年）、長谷川裕子「用水相論の実態と戦国大名権力」同『戦国期の地域権力と惣国一揆』（岩田書店、二〇一六年、初出二〇〇一年）などに詳しい。なお、本書第一章一も参照。

（16）「野村大井」という堰名はなく「大井」とのみ呼ばれるが、相撲庭村が取水する「大井」と区別するため、本節ではこのように呼ぶ。

（17）第一章一を参照。

（18）『東浅井郡志』四（一九二七年）「宮川文書」。小和田哲男『浅井氏三代文書集』（浅井家顕彰会、一九七二年）亮政三四としても掲載。なお、釈文は長浜市長浜城歴史博物館架蔵の写真で校正した。以下、「宮川文書」については同様の校正をした。

（19）「上坂家文書」一〇三。番号は、市立長浜城歴史博物館編『上坂家文書』（私家版、一九九二年）の文書番号を示す。以下、同文書の番号も同じ。「上坂家文書」についても、長浜市長浜城歴史博物館架蔵の写真で校正した。なお、差出人の一人の堀部は苗字のみで花押が記される。坂田郡堀部村（長浜市堀部町）の土豪と推定されるが、同村は郷里井の分水である堀部井から引水する。上坂氏が支配する郷里井の下流に当たり、堀部氏はその寄子的存在であったと考える。

（20）上坂氏の系図は「上坂氏家系」（「上坂家文書」八〇）を参照した。

（21）第一章一を参照。
（22）『東浅井郡志』四「宮川文書」
（23）註（15）北川氏・長谷川氏書参照
（24）本書は「宮川文書」の一通だが、写のためか『東浅井郡志』四には掲載されていない。〔史料4〕の釈文は長浜市長浜城歴史博物館架蔵の写真で校正した。
（25）大野木土佐守が東上坂村の土豪であることは、『江州佐々木南北諸士帳』（滋賀県教育委員会『滋賀県中世城郭分布調査』五（一九八七年）所収）に同村の住人として「大野木土佐守直国」を上げるなど、江戸時代に多くの文献で確認できる。また、滋賀県教育委員会『滋賀県中世城郭分布調査』六（一九八九年）の長浜市「大野木土佐守屋敷」（拙稿）を参照。
（26）『東浅井郡志』四「宮川文書」
（27）「上坂家文書」六
（28）「上坂家文書」一二
（29）浅井井伴は元亀争乱において浅井氏の侍大将として見える浅井七郎井規の父と推定される浅井氏一族である。「菅浦文書」には年貢請取状など十二通の文書が伝来しており、直轄領として浅井氏が一族代官を配し統治していたことが知られる。菅浦については、長浜市長浜城歴史博物館『菅浦文書が語る民衆の歴史―日本中世の村落社会―』（二〇一四年）を参照。同書には、井伴文書の写真も掲載されている。
（30）「上坂家文書」五三。なお、この石田正継藍印状の文言は、口語的で偽文書の疑いを抱かせる。しかし、「己高山中世文書」に収められる、正月二十三日付けの石田正継黒印状においても、狼藉者を「打ふせたゝき殺候而」等の文言が見られ、口語的文言を使用するのは正継文書の特徴と言える。この古文書としては不自然な表現は、逆に本書の信憑性を高めるものである。木之本町教育委員会『己高山中世文書調査報告書』（二〇〇〇年）を参照。また、正継の文書における藍印（藍色の印判）の使用は、高宮寺文書・多賀大社文書・徳源院文書などに例がある（「石田正継発給文書一覧」市立長浜城歴史博物館『没後四百年特別展覧会　石田三成―秀吉を支えた知の参謀―』（一九九九年））。
（31）「上坂家文書」四九
（32）「上坂家文書」七六
（33）「上坂氏家系」（「上坂家文書」八〇）によれば、宛名の甚内は織豊期の当主である正信から四代後の当主である。八右衛門は、その父に当たると見られる。

(34) 個人蔵文書

(35) 寛文八年（一六六八）七月七日に、出雲井の坂田郡間田村他の十ヶ村は、出雲井水について、先例の通り上坂八右衛門の指図に従うことを誓約した文書を、彦根藩筋奉行の河野六兵衛・三浦熊之介へ提出している（「上坂家文書」一〇二）。上坂氏の「出雲井落し」に懸る権利は、近世前期においても形式的に存在した。ただ、実権は村側に移っていたと見てよい。

(36) この高時川餅の井をめぐる用水争いに関する先行研究としては、喜多村俊夫「一定の様式による上流堰の一時的破却（切落）」『日本灌漑水利慣行の史的研究』（岩波書店、一九五〇年）、註（13）高島氏論文、註（15）長谷川氏論文、久保寺容子「近江高時川用水秩序の成立―浅井久政文書の偽造と活用―」（『近江地方史研究』四四、二〇一三年）がある。この中で、長谷川氏は用水に関わる調停・執行を、村落や家臣（土豪）任せではなく、浅井氏が直接行なった所に、室町期領主や近世領主と相違する所があると述べている。地域に強権を発する浅井氏の戦国大名としての性格を考える上で重要な指摘であろう。

(37) 註（13）高島氏論文に「井口自治会蔵文書」のトレース図が掲載されている。この絵図の写は、長浜市高月町・旧湖北町内に多く所蔵されており、その一つである長浜市下山田の個人蔵絵図は、長浜市長浜城歴史博物館『戦国大名浅井氏と北近江』（二〇〇八年）に写真が掲載されている。なお、各井が懸る村数・村名は史料によって多少の異同がある。

(38) 註（36）の各論文

(39) 井口日吉神社文書

(40) 註（36）の各論文

(41) 註（36）の久保寺氏論文は、〔史料11〕・〔史料12〕及び〔史料13〕の浅井久政文書について、寛文四年（一六六四）に作成された偽文書であることを実証している。また、これらの文書が「懸越し」の既得権を認められた浅井郡（餅の井）側によって作成されたものでなく、伊香郡三用水側の村人に「懸越し」と「井落し」の慣行を納得させるために作されたものである事実も明らかにしている。以下の「懸け越し」に関する所伝も同論文を参照。

(42) 註（36）久保寺氏論文に掲載される「磯野区有文書」参照。

(43) 餅の井落としの慣行が始められたのは、註（36）の高島氏・久保寺氏論文にあるように、寛文八年（一六六八）以前としか分からない。この慣行は、昭和十三年（一九三八）まで行なわれていた。

(44) 拙著『浅井長政と姉川合戦』（サンライズ出版、二〇一一年）

四　浅井氏の寺社統制

1　寺社との関係―保護と介入―

湖北の寺社と文書　北近江を統治していた浅井氏にとって、村落と共に地域社会を構成する寺社とは領国統治のために親密な関係を作っておく必要があった。領内には鎌倉時代から、天台宗(比叡山)系の地方中核寺社が多数存在し、村々の鎮守は比叡山や荘園領主の氏神に影響されていた。さらに、戦国期には本願寺蓮如の布教により、浄土真宗の信仰が各村へ深く浸透していた。[1]浅井氏はこの寺社を掌握しない限り、村々に根付く家臣や領民たちの心を捉えることはできず、政権運営が困難になることは明白であった。ここでは、北近江に残る寺社文書から浅井氏との関係を考えてみよう。

現在、北近江の寺社文書に残されている浅井氏当主からの書状を、表1にまとめた。この結果、竹生島(浅井郡)十七通、総持寺(坂田郡)七通、大原観音寺(坂田郡)七通、己高山飯福寺(伊香郡)六通、多賀大社(犬上郡)七通などと、それぞれ浅井三代文書が残っていることが分かる。これらの文書の中には、浅井氏が寺社へ与えた保護政策を記したものがある一方、寺社へ介入し、寺社を人的・経済的に支配する政策を記したものもある。前者が寺社にとってプラス要因の文書であるのに対して、後者はマイナス要因の文書と位置づけられよう。ここでは、この二つの視点から寺社文書を通観してみよう。なお、文中の〈　〉内の数字は、表1の通番である。

寺社に与えた保護　ここでは、表に示された文書から、浅井氏と寺社の関係を見てみよう。

表１　浅井三代　北近江三郡を中心とした寺社宛文書　一覧

通番	元号	西暦	月	日	当主名	番号	内容	宛名	該当寺社名
1	天文 19 年	1550	5	2	久政	12	山林伐採禁止	石道寺年行事	石道寺
2	天文 22 年	1553	10	24	久政	34	竹木伐採禁制	尾上□□寺	尾上某寺
3	（天文21年）	1552	8	15	久政	20	請米用捨	宗恵	
4	永禄６年	1563	10	9	長政	24	陣僧徴発	大原観音寺年行事	
5	天文 20 年	1551	12	24	久政	16	寺基安堵	大原観音寺年行事	
6	天文 21 年	1552	11	10	久政	24	請米容赦	大原観音寺年行事	大原観音寺
7	永禄３年	1560	11	2	賢政	2	散在領安堵	大原観音寺	
8	永禄８年	1565	12	29	長政	30	散在領安堵	大原観音寺	
9	年未詳		11	8	亮政	41	散在領安堵	大原観音寺	
10	元亀元	1570	11	27	長政	追加 28	寺領安堵	大浦黒山寺	黒山寺
11	（天正元年）	1573	2	26	長政	82	戦略相談	勝興寺	勝興寺（高岡市）
12	永禄６年	1563	10	25	長政	26	散在領安堵	勝楽寺	勝楽寺（甲良町）
13	弘治２年	1556	11	21	久政	46	散在領安堵	木本浄信寺	浄信寺
14	年未詳		4	24	久政	65	六坊設置	□□寺年行事	
15	（大永６年）	1526	8	29	亮政	7	寺領安堵	山本金光寺	金光寺
16	天文３年	1534	12	16	亮政	11	散在領安堵	成菩提院	成菩提院
17	天文 22 年	1553	10	24	久政	32	竹木伐採禁制	尊勝寺称名寺	
18	永禄４年	1561	閏３	9	賢政	13	陣取禁制	称名寺	称名寺
19	年未詳		6	10	長政	101	普請道具預	勝明寺	
20	弘治２年	1556	10	20	久政	45	棟別免除	惣持寺	
21	永禄２年	1559	8	25	久政	51	定書		
22	永禄２年	1559	8	25	久政	52	定書		
23	（永禄２年）	1559	9	10	久政	53	荷送礼状	惣持寺御門徒	総持寺
24	永禄４年	1561	2	14	賢政	11	定書	総持寺	
25	年未詳		1	18	亮政	24	定書	少弐公御納所	
26	年未詳		0	0	長政	121	末寺売却停止		
27	永禄２年	1559	8	21	久政	50	坊領安堵	玉泉坊	玉泉坊
28	（元亀元年）	1570	9	22	長政	55	火之用心奨励	十ヶ寺回章	誓願寺
29	（永禄４年）	1561	2	11	長政	10	肇年香水礼状	多賀社大神主	
30	永禄６年	1563	10	13	長政	25	禁制	多賀社家町衆中	
31	永禄８年	1565	2	25	長政	28	禁制	多賀社家御中	
32	永禄 10 年	1567	12	27	長政	追加 24	棟別免除	奉行衆	多賀大社
33	永禄 11 年	1568	12	29	長政	50	神事頭役安堵	被官衆御中	
34	年未詳		1	晦	長政	91	年甫吉慶礼状	大神主	
35	年未詳		10	24	長政	追加 32	荷送礼状	多賀大社社家衆	
36	天文５年	1536	12	24	亮政	13	百姓贔屓禁止	竹生島	
37	天文５年	1536	12	24	亮政	15	検断職裁許	竹生島	
38	（天文23年）	1554	10	12	久政	36	大工争論裁許	竹生島菩提坊	
39	弘治２年	1556	8	21	久政	44	早船徴用	竹生島年行事	
40	（永禄元年）	1558	10	12	久政	49	火事見舞	千宝房	
41	永禄３年	1560	11	9	賢政	3	散在領安堵	竹生島年行事	

42	永禄３年	1560	11	9	賢政	追加19	課役免除	竹生嶋年行事	
43	永禄３年	1560	12	13	賢政	7	徳政免除	竹生島年行事	竹生島
44	永禄４年	1561	4	25	賢政	14	用却引渡	竹生島	
45	永禄４年	1561	12	21	長政	18	散在領安堵	竹生島	
46	（永禄９年）	1566	11	27	長政	41	徳政免除	竹生島年行事	
47	（永禄９年）	1566	12	17	長政	42	振舞料督促	笠原又三郎	
48	永禄９年	1566	12	19	長政	43	振舞料管理	笠原又三郎	
49	年未詳		5	28	亮政	31	大工争論裁許	竹生島年行事	
50	年未詳		12	21	亮政	44	蓮華会安堵	竹生島宿老衆	
51	年未詳		7	11	長政	104	蓮華会監督	竹生島四人衆	
52	年未詳		1	30	長政	93	椀折敷借用	竹生島年行事	
53	（天文８年）	1539	11	4	亮政	22	院領安堵	長尾寺多門院	長尾寺
54	天文３年	1534	10	11	亮政	10	散在領安堵	玉村大蔵坊	玉村大蔵坊
55	年未詳		7	16	長政	追加31	祈祷札等拝受	法華寺三珠院	法華寺
56	天文５年	1536	8	5	亮政	12	寺領安堵	松尾寺	松尾寺
57	永禄６年	1563	10	6	長政	23	散在領安堵	明照寺	明照寺（彦根市）
58	天文７年	1538	6	2	亮政	15	非分者注進	飯福寺	
59	永禄３年	1560	12	21	賢政	8	矢銭徴収	飯福寺年行事	
60	永禄４年	1561	12	4	長政	17	銭引渡	飯福寺新坊	
61	年未詳		2	24	亮政	28	知行通知	飯福寺	飯福寺
62	年未詳		6	18	長政（注３）	102	百姓和順	飯福寺香源坊	
63	年未詳		8	5	久政	72	京極馳走依頼	飯福寺年行事御房	
64	天文８年	1539	5	4	亮政	21	寺基安堵	泉阿弥	蓮花寺

註１）北近江の寺社宛ての文書のみを掲示した。

註２）小和田哲男「浅井氏三代文書集」（浅井家顕彰会、1972年）・本書附論より採録した。番号欄の数字は前者、「追加」とあるのは後者の出典を示す。

註３）註２）の小和田氏書には「長政」とあるが、「亮政」発給の文書である。

①寺社領の安堵

浅井氏は金光寺（長浜市湖北町山本）に宛てた亮政書状に「当寺之儀不可有相違候」〈15〉といった具合に、領地を含めた寺全体の保全を保証した文書を出している。しかし、寺社への保護の多くは、寺領の保護であった。当時の寺社の所領は、寺社境内とその近辺に広がる一円領（寺社領）、それに寺社周辺に点在する散在領からなっていた。一円領を持つことは中世領主となることで、浅井氏とも共存関係にある地方中核寺院の属性であると考えていいだろう。(2) 一円寺領は竹生島の早崎村（長浜市早崎町）や、(3) 長浜八幡宮の八幡荘（長浜市八幡東町・八幡中山町など）の事例が上げられよう。(4)

浅井氏が行なった寺領保護の多くは、散在領が大半を占めていた。寺社はそこから加地子得分を得たが、この加地子は荘園年貢とは別に、土地に発生していた剰余分で、近江国ではこの剰余分の収入が、浅井氏家臣たちや寺社の大きな経済的支えとなっていた。例えば、大原観音寺宛ての浅井賢政書状〈7〉では、「当寺仏田房領等、在々所々有之分」について、「聊不可有相違候」としている。これは、各地に広がる散在領を指しているのだろう。

②徳政の免除

戦国大名はその家臣団や村落の救済などを目的として、徳政令を出したが、浅井氏の場合も天文七年（一五三八）九月二十一日付、宛名不明の浅井亮政徳政条々（菅浦文書）などが知られる。

これらの徳政令は、寺社にとっては大きな痛手となる場合があった。寺社の多くは土地を買得する立場であり、また年貢を上納される側であったからである。したがって、特定の寺社については、この徳政を免除する政策を打ち出す場合があった。竹生島宛の浅井長政書状〈46〉では、領国内に徳政を申し付けたけれども、天文二十二年（一五五三）の置目に従って、今年はその適応を免除する旨を伝えている。

③山林の保護

寺社周辺の山林は、中世の慣例から言っても、殺生禁断の地として寺社領に含まれ保護されることが多かった。浅井氏は寺社周辺の山林の保護についても、この慣行を遵守する方針をとった。石道寺（長浜市木之本町石道）宛の浅井久政書状〈1〉は、同寺の本尊山林を乱す者があるとの注進を受けて出されたものだが、その行為を堅く禁じる旨を伝えている。

④相論の裁定

寺社内で起きた種々のトラブルの裁定にも、浅井氏は関与した。浅井亮政書状〈49〉では、竹生島内で工事建物の分担をめぐって起きた、富田大工（阿部太郎兵衛家）と大浜大工（河路新右衛門家）の相論を仲裁している。富田大工の従来からの権利を認めつつも、大浜大工の仕事場所も用意するよう亮政は命じている。この相論は、久政や長政の代に至るまで継続しており、竹生島大工の阿部家の文書には久政や長政の裁許状も残されている。こういった寺社内部の紛争に至るまで、浅井氏の裁定を受けることは、逆に浅井氏が寺社経営まで介入する契機を与えることになった。

⑤祭礼の保証

浅井氏は竹生島弁才天に深く帰依し、その祭礼である蓮華会の頭役もつとめている。すなわち、永禄九年（一五六六）には浅井久政が、翌年の永禄十年（一五六七）には、浅井久政の生母・寿松が頭役を務めており、この寿松が蓮華会当日奉納した弁才天像が現在も竹生島に残されている。また、東京国立博物館が所蔵する竹生島祭礼図は、祭礼当日の船渡御の様子を描写したものだが、先頭を行く船に乗せられたハリコの金翅鳥の下は、浅井氏の家紋である三盛亀甲がついた幔幕で覆われている。したがって、この図は浅井氏が頭役を務めるに際して、絵師に描かせたものではないかと推定される。(5)

この蓮華会は、戦国時代、必ずしも順調に行なわれなかった。蓮華会の頭役は、浅井郡内の富裕者に毎年宛てられることになっていたが、その経済的負担があまりにも大きいので受頭を拒否する場合があったのである。竹生島宛の浅井亮政書状〈50〉では、亮政は蓮華会執行に滞りがないよう念を押している。また、同島宛ての浅井長政書状

〈51〉では、蓮華会の詳細は承知していないので島に任せるが、三田村与介という人物が如何なる人物か尋ねている。おそらく、三田村与介は頭役候補者として上がった人物で、浅井氏としても適任者であるか身元調査を行なっていたことを示している。浅井氏が竹生島祭礼を背後から保護し、その執行について責任の一端を担っていた状況がうかがわれる。(6)

この他、多賀大社の神事頭役選定にも大きく関与していたことが同社被官衆宛ての浅井長政書状〈33〉から知られる。(7)

寺社への介入政策

①寺掟の制定

浅井氏は総持寺に対して、亮政・久政・長政、三代それぞれが寺掟を定めている。浅井亮政のもの〈25〉は、無縁所だが不届きがあれば介入も辞さないこと。浅井久政のもの〈21・22〉は、総持寺に対して不法を行うものは、久政自身が厳しく対処する旨が冒頭に記されている。その他、所領の保全、住職の決定方法、聖教以下の備品の管理など、九ヶ条〈21〉にわたって総持寺の運営を細かく規定している。長政も賢政時代に当寺に対して掟書を出しており〈24〉、久政が定めた掟を遵守すべきことが述べられている。ただ、このような寺社掟を浅井氏が作成した例は、総持寺以外ではない。総持寺が特殊例であるかは判断しがたいが、当寺の場合は浅井氏が寺院運営の内部まで介入している事実を読み取ることができよう。

②米銭の徴収

大原観音寺宛ての浅井久政書状〈6〉は、観音寺二十三坊から取り立てる予定の請米は、種々の免除要求があったので、徴収をあきらめる旨通知したものである。また、飯福寺宛の浅井賢政書状〈59〉では、長政は矢銭万疋(十万貫)を年内に調達するよう、己高山飯福寺へ命じている。一方、総持寺宛の浅井久政書状〈20〉や多賀社宛ての浅井長政書状〈32〉では、同寺内にかかる棟別銭を免除する旨を伝えている。

これらの事実は、浅井氏が寺社から請米や矢銭を徴収し、さらに棟別銭を賦課する場合があったことを示している。特に、飯福寺への矢銭の要求は、額も多く急であり、さすがの飯福寺も閉口したことであろう。浅井氏が政権維持や軍事動員のための資金源として、寺社の豊富な財力を当てにしていたことを読み取ることができる。

③陣僧や船の徴発

大原観音寺宛ての浅井長政書状〈4〉で、長政は大原観音寺に対して、陣僧二人を早々に出すよう命じている。戦陣に同行し戦死者の弔いなどを行う従軍僧の徴発を行なおうとしているのである。また、竹生島宛の浅井久政書状〈39〉によれば、諸浦に船の徴用を命じているが、今後の慣行としないので、寺領である早崎村からも浅井氏が使用する船を出すよう竹生島に命令を下している。竹生島はその寺領として、早崎村からの船徴用を拒否したが、浅井氏は今回限りの徴用を特例として命じたのである。このように、浅井氏は戦国大名としての強権を使って、寺社に所属する僧や船の徴用を行なうことがあった。

以上、浅井氏は寺社に対して、手厚い保護を行う反面、経済的・人的な負担を強要した面もあったのである。この点は、領内の寺社との協調関係を示すものと理解したい。次項では伊香郡の己高山寺院を事例として、村落を交えた浅井氏と寺社の関係について考察を深めよう。

2　己高山中世寺院（鶏足寺）の歴史

己高山の開基　本項で主題とする「己高山中世文書」は、現在、滋賀県長浜市木之本町古橋自治会によって管理されている文書群六巻（三十三通）である。平成十二年（二〇〇〇）三月三十一に旧木之本町指定文化財となり、平成二十二年（二〇一〇）の市町合併にともない長浜市指定文化財となった。(8)

文書は自治会の管理にあるが、本来は近江における山岳信仰の一つの核であった己高山を構成する諸寺院が所有していたものである。己高山は標高九二二・六メートルで、琵琶湖の東北に位置し古橋自治会の域内に所在する。応永十四年（一四〇七）の奥書がある滋賀県指定文化財「己高山縁起」（以下、「縁起」と略、同じく古橋自治会管理）によると、「当山者是当国分地之鬼門、古仙練行之秘窟也」と記され、行基によって開かれ、また泰澄によって行の道場とされたとある。(9)さらに、「縁起」には伝教大師最澄の再興のことを記す。大師はこの山中に分け入り、己高南麓の高尾に草庵を結んでいたが、山上付近に奇異を感じることが多かったので、訪ねてみると十一面観音の仏頭を発見した。すると「白山白翁」と称する一仙翁が現れ、仏像を造り付近の焼廃した寺跡を復興するよう伝えたという。

「縁起」が行基の後に、当山草創に関わった人物として上げた泰澄は、七世紀から八世紀における山林修業の行者の先駆として、役小角と双璧をなす人で、加賀白山の霊場としての確立に深く関与した僧として知られる。「縁起」における泰澄の草創記事や、最澄眼前への「白山白翁」の登場は、本山が白山の行者の深い関与のもと成立した山岳修験の地であることを物語っている。宇野茂樹氏は泰澄門下の私度僧の練行地として、八世紀にはこの己高山が開かれたと推定している。(10)

己高山諸寺院　略年表

奈良時代前期（８世紀前期）	僧行基によって己高山開かれ、泰澄によって行の道場とされたという（『己高山縁起』）。
奈良時代後期～平安時代前期（８世紀後期）	最澄によって再興されるという（『己高山縁起』）。この頃、戸岩寺薬師堂の薬師如来立像や乾漆十二神像立像三躯（いずれも重要文化財、現在は世代閣所蔵）が造立される。
平安時代後期（10世紀）	この頃、己高山観音寺（鶏足寺）本尊・十一面観音立像（重要文化財、現在は己高閣所蔵）が造立される。
平安時代後期（12世紀後期）	この頃、己高山鎮守の本尊・十所権現像10躯（滋賀県指定文化財、現在は世代閣所蔵）が造立される。
鎌倉時代前期（13世紀前期）	法華寺の七仏薬師如来像（滋賀県指定文化財、現在は己高閣所蔵）が造立される。
応安７年（1374）	尾山郷の左近次郎入道文阿弥の発願により、荒廃した己高山の復興事業が始まる（『己高山縁起』）。
永徳元年（1381）	己高山本堂再建供養が行われる（『己高山縁起』）。
天文７年（1538）	浅井亮政、飯福寺へ対し「非分の族」があれば、名前を届け出るよう命じる（『古橋区有文書』）。
天正７年（1574）	長浜城主・羽柴秀吉、飯福寺の境内地安堵を行う（『古橋区有文書』）。
元和５年（1619）	京都所司代・板倉勝重、飯福寺及び法華寺の境内地及び寺領の安堵を行う（『古橋区有文書』）。
明治元年（1868）	法華寺住職が神主に転向、法華寺は廃寺となる。法華寺の仏像等は、古橋村の管理に託される。
明治時代末期	己高山上の鶏足寺の仏像等、経蔵・鎮守の建物と共に麓に移される。
昭和10年代（1935～44）	飯福寺を鶏足寺と改め（新・鶏足寺の成立）、古橋の住民の手により、鶏足寺の仏像等を移す。
昭和38年（1963）	新・鶏足寺（旧・飯福寺）の住職不在となり、鶏足寺や飯福寺の仏像等は新築なった収蔵庫・己高閣に収められ、古橋の住民の管理に託される。
平成元年（1989）	収蔵庫・世代閣が新築され、戸岩寺関係の仏像が収蔵される。

最澄の再興伝説が示す通り、中世の己高山は天台宗系の寺院となるが、比叡山の力がこの地域に実際に及んだのは、伝説よりもかなり後の時期と考える方がよいであろう。白山信仰の例をみても、越前・加賀・美濃各馬場の諸寺院が、比叡山の末寺や別院として組み込まれるのは、平安後期になってからである。己高山も、奈良時代や平安時代初期には、南都や白山の宗教的影響下にあり、天台宗系寺院となったのは、平安中期以降であると考えるべきである。(11)

己高山寺院の構成について　初期の己高山が、南都と関係が深かった事実を裏打ちする形になるが、『興福寺官務牒疏』に、本山の諸寺が記されている点は重要である。同書は、嘉吉元年（一四四一）の奥書があり室町時代の成立とされるが、平安時代初期の南都興福寺の末寺を列記したという記録である。本書はいわゆる「椿井文書」の一つで、信憑性には大いなる疑義があるが、(12)江戸時代の伝承を伝えたものとしては参考にはなるものと思う。それ以上に、本書は古代・中世における己高山惣山の構成について記録した唯一の文献である。(13)以下に関連箇所を引用する。

〔史料1〕「興福寺官務牒疏」

己高山五箇寺在伊香郡

法華寺僧房百二宇衆徒五十口、

行基僧正草創、本尊薬師仏、

石道寺僧房三十八宇、衆徒二十口、

本尊観世音、延法上人開基、

観音寺在己高山頂、僧房十二宇、

本尊観音大士、泰澄大師開基、己高山随一也、
高尾寺在己高山頂、僧房十二宇、
　属観音寺、
安楽寺同山、僧房十二宇、
　△右観音寺別院、飯福寺、鶏足寺、円満寺、
　　石道寺、法華寺、安楽寺

この内、己高山五ヶ寺の中心は、その山頂近くにあり「己高山随一」と記された観音寺であった。また、筆頭の法華寺（古橋）については、観音寺別院中にも同名寺院が見え、その関係が不明だが、飯福寺（古橋内）と共に本項で扱う「己高山中世文書」が伝わった寺院で、いずれも己高山の麓に存在した。石道寺は、古橋の隣村・石道村（木之本町石道）に寺名が現存する寺院。高尾寺も石道村内から、己高山に登る途中に存在した寺院である。安楽寺は、同じ伊香郡内の尾山村（高月町尾山）にあった寺。円満寺は井口（高月町井口）に寺名を存続させている。(14)

鶏足寺は、本来観音寺の傍らにあった寺坊のような存在

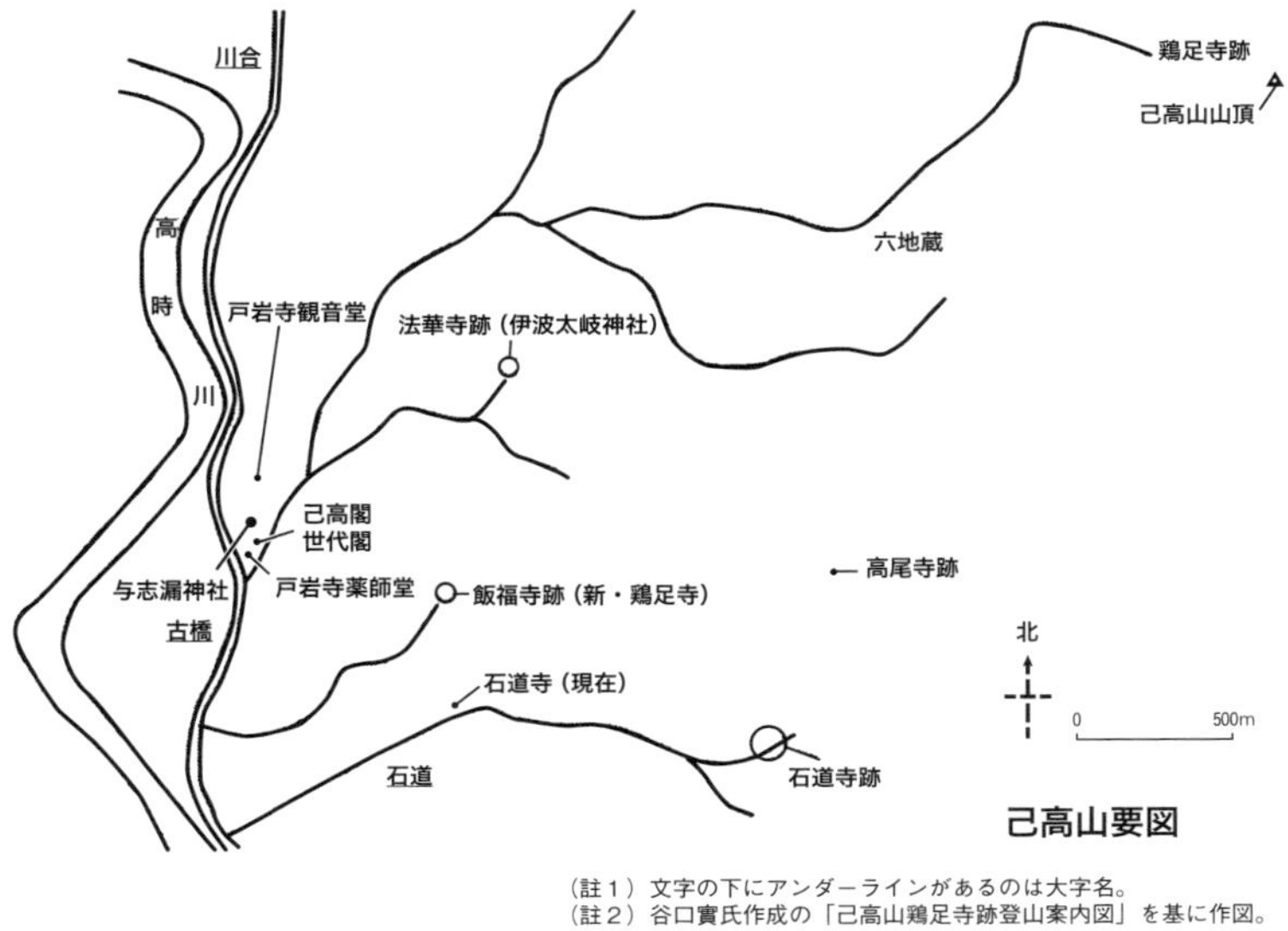

（註1）文字の下にアンダーラインがあるのは大字名。
（註2）谷口實氏作成の「己高山鶏足寺跡登山案内図」を基に作図。

図1　己高山要図

と見られるが、山上の己高山観音寺の大伽藍か荒廃していた江戸時代には、観音寺に代わり己高山を代表する寺院と目されるようになったようである。現在、地元・古橋の住民も、山上にあった己高山の中心寺院は鶏足寺と理解されており、観音寺なる寺院への馴染みはない。

己高山の中世の状況は、「縁起」に応安七年（一三七四）から荒廃した堂舎の復興事業が開始され、永徳元年（一三八一）に再建された本堂の堂供養があったことが記されているぐらいで不明の部分が多い。

己高山寺院の近代　先に触れたように江戸時代には、山上の鶏足寺が己高山本尊・十一面観音立像などを守っていた。しかし、この鶏足寺も江戸時代の終わり頃には無住となり、明治末期に至って、寺域の管理が充分出来なくなったので、仏像などの寺宝は山から降ろされ、麓の古橋の住民の手により管理が行なわれるようになった。(15)

この明治末年の段階で、広大な鶏足寺境内で現存していた建築物は、本堂・こもり堂・経蔵、それに鎮守社の四棟に過ぎなかった。この内、経蔵を古橋の鎮守・与志漏神仕の参道東側に移し、「国宝閣」として当時国宝であった鶏足寺（己高山）本尊・十一面観音立像（現在は重要文化財）などを祀った。鎮守社は、そこに祀られていた十所権現の神像（滋賀県指定文化財）と共に、世代閣の北に移転された。現在もこの建物は現存するが、中の神像は世代閣に祀られている。こもり堂の廃絶時期は不明であるが、山上に残された本堂は、昭和八年（一九三三）冬に人知れず焼失しているのが発見された。

この後、昭和十年代（一九三五～四四）に、己高山を代表すると目されていた鶏足寺の名前を後世に残すため、古来の飯福寺を鶏足寺と改めることになった。その結果、「国宝閣」に収められていた鶏足寺の諸仏は、飯福寺の本堂に移された。さらに、昭和三十八年（一九六三）に飯福寺＝新・鶏足寺の住職が不在になるに当たって、三度目の移転として、その年新築した収蔵庫・己高閣に移され、現在に至るまで古橋の住民の手によって管理されている。平成元年（一九八九）、二番目の収蔵庫・世代閣が完成し、それまで己高閣などに祀られていた戸岩寺関係の諸仏が集められ収蔵された。

なお、与志漏神社・己高閣・世代閣に隣接した薬師堂付近を、地元では戸岩寺と呼んでいる。この戸岩寺は、己高山関係の古文書には登場せず、現在も法人としての登録はなされていないという。歴史的にも宗教的にも非常に位置づけが難しい寺院である。一方、鶏足寺については、昭和十年代の寺名変更が現在も生きていて、中世以来の飯福寺の敷地が境内地となっている。地元でいう戸岩寺薬師堂は、この鶏足寺の飛地境内という扱いを受けている[16]。

3 「己高山中世文書」と戦国時代

文書群の概要　己高山の歴史が、残された古文書から分かるのは戦国時代後半の浅井氏の治世からである。古橋自治会が管理する文書は、近世・近代文書も多数あるが、本項では市指定文化財となっている[17]「己高山中世文書」を考察の対象とする。さて、現在「己高山中世文書」は、表2の通り六巻に成巻されている。自治会の管理になってからは、同自治会の公民館の収蔵棚などに収められ、住民の手で守られてきた。

六巻の巻子は、二つに大別できる。後掲した一覧表の巻一から巻三までが、「飯福寺文書」と呼ぶべき文書群であるのに対し、巻四から巻六までは「法華寺文書」と呼ぶべき文書群である。これは、宛名と表装によって明確に区別され、前者は多くは飯福寺宛で真新しい表具、後者は法華寺の別名である神使熊《こうずくま》寺宛が多く、表具は比較的古いものである。なお、ここで巻一から巻六としたのは、文化財指定時の便宜的な分類の為の通し番号で、原本にある数字ではない。各巻子は、その表紙に貼られた外題によって、それぞれの文書群が一具であることが示されているのみである。

「飯福寺文書」の表装は、昭和五十年代（一九七五～八四）に古橋自治会によってなされたもので、それ以前は一紙状の「生ふ」な形で伝えられてきたものの内、重要そうな文書のみ巻子に仕立てられた。この内、醍醐寺報恩院坊官添書（巻二―七）は、京都寺社奉行所へ法華寺薬師如来の開眼を願い出たものだが、明らかに内容は「法華寺文書」といえる。これは、先の成巻時に「飯福寺文書」に混入していた為、誤って表装されてしまったと考えるべきであろう。一方、「法華寺文書」の表装の時期は明確には分からないが、後述するように明治期には一紙状であった可能性があり、近代に入ってからの表具とみてよいであろう。

この二つの寺は先に述べたように、己高山を形成する寺院であるが法華寺は明治元年（一八六八）に廃寺となり、飯福寺は昭和三十八年（一九六三）に無住となっているが、二つの寺の仏像が自治会の管理に託されたように、これらの文書群も古橋の村民に託された。以下、二つの寺の興廃と浅井氏の関係を、もう少し詳しく追ってみよう。

「法華寺文書」の伝来経過

法華寺は己高山の南麓に当たる神使熊山に寺域を展開した己高山惣山を構成する一ヶ寺である。「法華寺縁起」によれば[18]、己高山の縁起と同様、その草創には行基や最澄の関与を指摘する。寺の存在が客観的に確かめられるのは、南北朝時代になってからで、木之本町金居原の光琳寺に、江戸時代の再鋳であるが、康永二年（一三四三）の年号と「江州伊香郡神使熊山法華寺行者堂」の銘が記された梵鐘（長浜市指定文化財）が残っている。「己高山縁起」によると、永徳元年（一三八一）の己高山本堂の再建供養では、法華寺宝持坊快舜が呪願師をつとめ、彼は己高山惣山の院主でもあったというから、中世における法華寺の地位は己高山惣山中でも高かったと推定される。

戦国時代には、中興の僧・宥珍を出し、雨請の験者として信仰を集めた。また、江戸時代には、真言宗に属し京都の醍醐寺報恩院の末寺で、薬師堂や権現堂・弁財天社などを中心に、三珠院以下の子坊六ケ寺を数えた。この三珠院は、石田三成が幼児にここで修業した伝承があり、[19] 文禄三年（一五九四）九月三日の年紀を持つ、三成の母とされる「石田隠岐守内方」の銘が入った宝篋印塔が境内付近に建っていたが、現在は己高閣内に収蔵している。[20]

ところで、『近江伊香郡志』の上巻には、「法華寺文書」の伝来に関わる次のような文書を掲載している。

〔史料2〕法華寺相伝文書目録

上使熊法華寺相伝文書之目録

一、為山林境内安堵板倉伊賀守奉書　一通（巻六―二）
一、豊臣太閤御書　一通（巻五―一・二）
一、増田右衛門尉浅野弾正折紙　弐通（巻五―三・四）
一、隠岐守折紙　二通（巻四―一・二）
一、彦坂小刑部折紙　一通（巻四―三）
一、醍醐行樹院手形　一通

已上九通

為後代定置条々

一、右毎歳三珠院並寺家中之老若令参会遂虫払、如目録員数悉令校合収箱、各相符付可申事、
一、三珠院住持替目之時者、尚以各寄合相改相符可為同前事、
一、安置之所、火難盗賊之気遣無之様、可令相談候、勿論暫時何方に置候共、従預之人状取、無散失之様可致沙汰事、

右、条々堅相守、至于後代、不可有相違之状、如件、

寛文十三年三月十日　報恩院僧正（花押）

神使熊
三珠院
同寺中

このように、寛文十三年（一六七三）に法華寺の本寺に当たる醍醐寺報恩院から、定書の形式で、重要文書の虫干しや目録との照合を毎年行なうこと、住職の交替時も同前のこと、さらには火災盗難に注意し、他所に移す時は借用書を取り、文書の散逸がないよう注意を促す文書が出されている。この文書の背景には、寛文十年（一六七〇）に法華寺が白崎久夫という人物に文書を預け不便を生じることがあったが、本寺報恩院の尽力で文書の取り戻しに成功したという経緯があったようである。(21)

「法華寺文書」の流出　ここで扱っている文書は、「己高山中世文書」の巻四から巻六の「法華寺文書」である。〔史料2〕で示された九通の文書名の下に、表2の文書目録に相当する文書番号を（　）で書き入れたが、最後の「醍醐行樹院手形」に相当する文書が現在見当たらないのと、現在は「増田長盛・浅野長吉連署書状」がもう一通あり三通である。それに現存する「浅井長政書状」（巻六―一）が、九通の内に見当たらない点などの相違が指摘できる。とはいえ、現在の「法華寺文書」は、ほぼ寛文の当時のまま保管されてきていると言ってよいであろう。ところが、ある一通の文書が「法華寺文書」の流失を物語る。それは、滋賀県立琵琶湖文化館が購入し保管する浅井賢政書状である。以下に引用する。(22)

〔史料3〕浅井賢政書状

林檎一籠被懸御意候、祝着之至候、誠被寄思食御懇儀、難申尽候、猶以賞翫候事候、委曲北庄源七郎可申入候、恐惶謹言、

六月十九日　　賢政（花押）

（端裏封ウハ書）
「三珠院御同宿中　浅井新九郎」

浅井賢政（長政）の礼状だが、「法華寺文書」巻六―一の浅井長政書状と、書体といい竪紙に記された様式といい非常に近似している。なお、この文書は現在掛軸装として保存されているが、宛名の三珠院は法華寺の寺坊なので、古橋にあった「法華寺文書」からの流出と見てよいだろう。文書流出は廃寺になった明治以降と想像されるが、この浅井賢政書状が巻子装でなく掛軸装である事実は、「法華寺文書」が明治のある時期までは、未表装であったことを示すものである。さらに、後述する〔史料4〕の永禄三（一五六〇）六月二日の浅井久政書状も、本来は「法華寺文書」の一部を構成していた可能性が高い。宛名は、河合・古橋地下人中宛であるが、三珠院雨乞の為の人足調達命令であるからである。

法華寺は、明治元年（一八六八）六月に寺坊の三珠院住職が神職に転向、本堂跡に現存する伊波太岐神社の本殿を建て、寺としては廃寺となった。本尊の薬師如来像などの寺宝は、本山の醍醐寺報恩院に納め、末寺二ヶ寺も本山直末となり、檀家三軒は飯福寺に移ったと言われている。古橋に現存する仏像としては、己高閣に祀られる七仏薬師如来立像（滋賀県指定文化財）が、この法華寺の遺品で、廃寺以来古橋自治会の管理に託されるようになった。この寺から神社への転換の過程で、文書が古橋自治会の管理に託されると同時に、何通かの文書が流失したと考えられる。[23]

巻子装された「法華寺文書」は十通になるが、一通の浅井長政書状（巻八―一）を除いて、すべてが秀吉以降の文書である点が特徴的なことである。その内容は寺領安堵が中心で、寺辺での不法者の処罰・逮捕について記した文書が、石田正継黒印状二通（巻四―一・二）や増田長盛・浅野長吉の連署書状三通（巻万―三～五）である。文書の記述からまったく確証を得られないが、石田三成の父である正継や、三成と豊臣政権で奉行として同僚である増田・浅野から、特に文書を受けている事実は、若き三成が修業していたという言い伝えや、三成の母の供養塔が当寺にあり、その出生地が古橋であるという話と無縁ではなさそうである。[24]

「飯福寺文書」について

飯福寺は、「興福寺官務牒疏」に己高山別院と記されているが、延徳二年（一四九〇）法印実盛が寺の興隆に力を尽くし、中興の名僧と言われている他は、文書の示す戦国時代までその歴史について物語るものはない。江戸時代は、新義真言宗の坂田郡総持寺（長浜市宮司町）の末寺となり、元禄九年（一六九六）の「古橋村寺社差出帳」では薬師堂（本堂）・権現堂（鎮守宮）の他、金剛院などの寺坊五つを記録している（総持寺文書）。三巻二十三通の古文書は、「法華寺文書」に比して浅井氏関係の文書が多いのが特徴である。

浅井氏当主が出した書状が計六通で、それも亮政三通・久政一通・長政（賢政）二通と三代揃っている。また、遠藤直経など浅井氏家臣からの文書も六通確認できる。浅井氏の領国内寺院につき、当主の文書量で比較した場合、竹生島宝厳寺の十七通、総持寺文書の七通、大原観音寺文書の七通に次ぐ多さである。以上の各寺の文書は、「竹生島文書」が弁才天の祭礼である「蓮華会」に関する文書を含むのが特徴的である他、「総持寺文書」は浅井氏が発給する寺内掟がその大半を占め、「大原観音寺文書」は寺領安堵など寺側の権利を保証する文書が多いといった具合に、それぞれ特徴を持っている。では、「飯福寺文書」はどのような特徴を有していると言えるだろうか。

まず、先の分類で言えば、浅井氏の介入策②に当たる、浅井氏が経済的な支援を要求した文書がみられる。永禄三年（一五六〇）十二月二十一日の浅井賢政書状（巻一―四）では、年内に一万疋の「矢銭」を準備するよう飯福寺が命じられているし、翌年十二月四日の浅井長政書状（巻一―三）では、伊賀衆へ「釣錢」二十貫文を引き渡すことを命じられている。また、巻三―八の三月三日書状の差出人である阿閉直秀は、浅井長政の家臣であることが文中から明白であるが、浅井家として酒道具の借用を申し入れている。これは、浅井氏への物的な支援と言うべきかもしれない。

さらに、浅井氏は先の介入策③に見る徴用も行なっていた。弘治三年（一五五七）四月十七日の門池吉信書状（巻三―四）では、六角氏の伊勢出陣に対する陣僧を飯福寺から出すべしとの浅井久政からの命令が伝えられている。同じ久政からの命令であるが、八月五日付の浅井久政書状（巻一―二）では、浅井氏にとっては主君で、浅井氏台頭後も政権を維持していた京極高広とその子が、飯福寺を訪れるので接待に抜かりなきよう伝達されている。『東浅井郡志』ではこの文書を、天文十九年（一五五〇）の文書と推定しているが、[25]浅井氏から主君の接待を任されるという事実から、飯福寺は浅井領国内で特別な地位を有する寺院であった可能性がある。

浅井氏の飯福寺への介入

正月二十三日の田付直清書状（巻二―六）は、飯福寺の懸錢の残り分が必要となったので、早々に「当城出房」まで持ち上がり、浅井氏へ差し出せとの浅井久政の命令を伝えた文書である。この「当城出房」とは、浅井氏の居城である小谷城の最も奥にあった「六坊」と呼ばれる曲輪に設けられていたと推定されている。『東浅井郡志』は、この「六坊」の創設は浅井久政によるものとしてるが、(26)「六坊」の名称から、少なくとも六ヶ寺がここに出張所を持っていたのであろう。小谷への出張所設置も、浅井氏との近い関係を示すものである。(27)

一方、浅井氏は飯福寺の寺内運営についても、一定の発言を行なっていた。永禄九年（一五六六）六月四日の遠藤直経書状（巻二―一）では、久政・長政の意を受けて、「飯福考衆嶺入」を承認しているし、浅井氏家臣と推定される赤尾清政は、十一月五日付の書状（巻三―六）で飯福寺養蔵跡目について、玉泉を立てることを認めている。

ともかく、久政時代以降、飯福寺は小谷城内に出張所をもち、長政の時代に至るまで浅井氏に対して経済的・軍事的支援を行なっていた「親浅井氏寺院」の最右翼として、特別な働きをしていたことが残された文書から読み取れる。

その後、天正二年（一五七四）二月二十一日に、秀古から寺領（山屋敷并びに竹木）安堵の書状（巻一―一）を得ており、それを受ける形で佐和山城主としてこの地を支配した堀秀政からも安堵状（巻三―三）を得ている。(28)天正十九年（一五九一）の奥村左馬助書状（巻三―一）と慶長七年（一六〇二）の小堀正次書状（巻三―五）は、それぞれの検地の際に、役人側が寺領を除地とすることを確認した文書である。これは、法華寺と同じく（巻六―一）、最終的には元和五年（一六一九）の板倉勝重奉書（巻一―八）によって、江戸時代の制度として確定された。

4　寺院文書の自治会所有移行について

最後に、「法華寺文書」と「飯福寺文書」が古橋自治会蔵の「己高山中世文書」として保管されている意味を考えてみよう。この事実を考える際、同じ現象をたどった例として己高山や北近江の諸仏たちの歴史と現状を振り返ると参考になる。己高山の関連寺院に限らず北近江—特に長浜市の旧伊香郡・浅井郡域には、村人によって管理されている村堂が多く見られる。そこに祀られた仏像は、高月町渡岸寺の国宝・十一面観音立像を筆頭として、重文や県指定された平安仏も多く、便宜上村内の浄土真宗寺院等の所属となっているが、管理は村人(自治会や講組織)によって行なわれている。この現象について田中日佐夫氏は、以下のような示唆に富む発言をしている。[29]

湖北に数多く伝えられている仏像は、どのようにして一千年、あるいは何百年の間を現在まで伝えられてきたのであろうか。湖北の仏さんを知って以来私はそれが不思議でならなかった。…私はそういう疑問を抱きながらお堂をめぐり、そのお堂を厳重に管理されている村の方たちと話しているとき、さらに不思議なことに気がついた。それは、このようなお堂の仏像が村人の死とは直接かかわることは絶対にないということであった。…それでは村の死者のために開くことのなかった草堂の中に、多くの場合秘仏として伝わってきた古き仏像は、村人とどのようなかかわり方をもちながら、いままで村々の中で大切に守られてきたのであろうか。…私はその答—少なくとも最も大きな原因と考えられるものとして、湖北一帯の村々を中心として現在の各大字ごとに行い伝えられてきた春迎えの行事「おこない」をあげたいのである。…前に述べた湖北の仏像を伝える小堂においては、きまって、この「おこない」が行われていることがたしかめられる。…とにかく古き仏像たちはこのような地域共同体の中で守られてきたのである。

田中氏が述べる「オコナイ」は、中世の「惣」の行事に、その淵源を求めることができることは間違いなかろう。これらの仏像と村堂は、中世において「惣」の信仰の核として保たれてきたものであり、明治以降神社の合祀や、村

表２　「己高山中世文書」目録

番号	年月日	文書名	員数	差出人	受取人	法量	備考
巻1-1	天正２(1574) 2.21	羽柴秀吉書状	１通	〔羽柴〕秀義（花押）	飯福寺 惣中	29.9×46.0	折紙
巻1-2	8．5	浅井久政書状	１通	浅井左兵衛尉久政（花押）	飯福寺 年行事 御房中	25.3×42.5	折紙
巻1-3	永禄４(1561) 12．4	浅井長政書状	１通	浅井長政（花押）	飯福寺 新坊	25.7×42.5	折紙
巻1-4	永禄３(1560) 12.21	浅井賢政書状	１通	浅井新九郎賢政（花押）	飯福寺 年行事 御房中	13.6×44.8	切紙
巻1-5	6.18	浅井亮政書下	１通	浅井備前守亮政（花押）	飯福寺 秀源房 御坊	30.4×44.1	折紙
巻1-6	2.24	浅井亮政書状	１通	浅井備前守亮政（花押）	飯福寺 年行事	25.1×37.7	折紙
巻1-7		板倉勝重奉書包紙	２枚			31.5×4.4+14.1	
巻1-8	元和５(1619) 9.17	板倉勝重奉書	１通	伊賀守源頼臣勝重（花押）	［飯福寺］	31.6×46.2	竪紙
巻2-1	永禄９(1566) 6．4	遠藤直経書状	１通	遠藤喜右衛門尉直経（花押）	玄勝寺 御房中	27.2×44.5	折紙
巻2-2	2．9	雨森清香・同宗俊連署書状	１通	雨森次郎兵衛尉清香（花押） 同三郎兵衛尉宗俊（花押）	飯福寺 年行事 御房中	27.8×42.7	折紙
巻2-3	天正12(1584) 3．2	堀定明・井上某・ 蓮照寺玄照連署書状	１通	堀市右衛門尉定明（花押） 井上又右衛門□□(之盛カ)（花押） 蓮照寺玄照（花押）	飯福寺 惣中	27.3×43.3	折紙
巻2-4	7.18	木村家忠・中嶋貞清連署書状	１通	木村孫六家忠（花押） 中嶋八郎右衛門尉貞清（花押）	飯福寺 福泉坊 御房中	21.4×31.1	折紙
巻2-5	2.27	雨五兵衛書状	１通	雨五兵衛［　］（花押）	飯福寺 宝寿院 御房中	29.6×46.7	折紙
巻2-6	正.23	田付直清書状	１通	田付新右衛門尉直清（花押）	飯福寺 年行事 御房中	27.1×32.9	折紙
巻2-7	亥　5	醍醐寺報恩院坊官添状	１通	大塚采米・宇野大蔵	京都寺社御奉行	34.6×49.2	折紙
巻3-1	天正19(1591) 9.21	奥村左馬助書状	１通	奥村左馬助□（花押）	飯福寺 御房中	29.6×44.5	折紙
巻3-2	天文７(1538)□．2	浅井亮政書状	１通	浅井亮政（花押）	飯福寺 年行事	25.8×36.4	折紙
巻3-3	天正12(1584)正.20	堀秀政書状	１通	〔堀〕久太郎秀政（花押）	飯福寺 御坊中	28.4×43.5	折紙
巻3-4	卯.17	門池吉信書状	１通	門池千介吉信（花押）	飯福寺 年行事 御坊中	24.7×42.2	折紙
巻3-5	8．6	小堀正次書状	１通	小〔堀〕新助正次（花押）	法花寺・飯福寺両坊中	31.3×48.4	折紙
巻3-6	12．5	赤尾清政書状	１通	赤尾駿河守清政（花押）	飯福寺 年行事 御坊中	27.8×41.0	折紙
巻3-7	2.26	高橋某書状	１通	高橋［　］（花押）	宝持院法印御房	31.5×50.8	折紙
巻3-8	3．3	阿閉直秀書状	１通	阿閉与三兵衛尉直秀（花押）	飯福寺 年行事 御坊中	27.7×36.9	折紙
巻4-1	慶長２(1597)正.23	石田正継黒印状	１通	〔石田〕隠岐〔正継〕（黒印）	西山名主百姓庄屋侍中	31.9×49.8	折紙
巻4-2	正.23	石田正継黒印状	１通	〔石田〕隠岐〔正継〕（黒印）	古橋地下人中	31.8×50.1	折紙
巻4-3	子　10.21	彦坂元正判物写	１通	彦坂小形部元正	神使熊寺家中	34.4×45.6	折紙
巻5-1	10．8	羽柴秀吉書状	１通	羽柴筑前守秀吉（花押）	小高見山寺僧中	26.9×41.2	折紙
巻5-2	10.13	羽柴秀吉書状	１通	羽柴筑前守秀吉（花押）	神使熊寺家中	15.3×38.9	折紙 (下半部切断)
巻5-3	9．2	増田長盛・浅井長吉連署書状	１通	増田右衛門尉長盛（花押） 浅野弾正少弼長吉（花押）	神使熊寺家中	15.5×80.2	続紙
巻5-4	10.18	増田長盛・浅井長吉連署書状	１通	増田右衛門尉長盛（花押） 浅野弾正少弼長吉（花押）	神使熊寺家中	15.2×80.2	続紙
巻5-5	8.23	増田長盛・浅井長吉連署書状	１通	増田右衛門尉長盛（花押） 浅野弾正少弼長吉（花押）	神使熊法花寺惣中	15.3×49.3	切紙

番号	年月日	文書名	員数	差出人	受取人	法量	備考
巻6-1	7.16	浅井長政書状	1通	〔浅井〕長政(花押)	法花寺三珠院	27.2×41.3	竪紙
巻6-2	元和5(1619)9.17	板倉勝重奉書	1通	伊賀守源朝臣勝重(花押)	〔法華寺〕	31.1×45.8	竪紙
巻7-1	5.朔	某書状	1通	(花押)	加賀	24.9×40.9	竪紙
巻7-2	文禄4(1595)4.18	座中起請文	1通	新介(花押)　他十名	〔故意に抹消〕	24.9×39.4	竪紙
巻7-3	康正2(1456)7.5	室町幕府奉行人連署奉書写	1通	民部丞(斉藤基雅) 左衛門尉(矢野種倫) 山城守(二階堂忠行)	山本安芸入道	24.9×33.9	竪紙
巻7-4	明応2(1493)7.5	一わんしゃう書状	1通	一わんしゃう	山本二郎四郎	24.9×41.5	竪紙
巻7-5	12.19	宗成書状	1通	宗成(花押)	山本	24.9×43.0	竪紙
巻7-6	7.27	林光承書状	1通	林次郎左衛門尉光承(花押)	山本四郎次郎	24.3×42.0	竪紙、包紙 24.3×6.1
巻7-7	8.23	長吉玄頼書状	1通	長吉三位法眼玄頼(花押)	山本大蔵卿	24.9×44.1	竪紙、包紙 24.9×7.0
巻7-8	10.1	横川宗興書状	1通	横川掃部助宗興(花押)	山本四郎次郎	24.9×40.8	竪紙、包紙 24.9×7.8
巻7-9	9.10	慶泉書状	1通	若狭小浜 西光之 慶泉(花押)	山本加賀守	24.9×51.4	続紙、包紙 24.9×6.8
巻8-1	2.20	波々伯部某書状	1通	波々伯部□項(花押)	祇園　山本	23.1×55.6	続紙、包紙 23.1×6.0
巻8-2	11.26	春蔵等連署書状	1通	春蔵(花押)・浄源(花押)・善蔵(花押)・圓阿(花押)・明阿	山本	23.1×36.6	竪紙、包紙 23.1×8.1
巻8-3	天文4(1535)5.13	久俊書状	1通	新九郎久俊(花押)	山本大蔵	23.1×33.6	竪紙、包紙 23.1×6.5
巻8-4	大永2(1522)12.	赤座中村宗信書状	1通	赤座中村弥五宗信(花押)	社領御代官 山本次郎座衛門尉	22.6×29.5	竪紙
巻8-5	3.	御大工衛門定宗礼状	1通	御大工衛門定宗(花押)	山本大蔵卿	23.1×25.5	竪紙
巻8-6	6.29	宗成書状	1通	宗成(花押)	山本次郎四郎	23.1×35.3	竪紙
巻8-7	11.26	源五郎書状	1通	源五郎(花押)	山本大蔵卿	23.1×45.9	竪紙
巻8-8	天文7(1538)8.5	百姓衆三郎衛門等書状	1通	百姓衆　三郎衛門(花押)・藤兵衛(花押)・浄慶(花押)	山本	23.1×28.6	竪紙、包紙 23.1×8.6
巻8-9	9.6	青葉神人小篠弥三春清書状	1通	青葉神人小篠弥三春清(花押)	山本次郎左衛門尉	23.2×36.1	竪紙、包紙 23.2×8.8

註)註(17)にある「山本加賀守巻物」の目録(巻7・8)も加えた

内他寺院への附属など、さまざま環境の変化を乗り越えつつ、その信仰形態は中世以来、現在に至るまでオコナイの執行という形で持続している。(30)

古橋にとっての村堂は、戸岩寺薬師堂である。事実、ここでは三月八日に古橋の住人によってオコナイが執行されている。その意味では、鶏足寺・法華寺・飯福寺は、古橋の住民にとっては無縁なはずである。しかし実際は、これらの寺院が廃寺・無住になると、仏像は寺を域内に持つ古橋自治会で管理するようになった。いずれも江戸時代の古橋村内に属する寺院とはいえ、この寺と村の自然な関係は、村堂とオコナイとの関係と、同一とみることができるのではないだろうか。観音寺を中心とした己高山の諸寺院は、中世の古橋の村人にとって、信仰の対象であり、実生活の面でも密接な交流があったのではないだろうか。そこで、想起されるのが次の文書である。(31)

〔史料4〕浅井久政書状写

来四日、三珠院為雨乞、しらいか池へ御出候間、従両郷人足弐拾人上下共可罷越候、於無沙汰者、可為曲事候、恐々謹言、

永禄参

六月二日　浅井

河合　久政

古橋

地下人中

浅井久政からの強権的な命令となっているが、古橋とその北隣の村である河合（本之本町川合）の集落から三珠院雨乞のため、人足二十人を出すよう指示が出されている。(32) 己高山諸寺院と古橋村とは、このような日常的な人的関係があったと考えられる。もちろん己高オコナイが示すように、己高山の信仰は伊香郡南部地域全体に及んでいたと思われるが、膝下の古橋村との関係が特に濃密であることは容易に想像し得る。さらに、己高山は最澄が再興したという話からも明白なように、中世は比叡山の影響下にあった。一方、古橋を含む伊香郡中部に展開した伊香荘は、複雑な伝領関係をたどるが、その荘園領主の一人として、ほかならぬ比叡山があった。古橋村の己高山への信仰は、荘園領主である比叡山への信仰と重なるのかもしれない。(33)

ともかく、古橋村と己高山寺院と間に、中世以来培われた密接な信仰関係があって、近代になって僧侶がいなくなった諸寺の仏像や古文書を、大きな抵抗もなく自然に現在の古橋自治会で預かり管理するとうい形態を生んだと言えるであろう。その意味では、「己高山中世文書」は浅井氏と寺院の関係を知り得ると共に、その管理状態自体が、寺社と中世民衆とを関係づける文書群なのである。ここでも、浅井氏・寺社・村落が北近江に複雑に絡み合って存在した事実を読み取ることができる。

注

（1） 宮島敬一「戦国地方寺社の機能と役割—近江国の寺社と地域社会—」（『佐賀大学教養部研究紀要二二、一九九〇年』）、拙稿「戦国期真宗の展開と一向一揆—湖北の事例から—」特別展「湖北真宗の至宝と文化」実行委員会『湖北真宗の至宝と文化』（二〇一一年）を参照。宮島氏は浅井氏領国下の寺社と地域社会の関係を記した基本文献であるが、寺社を土豪・地侍が形成する「地域的一揆体制」を支えるものと理解されている。本稿は宮島氏の分析に多くの知見を得た。また、同氏には竹生島と浅井氏との関係を明らかにした「浅井氏権力の形成—竹生島支配を中心にして—」永原慶二編『大名領国を歩く』（吉川弘文館、一九九三年）がある。

(2) 註(1)宮島氏論文参照
(3) 拙稿「竹生島の歴史と古文書」市立長浜城歴史博物館『特別展　竹生島』(一九九二年)
(4) 長浜八幡宮の所領や文書については、拙稿「長浜八幡宮の歴史と古文書」(淡海文化財論叢刊行会『淡海文化財論叢』一四、二〇二二年)、同「永享十一年　長浜八幡宮「塔供養奉加帳」の研究」(『長浜市曳山博物館研究紀要』一、二〇二三年)を参照。
(5) 以上の竹生島に関する資料は、市立長浜城歴史博物館『特別展　竹生島』(一九九二年)に写真掲載している。
(6) 註(1)宮島氏一九九三年論文では、蓮華会は浅井長政によって制度的に保障されたとあり、その外護者・守護者であったとする。私はさらに踏み込んで、浅井氏が蓮華会の主催者の一人となったと見ている。
(7) 市立長浜城歴史博物館『開館五周年記念特別展　羽柴秀吉と湖北・長浜』(一九八八年)に写真掲載及び解説(拙稿)を行なっている。
(8) 「己高山中世文書」については、木之本町教育委員会『己高山中世文書調査報告書』(二〇〇〇年)を参照。文書すべての写真と釈文が掲載されている。なお、東京大学史料編纂所の影写本は、『高時村文書』・『与志漏神社文書』として、本文書群を収録する。また、同所写真版は『与志漏神社文書』の表題で、本文書群を撮影している。「高時村」は、明治二十二年(一八八九)に成立した古橋・大見・河合など六大字から成る村名で、昭和二十九年(一九五四)に他の二ヶ町村と合併し「木之本町」ができ、村名は消滅した。「高時村」の役場は古橋にあった。「与志漏神社」は、古橋の鎮守。
(9) 甲乙の二巻からなり、古橋の鶏足寺蔵(古橋自治会管理)で、滋賀県指定文化財。『伊香郡志』上(一九五二年)に釈文が載る。なお、長浜市・東京藝術大学大学美術館『びわ湖・長浜のホトケたちⅡ』(二〇一六年)に、巻頭と巻尾等の写真が掲載されている。
(10) 宇野茂樹「己高山文化圏の宗教彫刻」同『近江路の彫像』(雄山閣出版、一九七四年)
(11) 高梨純次「滋賀・鶏足寺の木心乾漆十二神将立像について—その制作年代の推定—」(東京国立博物館美術誌『MUSEUM』四三七、一九八七年)、同「己高山」大村至宏編『近江の山』(京都書院、一九八八年)、同「小説の舞台の仏たち~鶏足寺と渡岸寺の古仏たち」松島健編『仏教を旅する北陸線』(至文堂、一九八九年)
(12) 馬部隆弘『椿井文書—日本最大級の偽文書』(中公新書、二〇二〇年)
(13) 『木津町史』資料編Ⅰ(一九八四年)による。但し、同書では己高山の「己」が「巳」となっているので、本稿はすべて「己」に改めた。『大日本仏教全書』にも収められている。
(14) 現在、円満寺は井口の鎮守・日吉神社境内の一角に、仏堂が一棟建つ形で存続している。また、神社の南に鐘楼があり、ここには寛喜三年（一二三一）銘の「伊香郡己高山椎鐘也…於冨永御庄圓満寺鑄之」と刻まれた梵鐘（重要文化財）が現存する。己高山惣山の文字資料としては最も古い。なお、釈文の全容は、福田榮次郎氏が、外山至生氏による拓本をもとに、「山門領近江国冨永荘資料」（『駿台史学』五八、一九八三年）で紹介している。

(15) 明治以降の己高山諸寺院の推移については、古橋自治会の谷口實氏による。谷口氏への聞き取りは、平成九年（一九九七）十二月から翌年一月にかけて行なった。

(16) 地元の伝承によると、岩戸寺は僧行基が高時川の西岸の地・栗谷山（異光山とも呼ばれる）の五ツ岩の辺りに建立した寺院である。その後、いつの時代か不明ながら、川東の与志漏神社に隣接し、かつ己高閣・世代閣の二つの収蔵庫の南西に位置する現在地に移転した。ここに建つ薬師堂は、登記上は鶏足寺の飛地境内に建てられていることになるが、地元ではこの戸岩寺の本堂と考えられており、東側に建つ鐘楼や大日堂と共に、その境内を構成する。

現在、世代閣に収蔵されている国指定重要文化財の薬師如来立像は、彫刻の研究者によって、法華寺本尊と推定されているが、地元では以前からこの戸岩寺の本尊として、附属する同じく重要文化財の十二神将三躯や日光・月光菩薩立像と共に、戸岩寺薬師堂で祀られてきたものと言われている。

現在、古橋では三月八日に自治会の「オコナイ」が挙行されているが、これは戸岩寺の薬師如来に餅を供える「薬師オコナイ」である。大字古橋の中を六つに分けて、組ごとに一年交替で村人が行なっているが、古来より古橋の住民は、この薬師堂のことを「どう」と呼び慣わし、「村堂」として「どうぜわ」を続けてきた。

ところで、戸岩寺薬師堂の本尊や十二神将は、先述のとおり世代閣に移っているので、現在この堂中の厨子の中に祀られているのは、もともとは飯福寺の本尊であった薬師如来坐像とそれに附属する十二神将像である。この飯福寺の諸仏は、廃寺となった山上鶏足寺の所在地を、昭和十年代に己高山系列の寺院として唯一現存していた飯福寺に名義変更した際、そこに鶏足寺の本尊である十一面観像を迎えるため、寺内の別の建物に移された。さらに、昭和三十八年（一九六三）に飯福寺、即ち新・鶏足寺が無住となった際に戸岩寺薬師堂の西半分に祀られることになったのである。

平成元年（一九八九）、収蔵庫・世代閣が完成して、薬師堂の東半分に祀られていた十二神将などがそちらに運ばれ、くしくも戸岩寺の薬師堂は、飯福寺の諸仏で占拠された状態に至った。

なお、この他に戸岩寺関係の仏像を紹介すれば、己高閣に祀られる兜跋毘沙門天立像がある。この像は、戸岩寺薬師堂の東に建つ同寺大日堂の軒下から近代に発見されたと言われている。その大日堂の中には、大日如来坐像と釈迦如来坐像が現在も祀られている。さらに、世代閣に収められた「魚藍観音」の名で通称される滋賀県指定文化財の菩薩立像は、薬師堂の北の階段を登った戸岩寺観音堂に祀られていたものである。

(17) 厳密に言えば、これらの文書は、指定品の仏像の所蔵者名がそうであるように、現在も寺名が存続する鶏足寺の所蔵とすべきものである。あるいは、管理者名をとって「古橋自治会蔵文書」と称すべきである（かつては現在の自治会を「区」と呼んだので、「古橋区有文書」とする場合もあった）。しかし、ここでは後述する文書内容を重視して、長浜市指定文化財の名称である「己高山中世文書」と呼ぶことにする。

古橋自治会管理の中世文書には、ここで取り上げる六巻以外に、「山本加賀守巻物」と表題される二巻の文書がある。中世祇園社の社領代官であった山本加賀守家に仏来した文書群である。これがなぜ伊香郡古橋村に伝来するかは、文書中からは知り得ない。かつて、谷口實氏は、鶏足寺が京都祇園社の付近に土地を所有していたという話を聞いたことがあると話していたが判然としない。中世祇園社領の経営を考えるには、非常に重要な文書と考えるか、己高山寺院の歴史には直接関係ないので、目録のみ表2に上げ、内容の検討は別の機会に譲りたい。

(18) 註（9）『伊香郡志』上（一九五二年）に掲載。なお、以下の法華寺・飯福寺など己高山寺院の概説的な記事や、近世文書の引用は同書による。

(19) 江戸時代の地誌『近江輿地志略』に「石田治部少輔三成幼少の時、手跡を此寺の三珠院に習ふといふ」とある。なお、拙著『近江が生んだ知将　石田三成』（サンライズ出版、二〇〇九年）参照。

(20) この墓石は、市立長浜城歴史博物館『石田三成―秀吉を支えた知の参謀―』（二〇〇〇年）に写真と解説が掲載されている。

(21) 註（9）『伊香郡志』上による。

(22) 本史料の調査に当たっては、同館の土井通弘氏にお世話になった。同館『近江の歴史を築いた人びと―その肖像と書―』（一九八九年）に写真と解説が掲載されている。

(23) 神職となった三珠院ではあったが、実際には大正の初めぐらいまで、僧侶としての活動を続けていたという。

(24) 市立長浜城歴史博物館が、平成五年に購入した「滋賀県伊香郡官有林地絵図」十三点中に「法華寺文書写」が含まれるが、巻五―二の羽柴秀吉書状と、巻六―二の板倉勝重奉書の他に、六月二十八日の「かうつく（ま）山」宛の秀吉書状の写もある。文言がおかしく偽文書とも思われるが、現在は原本が確認できないので、一応釈文を掲げておこう。

かうつく山寺中へ山林竹木之事、代官遣候、せつかく成敗候て、と中可取候下かりの事候、寺中へさいきよ可有候、在所之者共さいきよ候ハヽ、堅可申付候、有注進候、恐々謹言、

藤吉郎
秀吉　花押

六月廿八日
かうつく山(ま脱カ)
寺中

(25)『東浅井郡志』二（一九二七年）
(26)『東浅井郡志』二（一九二七年）
(27)「六坊」については、本書第三章一を参照。
(28)堀秀政の北近江統治について、拙稿「佐和山城主・堀秀政の基礎的研究」（『淡海文化財論叢』一〇、二〇一八年）を参照。
(29)田中日佐夫「琵琶湖をとりまく文化と生活」（『日本の美術』二二四―近江の仏像―、一九八五年）
(30)長浜市・東京藝術大学大学美術館『びわ湖・長浜のホトケたちⅡ』（二〇一六年）参照。オコナイと「惣」の関係について、筆者は長浜市難波町のオコナイを例に言及したことがある（市立長浜城歴史博物館『特別展図録　近江のオコナイ』（一九九〇年））。
(31)本書は、長浜市木之本町の公益財団法人「江北図書館」が所蔵する「伊香郡志関係資料」群に写が収蔵されている文書である。この写には、「此一通者、高時村大字古橋熊川留七所蔵、慶応四年辰閏四月、法華寺由来調帳所収也、原写也、更再写也」と追記がある。
(32)ここに、記された「しらいか池」は、『近江輿地志略』に見える「戸羅池《しらが》」であろう。同書には、「法華寺山の頂上の東南にあり、方三町許甚深き池なり、水滴りて美濃越前の二国に流る」とある。また、「夜叉が池」とも言うとする。この点からすると、現在も雨乞池として著名な、越前・美濃・近江国境付近にある夜叉ヶ池（福井県南条郡南越前町所在）と推定できる。
(33)伊香荘については、福田榮次郎「近江国伊香荘の伝領関係について」（『日本歴史』三三一、一九七五年）を参照。

第三章　浅井氏の城郭と合戦

一、小谷城の文献的考察

はじめに

本節では、浅井氏三代の居所である小谷城全体、及び当主・家臣屋敷、城下町について触れた文献を検討し、その全容を明らかにする。

1　城郭の歴史と構造を示す文書

小谷城に関する最古の文書　浅井三代の居城であった小谷城がいつ造られたかは、その築城時期を示す史料がまったく存在しないので、正確な所は不明としか言えない。ただ、『東浅井郡志』[1]では「築城の紀年詳ならずと雖も、蓋大永四年の頃なるべし」とし、さらに大永五年(一五二五)頃のこととして、浅井氏が京極高清・高広(高清の長男)を、完成まもない小谷城に迎え、京極丸に置いたと記述している。とはいうものの、高清・高広親子を小谷城に迎えた事実や、その時期について、『東浅井郡志』は明確な根拠を示していない。

数少ない小谷城に関する文献の中で、その名が登場する最古の文書は、永田高弘という武将が朽木谷を治める国衆・

朽木氏に対して出した書状で、七月十八日付のものである。本書を六角定頼が小谷城を攻めた時、すなわち大永五年(一五二五)の文書とした『東浅井郡志』の比定は正しいと考えられる。また、史料纂集の『朽木文書』(2)でも、本書は同年の書状とされている。

〔史料1〕永田高弘書状(朽木文書)

小谷城没落之儀付、御状旨拝見申候、就其去十六日ニ至尊勝寺御陣替候、今明之間ニ城可被責候間、定而可有一途候哉、取乱他所より申候間、不能巨細候、恐々謹言、

永田備中守

高弘(花押)

(大永五年)
七月十八日

(稙綱)
朽木殿

御返報

ここで、永田高弘は十六日に浅井郡尊勝寺(長浜市尊勝寺町)に至り、今日明日中に小谷城を攻めるという意気込みを、朽木稙綱に伝えている。永田氏という武将は、高島市高島町に永田という地名があるので、そこの地侍だと考えられる。本書が小谷城に関する一番古い文書と見られるので、少なくとも、大永五年(一五二五)には、小谷城が存在していたことが知られる。

大嶽の普請　小谷城は、浅井亮政によって最初に築かれたが、その場所は大嶽であったと考えられている。大嶽普請に関するものと推定されるのが、以下の書状である。(3)

〔史料2〕清水吉清書状

（端裏ウワ書）
「謹上　すか浦おとな中　参　清水久衛門《（マヽ）》吉清」

幸便之条一筆令申候、大つくふしんの之義ついて、両人之方より開田左十郎い《（異）》を被申候へ共、壹ツ不相極候、くせ事之様ニ被申候、急度御ことわり専一候、我を海津迄罷送候間、御さう分きつと承度候、恐惶謹言、

五月十九日　清水久衛門（花押）

本書は、清水吉清という人物が、菅浦の乙名に宛てて出している文書である。「大つくふしん」のことで、菅浦（長浜市西浅井町菅浦）の惣の中で異を唱える人物がいることが問題となっている。「ふしん」とは「普請」で土木工事を指し、「大つく」とはもちろん「大嶽」のことなので、小谷山の頂上にあった大嶽が築城されていた時の書状と見られる。しかし、年号が書かれていないので、年代を特定できないが、『長享年後畿内兵乱記』(4)に、大永五年「（六角）定頼公浅井城大津見へ発向、九月浅井亮政没落」とあるので、同年以前のものと見ていいだろう。「大津見」は「大嶽」を指すと推定される。

大嶽は元亀年間（一五七〇～七三）になってから、織田信長との戦いのため、浅井氏の支援に来た越前朝倉氏が入城し、改造されたとも言われる。(5)その時の文書だとすれば、元亀年間（一五七〇～七三）の文書となるが、この時の改造があったとしても、北近江の領民は関与する時間がなく、加勢に来た朝倉軍のみで行なわれたと見られる。本書は、北近江の一村落である菅浦に出されているので、地元住民が関与した普請だと考えられる。だとすれば、大永年間の小谷築城時のものと考えるのが至当であろう。最初の小谷城は大嶽にあり、〔史料2〕は〔史料1〕を遡る小谷築城に関する唯一の文書ということになる。

山王丸と山王社

『近江輿地志略』は、享保十九年（一七三四）に編纂された、近江を代表する地誌であるが、(6)小谷城について「山王権現社　小谷古城京極丸の北にあり」と記される。これより、江戸中期まで小谷城の京極丸の北・山王丸に山王社（日吉神社）があったことが知られる。この山王社の存在は織豊期まで遡ることが可能である。秀吉の奉行であった長束正家と増田長盛が、近江国浅井郡尊勝寺村（長浜市尊勝寺町）の真宗寺院・称名寺に宛てた算用状に登場するからである。(7)

〔史料3〕長束正家・増田長盛連署算用状

【前略】

一、千弐百五十石　　宮部法印御加増として

御朱印　　被下

一、弐百石　　　　　　御朱印　　　　　御立願米かしま大明神へ

一、五拾石　　　　　　御朱印　　　　　竹生島御立願米

一、百石　　　　　　　御朱印　　　　　小谷山の山王へ

一、百石　　　　　　　御朱印　　　　　小谷の山田の明神へ

　　　　　　　　　　　御こくゐん

【中略】

　はらい

　　　合九千三拾弐石四斗五升七合

残而八百弐拾八石五斗一升　　　　　　其方預り

　　　内百六十四石八升　まめ

右はらい　御朱印何も請取申候、此日付

以前之払　御朱印小日記有之共

重而御算用ニ相立間敷候也

天正十九年十二月廿五日　長束大蔵（花押）

増田右衛門尉（花押）

称名寺

ここで、長束と増田は秀吉の直轄領代官であった称名寺に対し、豊臣政権の直轄領から上がる年貢について、支出の内容を明記し、支払うべき金銭や米の宛て先等の指示を行なっている。その中で、百石を小谷山の山王社に寄進する指示がなされている。この文書は、天正十九年（一五九一）十二月二十五日付けで、小谷が落城した十九年後の文書なので、必ずしも浅井氏時代から、山王丸に山王社があったことを証明できない。しかし、落城後に当地に山王社を勧請する理由も見当たらないので、浅井氏時代から、小谷城山王丸に山王社があったと考えてもよいのではないか。山王社の存在は、山王丸の曲輪名の語源となっていることは言うまでもない。

六坊と久政文書　小谷城内の六坊は領内の寺院の出張所があった場所と言われるが、(8) ここで二通の浅井久政文書を紹介する。(9)

〔史料4〕浅井久政書状

当城搦手に、従諸山一坊宛被立置候間、当寺儀も同前に可被相立候、尚以急と御馳走簡要候、恐々謹言、

浅井新九郎

卯月廿四日　久政（花押）

［　］寺　年行事　御坊中

〔史料5〕田付直清書状　飯福寺年行事宛

態折紙にて令申候、仍相残懸銭野州様御用之由被仰候、早々当城出房迄御持上、可被撰渡之旨被仰出候、則久政御墨付・赤久右《（赤尾久右衛門尉）》折紙両通相添置候、恐惶謹言、

田付新右衛門尉

正月三日　直清（花押）

飯福寺　年行事　参御坊中

〔史料4〕は、宛名が欠けているが、木之本浄信寺（長浜市木之本町木之本）に保存された文書で、その中に「当城搦手に、従諸山一坊宛被立置候間」とある。諸山、つまり浅井氏領国の複数の寺院が、小谷城の搦手に出張所を建てているので、宛名の寺でも建てるべきことを久政が命じている。宛名は欠けているが、常識的には木之本浄信寺（木之本地蔵）に出した文書と解すべきだろう。ここで、本丸から北の六坊を、浅井久政が小谷城の「搦手」と表現している事実は注目できよう。小谷城の正面は本丸から南方向、「搦手」は本丸から北、山王丸の奥と浅井氏が認識していた事実を読み取ることができる。

〔史料5〕は、同じ木之本町の己高山内にあった飯福寺の文書である。ここでは、浅井久政が飯福寺に対し、小谷城内の出坊に早く「懸銭」を持参することを命じている。飯福寺の出坊とは、小谷城の六坊にあった出張所であったと推定される。これらの史料により、山王丸の北に存在する六坊の地には、領国内の寺院の出張所が置かれていたことが実証できる。

2　清水谷と城下町に関する文書

徳昌寺の所在地　現在、長浜市平方町に所在する徳勝寺は、もとは医王寺と言って、浅井郡下山田村(長浜市下山田)にあった寺とされる。開山は通峰真宗と言われ、五世龍山株源の時の永正十五年(一五一八)に、浅井亮政が小谷城清水谷に移して、その菩提寺としたとされる。伝承では清水谷の奥、浅井氏当主等の屋敷があった「御屋敷」の手前に存在したとされ、現在も「徳勝寺址」と刻まれた石柱が立っている。小谷落城後は秀吉によって、長浜城内に移されたといい、その後二回の移転の末、寛文十二年(一六七二)に現在地に寺地を定めた。[10]

この徳勝寺が小谷城にあった時代に、寺号を「徳昌寺」と記したことは、「徳勝寺授戒帳」[11]によって明らかである。本書は、戦国時代に行なわれた曹洞宗の宗教行事である授戒会の記録であるが、[12]徳昌寺で五回、医王寺(長浜市堀部町旧在)で二回、幢岩院(場所不明)で一回、禅幢寺(岐阜県垂井町岩手所在)で二回行なわれていたことが知られる。徳昌寺での五回の授戒会には、浅井氏当主や正室・側室、浅井氏一族の名前が見え、清水谷の当主屋敷の側に存在した寺院であったことを類推できる。ただ、近世に描かれた小谷城絵図には、本寺の場所を特定できる記載がなく、中世における寺地については、寺伝や地元の伝承を信じるしかない状況である。

ただ、浅井久政の文書には、徳昌寺に関するものが「河毛文書」に二点あり、浅井氏の菩提寺であったことは確認

できるので、文書を引用しておこう。(13)

〔史料6〕浅井久政書状

（端裏ウワ書）
「　　　左兵
河三左　　久政
　御宿所　　　」

徳昌寺納所之儀、倫継ニ相定之旨、従長老被仰候尤候、近年大形不成御不弁之由候間、左様ニ候てハ弥不可相届候、殊貞書記筋目候条、旁以可然候、何かと被申候共、達而可有意見候、尚以急度可被究事簡要候、恐々謹言、

（天文二十四年）
十月五日　　　　久政（花押）

〔史料7〕浅井久政書状

（端裏ウワ書）
「継侍者　　　左兵衛尉
　床下　　　　久政」

徳昌寺納所之儀、以前前々之筋目、従長老被仰付由候間御同心可然候、向後自然納所被挙刻、借物之儀誓談を以可

被相果旨令存知候、所務等之事、如貞書記不可有異儀候、委細河毛三郎左衛門方可被申候、恐々謹言、

天文廿四

十月十日　　久政（花押）

継侍者

床下

両者とも、徳昌寺の納所（寺の財政を行なう部署）についての指示であり、寺の長老と共に、浅井久政が寺の経営に大きく関わっていたことが読み取れる。徳昌寺の場所を特定するものではないが、浅井氏当主との近さを感じさせ、菩提寺として清水谷に所在した可能性が高いと言えよう。

清水谷の知善院　羽柴秀吉によって、長浜町内に移転された知善院は、小谷城清水谷の入口西にあったと言われている。(14) 次の「嶋記録」に載る文書は、その点を証明するものだろう。(15)

〔史料8〕浅井長政書状

此表之儀、先日大かた申候、相届候哉、義景去晦日御着城、昨日ニ知善院尾筋被寄陣候、敵弥可取退様無之、信長滅亡眼前候、近日可及一戦調談半候、本意不可有程候、仍其表行延々仕立存知之外候、既北伊勢衆着陣之由候処、由断之為躰驚入候、幸之事候間、切々被相進一日も早々居益・柏原口ふかふかと手使候様、可有才覚事専一候、委

曲脇左可申候、恐々謹言、

（元亀三年）
八月三日　　備前守
　　　　　　長政　判

嶋若入
嶋四左　進之候

本書は、元亀争乱に際して、浅井長政の援軍に来た朝倉義景軍が、「知善院尾筋」に置かれた陣所に昨日入ったことを述べている。この「知善院尾筋」は、清水谷の入口にあった知善院の裏から伸びる尾根のことで、「尾筋」とセットで知善院の名前が出てくる事実から、伝承での知善院の場所は正しいと判断できる。この「尾筋」の陣所とは、福寿丸・山崎丸のことを指すと考えられる。浅井氏時代からの山崎丸・福寿丸の存在を確認できると共に、朝倉軍による両曲輪の改造を想定させる記述である。

小谷における油実の受け渡し

次の角田藤三郎の書状は、菅浦の惣村に出している書状である。(16)

〔史料9〕角田藤三郎書状

油実請取ニ可罷越候へ共、時分柄無隙候間、両人参候、被入念早々可被渡候、於御油断者不可然候、ほし申分も能々

被入念事簡要候、将又替米御儀、大谷にて可相渡候、則両人可被申候、同道せられ候て御請取候へく候、待申候、
猶此衆可被申候、恐々謹言、

角田藤三郎
親（花押）

十二月朔日

管（菅）浦惣中参

この文書の中では、角田藤三郎が油実を出すように命じ、その代米を小谷（大谷）で渡すと言っている。角田なる人物の詳細は不明であるが、浅井氏の家臣とみるのが無難であろう。油実は、灯りの燃料にするための実のこと。[17]小谷（大谷）は城下町のこととも考えられるが、小谷城内であるの可能性も否定できない。いずれにせよ、小谷城は領民の経済活動において必要不可欠な場所であったことが分かる。

なお、本書では「小谷」は「大谷」と表記されている。「大谷」と表記された場合も、「おだに」と発音していたと見られる。後述する『信長公記』でも、「小谷」は「大谷」と表記されている。

浅井長政の撰銭令　小谷城清水谷の前、現在の伊部集落から郡上集落に展開したと推定される小谷城下町に関する文書は、皆無に近いのが実情であるが、唯一以下の「菅浦文書」に残る長政撰銭令が城下町の繁栄を示すものであろう。[18]

〔史料10〕浅井長政撰銭令案

料足掟条々

一、われ
一、うちひらめ、文字のなき
一、我銭之外、如何様之雖為公用可執進之、於撰銭者可処重科之事、
【中略】
一、自他国当谷居住之仁、其外往還之商人、定置公用之外を撰、清銭を本国へ遣儀、堅令停止畢、相背族者、中聞輩に彼宿資材・雑具を遣至于亭主者、可加誅罰之事、
【中略】

永禄九年丙寅九月一日　浅井
長政

ここにある「当谷」は小谷城下であると考えられ、他国から小谷に移住した者、城下を貫通する街道沿いの商人が、悪銭を選んで良銭のみを、出身の本国に送ることを禁止したものである。びた銭や悪銭のみが小谷城下に残り、物価が高騰することを抑制しようとする政策であるが、小谷の城下に他国から多くの商人が集っていた状況を読み取ることができる。後の北国脇往還（関ヶ原から木之本に至る街道）、小谷道（後の中山道・鳥居本宿から小谷城下に至る街道）の結節点として、また領外から領内につながる交通の要として、小谷城下町が機能していたことを示す文書であろう。

3　小谷落城に関する文書

小谷落城前年の攻防　小谷城が落城する前年に当たる元亀三年（一五七二）、七月から織田信長は小谷城の付城として虎御前山城を本格的に構築し始めるが、同時に前年まではなかった小谷城内への攻撃も行なうようになる。その状況は、『信長公記』に詳しい。(19)

〔史料11〕『信長公記』元亀三年七月

廿一日浅井居城大谷へ推詰め、ひばり山・虎御前山に御人数上せらせ、佐久間右衛門（信盛）・柴田修理（勝家）・木下秀吉（秀吉）・丹羽五郎左衛門（長秀）・蜂屋兵庫頭（頼隆）仰付けられ、町を破らせられ、一支もさゝへず推入れ、水の手まで追上げ、数十人討捕り、柴田修理・稲葉伊予（良通）・氏家左京助（直昌）・伊賀伊賀守（安藤守就）、是等を先手に陣どらせ、

【中略】

朝倉左京大夫義景、人数一万五千ばかりにて、七月廿九日、浅井居城大谷へ参着候、然りといへども、此表の為躰見及び、抱へ難く存知、高山大づくへ取上り居陣なり、然処を足軽共に責むべきを仰付けらる、則若武者ども野に臥し山に忍入り、のぼりさし物道具を取り、頸を二つ三つ宛取参らざる日もこれなし、

ここで七月二十一日の記事から、小谷落城の一年前に、小谷城の清水谷奥の水の手（清水谷の東斜面を斜めに上がり、京極丸下段の曲輪虎口に至る経路）まで、織田軍が攻め込んでいる事実が読み取れる。清水谷奥の「御屋敷」には浅井氏

の平時の居館があったと考えられるが、この段階では谷奥も織田軍に制圧されていたと見られ、お市やその娘である三姉妹など、当主一族の女性たちはもちろん、長政や家臣たちの居住地も、山上の本丸等の曲輪に移っていたと考えるべきだろう。

また、同月二十九日の記事からは、越前朝倉氏の援軍が大嶽に入城し、そこを織田軍が攻撃していた事実が読み取れる。大嶽の越前朝倉氏による改築は、この記事から当然想定されてよい。

大嶽と焼尾の落城　天正元年（一五七三）九月一日、織田信長によって攻撃された浅井長政は、小谷城赤尾屋敷において自刃し、ここに浅井氏三代・五十年の歴史に終止符がうたれた。まもなく、小谷は廃城となり、湖北の中心は秀吉によって長浜へと移される。この落城に至る最終的な織田軍による小谷攻撃の状況は、やはり『信長公記』により詳細が知られる。

〔史料12〕『信長公記』元亀四年

八月八日、江北阿閉淡路守（貞征）御見方の色を立て、則、夜中信長御馬を出され、其夜御敵城つきがせ（月ヶ瀬）の城あけのき候なり、

八月十日、大づくの北山田山に悉く陣どらせ、越前への通路御取切り候、朝倉左京大夫義景後巻きとして二万ばかり罷立、与呉・木本・たべ山に陣取り候、近年浅井下野守（久政）大づくの下やけをと云ふ所こしらへ、浅見対馬を入置き候、是又、阿閉淡路と同心に御身方の色を立て御忠節とし、

八月十日、大づくの下やけをへ、浅見対馬覚悟にて御人数引入れ候、其夜は以の外風雨候といへども、虎後（ママ）前山には信長公の御息嫡男勘九郎殿置き申され、信長雨にぬれさせられ候て、御馬廻召列れられ、太山大づくへ御先懸にて攻上らせられ、既に乗入るべき処、越前より番手として、斎藤（民部丞）・小林（吉隆）・西方院三大将人数五百ばかり楯籠り、色々降参仕候、尤も討ち果さるべき事に候へども、風雨と云ひ夜中と云ひ、大づく落居の躰朝倉左京大夫存知られ間敷候の間、此者共命を助け、敵陣へ送り遣はされ、此表抱へ難き仕合、敵の勢衆知らせ、其上、朝倉左京大夫陣所へ打向はるべきの御存分にて、右籠城の者敵所へ送り遣はされ、大づくには、塚本小大膳・不破河内（光治）・同彦三（直光）・丸毛兵庫（光兼）・同三郎兵衛（兼利）、入置かれ、

八月八日、山本山城の守将阿閉貞征・貞大の親子が信長に降伏し、山本山城と小谷城の間で保ってきた、信長軍への防衛ラインが破られてしまう。これによって、小谷城は四方から、特に北側の搦め手・焼尾からの攻撃が可能となり孤立する。信長はこの機を逃さず総攻撃に入る。浅井氏は、朝倉義景の来援をみていたが、十二日には浅見対馬守が守備していた小谷城北の焼尾、それに朝倉軍が籠っていた小谷山頂上の大獄が陥落した。引用部分に続いて、十三日には同じく朝倉軍が入っていた丁野山城も落城する記事が見える。

ここで、小谷城の曲輪名としては、「大づく」と「やけを（焼尾）」が登場する。「大づく」については、朝倉義景の家臣である斎藤民部丞・小林吉隆・西方院が入っていたが、織田軍によって攻略後は、織田方の美濃衆である塚本小大膳・不破光治・丸毛光兼が入ったことが知られる。朝倉軍の大嶽入城は、前年の七月からなので、曲輪の改造を行なっている可能性は十分考えられる。「やけお」については、小谷籠城中に（本文には「近年」とある）、浅井久政によっ

て構築されたとある。久政は小丸を居所としていたと言われるので、六坊に至る「搦手」の防御を固めるために造られた曲輪と判断でき、現在月所丸と呼ばれている曲輪と推定する。[20]

浅井長政の垣見氏宛て感状　このように、小谷周辺の諸城や城内の曲輪が、次々と陥落する中、浅井側には信長側へ降参する者も続出する有様であった。十三日夜には義景も越前に向かって退却、二十日には越前大野で自刃、浅井氏と共同歩調を取ってきた朝倉氏は滅亡する。正しく小谷は孤立無援、四面楚歌の状況に陥った。

そうした中、長政は小谷籠城中の家臣たちに、何通かの書状を与えていることが知られている。従来から知られていたのは、落城の十二日前に当たる八月十八日、長政が坂田郡宮川村（長浜市宮司町）の土豪・垣見助左衛門尉に宛てたもので、次のように記されている。[21]

〔史料13〕浅井長政書状

今度籠城被相届候段、難謝候、仍今村跡并於八幡河毛次郎左衛門尉知行分・同孫三郎方跡、小堀左京亮跡、何以進之候、聊不可有相違候、委曲同名新内丞可有伝達候、恐々謹言、

元亀四

八月十八日　浅備

長政（花押）

垣見助左衛門尉殿

御宿所

本書に「籠城」の文字があるのは、小谷城の織田軍攻撃に対する籠城戦、さらに落城に関する基本文献となろう。

西野氏宛ての感状　この他に、伊香郡西野（長浜市高月町西野）の土豪と推定される西野弥二郎へ、八月八日に長政が宛てた書状が存在する。[22]

〔史料14〕浅井長政書状　西野弥二郎宛

森修理亮跡、弁布施次郎右衛門跡、為配当進之候、全御知行不可有異儀、弥御粉骨肝要候、恐々謹言、

元亀四年　　　　　　　　　　　　　　　　　備前守

八月八日　　　　　　　　　　　　　　　　長政（花押）

西野弥二郎殿　御宿所

本文に「籠城」の文字はないが、垣見氏と同じく籠城していた西野氏へ宛てたものであろう。西野氏に宛われた跡地の旧主・森修理亮や布施次郎右衛門は、小谷籠城中の戦いで戦死したか、または織田軍に降服した者かのいずれかであろう。

本書には、一緒に伝来した落城直前の八月二十七日付けの浅井久政書状があり、こちらには「籠城」の文字が見える。

〔史料15〕浅井久政書状　西野弥次郎宛

今度御籠城之義、無比類御忠節候、殊更御届之段、御忠功至候、御芳志不浅候、恐々謹言、

元亀四年
八月廿七日　下野守
久政（花押）

西野弥次郎殿　御宿所

本書は久政自刃の二日前に当たり、西野弥次（二）郎は久政・長政切腹時まで城中におり、浅井父子の死を確認したあと、これらの文書を携えて城を出たと推測される。垣見氏の場合も、西野氏と同じであったろう。

なお、現在は原物が残っていないが、『武州文書』という史料集に、(23)寺村小八郎という者（坂田郡八幡東の地侍か）に対して出された浅井長政の文書が掲載されているので引用しておこう。ここにも、「籠城」の文言がある。

〔史料16〕浅井長政書状　寺村小八郎宛

四ヶ年以来、被抽粉骨之段、忠節無比類候、殊今度籠城被相結義神妙候、猶以可有馳走事簡用候、自然望所之儀候者、可申付候、恐々謹言、

元亀四　備前守
八月廿六日　長政（花押）

寺村小八郎殿

進之候

長政最期の感状

さらに、近代を代表するジャーナリストである徳富蘇峰のコレクション・成簣堂文庫（お茶の水図書館蔵）には、「浅井長政最期の感状」と言われる書状が伝来している。[24]

〔史料17〕浅井長政書状

今度当城就不慮、此丸一相残候処、始末不混自余籠城候ニ而、被抽忠節候儀、無比類御　覚悟難謝候、殊皆々抜出候処、無二之様子、不得申次第ニ候、中々書中ニ不及申候、恐々謹言、

元亀四

八月廿九日　　　　　　長政（花押）

片桐孫右衛門尉殿

御宿所

この文書は、長政自刃の前日に当たる八月二十九日に出されたもので、宛名は片桐且元の父・孫右衛門尉直貞である。文中に見える「今度当城不慮に付き、此の丸一つ相残り候」（読み下しに改めた）とは、長政自刃の前日である

二十九日段階で、小谷城は本丸のみになっていたことを示す。(25) さらに、他の家臣は離反して城を去る中、籠城を続ける片桐直貞の忠義をたたえる内容となっている。「皆々抜け出で」の言葉からは、多くの家臣に裏切られた長政の無念を察して余りあるものがある。この文書の大きさは、縦九・八センチ、横二三・三センチで、通常の文書と比較して異例な小片に記されている点も、落城時の混乱を彷彿させる。小谷落城を如実に物語る文書である。

長政文書を残した浅井氏家臣　ところで、これらの宛行状や感状は、落城の混乱の中どのようにして現在まで伝えられて来たのであろうか。坂田郡下坂中村（長浜市下坂中町）の土豪・下坂家に伝来する、三月十四日付けの下坂一智入道書置は、その経緯の一端をよく伝えている。この一智は四郎三郎正治といい、浅井長政に仕えた武将で、没年は元和八年（一六二二）五月八日とされる。この書置は一智が「ひ孫」(26) にあたる下坂久左衛門に、小谷籠城の最中に長政から与えられた一通の宛行状の伝来について語ったものである。

〔史料18〕下坂一智入道書置

　尚々、御書共懸御目返し可給候、其方ニ御おき候ハヽ、可為曲事候、以上、

此御書ハ、小谷御籠城之御時、被下候御おりかみにて候、小谷御取出之入城仕候時、被下御書にて御座候、まへかと被下御知行之御書共ハ、山崎丸より水之手へ取入之時持せ候者討死仕失、此御書ハ我等之火うち袋へ入候て相残候、山崎丸へ参候時、御加増として千石にて、御代々之御書とも遣之候間、被懸御目候て、其にても惣而之ニ候ハヽ、いそき御かへり候へく候、此方御所様御改に候、我等気遣申候、以上、

三月十四日　　下坂一智入（花押）

下坂久左衛門　まいる

この書置の中で、長政からの宛行状は、小谷城に入った時に与えられたもので、自らの「火うち袋」（戦時に携行する火打道具入れ）に入れておいたので残ったと記している。長政からもらった他の書状は、籠城戦のなかで小谷城の山崎丸から、清水谷水の手へ移動する時、持たせていた家臣が討死した為に紛失したとも記している。ここで、山崎丸や水の手などの曲輪名や城内の地名が、浅井氏在城当時から存在した名称であることを確認できる。

なお、「火うち袋」のおかげで残った一通は、元亀三年（一五七二）五月十七日付の所領宛行状で、下坂荘公文職と河毛次郎左衛門尉知行分を、仮に正治に与えたことを示しており、今も下坂家に現存しているので、引用しておこう。

〔史料19〕浅井長政書状　下坂四郎三郎宛

御在所公文職、河毛次郎左衛門尉知行分、渡進之候、此方御届御忠節之至返謝候、弥御粉骨管用候、猶以不可有異儀候、恐々謹言、

元亀参　　浅井備前守

五月十七日　　長政（花押）

下坂四郎三郎殿　御宿所

先にみた、垣見氏・西野氏・寺村氏・片桐氏へ与えられた、元亀四年八月付の宛行状・感状も、「火うち袋」へ入れていたかは別として、籠城中はそれぞれ肌身離さず所持していたものであろう。落城後も下坂一智のように、子孫たちへこれらの文書の由緒を聞かせ、自らの武功とその保存を説いたに違いない。

小谷落城の日　小谷落城の実情については、多くの軍記物が触れる所だが、その信憑性については、不確実なものも多い。その真相については、これまで度々引用した『信長公記』の記事を頼るしかないのが実情である。ただし、『信長公記』は、八月二十九日の小谷城総攻撃の日を、二十七日と誤記している。それと連動して、落城の日を同書では八月二十八日とするが、浅井長政の命日等から見て、九月一日と修正すべきである[27]。

〔史料20〕『信長公記』元亀四年（一五七三）

八月廿七日、夜中に、羽柴筑前守、京極つぶらへ取り上り、浅井下野、同備前父子の間を取り切り、先ず、下野が居城を乗つ取り候、爰にて、浅井福寿庵、腹を仕り候、さる程に、年来目を懸けられ候鶴松大夫と申し候て、舞をよく仕り候者にて候、下野を介錯し、さて其の後、鶴松大夫も追腹仕り、名与（名誉）是非なき次第なり、羽柴筑前守、下野が頸を取り、虎御前山へ罷り上り、御目に懸けられ候、翌日、又、信長、京極つぶらへ御あがり候て、浅井備前・赤生（赤尾）美作生害させ、浅井父子の頸京都へ上せ、是れ又、獄門に懸けさせられ、又、浅井備前が十歳の嫡男御座候を、尋ね出だし、関ヶ原と云う所に張付に懸けさせられ、年来の御無念を散ぜられ訖んぬ、爰にて、江北浅井が跡一職進退に、羽柴筑前守秀吉へ、御朱印を以て下され、忝き面目の至なり、ここで、秀吉が最初に攻撃した曲輪を「京極つぶら」としている点は重要であろう。京極丸が、浅井氏居城当時から使用されていた曲輪名であることが確認できる。[28] また、浅井長政とその宿老筆頭と見られる赤尾清綱が同時に自刃したことは読み取れるが、その場所は特定できない。いわゆる「赤尾屋敷」で自刃したという話は、江戸時代まで下らないと確認できない点も確認しておこう。[29]

4　小谷城廃絶に関する文書

信長・秀吉の小谷城利用　信長から北近江三郡の所領と、長浜城を拝領した秀吉は、当初浅井氏の居城であった小谷城を本拠とする。秀吉は速やかに長浜（今浜）への築城を決意したと見られるが、最初は普請途中の長浜城へ入ることはできなかった。天正三年（一五七五）、織田信長は越前一向一揆の攻略に向かう途中、八月十三日に「大谷（小谷）羽柴筑前守所」に宿泊していたことが『信長公記』に記されている。すなわち、天正三年八月の時点では、まだ長浜城は普請中で、秀吉は小谷城の御殿を使用していたのである。

さらに、国友鉄砲鍛冶年寄の一家・助太夫家に伝来する、慶長五年（一六〇〇）七月十八日付けの石田三成判物では、国友鍛冶は天正三年（一五七五）に秀吉が長浜にいた時の法度を遵守するよう説いている。[30]

〔史料21〕石田三成判物

国友鉄砲はり之事、新儀ニふきかい立候儀仕間敷候、天正三年長浜ニ太閤様御座候已来之可為法度者也、

慶長五年
七月廿八日　三成（花押）

（宛名切断）

本書に従えば、天正三年中には長浜城普請が完了し、秀吉は小谷から長浜へ本拠を移したことになる。天正三年八月から十二月が、秀吉の長浜入城時期となり、小谷城の廃絶は、この時以降となろう。

小谷城の廃絶時期　さらに、小谷城廃絶の時期を推し測ることができる秀吉文書が近年発見された。以下に引用しよう。(31)

〔史料22〕羽柴秀吉判物

伊部方の内城山の事、とらせ候、牛馬持ち候て、別て耕作仕等仕るべき者也、

天正五年
卯月十日　秀吉（花押）
伊部郷百姓中

本書は、天正五年（一五七七）四月十日、浅井郡伊部村（長浜市湖北町伊部）の住民に対して、小谷城内を明け渡すので、牛馬を使用して耕作を行なってもよい旨を伝えた文書である。城内とは尾根上の本丸・大広間などの遺構ではなく、清水谷にあった浅井氏居館や菩提寺・徳勝寺、それに家臣団屋敷が並んだ山麓部分を指すのであろう。本書は、秀吉がこれまで居城として使用していた部分を、農民たちに開放することを宣言しているのである。逆に、秀吉が使用していた小谷城は、清水谷のみだった可能性を指摘できる。

本書により、天正五年までに長浜城は竣工し、小谷城は完全に廃城となり、城内が周辺の農民に開放されたことを示していよう。

小谷城下町の変容　また、小谷城下から長浜城下への商人・職人の移住が完了して、小谷の町が城下町から宿場町として変容していく姿を、次の文書から読み取ることができる。(32)

〔史料23〕羽柴秀勝判物写

今度小谷町長はま江御引被成之間、跡ニ居残者として其屋敷方ともに、作毛可仕候、又北国東国之おかん（う脱カ）に（荷）物之儀、
先々のことくつけ可申候、公儀てん馬之事、無油断出可申者也、

天正九
二月十日　次（花押）

小谷惣中へ

本書は、天正九年(一五八一)二月十日に、織田信長の五男で、秀吉の養子となり北近江の統治を任されていた羽柴秀勝が、長浜に移住せず小谷に残った商人・職人に対して、周辺の耕作地における権利確保と、街道に関わる伝馬役を担う権利を保証した文書である。小谷城下町が、北国街道(脇往還)における宿場町として機能し始めたことが知られると共に、同地が城下町としての機能を停止したことを示すものであろう。

まとめ

以上から、小谷城の築城年は大永五年(一五二五)頃とみられ、最初の主郭は大嶽と見られること。古文書によって確認できる曲輪名等は、大嶽、山王丸、(六坊)、知善院(尾筋)＝福寿丸・山崎丸、水の手である。さらに、『信長公記』によって確認できる曲輪名等は、水の手、大嶽、焼尾、京極丸と判明した。これらの曲輪名は、現在江戸時代の絵図等を根拠に呼称しているものと大差はなく、その多くが浅井氏時代からの曲輪名であったと考えていいのではないか。この他、越前朝倉氏の軍勢が、福寿丸・山崎丸に入城しており、曲輪の改築を行なっている可能性が指摘できる。また、城郭全体としては、知善院が前面にあり、徳昌寺や当主屋敷、水の手まで伸びる清水谷、その前面に展開する城下町によって構成されていた状況も読み取ることが出来た。

天正元年(一五七三)の小谷落城後、天正三年(一五七五)末には、一時的に小谷城を使用していた羽柴秀吉は、居所を長浜に移したと見られ、小谷城の城郭機能の完全な廃絶は、天正五年(一五七七)と考えられる。また、城下町も天正九年(一五八一)を目途に、北国脇往還の宿場町へ変貌していった。

註

（1）『東浅井郡志』二（一九二七年）
（2）史料纂集古文書編『朽木文書』一（続群書類従完成会、一九七八年）一八四
（3）滋賀大学経済文化研究所史料館（滋賀大学経済学部附属史料館）『菅浦文書』上・下（一九六〇年・六七年）二五八。なお、小谷城の縄張や曲輪名については、第二章二の図2を参照。
（4）国文学研究資料館・国書データベース
（5）本章〔史料12〕参照
（6）『校訂頭注　近江輿地志略』（歴史図書社、一九六八年）
（7）『東浅井郡志』四（一九二七年）所収「称名寺文書」
（8）長浜市長浜城歴史博物館『戦国浅井戦記　歩いて知る浅井氏の興亡』（サンライズ出版、二〇〇八年）
（9）木之本浄信寺文書は、小和田哲男『江州小谷城主　浅井氏三代文書集』（浅井家顕彰会、一九七二年）久政六五、飯福寺文書は第二章四を参照。
（10）拙著『浅井長政と姉川合戦―その繁栄と滅亡への軌跡―　増補版』（サンライズ出版、二〇二三年）
（11）財団法人下郷共済会蔵。中川泉三『近江長濱町志』二（臨川書店、一九八八年）に翻刻が掲載されている。
（12）曹洞宗の授戒会については、広瀬良弘『禅宗地方展開史の研究』（吉川弘文館、一九八八年）、同「曹洞禅僧・禅寺の授戒会活動―近江・美濃地域を中心に―」（『駒沢史学』七四、二〇一〇年）
（13）註（9）小和田氏書　久政四一・久政四二
（14）長浜市『史跡小谷城跡　総合調査報告書』（二〇二〇年）
（15）「嶋記録」所収文書六〇。「嶋記録」については、本書第四章六を参照。所収文書の番号は、小和田哲男「嶋記録所収文書について―近江天川流域の戦国誌―」（『古文書研究』3、一九七〇年）。後に『近江浅井氏』（新人物往来社、一九七三年）に再収されている。
（16）註（3）『菅浦文書』四六三

(17)菅浦と油実については、似鳥雄一『中世の荘園経営と惣村』(吉川弘文館、二〇一八年)を参照。
(18)註(3)『菅浦文書』二七二
(19)本書の引用は、奥野高広・岩沢愿彦校注『信長公記』(角川文庫、一九六九年)によった。以下も同書からの引用は同じ。括弧内は筆者註。
(20)月所丸は昭和四十五年(一九七〇)に初めて確認された城郭遺構である。地元で焼尾と称する所から、大分東にずれるが、大嶽の東、六坊の北にあり、全長約百八十メートルに及ぶ二つの削平地を中心に構成される。いずれの削平地も、東側に土塁を配し、東側の削平地にはコの字型の土塁が見事に残り、さらに東には二重堀切と、約五十メートルの先にも堀切を備える。西側の曲輪には八条の竪堀が縦列する畝状竪堀群があり、山田方面へつながる「つづら折れ」の道が現存する。
　この月所丸は、小谷城本丸・広間などの主要部よりは発達した城郭構造を持っており、浅井久政が落城前に築造させたという、文献上の焼尾の歴史に合致する。月所丸の発見について、中村一郎『戦国大名浅井氏と小谷城』(小谷城址保勝会、一九八八年)は、源正寺尾根の地名から月所丸と名づけたと記す。中村氏も記すように、この曲輪の役割は小谷城北側からの攻撃に、大嶽や六坊を守ることにある。その機能は『信長公記』が記す焼尾の役割と同じであり、月所丸を文献上の焼尾と見なしえると思う。
(21)註(9)小和田氏書　長政八八
(22)大阪城天守閣蔵文書。〔史料15〕も同じ。
(23)註(9)小和田氏書　長政八九
(24)長浜市長浜城歴史博物館『戦国大名浅井氏と北近江』(サンライズ出版、二〇〇八年)に写真が掲載されている。
(25)天正元年の八月は「小」の月で、二十九日までしかなかったので、その翌日は九月一日である。
(26)本章第五章三参照
(27)浅井長政の命日は九月一日であることは、徳勝寺の命日記録等で確実なので、前日の総攻撃の日は八月二十九日とするのが正しい。天正元年(元亀四年)八月は小の月である。
(28)第二章一参照
(29)第二章一参照
(30)国友助大夫家文書。拙著『近世への扉を開いた羽柴秀吉　長浜城主としての偉業を読む』(サンライズ出版、二〇一八年)に写真が掲載されている。

（31）個人蔵。長浜城歴史博物館開館四〇周年　長浜築城・開町四五〇年記念特別展「長浜城主秀吉と歴代城主の変遷」（二〇二三年）に写真が掲載されている。

（32）長浜市長浜城歴史博物館蔵。註（31）と同じ図録に写真が掲載されている。

二　江濃国境「長比城」の基礎的研究

はじめに

長比城は浅井長政と織田信長が戦った元亀争乱関連の城跡として著名である。二〇一九（令和元）年度から二〇二一（令和三）年度まで、米原市教育委員会歴史文化財保護課（最終年度は生涯学習課）が、西北方向、直線距離で約一五〇mの所にある、須川山砦跡と共に確認（発掘）調査・総合調査を行ない、参加する技師や調査整備委員会委員により考古学・城郭史や歴史学から、学際的な研究がなされた。(1)

米原市の確認調査では主に考古学的手法での解明が期待でき、それに従って城郭史の立場からの考究も進んだが、本節では文献史学の立場から、同城の基礎的な文献を読み直し、さらに城主だった堀秀村や、その宿老であった樋口直房について地域における立場を考察、長比城の城郭としての機能や歴史を明確にしようとするものである。

1　長比城・須川山砦の位置と構造

長比城の縄張　長比城は、滋賀県と岐阜県にまたがる野瀬山の山頂（標高三九一m）にあるため、野瀬山城とも言われる。現在の住居表示では、滋賀県米原市柏原・長久寺、それに岐阜県不破郡関ケ原町今須の二県に跨る。城跡からは、当時の東国道（江戸時代の中山道）の柏原宿（米原市柏原）を眼下に望むことができる。北の北国街道沿いにある苅安城（上平寺城）と共に、美濃から近江に至る街道を扼する位置にあった。後述するように、元亀元年（一五七〇）四月の織田信長による近江侵攻の際、浅井長政が「境目の城」として城主の堀秀村とその宿老樋口直房を入れ置いたが、一戦も交えず堀・樋口氏が離反した為、信長軍との戦闘は行なわれなかった。

城跡は東と西の二つの曲輪からなり、両所は帯状の緩斜面を介して四〇ｍほどしか離れていない。東曲輪の方が一〇ｍほど高く、方形の削平面（東西七〇ｍ程×南北五〇ｍ程）の周囲に土塁をめぐらし、東南方向に続く尾根を堀切で遮断している。東と北の土塁は比較的残りがよいが、西と南はわずかな痕跡を残すのみとなっており、もともと低かったのであろう。また、虎口は東北隅・東南隅・西南隅と三ヶ所あるが、東北隅・西南隅のものは外枡形を形成、東南隅のものは端部を回り込むように内枡形の形状をとっている。規模は東北隅のものが大きく、土塁の高さから見ても、美濃国関ヶ原付近にあたる東北方向の敵を意識した構造となっている（図1）・（図2）。

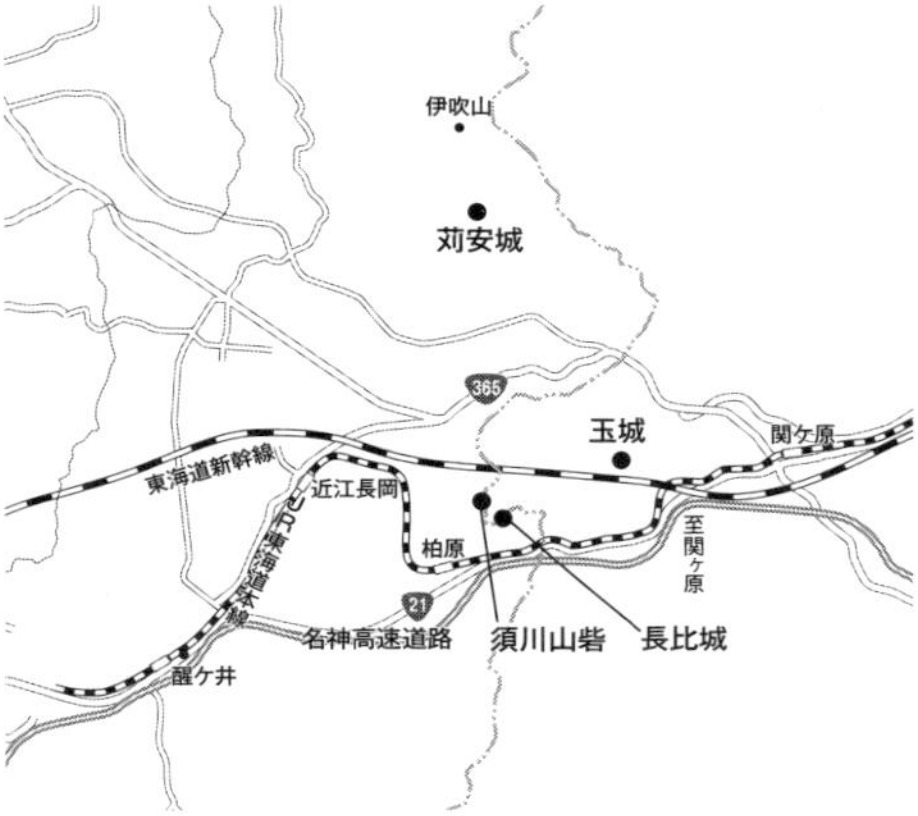

図１　坂田郡南東部城郭位置図

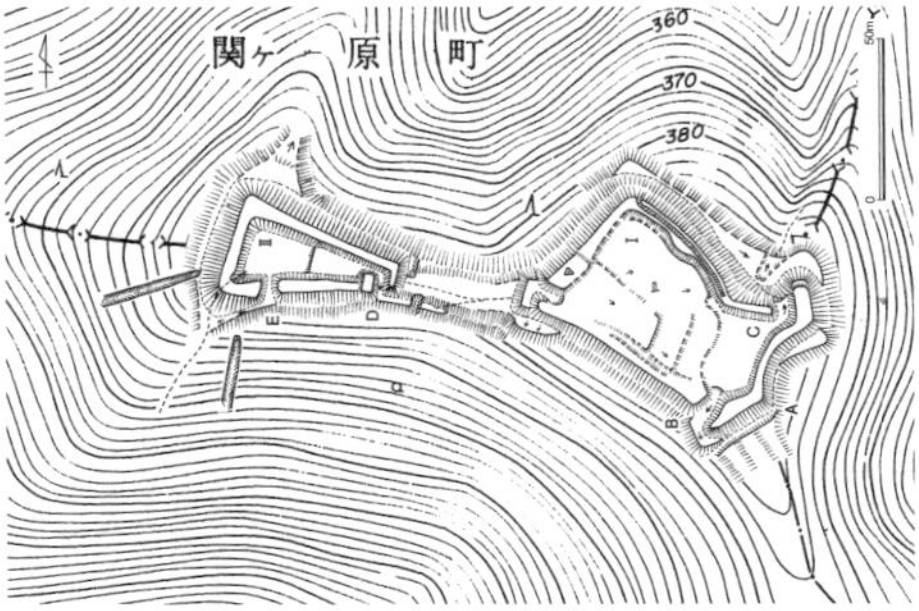

図２　長比城縄張図（中井均氏作図）

西曲輪は、西を底辺（約五〇ｍ）とする綺麗な三角形の削平面で、周囲を土塁が囲繞する。虎口は東南隅と南側西よりにあり、前者は土塁に喰い違いの手法を入れ、外側に土塁や堀を仕組んだ外枡形となっている。後者は平虎口ながら二本の竪堀で攻撃方向を限定している。全体的にこの西曲輪は、小谷城の山崎丸・福寿丸・丁野山城・中島城などの構造に類似し、浅井氏を救援に来た朝倉氏の勢力によって築造、または改造されたと考えられており、本論でもそのように考える。(2)ただし、西曲輪の築造・改造は、賤ヶ岳合戦や小牧・長久手合戦時の羽柴秀吉、あるいは関ヶ原合戦時の石田三成によるとの説も出ている。(3)

また、虎口の形態から、東曲輪が先にあり、西曲輪を後から築造した際に、東曲輪も改造されたと考えられる。東曲輪は浅井氏時代の長比城に改造が加えられたもので、その城主である堀秀村や樋口直房の兵が入った場所、西曲輪が朝倉氏からの援軍が入った場所と推定できる。

須川山砦と玉城の縄張

長比城については、近接する須川山砦も一体に考察する必要がある。(4)同砦は、長比城の西曲輪と酷似した形態をもち、南を底辺（約二〇m）とした三角形（台形）の形状をなし、南北約五〇mの削平地に土塁が囲繞する。二つの虎口をもち、南側虎口は外枡形を形成し、北側虎口は土塁を大きく喰い違えた外枡形で、西に曲輪を附属し、両所の前面に東西方向の土塁を設け、馬出し状の空間を形成する。さらにその北側には五本の竪堀を配している。地元では、西側の麓にある須川集落（米原市）の地侍である遠藤氏の「詰の城」と伝えるが、元亀元年の織田信長の侵攻に合わせて、長比城と共に「境目の城」として改造されたとする方がよいだろう。しかし、文献史料が一切残っておらず、本節での究明は不可能である。須川山砦を含めて、当時は長比城と呼ばれていた可能性を指摘するのみにとどめておきたい（図3）。

他方、江濃国境の美濃側の城として玉城（岐阜県関ケ原町）がある。(5)長比城の東北約二km、標高三〇七・五mの城山に所在する城郭であるが、縄張は東西、南北とも二〇〇mの大きさをもち、西に向けて「く」の字の構造をもつ。全体に曲輪の削平が甘く、古式を呈すると報告されている。周縁部に多くの竪堀を配するのは、戦国後半に改変を受けたものと見られるが、ここでは信長侵攻後と考えておきたい。帯曲輪を西に配するなど、全体に西方向、近江国の敵を想定した城郭構造や、地元には美濃国の武将に関わる所伝が残ることから、美濃国側の在地勢力が構築した城郭と考える。したがって、信長侵攻時には使用されなかったと考えてよいだろう（図４）。

2　信長文書と『信長公記』

信長文書に見る長比城　ここから、長比城について基本的な文献を掲示しよう。実は、その城名が登場する古文書は存在しない。ただ、「毛利家文書」に収める元亀元年（一五七〇）七月十日付の毛利元就（吉田）宛て[6]の九ヶ条からなる織田信長覚書には、その五ヶ条目に次のような記載がある。

〔史料１〕織田信長覚書

一、浅井備前元来少身ニ候間、成敗非物之数候処、信長在京中ニ越前衆相語、濃江堺目之節所を拘、足懸二・三ヶ所拵、可禦支度候き、去十九日向彼地出馬候、同日敵城右之新所を初、彼是四ヶ所落居候、且得利本望候事、

織田信長が越前国敦賀から京都に戻った四月の内に、浅井（備前）長政は越前国朝倉氏と語らい、江濃国境に新しく二・三ヶ所の城を設け、信長の

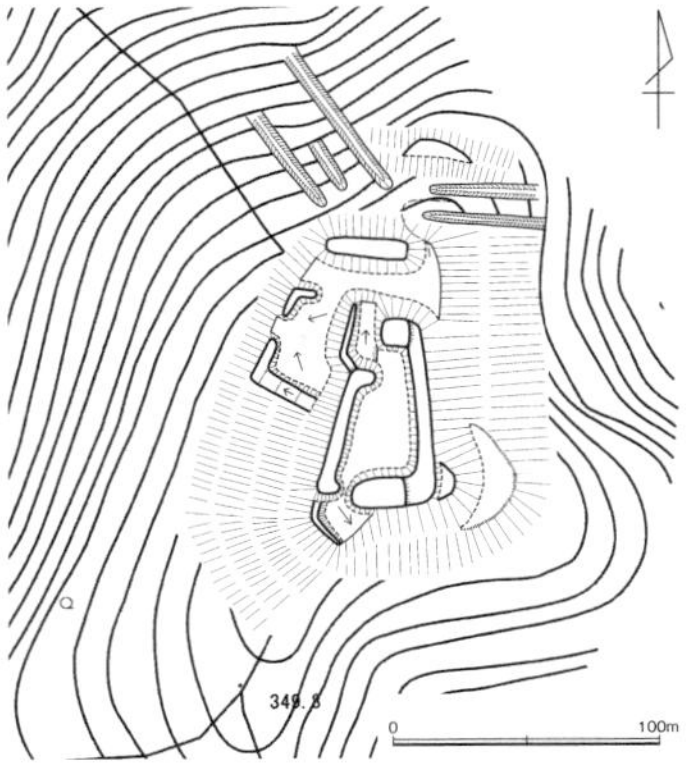

図３　須川山砦縄張図（石田雄士氏作図）

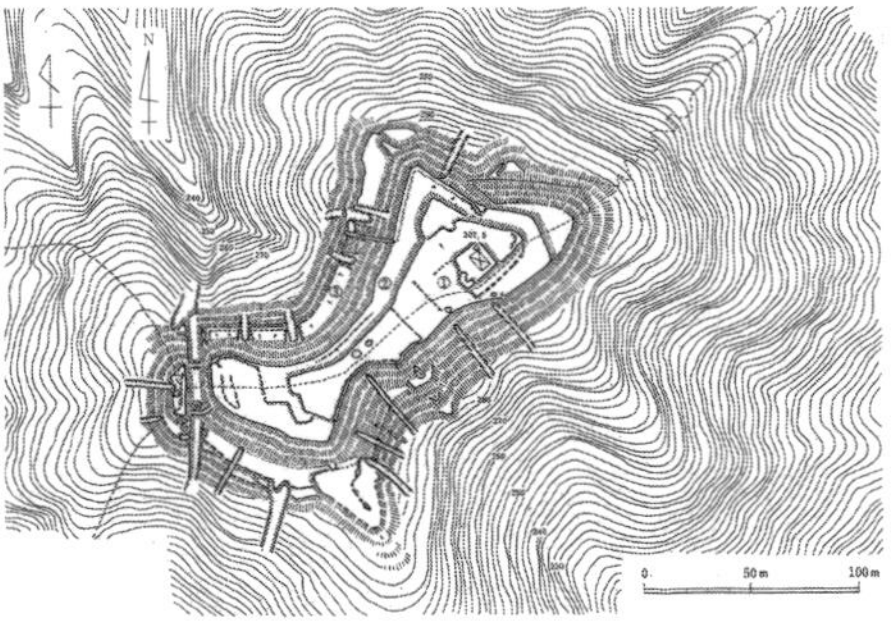

図４　玉城縄張図（中井均氏作図）

美濃国からの侵攻を防ごうとした。ここでは、その城のことを「足懸り」を「拵え」とし、「新所」と表現するからには、新たな城郭を二・三ヶ所築いたことになる。そして、信長の調略によって味方につけた（落居した）城が四ヶ所とある。敵方の信長が記す文章なので、文字通り解することは出来ないが、味方につけた四つの城とは、長比城東曲輪、同西曲輪、須川山砦、苅安城の四ヶ所と考えられないだろうか。この内、新たに造られた城郭二・三ヶ所とは、朝倉勢による改造が甚だしい長比城西曲輪、須川山砦、苅安城の内、二城または全てを指すのではなかろうか。

ただ、信長の言が城数の概略を示したのみとすれば、無理に現地に当てはめるのは意味がない。ともかく、信長が国境に構築した城郭に朝倉勢を入れたこと、それらは「新所」と表現されるほど、改造としても新たに築造した城に近かったことが窺える。

『信長公記』の記載　次に、『信長公記』の記述を見てみよう。(7)同書は元亀元年六月四日の近江国野洲川での六角承禎軍・一向一揆と柴田勝家・佐久間信盛との戦いの記述の後、以下のように記す。

〔史料2〕元亀元年六月四日条

去程に、浅井備前越前衆を呼越し、たけくらべ・かりやす両所に要害を構へ候、信長公御調略を以って堀・樋口、御忠節仕るべき旨御請なり。六月十九日、信長御馬出だされ、堀・樋口謀反の由承り、たけくらべ、かりやす取物も取敢へず退散なり、たけくらべに一両日御逗留なされ、

元亀元年の信長の近江侵攻に当たり、浅井方であった堀秀村とその宿老・樋口直房の兵が守る長比城は、越前国朝

倉氏の軍勢を加勢として守備していた。ところが、信長の調略が功を奏し、城主の堀・樋口氏は織田方に寝返ることになる。それにより、長比城と、その隣の苅安城(上平寺城)の城兵は、ことごとく城から退散し、後には信長が入り一・二日滞在したと記されている。

ここで、城郭構造において注意する必要があるのは、本城が浅井方であった時、越前国朝倉氏の軍勢が入っていたことである。これは、〔史料1〕でも述べられていたことである。さらに、浅井方の城から織田方の城に替った後、信長がしばらく逗留したという事実である。ここで、浅井方の城で「境目の城」として機能した長比城は、朝倉氏や織田氏の城兵によって改造を加えられている可能性が出てくる。先に記した長比城の東曲輪と西曲輪の構造や成立年代が異なる事実は、この歴史性を反映していると見るのが至当であろう。それが、朝倉氏による改変か、あるいは織田氏によるものか、特定するのは文献からは難しいが、朝倉氏が守備のために城内に入ったのに対し、織田氏が一日・二日程度の逗留であった点を考慮すれば、西曲輪の築城あるいは改造は、先述したように朝倉氏の勢力によると考えるべきだろう。

3 「嶋記録」にみる長比城

次に、浅井方の史料で、比較的信憑性に富むとされる「嶋記録」に、長比城と堀・樋口氏の謀反についての記事があるので引用してみよう。(8)

〔史料3〕「嶋記録」

姉川合戦の事

去程に、元亀元年の春の比、織田信長、浅井下野守久政・同備前守長政無許に及しかハ、小谷より美濃口をおさへとして、野瀬刈（安脱カ）堀次郎、同家子樋口三郎兵衛尉を入置けるか、其比ハいまた若年なりしか、三郎兵衛か所存にて忽心替し、野瀬の要害へ信長の勢を引入、をのか居城かまのはへ引退しかハ、刈安を始近辺の城々、悉ク明退けり、

ここでは、長比城のことを「野瀬」城（「野瀬の要害」）と呼んでいることは、「刈（安）」城と並列で述べられていることから明らかである。また、『信長公記』から得られない情報も多く含まれ、長比城の主将である堀秀村（次郎）が若年だったため、宿老（家子）樋口直房が主導して浅井氏からの離反が決せられたこと。その後、長比城に信長の軍勢を引き入れ、堀・樋口氏はその居城である鎌刃城へ退却したこと。そのことで、苅安城をはじめとする美濃口の諸城から浅井方が退却したこと等、独自な記事が記される。ここで、堀・樋口氏の本城はあくまでも鎌刃城であり、信長侵攻時は美濃口守備の責任者として長比城に在番していたことが分かる。当然のことだが、長比城は居城型の城ではなく、浅井氏領国あるいは江濃国境の「境目」を押さえる陣城型の城郭であったことが確認できる。

さらに、「嶋記録」では最後に附属する「従是本書之覚書」で、以下のようにもある。

〔史料4〕「嶋記録」従是本書之覚書

加田治介物語ニ野瀬ノ要害ヲ堀与力ニシテ罷在シニ、在夜樋口三郎東に忍ヒ行、暁帰与力衆ヘムホンノ段カタリ、扨刈安之在番ノ衆ヘモ同心歟トミツ〱ニコトハリケレハ、尤同心可申候へ共、小谷ノ妻子無了簡候間、退可申候由ニテ、不残小谷ヘ引取候由、治介語リシト也、刈安ハ中嶋日向子息宗左衛門三成ニ奉公ノヨシ、在番ト同名忠右

衛門申候、其時、樋口人シチ壱人ナガシ申候、妙以被申候、樋口ケシヤク也、【中略】人質クシサシニ成トナリ、

坂田郡加田村（長浜市）の地侍と見られる加田治介の物語として、「野瀬ノ要害」つまり長比城からの浅井方の退城、さらに苅安城からの城兵の退城を記す。その過程は、樋口直房が東（美濃国＝織田方）へ行き、調略により浅井氏からの離反を決めたこと、それを苅安城の味方に語って同調させたこと、ただし苅安城の兵は小谷城に残した人質の身が案じられるので、織田方にはならず小谷城へ退城したこと。苅安城には後に石田三成の家臣となる中島宗左衛門が守備していたこと。(9) 織田方に離反した樋口直房の人質は串刺しにされて処刑されたこと、などが記されている。

長比城・苅安城の織田方与同のキーマンが堀秀村の宿老であった樋口直房であったことを明確に述べている。この点は、事実を反映したものと解してよいだろう。

4　江戸時代の編纂物に見る長比城

近江の地誌類

次に、江戸時代の地誌に見る長比城の記載を見てみよう。近江を代表する地誌で、享保十九年（一七三四）に成立した『近江輿地志略』では、長比城がある「長久寺村」の項に、以下のような記述がある。(10)

〔史料5〕『近江輿地志略』

柏原の東にあり。寝物語といふは是也。古昔此辺に両国山長久寺といふ寺ありし故今村の名となれり。長競とも寝物語ともいふ。近江美濃両国の境也。家数二十五軒あり。五軒は美濃の国地、二十軒は近江の国地なり。美濃国よりは専ら寝物語といふ、蓋壁一重を隔て美濃・近江両国の者寝ながら物語をすといふ事、畢竟相近きの謂也。両国

の境には僅に小溝を距つ。五軒の家は美濃なまりの詞を用ひ、専ら金を遣うて銀を通用せず。二十軒は近江詞にして銀を通用す。たけ競べと号する事は一説には弥高護国寺〈真言〉成菩提院〈天台〉妙応寺〈禅宗〉久長寺〈浄土〉この四箇寺の碩学論議問答する事を己がたけくらべといへば此謂なりと云ふ。又一説には美濃・近江の山、嶽競すといふ義なりと云ふ（『藤川記』）。一条兼良公「右左見て行ゆけば近江美濃二つの山ぞたけ競べする」。とあり是を以て見る時は美濃近江の山、嶽競するの義なるにや。

ここでは、長久寺村が「長競」とも「寝物語」とも呼ばれたこと。その「長比」の語義は、美濃と近江の山が高さを競ったという伝説等から来ているとする。また、「寝物語」は両国の者が壁一つを隔てて寝ながら話ができることにより、その国境は小溝を一つ隔てるのみという。長比城とは直接関係ない記述だが、この城が近江・美濃の国境にあることを、その城名がよく表わしていることになる。

さらに、『淡海温故録』の「長比山」と「苅安尾」の部分を引用しよう。(11)

〔史料6〕『淡海温故録』

長比山　元亀元年浅井長政義兵ノ時、美濃堺長比山ニ当分ノ要害ヲ構テ、朝倉式部大輔ヲ三千余騎ニテ篭置シ処也、

苅安尾　此処本ヨリ京極ノ家臣衆在城故ニ、長比ニ持続ケ助ケノ要害也、然処堀・樋口等信長公ニ従属スルヲ聞テ、早速開キ退クト云ヘリ、

長比山の城が浅井氏の美濃国境を守る城で、朝倉義景の兵が入ったこと。さらに苅安(尾)城は長比城を「持続」けるための「助ケノ要害」だと述べる。江戸時代において、長比城と苅安城が「対」の関係にあると認識していたことは重要だろう。二城は一組で江濃国境を守る城郭だったのである。

他方、中世の城郭と城主名を江戸時代に纏めた「江州佐々木南北諸士帳」の「柏原」の項目には、次のようにある。[12]

〔史料7〕「江州佐々木南北諸士帳」

柏原　住佐々木随兵山本源氏　箕浦九郎
同　住　同　越後守
同　住佐々木堀随兵小倉源氏　樋口三郎兵衛
同能勢山城主右掛城暫城主佐々木末　沢田兵部少輔

長比城のことを「能勢山城」と記し、その「掛城暫城代」として、沢田兵部少輔の名前を上げる。沢田氏についてはまったく不明で、他に長比城に関係したという史料は残存しない。[13]「掛城暫城代」の意味は暫定的な城代の意味であろうか。「柏原」の項の箕浦氏は柏原村(米原市)の地侍。樋口氏は長比城主堀氏の宿老であるが、なぜ柏原村の項に記されているのかは不明である。

この他、江戸後期に作成されたと見られる、越前福井藩の参勤交代経路の見聞録である「東山道記」[14]には、伊吹山の記述の後に「長比・苅安と云う古城山右に見ゆる」とある。関ヶ原宿から越前国福井に向かって北国脇往還を行くなかでの記述だが、苅安城が右に見えるのは正しいが、長比城は左の方向の中山道沿いにあるので北国脇往還からは望めない。記述は誤りであるが、美濃・近江国境を通る者が、「長比・苅安」の「古城」を意識した点は重要で、両城は国境を象徴する城跡として、江戸時代においても著名だったことになる。さらに、江戸幕府の道中奉行が作成した『中山道分間延絵図』にも、「字野瀬山」の西に長比城跡を示すと見られる「古城跡」の記載がある。[15]

竹中半兵衛と長比城　ここでは、信憑性にはかけるが、軍記物の一つである『甫庵信長記』巻三の「佐々木承邸禎父子野洲郡出張之事」の項を見てみよう。[16]

〔史料8〕『甫庵信長記』

浅井備前守長政ハ、朝倉カ勢ヲ語ヒ、江州北郡長比・苅安両所ニ要害を拵タり、爰ニ堀次郎・同家ノ子樋口三郎兵衛ト云者ハ、江北一ノ剛者也、殊カマカハノ城ヲ抱ヘシカハ、猶猛威ヲ振テ、其近辺ノ者共従属スト(「セズ」の誤カ、筆者註)云事ナシ、信長卿何ニモシテ、味方ニせハヤト思召ケル處ニ、竹中半兵衛尉モ彼等両人ヲ調略シテ幕下に属セン事ヲ欲シ、其謀ヲ廻ケルニ、両人無異儀同心ケル間、則信長卿へ此由申上シカハ、御感不斜シテ、汝カ忠義不浅トテ、先当座ノ引出物ヲソ給ケル、堀・樋口人質進上候ハテ不叶儀也トテ、嫡子三郎、樋口ハ息女ヲ進らせケリ、

浅井長政は、姉川合戦の前、信長と戦うに際して援軍に来た朝倉勢を語らって、長比城と苅安城を固めたとあり、鎌刃城主であった堀秀村と樋口直房が、坂田郡南部や美濃国境付近で大きな力を誇示していたと述べる。ここで初めて登場するのが、竹中半兵衛重治である。竹中は織田信長の思いと同様、堀・樋口氏を調略する謀を立て、両人を同

心させることに成功したという。竹中については、信長の美濃攻めに当たって、秀吉が三顧の礼をもって信長家中に誘い、堀・樋口氏の誘降に成功した話は有名だが、良質な史料には一切登場しない。元和八年（一六二二）に古活字版で刊行された〔史料8〕の『甫庵信長記』のような江戸時代の編纂物になって表われる逸話である。ここでは、信長への同心に当たって、堀氏の嫡子と樋口氏の息女が人質になったと記されるが、堀・樋口氏が鎌刃城主でありながら、長比・苅安城もその勢力下であったと、江戸時代にも考えられていたことが確認できよう。

また、「遍照山文庫所蔵」とする史料に、次のようにある。(17)

〔史料9〕「遍照山文庫所蔵」史料

永禄之比、信長卿御合戦之節、浅井旗下堀次良、濃州長亭軒之城ニ家臣樋口三良兵衛ヲ差置、次良依二幼少一樋口執柄タリ、其頃信長公ヨリ秀吉エ仰アリケル故、重治長亭軒へ行テ　樋口ニ有二対面一、信長卿ニ属セシム、信長公御感有テ、時ノ為二御褒美一則鎧一両刀一腰黄金等重治ニ被レ下ケルト也、此刀関ノ元重ナリトモ云々、

右長亭軒ト云ハ、不破郡松尾山之事也、古城ノ跡残レリ、

ここでも、竹中重治が堀・樋口氏を説得し、信長側への与同を成功させたと記す。信長は竹中の働きに感じ入り、鎧・刀・黄金などの褒美を遣わしたとあるが、説得のために訪れた場所を長亭軒とし、それが美濃国の松尾山だと記す。松尾山城は関ヶ原合戦の折、小早川秀秋が布陣した美濃国不破郡松尾村（岐阜県関ケ原町）にあった城として著名である。しかし、美濃国内まで堀・樋口氏が出張して、信長への守備を固めたと考えるのは、『信長公記』の裏付けがとれず無理があろう。ここで言う「長亭軒」は、長比城を指すと考えた方が自然である。「遍照山文庫所蔵」史料の成立年

代は不明だが、「長亭軒」を松尾山城とするのは誤りだろう。

なお、浅井氏を描いた軍記物の代表作である『浅井三代記』や、『武功夜話』にも堀・樋口氏の城として「長亭（享）軒」が登場する。[18] いずれも、長比城を指すものであろう。これら多くの軍記物で採用されている竹中重治の樋口直房への調略の場は、長比城であったと考えるべきである。ただ、「嶋記録」の記載を重視すれば、直房は長比城から出て美濃側に行き調略を受けたことになり、『甫庵信長記』等の記述とは矛盾する。

5　長比城主の堀・樋口氏

柏原荘と堀・樋口氏　長比城主の堀氏は、室町中期からその動向が追え、『江北記』においても京極氏の「根本被官」として記述される。[19] その出自は坂田郡門根村（米原市三吉）が本拠であったと見られ、鎌刃城を「詰の城」[20] としていた。表1のように、堀氏が出した文書として最も古いものは、「成菩提院文書」に残る以下の史料である。

〔史料10〕「成菩提院文書」

就当院領之儀、并寄進等事、自然従何方兎角申族雖在之、被指置可蒙仰候、如前々無異儀可申付候、猶以聊不可有疎意候、恐々謹言、

天文十三年　　　　　　　　　　堀次郎左衛門尉
九月十日　　　　　　　　　　　　元積（花押）
成菩提院　まいる　御同宿中

天文十三年(一五四四)は、浅井亮政が死去し久政に家督相続した直後だが、堀秀村の先代か先々代と推定される元積が、柏原村にある成菩提院へ寺領の安堵を行なった文書である。堀氏は先述したように、坂田郡南部の内、湖岸に近い箕浦荘の門根村や鎌刃城がある番場村を本拠としていたが、同じ坂田郡南部ではあるが、伊吹山麓になる柏原荘柏原まで、寺領を安堵できる程の影響力をもっていたことになる。長比城はこの柏原荘内の東端に当たる。
次の成菩提院に残った年中行事も、堀氏とその宿老樋口氏の柏原村への影響を示すものである。(21)

〔史料11〕「成菩提院文書」

正月分

野村八郎兵衛殿へ

【中略】

此外ニ
新開　在之　礼儀不相定候、
(「新開」に合点)
百文　アナタヨリ酒樽ヲ
持参セラル、間、返報ノ分也、

弐百文　箕浦次郎右衛門尉殿へ
弐百文　堀遠江守殿
百文　樋口三郎兵衛尉殿
百文　当院奏者歟　同名藤兵衛尉殿

是ハ上代者雖無之、近年此分礼
銭有之、

本書は、天文二十一年(一五五二)頃、成菩提院が年中の恒例支出をまとめた冊子であるが、毎年、先述した柏原村の地侍である箕浦次郎右衛門尉と共に、堀氏と樋口氏へ礼銭を届けていたことが分かる。堀遠江守は、表1に見る年未詳九月十四日の堀遠江守秀治のことであろう。地元の地侍と共に、正月の礼銭を納めていることは、浅井久政の時代において、成菩提院が存在した柏原荘周辺に、堀氏や樋口氏の政治力が及んでいたことを示す。この点は、軍記物であるが、〔史料8〕の記述を裏付けるものである。柏原荘の何らかの所職を、堀・樋口氏が得ていたことを示していよう。

坂田南郡における堀・樋口領　以上から、元亀元年六月の信長の近江侵攻に当たって、長比城に堀秀村と樋口直房の軍勢が籠城した理由が明らかになってこよう。この城は、江濃国境にあり浅井氏にとって死守すべき地であるが、そこに堀・樋口氏が入ったのは、この城がある柏原荘を領していたのが両将であるが故である。浅井長政が堀・樋口に、その本拠であった鎌刃城から東へ約十一km離れた長比城の守備を命じたのは、両氏の領内であったからなのである。なお、長比城と連携し堀・樋口氏の軍勢が入った苅安城も柏原荘内の上平寺村・藤川村(米原市上平寺・藤川)にあった。(22)

堀・樋口氏について、浅井氏からの離反後の動向をみると、元亀元年から始まる浅井攻めの三年間と、羽柴秀吉が旧浅井氏領を得た天正元年(一五七三)から、信長が二人を改易する天正二年までの一年間の都合四年間、坂田郡南部地域を信長から与えられていた。その点は、表1・表2から明らかで、坂田郡南部の地侍へ所領宛行している。具体

表1　古文書に見る堀氏の動向

番号／年月日	文書名	堀氏の名前	内容	出典
1 天文13年(1544)9月10日	堀元積書状	堀次郎左衛門尉元積	成菩提院への寄進地を安堵する	成菩提院文書5
2 天文20年(1551)10月17日	京極高広書状	堀石(堀石見守)	今井定清に対して堀石見守同様に味方になるよう誘降	嶋記録所収文書4
3 無年　9月14日	堀秀治書状	堀遠江守秀治	普請人足免除	松尾寺文書4
4 無年　1月	成菩提院年中行事	堀遠江守	成菩提院から礼銭200文を請け取る	成菩提院文書・記録3
5 無年　9月28日	六角承禎書状	堀父子	堀父子和談の儀につき新庄蔵人丞が書状を受ける	嶋記録所収書文書17
6 元亀元年(1570)8年17日	堀秀村書状	堀次郎秀村	下坂若挟守への国友上下郷内公文跡・大隅跡の宛行	(県外)下坂文書2
7 元亀2年(1571)1月2日	織田信長朱印状	堀次郎	久徳構の合戦での久徳氏の勝利を賞する	信長文書270
8 元亀2年(1571)3月22日	堀秀村書状	堀次郎秀村	嶋久右衛門慰へ嶋同名中跡など宛行う　樋口三郎兵衛尉使者	嶋記録所収文書51
9 天正2年(1574)8月5日	堀秀村書状	堀次郎秀村	野村孫太郎への加田公方米100石の宛行	清水文書2
10 永禄13年(1570)1月15日	嶋秀淳等連署書状	堀又丞定文	嶋秀淳・小路直信と共に松尾寺徳分米の保証を行う	松尾寺文書3
11 天正2年(1574)11月12日	堀正光等連署状	堀五郎左衛門正光	堀田元充と共に蓮華寺門前の諸公事免除などを通知	蓮華寺文書5
12 天正6年(1578)3月5日	堀正光書状署状	堀五郎左衛門正光	松尾寺本尊へ「打はき」を寄進する	松尾寺文書6

注)　出典欄の古文書の番号は『改訂近江国坂田郡志』による。ただし、7は奥野高広著『増補織田信長文書の研究』の文書番号。

表2　古文書に見る樋口氏の動向

番号／年月日	文書名	樋口氏の名前	内容	出典
1 無年　9月6日	浅井長政書状	樋口三郎兵衛尉	次郎左衛門尉(堀元積)への祝儀取次を依頼される	四居文書2
2 無年　12月17日	浅井長政書状	樋口三郎兵衛尉	上坂内蔵方知行杉沢に年貢催促を行うよう命令される	上坂家文書3
3 無年　1月	成菩提院年中行事	樋口三郎兵衛尉	成菩提院から礼銭100文を請け取る	成菩提院文書・記録3
4 無年　11月7日	樋口元則書状	樋口三郎兵衛元則	堀秀治書状(3)の添状	松尾寺文書5
5 元亀元年(1570)7月25日	樋口直房書状	樋口三郎兵衛直房	竹生島領早崎村などを安堵する	竹生島文書158
6 元亀元年(1570)9月5日	樋口直房書状	樋口三郎兵衛尉直房	「百姓」に国友下郷・八幡供米の年貢を「相拘」るよう命じる	(県外)下坂文書3
7 元亀元年(1570)9月19日	樋口直房書状	樋口三郎兵衛直房	野村孫太郎へ石塚寿光庵領などを宛行う	清水文書1
8 元亀元年(1570)9月23日	樋口直房書状	樋口三郎兵衛尉直房	下坂不断光院請所30石とする	(県外)下坂文書4
9 元亀2年(1571)2月25日	織田信長書状	樋口三郎兵衛	「佐和山おさへ」の諸城の道具を預けられる	信長文書273
10 天正元年(1573)7月8日	樋口直房書状	樋口三郎兵衛尉□□	管浦へ秀吉制札の調進を約束	菅浦文書712
11 無年　8月25日	樋口直房書状	樋口三郎兵衛直房	竹生島領早崎村への船の返却	竹生島文書159
12 無年　9月11日	樋口直房書状	樋口三郎兵衛尉直房	上平等領の安堵	上平寺文書12
13 無年　10月10日	樋口直房書状	樋口三郎兵衛尉□□	加田甚介への一向一揆との戦闘指示	加藤文書18

注)　出典欄の古文書の番号は、『改訂近江国坂田郡志』による。ただし、9は奥野高広著『増補織田信長文書の研究』の文書番号。10は滋賀大学経済学部附属史料館編『菅浦文書』の文書番号。

的には、寺田村（長浜市）の下坂若狭守、飯村（米原市）の嶋久衛門尉、七条村（長浜市）の野村孫太郎である。さらに、番場村（米原市）の蓮華寺門前の諸公事免除を行なっている。これらから、坂田郡南部には長浜城主の羽柴秀吉領とは別に、鎌刃城主の「堀・樋口領」が存在していたと推定される。

さらに興味深いのは、羽柴秀吉が長浜城主であった時代に、織田信長が直接その家臣へ知行宛行を行なった事例をあげると、朝妻村（米原市）の木村藤兵衛、長沢村（米原市）の田那部与左衛門尉、柏原村（米原市）の箕浦次郎右衛門と、いずれも坂田郡南部の地侍であることである。[23]また、いずれも堀・樋口氏が改易された後の天正三年（一五七五）の文書である。柴裕之氏も指摘するごとく、[24]ある段階まで坂田郡南部は信長直轄領であり、秀吉領に含まれなかった可能性が高い。信長文書を含め多くの戦国期の文書を有する柏原村の成菩提院に、長浜城主時代の秀吉文書が一通も見られない事実は、同寺が秀吉領国内でなかったことを暗示している。この坂田郡南部の信長直轄領は、天正二年の改易まで存在した「堀・樋口領」を引き継いだものではないだろうか。[25]

『信長公記』によれば、長浜城主秀吉は小谷落城後、信長から「江北浅井跡一職」を与えられた。この記事からのみでは、浅井氏が領国としていた坂田郡を含む北近江三郡すべてがその所領になったように読めるが、実際は浅井氏時代から存在した箕浦荘や柏原荘を中心とする坂田郡南部の「堀・樋口領」を除いたものであったことになる。この政治状況を受けて、坂田郡南部東端に位置し、江濃国境に存在した長比城と苅安城に、その領主であった堀・樋口氏が配備されたのである。

『当代記』によれば、堀秀村と樋口直房は天正二年に信長から改易の命を受けたと記す。[26]『信長公記』の同年八月十二日条によれば、越前一向一揆に対するため江越国境の「木目峠」の城に入っていた樋口直房は、突然妻子を連れて甲賀へ向け城を抜け出したが、羽柴秀吉によって追手をかけられ殺害されたとする。『当代記』によれば、堀・樋口氏と秀吉とはもともと不仲であった。北近江三郡の一部を領する堀・樋口氏は、長浜領として同地域を単独で統治したい秀吉にとっては、「獅子身中の虫」であったろう。なお、樋口氏は滅亡したと見られるが、堀氏の一族は江戸時代に旗本として存続した可能性がある。[27]

おわりに

堀・樋口氏の滅亡・衰退により、その領国の拠点であった長比城が史上に登場することもなくなったと言えよう。上記の論証のように、長比城の政治的・軍事的位置づけは、浅井氏の領国防衛の城としての側面よりも、堀・樋口氏の領国防衛の城としての側面が強かったと考えるべきだろう。堀・樋口氏が織田信長を前にして、あっさりその調略にのり、戦闘を行なわず長比城を放棄したのは、信長の軍事力の強大さを恐れた面もあったが、両氏の浅井氏に対する独立性が原因しているとみるべきである。堀・樋口氏は浅井氏家臣団の構成員ではあったが、「外様衆」的な存在であり、浅井氏との主従関係は不安定であった。

この点を知れば、浅井氏の元亀争乱を前にして、「外様衆」的な堀・樋口氏の離反を食い止められなかったことも理解できる。さらに、浅井氏にとって死守すべき長比城が、いとも簡単に敵の手に渡った理由も理解できるのである。両氏が城主であった長比城は、歴史的考察を重ねることで、その機能や城郭としての位置づけが明確になったと言えよう。

註

（1）筆者も文献担当の委員として委員会に参加した。その成果は、米原市教育委員会『長比城跡・須川山砦跡総合調査報告書』（二〇二二年）としてまとめられた。
(2)　長比城の縄張については、高橋順之「長比城」中井均編『近江の山城を歩く70』（サンライズ出版、二〇一九年）を参照した。
(3)　註（2）高橋氏論文
(4)　須川山砦跡についても、高橋順之「須川山砦」中井均編『近江の山城を歩く70』
(5)　玉城跡については、中井均「玉城跡」岐阜県教育委員会『岐阜県中世城館跡総合調査報告書』一　西濃地区・本巣郡（二〇〇二年）を参照した。
(6)　東京大学史料編纂所『大日本史料』第十編之四（東京大学出版会、一九六九）元亀元年六月二十八日の条
(7)　奥野高広・岩沢愿彦『信長公記』（角川文庫、一九六九年）による。
(8)　「嶋記録」は近江国坂田郡飯村（米原市飯）の地侍・土豪である嶋氏の年代記。その史料的評価は、本書第四章六を参照。「嶋記録」の翻刻は、小和田哲男『近江浅井氏』（新人物往来社、一九七三年）。また、滋賀県教育委員会『滋賀県中世城郭分布調査』七（一九九〇年）にも翻刻（拙稿）が掲載されている。
(9)　中島宗左衛門の実名は「直親」とみられる（小和田哲男「浅井氏」山本大・小和田哲男編『戦国大名家臣団事典』（新人物往来社、一九八一年）。なお、中島宗左衛門が石田三成に仕えたことは、（慶長五年）九月二十二日付　田中吉政宛　徳川家康書状（柳川古文書館蔵）で確認できる。文中、「妙以被申候」の「妙以」は「妙意」で、「妙意物語」（本書第四章六参照）の話者である。
(10)　小島捨市校注『校訂頭註　近江輿地志略』（歴史図書社、一九六八年）による。〈　〉内は割書き表記。
(11)　近江史料シリーズ（2）『淡海温故録』（滋賀県地方史研究家連絡会、一九七六年）による。
(12)　滋賀県教育委員会『滋賀県中世城郭分布調査』五（一九八七年）による。
(13)　箕浦氏は南北朝期の京極導誉の時代に、坂田郡箕浦村（米原市箕浦）から、同郡柏原村（米原市柏原）に本拠を移した地侍である。織田信長や京極高次に仕え、江戸時代は安芸国広島藩士となっている。その動向は『改訂近江国坂田郡志』二（一九四二年）に詳しい。
(14)　松平文庫架蔵（福井県文書館保管）
(15)　児玉幸多監修『中山道分間延絵図』一八（東京美術、一九八三年）
(16)　国立国会図書館デジタルコレクション『信長記』三、国立国会図書館HPによる。
(17)　『関ヶ原町史』史料編一（一九七八年）による。

(18) 木村重治『復刻　浅井三代記』（私家版、二〇一〇年）、吉田蒼生雄全訳『武功夜話』一（新人物往来社、一九八七年）による。

(19) 『江北記』は、『群書類従』合戦部二一（続群書類従完成会、一九六〇年）による。なお、堀・樋口氏については『米原町史』通史編（二〇〇二年）第三章　第三節「戦国時代」（筆者執筆分）参照。

(20) 『改訂近江国坂田郡志』六（一九四二年）による。

(21) 福田榮次郎『中世・近世地方寺社史料の収集と史料学的研究―『近江大原観音寺文書』を初めとする近江国坂田郡内寺社の悉皆的研究―』平成六年度～平成八年度科学研究費補助金（一般研究（B））研究　研究成果報告（一九九八年）による。

(22) 苅安城が在する上平寺村・藤川村が柏原荘内であることは、近江史料シリーズ（7）『淡海木間攫』三（滋賀県地方史研究家連絡会、一九九〇年）に見える近世の地名から、遡及的に考えられる。

(23) 信長文書の出典などは、市立長浜城歴史博物館　開館五周年記念特別展『羽柴秀吉と湖北・長浜』（一九八八年）や、奥野高広『織田信長文書の研究』（吉川弘文館、一九六九年）を参照。

(24) 柴裕之「羽柴秀吉の領国支配」戦国史研究会『織田政権の地域支配』（吉川弘文館、二〇一一年）

(25) 「堀・樋口領」については、拙著『近世への扉を開いた羽柴秀吉　長浜城主としての偉業を読む』（サンライズ出版、二〇一八年）も参照。

(26) 史料雑纂『当代記・駿府記』（続群書類従完成会、一九九五年）による。

(27) 註（19）拙稿参照

三　文献史料から見た元亀争乱関係城郭

はじめに

前節で考究した長比城と須川山砦については、令和二年度・同三年度において、米原市教育委員会によって発掘調査が行なわれた。それによれば、

①令和二年度の発掘調査において、須川山砦が「詰城」でなく「陣城」として機能していたことが判明した。隣接し構造がよく似ている長比城西曲輪も同様に考えられる。これにより、より形態が古いと見られる同城東曲輪の築造年代や機能を考究する必要が生じた。

②令和三年度の発掘調査において、長比城の東曲輪の南虎口内部において、表面に石が露出した土塁を検出した。このことで、この虎口が表面観察で知られるような導線が直線ではなく、屈曲のある虎口であった可能性が生じた。東曲輪について前節では元亀争乱以前に、浅井氏勢力により構築されたと結論したが、この進んだ形の虎口の発見により、その時代感が正しいかの検証が必要となった。

という状況となっている。本節では、これらの課題に答えるため、元亀争乱に使用された元亀争乱関係城郭全体について、文献史学からの考察を加え、かつ現存する縄張を対照しながら、各城郭の築造年代を特定していく作業を行ないたい。もとより、文献は断片的であり、すべての城郭について、時代が特定できる訳でないが、数多くの城郭を

検討することにより、長比城に関する先の課題に答えられる面もあると思われる。特に、その城郭・縄張が元亀争乱以前の浅井氏時代から存在するか、元亀争乱によって朝倉氏や織田氏によって築城・改修されたものかを検証したい。

元亀争乱によって築造された城郭が、それ以前の城郭と大きな構造上の相違があるのならば、横山城のように織田軍に占領されていない限り、そこには助力を得た朝倉氏の城郭技術の移入を想定せざるを得ない。筆者は従来から、通説とは相違し浅井・朝倉同盟は、元亀争乱以前には存在しないという立場を取ってきた。(1) つまり、姉川合戦は両者が初めて連携した軍事行動になると考える。城郭技術が同盟によって移入されるのは当然であり、元亀争乱前の城郭か、争乱過程に築城された城郭かを見分けるには、朝倉氏の城郭技術を如何に見定めるかが重要になってくる。

この点、佐伯哲也氏の所説は大いに参考になる。(2) 佐伯氏は朝倉氏の築城の特徴を、塁線土塁と枡形虎口、それに畝状竪堀群という縄張の特徴にまとめられた。本節でも、これらの特徴を、朝倉氏築城のメルクマールとして使用し、元亀争乱関係城郭の文献上・縄張上の特徴と比較したい。ただし、塁線土塁は山本山城にも確認されるように、織田氏の築城技術と判断されるので、屈曲した自然地形に大幅な改修を加えた直線土塁を指標にした方が、より朝倉氏城郭の特徴を示すと思う。本節では、塁線土塁に代わり直線土塁を朝倉氏の城郭技術の指標とする。

以上、最初に本節の課題を簡潔に定義すれば、長比城東曲輪の縄張を、元亀争乱以前のものと評価するか、朝倉氏の改造によるかを究明することにある。

ここで具体的に言及する元亀争乱関係城郭は、長比城の他、苅安城（上平寺城の詰城）・横山城・山本山城・中島城・丁野山城である。また、小谷城大嶽・同福寿丸・同山崎丸や、信長軍の陣所である虎御前山城についても触れたい（図1参照）。なお(3)、各城の城郭構造については、先の佐伯氏の所説の他、中井均編『近江の山城を歩く70』の各城解説を参考とした。

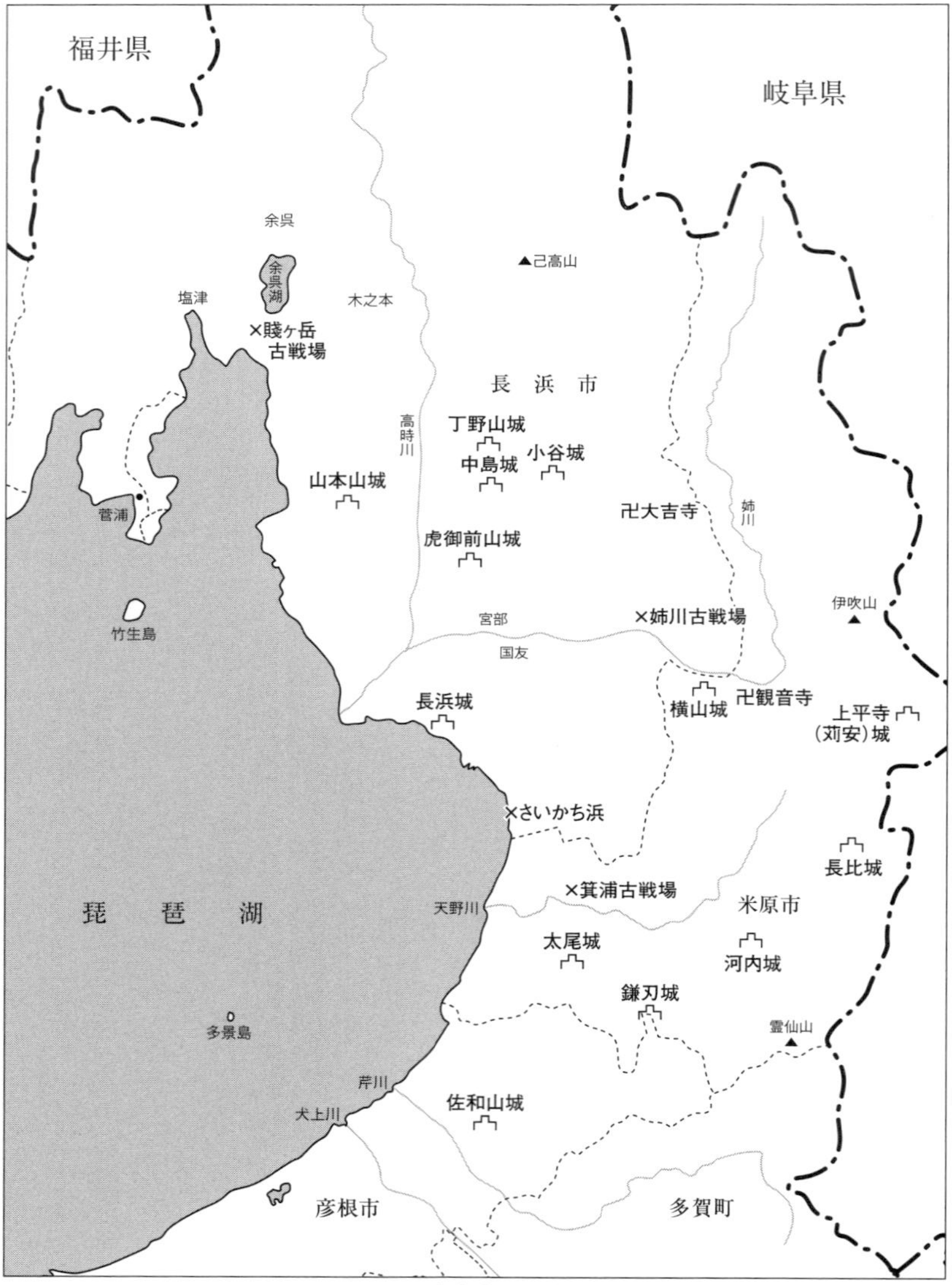

図１　元亀争乱関係城郭図

1　苅安城の歴史と構造

上平寺城の一部として　苅安城について、「上平寺城絵図」（米原市蔵）では「霧箇城」とし、同図に見える登山道「七曲」の横に「刈安尾」と記すので「刈安尾城」とも言われる。[4] ここでは、『信長公記』の元亀元年（一五七〇）六月十九日条に、「かりやす（要害）」と記されるので「苅安城」と呼ぶことにする。[5] この苅安城は、戦国前期の北近江の守護の館であった「上平寺館」の「詰の城」として築城されたと推定される。当時の城主は、京極高清である。この苅安城や、麓の上平寺館や家臣団屋敷、それに城下町を含めて「上平寺城」とここでは考えたい。

京極氏の盛衰を記した年代記『江北記』によれば、[6] 大永三年（一五二三）に京極高清と上坂信光を攻撃するため、「国衆」が「悉上手（上平）へ参候、かりやす尾の御城より御忍にて尾州へ御退候、（中略）国衆悉参て上手焼くづして」とあり、麓に展開した守護居所としての「上平（寺）」の館の他に「詰の城」として「かりやす尾の城」＝苅安城が、この段階で存在していたことは確実である。この「上平寺城」の「詰の城」であった苅安城が、麓の館が廃絶した後にも使用され、信長侵攻時に浅井・朝倉氏の陣城として機能したと考えられる。ここでは、後者の段階の苅安城について見てみよう。

信長側の史料に見る苅安城　前節で考察したように長比城同様に、苅安城についてもその城名が登場する古文書は存在しない。ただ、「毛利家文書」に収める元亀元年（一五七〇）七月十日付け、毛利輝元（吉田）宛ての九ヶ条からなる「織田信長覚書」[7]の五ヶ条目にある「敵城右之新所を初、彼是四ヶ所落居候城」は、苅安城や長比城などを指すのではないかと推定される。

ここでは、織田信長が越前国敦賀から京都に戻った四月の内に、浅井（備前）長政は越前国朝倉氏と語らい、江濃国境に新しく二・三ヶ所の城を設け、信長の美濃国からの侵攻を防ごうとした。その内、信長の調略によって味方につけた（落居した）城が四ヶ所とある。味方につけた四つの城とは、長比城東曲輪、同西曲輪、須川山砦、苅安城の四ヶ所と考えられないだろうかと前節でも述べた。ともかく、浅井氏が国境に構築した城郭に朝倉勢を入れたこと、それらは「新所」と表現されるほど、改造としても新たに築造した城に近かったことが窺える。その一つが、苅安城であったことは間違いない。

次に、『信長公記』の記述を見てみよう。これも前節で触れたように、元亀元年の信長の近江侵攻に当たり、浅井方であった堀秀村とその宿老・樋口直房の兵が守る「たけくらべ・かりやす（長比・苅安）」両所は、越前国朝倉氏の軍勢を加勢として守備していた。ところが、信長の調略が功を奏し、六月十九日に至り城主の堀・樋口氏は織田方に寝返ることになる。長比城と苅安城の城兵はことごとく城から退散し、長比城には信長が入り一・二日滞在したとある。

ここで注意すべきは、長比・苅安両城が浅井方であった時、朝倉氏の軍勢が入っていたことである。これは、「織田信長覚書」でも述べられていた。浅井方の城で「境目の城」として機能した両城は、朝倉氏によって改造を加えられている。前節に記した長比城の東曲輪と西曲輪の構造に相違があるのは、この歴史性を反映していると見るのが至当であろう。後述する苅安城の横矢が掛かる虎口や、南端の竪堀などが朝倉氏の改造と考えてよいだろう。

「嶋記録」等にみる苅安城

浅井方の史料で、比較的信憑性に富むとされる「嶋記録」に、長比城と堀・樋口氏の謀反についての記事がある。そこでは、長比城の主将である堀秀村（次郎）が若年だったため、宿老（家子）樋口直房が主導して浅井氏からの離反が決せられたこと。その後、長比城に信長の軍勢を引き入れ、堀・樋口氏はその居城である鎌刃城へ退却したこと。そのことで、苅安城をはじめとする美濃口の諸城から浅井方が退却したこと等、独自な記事が記される。

堀・樋口氏の本城はあくまでも鎌刃城であり、信長侵攻時は美濃口守備の責任者として長比城に在番していたことが分かる。当然のことだが、長比城は居城型の城ではなく、浅井氏領国あるいは江濃国境の「境目」を押さえる陣城型の城郭であったことが確認できる。また、「境目の城」としては、長比城が堀・樋口が在番する主城で、苅安城はそれに従う城だったことが分かる。

「嶋記録」の「従是本書之覚書」では、坂田郡加田村（長浜市加田町）の地侍と見られる加田治介の物語として、「野瀬ノ要害」つまり長比城からの浅井方の退城、さらに苅安城からの城兵の退城を記す。その過程は、樋口直房が東（美濃国＝織田方）へ行き調略により浅井氏からの離反を決めたこと、それを苅安城の味方に語って同調させたこと、ただし苅安城の兵は小谷城に残した人質の身が案じられるので、織田方にはならず小谷城へ退城したこと。苅安城には後に、後述する中島城の城主や、石田三成の家臣となる中島宗左衛門が守備していたこと。織田方に離反した樋口直房の人質は串刺しにされて処刑されたこと、などが記されている。長比城・苅安城の織田方与同のキーマンが堀秀村の宿老樋口直房であったことを明確に述べている。

江戸時代の地誌『淡海温故録』の「苅安尾」の項には、「苅安尾　此処本ヨリ京極ノ家臣衆在城故ニ、長比ニ持続ケ助ケノ要害也、然処堀・樋口等信長公ニ従属スルヲ聞テ、早速開キ退クト云ヘリ」とある。苅安（尾）城は長比城を「持続」けるための「助ケノ要害」だと述べる。江戸時代において、長比城と苅安城が「対」の関係にあると認識していたことは重要だろう。

この他、江戸後期に作成されたと見られる、越前福井藩の参勤交代経路の見聞録である『東山道記』には、伊吹山の記述の後に「長比・苅安と云う古城山右に見ゆる」とある。両城は国境を象徴する城跡として、江戸時代においても「対」で著名だったことが知られる。

苅安城の構造　苅安城は伊吹山から南へ伸びる尾根の先端に築かれており、尾根を断ち切る大堀切を北の端にして、その南に主郭（「上平寺城絵図」では「本丸」と記す）を配する。さらに南に東西の竪堀を隔てて土塁囲いの曲輪（この曲輪の虎口は横矢がかかる構造）があり、城郭中央の堀切を隔てて最大の曲輪へ連なる。その南は十一本の竪堀を放射線状に配置している。横矢がかりの構造や南端の竪堀群など発達した城郭構造は、浅井氏の家臣であった中島宗左衛門が守備していた城に、朝倉氏勢力が入り改修を行なったと見るべきだろう。これらは、文献から追える歴史と合致すると言えよう。

2　横山城の歴史と構造

文献からみた横山城　横山城については、永禄四年（一五六一）閏三月一三日付け赤清綱書状（大原観音寺文書）や同日付けの中嶋直頼書状（同）で、「横山入城之衆」が観音寺へ対して乱暴を働くことが問題となっていることが分かり、浅井長政家督相続（永禄三年）の翌年には、その陣城として使用されていたことが知られる。(8)

また、『信長公記』元亀元年（一五七〇）六月二十二日条によれば、姉川合戦に際して、浅井氏の家臣である上坂氏・三田村氏・野村肥後が立て籠もっていたことが知られる。さらに、六月二十四日には信長が横山城北に延びる横山丘陵先端の「龍が鼻」に陣城を設け、横山城を四方から包囲したことが読み取れる。同日には家康も着陣している。

六月二十八日の姉川合戦は、この横山城を包囲する織田・徳川軍と、それを「後詰」に来た浅井・朝倉軍が姉川をはさんで対陣・衝突した合戦である。姉川合戦当日に、信長が細川藤孝に宛てた戦況報告では、「横山楯籠候共種々詫言申候へ共、可討果覚悟候」とあり攻城戦が想定されていたようであるが、[9]『信長公記』の六月二十八日条によれば、「横山の城降参致し退出、木下藤吉郎定番として横山に入置」とあり、無血開城になった模様である。

その後、信長の家臣である木下秀吉が城番に入ったことは、上記の『信長公記』に明らかであるが、元亀元年と推定される八月二十四日付け「観音寺御寺家中」宛て木下秀吉書状（大原観音寺文書）においても、寺僧の還住と寺領安堵を知らせていることから、秀吉が城番だったことは確実である。観音寺は横山城東側の膝下で城内扱いとなり、横山城番の権限が及んだと見られる。また、『総見記』の元亀三年一月の記事でも、秀吉を「江州横山ノ城主木下藤吉郎秀吉」と記している[10]。

『信長公記』の元亀二年（一五七一）八月十八日条に「信長公、江北表御馬を出され、横山に至って御着陣」とあるのに続けて、「八月廿日の夜大風生便敷（おびただしく）吹き出し、よこ山の城塀・矢蔵吹き落し候つる」とある。これは、横山城に塀や櫓があったことを示す重要な記述である。また、虎御前山が完成するまでは、度々信長の入城があったことが『信長公記』から読み取れる。

横山城の構造　横山城の歴史で重要な点は、浅井氏の城であった小谷支城の段階から、姉川合戦後において秀吉が城主として入り織豊系の城郭に変化したことである。信長も度々訪れており、その城郭構造への指示もあったかもしれない。本城の城郭構造を見ると、北城と南城に大きく分かれ、北城は階段状に削平地を連ねるのみであるが、南城は土塁囲いや竪堀を絡ませた発達した構造が指摘されている。また、北城から西に伸びる尾根にも二重堀切があり、北城の主郭周辺よりは発達した形状を示している。これを先の文献上の記録に合わせれば、北城が浅井時代、南城と北城から西に突出した尾根が秀吉城番時代の遺構と見ることが出来よう。

浅井氏時代の城郭が削平地のみの単純な構造だったのに対し、元亀段階の秀吉入城時の城郭が、土塁囲いや二重堀切を施した発達した形状を示していたことになる。この城郭には、文献的に朝倉氏が関与した形跡はなく、遺構からも複雑な虎口構造や畝状竪堀群に象徴される朝倉氏による城郭の改修はなされていない。浅井氏の城郭を秀吉が改変した城郭として、元亀争乱関係城郭の中で位置づけられる。

3　山本山城の歴史と構造

元亀争乱と山本山城　山本山の城主の阿閉貞征・貞大親子は、浅井長政と織田信長が戦った元亀争乱において、小谷城に籠城し信長軍と戦う浅井長政と連携する形で、同城に立て籠っていたことが『信長公記』の元亀三年（一五七二）七月二十二日に「阿閉淡路守楯籠もる居城山本山へ、木下藤吉郎差し遣はされ麓を放火候、然る間、城中の足軽共百騎ばかり罷出相支へ候、藤吉郎見計ひ、噇と切りかゝり切崩し、頸数五十余討捕る、信長公御褒美斜ならず」とあることで知られる。

ここで、浅井方の阿閉貞征が立て籠る山本山城を、信長家臣である木下秀吉が攻撃し、麓や城外で戦闘が展開している。山本山城については、この前後の『信長公記』に度々登場する。前年の元亀二年（一五七一）八月二十六日条には、小谷城と山本山城の間の中島に、信長軍が一夜の陣を構え、北近江北部の余呉・木之本を放火している。さらに、元亀三年三月七日には、前年と同じ場所に信長軍が野陣をかけ、再び余呉・木之本を放火している。

この三月七日の戦闘を記す『信長公記』には、「江北の諸侍、連々申す様、与語・木本へ手遣ひの砌は、節所を越し来たるの間、是非一戦に及ぶべきの由申しつる」が、この時は足軽さえも出合わなかったと記している。つまり、小谷城と山本山城の間を浅井氏側は「節所」、最重要な防衛ラインと捉えていたことになる。さらには、山本山城は「節所」を守る重要な城郭と認識していたことになる。その山本山城を任せられた阿閉貞征の立場は、浅井氏家臣団中でも高い地位を占めていたと考えるべきだろう。

その阿閉氏の山本山城も、元亀四年（一五七三）八月八日、虎御前山城まで本陣を進めた信長軍の前に開城することになる。『信長公記』は、「江北阿閉淡路守御身方の色を立て」と簡潔に記し、山本山城に居城した阿閉貞征が信長側についたと述べている。阿閉氏の浅井氏からの離反は、山本山城の開城を意味した。小谷落城の二十日余り前のことである。

この後、阿閉氏は信長の直参として活躍する。多くの浅井氏家臣が、北近江の浅井領を引き継いだ長浜城主の羽柴秀吉の家臣となったが、阿閉氏はその道はたどらなかった。[11] したがって、山本山城は横山城のように秀吉等の信長家臣が入り、改変などを加えていないと考えられる。ただし、阿閉氏自身が信長家臣となったので、織豊系城郭としての改造は想定されてもよい。

山本山城の構造　天正十年（一五八二）六月二日、「本能寺の変」が勃発すると、阿閉貞征・貞大は明智光秀に与同し、北近江の守護家出身である京極高次を戴き、秀吉の長浜城を占拠した。しかし、秀吉が光秀に勝利した山崎合戦の後、阿閉親子は長浜城を退去し、山本山城に籠城したが、すぐさま秀吉は阿閉親子を追い、一族もろとも殺害することになる。以上から、山本山城は元亀争乱時における朝倉氏勢力が入った形跡はないが、阿閉氏が信長家臣時代に改変された可能性があり、浅井氏家臣から信長家臣に転身した阿閉氏による歴史を、反映していると思われる。これを遺構面で確認してみよう。

山本山城は現在の長浜市湖北町山本集落の北に聳え山本山にあった城郭で、現在も主郭の土塁や、連郭式につながる尾根上の細長い縄張に、堀切など城郭遺構が良好に残存している。遺構は主郭を中心に東西約一五〇m、南北約四〇〇mにわたって広がる。主郭は約二mの高さの土塁によって囲まれているが、これは横山城南城と同じ構造であり、織田家臣となった阿閉氏による改造と考えることが出来る。虎口は基本的に平虎口であるが、これも横山城と矛盾しない。主郭南の曲輪は破壊が甚だしいが、主郭から東に下った所にある曲輪も南面を除き土塁で囲まれている。主郭から北に伸びる尾根には堀切で仕切られた曲輪が五ヶ所ほど続く。

全体に自然地形に沿って堀切と土塁を施した削平地からなり、虎口も単純な平虎口が基本である。これらから、現在の遺構は浅井氏家臣時代の城郭をベースに、織田氏家臣へ転身した阿閉氏が改造を加えた城郭と見られ、朝倉氏による改変はないものと考える。織田信長家臣となってからの土塁の構築・補強が最大の改変であろう。

4　中島城・丁野山城の歴史と構造

文献から見た中島城・丁野山城　『信長公記』の元亀二年（一五七一）八月二十六日条によれば、織田信長は小谷城と山本山城の間（五十町弱）の「中嶋」に陣を置き、足軽に命じて余呉・木之本をことごとく放火した。浅井氏は小谷籠城に当り、小谷城と山本山城の防衛ラインを重視しており、それより以北の浅井領へ攻撃を加える場合は、このラインを遮断する橋頭堡を必要とした。これが、中島城付近の地と考えられる。なお、現在の丁野集落はほぼ一塊村として存在するが、かつては「中嶋」や脇坂など複数の山麓・丘陵にある小村に分かれていたと見られる。[12]それらが、後に中央の沖積平野の微高地に塊となり、現在の小谷丁野町の集落になっていると考えられる。したがって、中島城は「中嶋」集落の城郭という意味である。

小谷城と山本山城の防衛ラインについては、『信長公記』に翌年の元亀三年(一五七二)についても記述があり、三月七日に信長は小谷城と山本山城の間に野陣をかけ、余呉・木之本を放火したとある。この余呉・木之本への攻撃は、浅井側から見れば「節所」を越えた形だが、足軽すら応戦して来なかったと『信長公記』は記す。また、同年七月二十三日、織田信長は軍勢を派遣し、余呉・木之本地蔵をはじめとして堂塔伽藍・名所旧跡一宇も残らず焼き尽くしたとある。この時も、橋頭堡として中島城を使用したと見られるし、同地や同城を信長側も「節所」と認識していた事実が認められる。

天正十九年(一五九一)の墨書を持つが、その描き方から江戸後期のものと考えられる「江陽浅井郡丁野山古砦之図」には、中島城の城主として「中島総左衛門」・久保田将監の名前を記す。[13]後者は不詳だが、中島宗(総)左衛門は浅井長政の重臣として、苅安城にも派遣されていたことは先述した。ただ、この絵図にもあるように、中島城から東へ続く尾根には、三田崎六郎右衛門や山崎新左衛門(吉家)などの朝倉氏の家臣の名が見えており、「節所」として浅井軍と朝倉軍が共同で守備していた可能性が高い。朝倉氏勢力による城郭の改変が想定される。

丁野山城については、『近江輿地志略』では「越前朝倉の家士堀甚介・久保田堪十郎・平泉寺の衆徒玉泉坊」が浅井氏軍の援軍として立て籠もっていたとされる。[14]また、『朝倉始末記』では元亀三年(一五七二)十二月三日の朝倉義景退陣の際、大嶽と共にこの城に番勢を置いたと記述されている。[15]さらに、『信長公記』の天正元年(一五七三)八月十二日条では、朝倉勢が入った大嶽陥落後、「直ちに又、ようの山、信長御取り懸け候、平泉寺の玉泉坊番手として楯籠り候、是れも御侘言申し、罷退く」とある。「江陽浅井郡丁野山古砦之図」では、総大将として浅井山城守の名前が見えるが、守将として越前玉泉坊・堀江甚介とある。これらの記述から、丁野山城は朝倉勢が入っていたのは間違いなく、その城郭技術によって築城されたと見られる。

中島城・丁野山城の構造　中島城は主郭の西に、大きな枡形虎口状（馬出状）の曲輪を配し、東側は二〇ｍほど離れた尾根を堀切で遮断する形を取っている。直線土塁や食い違い虎口・枡形虎口の存在から、朝倉氏の城郭技術が入っていると見て間違いない。丁野山城は、ほぼ四角形の主郭に横堀をめぐらし、その南北に櫓台と堀切を配する構造である。主郭に横堀を回す形状は、小谷城大嶽と近似しており、朝倉氏の築城技術によるものと判断してよいだろう。これらの構造上の特徴は、朝倉勢による築城・改修を示す文献と一致する。

5　小谷城の大嶽・福寿丸・山崎丸

小谷城の築城と構造　長浜市教育委員会（歴史遺産課）は、令和二年三月に『史跡小谷城跡総合調査報告書』を発刊し、同城に曲輪総数一五二五、土塁総数三一、竪堀・堀切総数四〇を確認したと記している。ここでは、その成果を取り入れながら、戦国大名浅井氏の居城である小谷城を紹介する。[16]

小谷城は、第二章二の図2に見るＡからＧの七つの曲輪群に分けられる。

Ａ　番所・茶屋・馬屋・桜馬場・広間・（本丸）鐘丸
Ｂ　中丸・京極丸・小丸・山王丸
Ｃ　六坊
Ｄ　大嶽
Ｅ　金吾丸・出丸
Ｆ　福寿丸・山崎丸

G　月所丸

A群とB群の間に大堀切があり、主要部はA群の本丸（鐘丸）の後背にB群がある二重構造の城郭である。ここでは、浅井氏が単独で築城したと見られるA～C及びEの解説は省き、元亀争乱以降に信長との戦いのために加勢した朝倉氏による改修が想定されるD大嶽とF福寿丸・山崎丸について考察を加える。

大嶽・福寿丸・山崎丸（D・F群）　大嶽・福寿丸・山崎丸は、小谷山頂から西尾根に展開する。東尾根のA・B曲輪群に比べて防御施設（特に竪堀）が周辺に存在しない、個々の独立性が高い曲輪群である。その分、短期間に築城・改修されたことを示すが、元亀争乱に際して朝倉勢が入り、越前流の築城技術によって改められたと見られる。

これを文献で確認すると、『信長公記』元亀三年（一五七二）の項に「朝倉左京大夫義景、人数一万五千ばかりにて、七月廿九日、浅井居城大谷へ参着候、然りといへども、此表の為躰見及び、抱へ難く存知、高山大づくへ取上り居陣なり」とある。『朝倉始末記』によれば、朝倉軍は八月三日に大嶽に入り、十二月三日まで、四ヶ月にわたり在陣したという。[17]これらの記事からは、越前朝倉氏の援軍が大嶽に入城し改造を加え、さらに横堀を穿つなど構造上類似する福寿丸・山崎丸も同じく改造したと考えられる。

また、元亀三年（一五七二）八月三日付け、嶋四郎左衛門宛て「浅井長政書状」に「義景去晦日御着陣、昨日ニ知善院尾筋被寄陣候」とある。[18]知善院は小谷城の西尾根の麓にあり、「知善院尾筋」は福寿丸・山崎丸がある小谷城西尾根を指すことは明らかである。両曲輪には越前勢が入っていたことが確認でき、その勢力による改造が想定できる。

江戸時代初期と見られる三月十四日付け下坂久左衛門宛て「下坂正治書置」（下坂文書）では、下坂正治が小谷籠城時に与えられた浅井氏からの安堵状などを「山崎丸より水之手へ取入之時持せ候者討死」したので失ったと述べている。[19]この文書から、小谷城合戦当時から「山崎丸」の呼称があったことが知られる。その曲輪名は、朝倉義景重臣の山崎吉家が構築したとの伝えがあるが、この伝承も越前勢による改修を示すものだろう。

大嶽・福寿丸・山崎丸の構造　先に紹介した佐伯哲也氏の著書によれば、大嶽の主郭は食い違い状の枡形虎口二つを配し、周囲の土塁の上幅が七ｍと広い点など、朝倉氏の改修は明らかとする。さらに付け加えれば、主郭の周りには横堀が造られているが、これも浅井氏の城郭技術にはないものであろう。佐伯氏は主郭から南に出張った曲輪を、石垣の使用などから浅井氏の築造と見るが、当地の土塁は直線に伸びており、福寿丸・山崎丸や長比城西曲輪の土塁に近い。大嶽は全体的に文献が示すように朝倉氏によって改修された遺構と評価してよい。

また、福寿丸・山崎丸の任務は、西尾根を遮って敵兵が大嶽に至らないよう防御を行なうことだったと佐伯氏は指摘する。確かに、両城は竪堀や横堀を駆使して、尾根の封鎖を行なっている。この点からしても、大嶽との一体性が考えられ、朝倉氏勢力による改造は当然想定されよう。さらに、枡形虎口の採用、土塁の直線化など、浅井氏の城郭にはない特徴も備えている。文献が示すように、この福寿丸・山崎丸も朝倉氏が改修を行なったとみなしてよいだろう。

6　虎御前山城の歴史と構造

『信長公記』から見た虎御前山城　虎御前山城は、浅井氏の小谷城攻撃のための付城として著名だが、文献的には『信長公記』の記述以外は皆無と言ってよい。同記の元亀元年（一五七〇）六月二十一日条では、近江に侵攻した信長が小谷城を攻撃するため虎御前山まで進出し、伊部集落東にある雲雀山へ味方の軍を入れ、「信長公は諸勢を召列れられ、虎御前山へ御上りなされ」とある。翌日には浅井軍の攻勢にあい、簗田左衛門太郎・中条将監・佐々内蔵介を殿として、伊吹山の麓の弥高（米原市弥）まで退却している。この時は、一日の在陣であり城郭としての普請・作事は行なわれなかったと推定される。

『信長公記』元亀三年（一五七二）七月二十一日条に、「浅井居城大谷へ推詰め、ひばり山・虎御前山に御人数上せらせ、佐久間右衛門（信盛）・柴田修理（勝家）・木下秀吉（秀吉）・丹羽五郎左衛門（長秀）・蜂屋兵庫頭（頼隆）仰付けられ、町を破らせられ、一支もさゝへず推入れ、水の手まで追上げ、数十人討捕り」とある（括弧内は筆者註）。これは信長の小谷城攻撃を記すが、虎御前山は雲雀山と同格に扱われ、一時的な在陣場所となっており、この時も本格的な築城は行なわれていなかった。

虎御前山に城郭としての普請・作事の手が入るのは、小谷城の包囲を狭めるため、信長が先の小谷攻撃直後の同月（七月）二十七日から、翌月八日前後にかけて陣城を構築した時である。『信長公記』七月二十七日条に、「虎御前山御取出の御要害仰付けらる」とあり、八月八日条には「虎御前山御取出御普請程なく出来訖」とあり、十日余りでこの大規模な陣城を構築したことになる。その後に、この「取出」の「御座敷」からの眺望を長々と同記は記す。北は「浅井・朝倉高山大づく」、西は「海上」から比叡山から石山寺、東は「伊吹山、麓はあれて残りし不破の関」が望めると記す。虎御前山の主郭には、「御座敷」がある御殿状の建造物があったことになる。さらに、同城から宮部まで軍道を構築したことも記される。

下って、小谷落城を記録した八月二十七日条（実際は八月二十九日となる）に、小谷城小丸を攻め、浅井久政の首を取った秀吉が、虎御前山まで戻り、久政の首を信長の実検に供したとある。小谷落城時まで、この陣城が信長やその臣下の居所として機能していたことが確認できる。虎御前山城を文献的にみれば、信長やその家臣によって築かれ、その後の使用はなく、信長やその家臣築城の跡がそのまま残っていることになる。

虎御前山城の構造　城郭は小谷城の西方七〇〇mの山上に展開するが、南北の尾根に一五〇〇mにわたって複数の曲輪が点在する。天正十九年（一五九一）の年号が入るが、江戸後期の成立と見られる「虎御前山古砦図」[20]では、南から多賀貞能・蜂屋頼隆・丹羽長秀・瀧川一益・堀秀政・織田信長・佐久間信盛・木下秀吉・柴田勝家の陣所を示すが、江戸時代の伝承地を示すと見られる。南半分は滋賀県のキャンプ場が造成され破壊が甚だしいが、電波中継所以北（瀧川一益の陣以北）の北半分は良好に遺構が残っている。最高所に位置する主郭を織田信長の陣、その北の小谷城に対する曲輪を木下秀吉の陣とするのは、江戸時代の伝承とは言え可能性は否定できない。

基本的に削平地と堀切からなる遺構で、木下秀吉陣などでは土塁が見受けられる。ただ、最近になって、長谷川博美氏・高橋成計氏・髙田徹氏によって、佐久間信盛陣所と呼ばれる尾根とその南の尾根から、下方に向かって竪土塁が延び、麓でこの二つの竪土塁が合流する場所に虎口が認められると報告がなされた[21]。二つの尾根の間の谷にも遺構が認められるという。これらは、山上から山下へ出撃する通路を確保したもので、まさに秀吉等が出撃した小谷城攻撃ルートと考えられる。髙田氏によれば、天正九年（一五八一）に羽柴秀吉によって築かれた鳥取城の付城・太閤ヶ平（鳥取市）や、文禄・慶長の役で朝鮮半島南部に築城された倭城の登り石垣の先駆的遺構と見られるという。ただ、この竪土塁という先駆的な構造を持ちつつも、虎御前山城は基本的には削平地と堀切・土塁からなる構造で、文献に見る通り元亀争乱期の織田軍の城郭技術を示すものと考えていいだろう。

まとめ

以上の考察から、長比城東曲輪の形状を見直してみよう。そこでは、直線土塁は明確には確認できないが、枡形虎口は存在し、それも発掘調査から虎口内部に土塁を築き、導線を屈曲させる手法をとっていたことが知られる。土塁の構築や枡形虎口は、浅井氏時代の城郭をベースに朝倉氏勢力による改修がなされていると推定される。よって、長比城東曲輪は朝倉氏による改造が想定されると結論する。長比城西曲輪や須川山砦が朝倉氏によって新造されたにの対し、東曲輪は以前からあった浅井氏時代の城郭に、朝倉氏が改造を加えたものと見るべきだろう。

ところで、今回考察した「姉川・小谷合戦関連城郭群」の城郭は、表1に見るように、いずれも朝倉氏や織田氏の改造を受けており、浅井氏時代のオリジナルな城郭は一つも残っていないことが判明した。ただし、削平地のみで構成される横山城北城(西尾根を除く)は、浅井氏時代の城郭の本来の姿と考えることが出来るだろう。その意味では、まったく文献史料はないが、長浜市高月町磯野に所在する、浅井氏重臣磯野氏の居城磯野山城の形状は興味深い。(22) その構造は削平地も狭く、土塁も設けられない古いタイプの城郭と規定されている。土塁をともなわない削平地を連ねたのみの城郭構造を、元亀争乱以前の浅井氏城郭のオリジナルな構造として想定すべきであろう。

註

(1) 本書第二章一を参照。
(2) 佐伯哲也『朝倉氏の城郭と合戦』(戎光祥出版、二〇二一年)
(3) 中井均編『近江の山城を歩く70』(サンライズ出版、二〇一九年)

表１　元亀争乱関係城郭構造比較

苅安城	横山城北郭		山本山城	小谷城		中島城	丁野山城	虎御前山城	磯野山城
	北城	南城		大嶽	福寿丸・山崎丸				
○	○	○	○	○	○	○	○	○	○
○	○	○	○	○	○	○	○	○	
○			○		○	○	○	○	○
					○	○			
○				○	○	○			
○				○	○	○			
○		○		○	○	○	○		(○)
				○	○		○		
○									
	○	○							
○		○	○	○	○	○	○		
								○	
朝倉氏による改修	浅井氏の城郭、織田氏改修	織田氏による改修	織田氏時代の改修	朝倉氏による改修	朝倉氏による改修	朝倉氏による改修	朝倉氏による改修	織田氏築城	(浅井氏時代の城)

（4）滋賀県教育委員会『滋賀県中世城郭分調査』六（一九八九年）を参照。

（5）奥野高広・岩沢愿彦校注『信長公記』（角川文庫、一九六九年）による。以下の『信長公記』からの引用も同書からによる。

（6）『群書類従』二一　合戦部（続群書類従完成会、一九六〇年）所収

（7）前節参照。以下の苅安城に関する史料出典についても同様。

（8）滋賀県教育委員会「大原観音寺文書」（一九七五年）による。

（9）東京大学史料編纂所『大日本史料』第十編之四（東京大学出版会、一九六九）元亀元年六月二十八日の条

（10）『総見記』一二「御曹司御元服事、付江州所々軍事・同善祥降参事」（京都大学貴重資料デジタルアーカイブ）の項。

（11）阿閉氏については、本書第四章四を参照。

（12）丁野区誌編纂委員会編『しか湖北　丁野誌燦』（二〇〇五年）

（13）長浜市長浜城歴史博物館『姉川合戦四五〇周年記念　信長苦戦す！　元亀争乱と湖北』（二〇二一年）に写真が掲載されている。

（14）『校定頭注　近江輿地志略』（歴史図書社、一九六八年）による。なお、同書は丁野山城を「芝山古城址」と表記している。

（15）「朝倉始末記」日本思想大系17『蓮如　一向一揆』（岩波書店、一九七二年）

（16）長浜市教育委員会『史跡小谷城跡　総合調査報告書』（二〇二〇年）

（17）註（15）に同じ

（18）「嶋記録」所収文書。「嶋記録」の翻刻は、滋賀県教育委員会『滋賀県中世城郭分調査』七（一九九〇年）所収に従った。

城郭技法	縄張構造	長比城		須川山砦
		西郭	東郭	
浅井氏時代の城郭技法	削平地	○	○	○
	土塁	○	○	○
	堀切			
朝倉氏による改修技法	直線土塁		○	○
	枡形虎口	○	○	○
	食い違い虎口	○	○	○
	竪堀		○	○
	横堀			
	畝状竪堀			
織田氏による改修技法	二重堀切			
	土塁囲いの曲輪	○	○	○
	竪土塁			
	文献等による特徴	朝倉氏による改修の可能性	朝倉氏による改修	朝倉氏による改修

(19) 本書第五章三を参照。
(20) 註(13)書に写真が掲載されている。
(21) 註(3)書参照
(22) 註(3)書参照

第四章　戦国大名浅井氏の家臣団

一　浅井氏家臣団の実像

1　浅井氏家臣団の実態

上層と下層の家臣　戦国大名浅井氏の家臣団について、まずは小和田哲男氏の所説を紹介しよう(1)。同氏によれば、旧国人領主である上層家臣と、土豪である下層家臣に分かれていたと指摘されている。上層家臣としては、磯野氏・上坂氏・赤尾氏・堀氏・今井氏・安養寺氏・三田村氏・雨森氏・海北氏・大野木氏が上げられている。彼らは京極氏家臣から、そのまま浅井氏家臣になった者が多い。下層家臣に当たる層は、村落領主であり土豪・地侍とも言われた。彼らは上層家臣に属する形で、いわゆる陪臣として浅井氏に仕える形をとったと考えられている。小和田氏は下層家臣の例として、坂田郡南部の天野川流域の土豪たち、岩脇氏・井戸村氏・嶋氏を上げている。彼らは上層家臣に当たる坂田郡箕浦（米原市箕浦）の今井氏に属する形で浅井氏に仕えたとするのである。

浅井氏の家臣団の居城には、基本的には彼らの本貫地の城館が当てられた。上層・下層に関わらず浅井氏家臣は、村落の領主としての面を持っており、一方で大地主としての一面を持っていた。統治・所有する土地がある以上、彼らは本来の居住地からは離れることはできず、浅井氏もそれらの領地を追認するしかなかった。逆に言えば、織田信長のように領地替えを行なえる程、浅井氏の家臣統制は成熟していなかったと説く。浅井氏家臣団の多くは、その本来の居住地に築かれた、七十メートル前後の堀と土塁に囲まれた方形の地を城館とし、村の百姓を被官(家臣)として、村の防衛と浅井氏からの軍事動員に応えていたのである。

家臣団への浅井氏の介入　ところが、浅井氏の戦国大名としての権力が、長政段階で確立していくと、この家臣団の秩序に大きな変化が生じるようになると述べる。それは、上層クラスの家臣を本貫地から離し、新たな城に送り込むという形である。その典型的な例は磯野員昌の佐和山城配置であった。『江濃記』によれば、その時期は永禄四年(一五六一)のことであった。

磯野員昌は伊香郡磯野(高月町磯野)を本拠とする上層家臣であったが、遠く南に離れた浅井氏の「境目の城」佐和山城へ配置されることになった。さらに、元亀元年(一五七〇)六月の姉川合戦の後には、坂田郡南部に本拠を持ち、上層家臣の今井氏に従っていた浅井氏下層家臣たちが、この磯野員昌について佐和山城に籠城するという状況となった。その家臣たちとは、先に上げた岩脇氏・井戸村氏・嶋氏の他に、河口氏なども含まれている。つまり、天野川流域の土豪たちは、今井氏の指揮下から離れ、新たに磯野員昌の軍事指揮下に置かれるようになったことを示している。

これは、浅井氏が上層と下層の家臣間にあった主従制を否定し、下層家臣の土豪層も、浅井氏によって直接掌握するという方向性を示すという。この現象は、永禄四年(一五六一)六月二十日付けの浅井長政書状(垣見文書)によっても証明することができる。本書によれば、垣見助左衛門尉の一族・垣見新次郎が、赤尾新兵衛尉のもとで合戦を戦っていた。しかし、これは一時的な配属替えであり、新次郎は長政に預け置かれた形で赤尾氏に従っているのだとする。ここで、したがって、合戦が終了すれば新次郎を垣見氏へ返すと、長政が垣見助左衛門尉に約束している内容である。

垣見氏家臣であった新次郎を、長政の権限で一時的にせよ、他の浅井氏家臣に配属させるという現象が起きていたことを知ることができる。

このように、強固な戦国大名を目指す浅井氏は、家臣間にある主従性の解体を行なうことを目指していた。その主従制を否定して、陪臣に当たる家臣も、浅井氏の意思のもとに、自由に配属替えできる体制を確立することを考えていたのである。浅井氏はこれを完全には行なえていなかったが、その方向性を持っていたことを小和田氏は強調する。

浅井氏家臣団論の問題点　以上が、小和田哲男氏の論説に従った浅井氏家臣団の基本的な編成と、戦国大名化にともなう変化の状況である。しかし、この説明にはいくつかの課題も残っている。それは、浅井氏家臣団を上層・下層に明確に区分けすることが困難だという点である。先に上層家臣として上げた中で、上坂氏・赤尾氏・堀氏・安養寺氏・三田村氏などは、京極氏家臣としても名が見え、国衆的存在として差し支えないが、磯野氏・雨森氏・海北氏などは、浅井氏時代から台頭した村落領主であり、その領主規模においても、磯野氏以外は一般の下層家臣と大きな相違が見られない。

また、長政時代の上層家臣には、この他に阿閉貞征・遠藤直経・中島直親などがいるが、彼らは京極氏家臣の系統ではなく、村落領主から台頭し長政によって重用された人々である。上層家臣と下層家臣の壁は固定的なものでなく、時代によって変化することをつけ加えるべきであろう。

さらに、下層家臣が上層家臣に従っていたという構図も、小和田氏が例に挙げた天野川流域の家臣たち以外には証明できない。小和田氏は『嶋記録』をもとに、今井氏のもとに下層家臣である岩脇氏・井戸村氏・嶋氏が従ったとする。しかし、現在も家伝文書が残る坂田郡宮川村（長浜市宮司町）の垣見氏や、坂田郡常喜村（長浜市常喜町）の加藤氏、それに坂田郡長岡村（米原市長岡）の郷氏は明らかに村落領主で、上層家臣とは考えられないが、いずれも浅井久政・長政からの文書を直接受け取っている。彼らが上層家臣の下にいた陪臣だったとしたら、浅井氏当主から直接文書を下されることはあり得ないであろう。

以上のように、浅井氏の家臣団内において、上層と下層、国衆的存在（前者）と土豪・地侍（後者）との区別を明確につけることは、きわめて困難なのである。先述した佐和山城主となり坂田郡南部の土豪たちをまとめた磯野員昌、後述する赤尾清綱は、浅井氏家臣団内で抜きん出た地位にいたことは明白だが、それ以外の家臣については、浅井氏の当主文書や家臣文書を再検討して、個別の家臣ごとに、その役割や地位を明らかにする作業が必要であろう。

浅井氏重臣「雨海赤」　浅井氏の家臣と言えば、「雨海赤の三傑」（『近江輿地志略』）という言葉がある。あるいは、「海雨赤の三士」（『淡海木間攫』）とも、「海北善右衛門・雨森弥兵衛・赤尾作州小谷三人衆」（「嶋記録」）ともされる。[2]すなわち、浅井氏家臣の内、雨森氏・海北氏・赤尾氏が特に重臣であったとする考えで、「嶋記録」はこれを「老分」と表現している。近世でいう家老であろう。結論から言うと、これは『浅井三代記』によって創作された話と考えられる。同記では亮政の段階から、三氏がずば抜けて活躍したように描くが、これは古文書など一級史料からは、まったく確証が得られない話である。以下、三氏について、歴史的事実として分かっていることを紹介しておこう。

海北氏と雨森氏　海北善衛門尉は、名を綱親といい安土桃山期の画家として著名な海北友松の父にあたる。彼の名が古文書上に表れるのは、年未詳正月十三日付、島秀安宛の葛岡入道宗三書状（「嶋記録」）に、「海善」と「雨弥」が討ち死にしたとの記事が見えるのみである。[3]「海善」は海北善右衛門尉の略であり、「雨弥」は雨森弥兵衛の略であろう。この二人の死亡記事が事実かどうかは不明だが、浅井氏家臣としての海北善衛門尉綱親の姿が、良質な史料に見えるのはこの一点のみである。海北家が浅井氏重臣とする話は、後に友松という大画家を出し成功した海北家を顕彰するため、『浅井三代記』の著者が捏造したものと考えたい。(4)

次に雨森氏であるが、その当主と見られる弥兵衛が、古文書上に登場するのは、上記の「嶋記録」所収文書と、天文十三年（一五四四）五月一日付、垣見助左衛門尉宛ての浅井久政書状（「垣見文書」）のみである。(5)この文書では、浅井久政が垣見氏に対して「下坂又次郎遺跡」などを与えるのに際して、使者を雨森弥兵衛尉がつとめていたことが分かる。

また、弥兵衛以外の雨森氏の名は、松江「雨森文書」に雨森次右衛門尉、その弟の菅六の名が見えている。前者は永禄四年（一五六一）二月九日に浅井賢政（長政）から感状を得たが、姉川合戦で討ち死にしている。この家系については後述する。一方、福島「雨森文書」には、雨森氏の氏寺の妨害者があれば届け出るようにと、浅井亮政から天文七年（一五三八）十二月二日に「雨森殿」が指示を受けている文書がある。(6)これらの文書からは、雨森弥兵衛はもちろん、同氏が浅井氏重臣であったことを確かめることはできない。雨森氏が浅井氏重臣であったことも、『浅井三代記』による捏造と考えた方がよい。ただ、なぜ雨森氏を重臣として扱ったかについては、海北氏のように明確な理由は見出し得ない。同氏出身とされる対馬藩の儒学者雨森芳洲が活躍するのは、『浅井三代記』編纂後のことである。(7)

筆頭宿老・赤尾清綱　最後に赤尾美作守（作州）清綱であるが、彼が浅井氏の重臣であったことは、他の二氏とは異なって歴史的事実と言えよう。特に長政の時代には、その筆頭宿老としての地位を確立していた。永禄四年（一五六一）七月一日に浅井氏方の太尾城攻撃に際して、今井定清が味方討ち（背後から誤って討たれる）にあう事故が起きた。この事故を、赤尾清綱が今井一族やその家臣たちに謝罪している同月三日付けの文書が「嶋記録」に掲載されている。(8)ここで、赤尾氏は「末代於浅井家遁不被申子細候、備前守（長政）其覚悟勿論候」と述べ（括弧内は筆者註）、浅井家や長政に代わって謝罪につとめている。赤尾清綱は、まさに浅井長政の名代になり得る立場にあったのである。

また、小谷城における重臣たちの屋敷地は、その多くが清水谷に置かれたが、赤尾氏屋敷のみは、山上の本丸東に置かれたとされ、現在もその跡が曲輪として現存する。浅井長政は、元亀四年（一五七三）九月一日の落城の際、この赤尾屋敷において自刃したと伝える。赤尾氏のみ清水谷にではなく、本丸近くに屋敷を持てた事実は、浅井氏家臣団において、赤尾氏が特別な地位を与えられていたからであろう。(9)

以上のように、浅井氏家臣団の構成については、「雨海赤の三傑」の伝承は根拠がなく、少なくとも長政段階では、赤尾清綱を頂点とした構成を想定すべきだと考えている。赤尾氏以外では、織田信長との戦闘の中で、支城主として登場する堀秀村・磯野員昌・阿閉貞征・浅見対馬守らは、軍奉行として特別な地位にあったことが予想される。また、「竹生島文書」(10)の中で島と関係者の利害調整に奔走する中島直親や遠藤直経も、長政側近として特別な役割を担っていた可能性がある。

2　浅井氏家臣と江戸時代

浅井氏遺臣たちの行方　浅井氏家臣たちは小谷落城後、織豊政権や徳川政権の大名、あるいはその家臣として武士になるか、農民・大地主として村に残るかの選択を迫られたことはよく知られている。ここでは、武士の道を選んだ人々について、若干の事例を上げて考察しておこう。まず、浅井氏の家臣としては支城主クラスであった堀秀村・磯野員昌・阿閉貞征らは、直接信長に仕えることになる。しかし、秀村は天正二年（一五七四）に改易となり、員昌も天正六年（一五七八）に突然逐電している。貞征はその子・貞大と共に、本能寺の変後の戦いで明智光秀方につき失脚した。[11]

一方、浅井氏の土豪クラスの家系から出たと推定される藤堂高虎・小堀正次・新庄直頼・片桐且元・脇坂安治・田中吉政らは、豊臣大名として順調に出世し、本人及びその一族は近世大名としても存続することになる。宮部継潤は豊臣大名とはなり得えたが、関ヶ原合戦時の対応を誤り近世大名としては残らなかった。[12]この他、浅井氏家臣たちには、豊臣政権や徳川政権の大名家臣となり、江戸時代に武士となった家が多数あった。織豊期の史料や、江戸時代に残った大名家の家臣団由緒書・系譜や分限帳を見れば、北近江出身者を多く見出せる。[13]ここでは一例として近江側の地元史料から、小谷落城後の一族の行方が追跡できる嶋氏の例を取り上げることにしよう。

坂田郡飯村（米原市飯）の土豪である、嶋氏の年代記「嶋記録」は、戦国時代の同家に伝来した古文書を集成した記録として、その史料的価値は高いと言われている。その冒頭に、浅井長政時代の当主である嶋秀安から、五代後まで記された系譜が掲載されている。この系譜をもとに、嶋氏一族のその後を追ってみよう。[14]

嶋一族の仕官先　小和田哲男氏は、この系譜を系図として整理し、嶋一族が大名家に仕官したことを次のようにまとめておられる[15]（系図参照）。秀安の孫の世代であるが、①太郎右衛門尉は宮城豊盛に仕官するが、後に大坂で商人になっている。太郎右衛門尉の弟②八郎五郎は、天正十二年（一五八四）の長久手合戦で戦死。その弟③作右衛門尉は、天正十三年（一五八五）、秀吉の紀州攻めに際して和泉国千石堀城（大阪府貝塚市）で戦死している。さらに、その弟④兵蔵は佐和山城主であった堀秀政に仕え、小田原北条氏攻めで高名を上げている。

その次世代では、⑤秀次が片桐且元に仕え、その弟の内⑥金右衛門尉が、且元の甥に当たる片桐石見守貞昌に仕えた。⑦三郎左衛門尉は土佐国にいると記されているので、山内一豊の家臣になったと推定される。また、その次世代

［嶋氏系図］

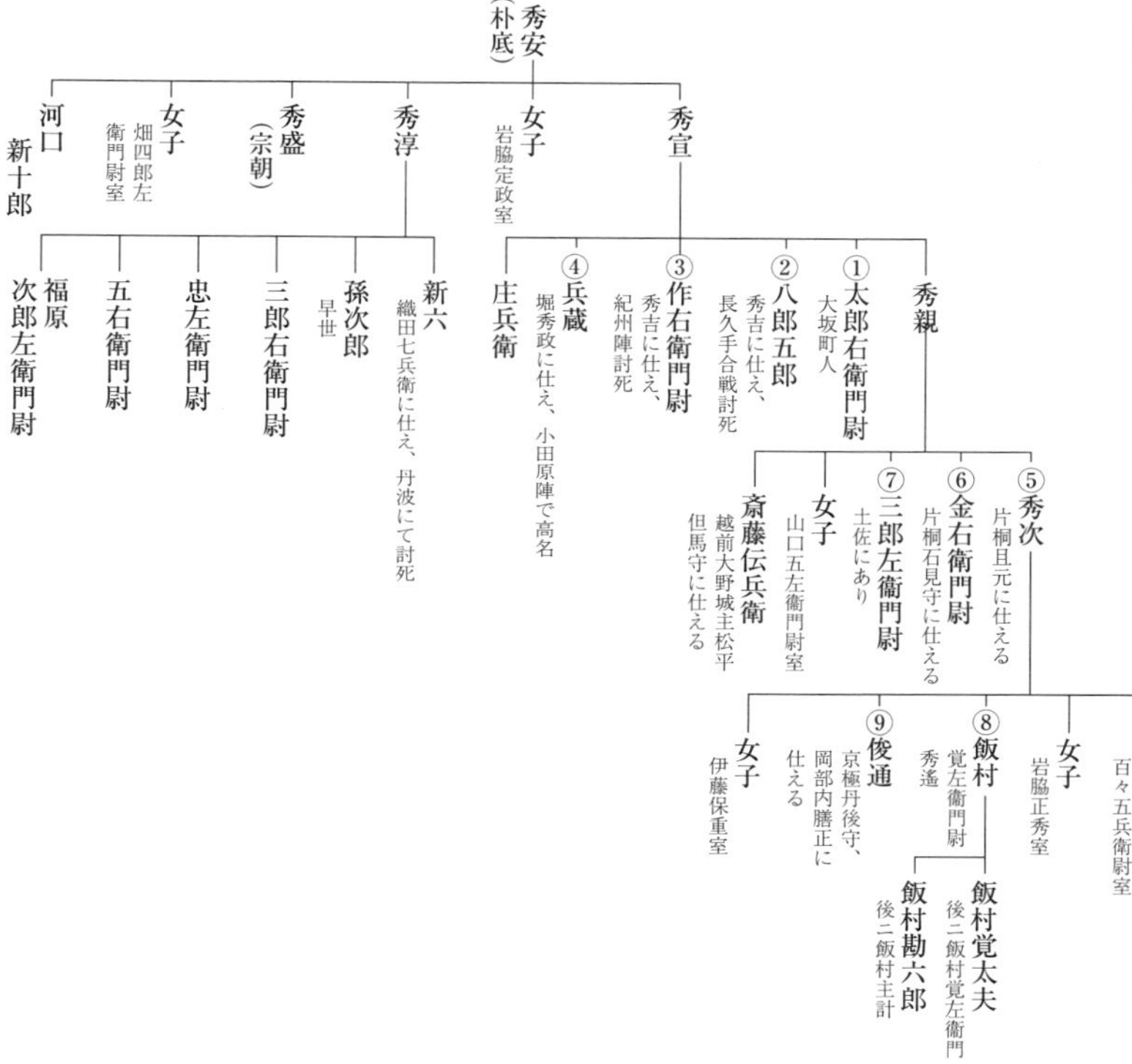

の⑨俊通は丹後宮津城主だった京極家に仕えた後、岸和田城主の岡部行隆に仕えたと記載している。[16]この「嶋記録」所収系譜を、仕官先の史料から確認できる例が二例見つかったので紹介しておこう。

まず、④兵蔵については、土佐藩士となっていたことが判明した。土佐国山内家の藩士の由緒書『御侍中先祖書系図牒』[17]によれば、世禄八十石の近藤霞帆の祖先は、島四郎左衛門秀宣であるという。秀宣には男子が五人あり、末弟が島勝右衛門秀成で、前名を兵蔵（④）と言ったと記す（「嶋記録」にある六男の記述はない）。この土佐側の系図には、長男秀親、二男太郎右衛門尉秀通（①）、三男八郎五郎俊氏（②）、四男作右衛門俊秋（③）の事跡を載せるが、これは名乗りなどが「嶋記録」の記述と一致する。五男に当たる兵蔵は、「嶋記録」に記述があった通り、堀秀政に仕えたのち、天正十三年（一五八五）長浜城主となった山内一豊に仕え、小田原攻めに際し伊豆国山中城（静岡県三島市）で高名を上げたと記している。一豊の弟・康豊に従い、土佐国幡多郡中村城下（高知県四万十市中村）に居住、寛永七年（一六三〇）九月十八日に死去している。

このように、出身地である近江側の「嶋記録」と、出仕先である土佐側の『御侍中先祖書系図牒』の記述がまったく一致する事例はきわめて稀で、浅井氏遺臣の確実な動向が追えるケースとして貴重である。

刈谷藩士の嶋氏　次に、嶋家の嫡流に当たる⑧飯村秀遙であるが、「嶋記録」では元禄二年（一六八九）二月十七日に七十七歳で死去と、没年まで記されているにも関わらず、仕官先はまったく分からなかった。しかし、筒井稔氏の研究によって、徳川秀忠や家光の側近として知られる土井利勝の三男・利長に仕えたことが明らかになった。(18)土井利長は一万石を兄・利隆から分与され、正保元年（一六四四）に大名として独立するが、万治元年（一六五八）にさらに一万石の加増を受ける。当初の所領は下野国足利郡であったが、寛文三年（一六六三）七月十一日に二万三千石をもって、三河国西尾城（愛知県西尾市）の城主となっている。この土井家は、四代利信に至って同国刈谷へ転封となる。

この土井利長の家臣記録である『諸役原始』には、家老・番頭・奏者・者（物）頭・留守居に次ぐ重臣「本〆」として、飯村覚左衛門が見えており「嶋記録」に見える飯村覚左衛門尉秀遙と同一人物と考えられる。さらに、秀遙の事跡を『諸役原始』や『江戸・刈谷亀城諸臣略家伝』など土井家の史料によって追うと、少なくとも正保三年（一六四六）から利長に仕えていたことがわかり、その没年月日は「嶋記録」とまったく一致する。また、同二書によれば、「嶋記録」に記載された秀遙の子である覚太夫と勘六郎の二人も、父の跡を継いで土井家に仕えていたことが記されている。兄弟共に一時期、姓を嶋に改めているが、最終的には飯村に復している。この後両家とも、当主の部屋住みや隠居時代に嶋姓を使うのを慣例としている。

秀遙以降の飯村氏　秀遙子の二人の内、覚太夫は父の覚左衛門を襲名、名を秀通といい同藩の旗奉行・用人を歴任した重臣となった。弟勘六郎は半太夫と名乗り、名を秀常と言った。用人を経て家老職に登り詰めている。両家とも幕末まで刈谷藩士として存続するが、分家筋の半太夫家は、代々家高が二百石から三百石で、藩内最上位を占め、家老や用人など藩の要職をつとめる者を多く出している。

この半太夫秀常の跡を継いだ養子・秀盈は、近江国坂田郡本郷村（米原市本郷）の百々五兵衛の二男であった。浅井長政の家臣であった秀安からすると、実に六代後の子孫となる。実はこの秀盈の実家・百々家が、現在まで「嶋記録」を伝えてきた家で、本郷村の帰農した土豪層の家系であった。[19]江戸中期に至っても、もと土豪層とはいえ有力農民から、譜代藩の家老クラスの家へ養子に入った人物がいたという事実は、武士と農民という身分制が確立されていた江戸時代の常識を、大きく覆すものであろう。

実は近江の事例においても、帰農した浅井氏家臣の家と、武士身分との通婚・養子取などは、元禄年間（一六八八～一七〇四）までは常時行なわれていた。[20]その意味では、江戸時代における兵農分離は、実態的には完全に行なわれていなかったと言ってよい。[21]近世大名の家臣と、旧土豪層の村落上層民は、両者とも戦国大名の旧臣で親類である場合も多く、特に江戸前期には頻繁に交流がなされたのである。浅井氏遺臣の具体的な仕官状況を知り得るものとして、この嶋一族に関する事例は、多くの事実を我々に語りかけてくれる。

麻生藩士となった加田氏　坂田郡加田村（長浜市加田町）には、浅井氏の時代に「加田七殿」と言わる七人の地侍がいたと伝承されている。その名は、加田孫左衛門・同九郎左衛門・同権左衛門・同甚兵衛・同右近衛門・同新八・同重右衛門で、この内の九郎右衛門・新八を除く五人の屋敷跡が復元できる。[22]特に、権左衛門は坂田郡朝妻城（米原市朝妻筑摩）の城主で、秀吉に仕えた新庄直頼が、慶長九年（一六〇四）に藩主となった常陸国麻生藩（茨城県行方市麻生）の家老職なったこと知られている。[23]加田あるいは神田を名乗っていたが、その加田村の屋敷の管理を任された旧家には、「神田　権左衛門事　民衛秀一」と署名のある書状が残っており、その末裔の麻生藩士神田（加田）家の子孫・弥右衛門等からは、加田村の枝柿を送られた礼状も含まれる。

また、上記の「加田七殿」とは別に、加田源兵衛の子孫は彦根藩士となっており、延宝七年（一六七九）の坂田郡柏原村検地にも携わっている。さらに、井伊直弼が暗殺された際に行列の先頭を行き即死した加田九郎太はその子孫という。[24]

出雲松江藩士となった雨森氏　出雲松江藩士に雨森甚太夫家があった。[25]藩士の来歴を示す『列士録』によれば、最大の石高は四百石で、御軍用方奉行や藩校の修道館奉行を務めた中級家臣である。永禄四年（一五六一）二月九日付けの浅井賢政書状や、元亀元年（一五七三）九月十一日付けの磯野員昌書状を所蔵し、浅井氏家臣であったことは確実で、後者から姉川合戦にも出陣していたことが分かる（文書はいずれも、平成二十年に松江市へ寄贈されている）。

浅井氏滅亡後は、浅井郡高田村（長浜市湖北高田町）の地侍・渡辺勘兵衛に仕えたが、島原の乱での戦功が認められて松江藩松平家の家臣となったようである。松江藩士となった後も、長政や員昌の書状を持ち続けた事実は、浅井氏仕官が武士としての原点と考えていたからであろう。

近世から遡及的に考える土豪の姿

以上、嶋氏・加田氏・雨森氏のように、近世大名の家臣となった浅井氏旧臣（土豪・地侍）の家系は枚挙に遑がないだろう。彼らは嶋氏や加田氏のように、近世の藩士となった後も、北近江の本貫地の住民と交流や文通を続けていた。この江戸時代の状況から、中世の村落内の土豪・地侍と村落住民との関係を遡及的に考察することが可能となる。土豪・地侍と村落住民の関係を示す同時代史料に恵まれないなか、この手法は有効と考えるが、具体的な考察は第五章に委ねることにする。

註

（1） 小和田哲男『近江浅井氏』（新人物往来社、一九七三年）。本書は、同『近江浅井氏の研究』（清文堂、二〇〇五年）として改訂版が出されているが、所見は前者の方が分かり易く解説されている。以下所見は同書による。

（2） 『近江輿地志略』は『校定頭注　近江輿地志略』（歴史図書社、一九六八年）、『淡海木間攫』の該当部分は滋賀県地方史研究家連絡会『近江史料シリーズ7　淡海木間攫』（滋賀県立図書館、一九九〇年）、「嶋記録」は滋賀県教育委員会『滋賀県中世城郭分布調査』七（一九九〇年）の翻刻（拙稿）によった。

（3） 「嶋記録」は、註（2）を参照。

（4） 海北友松の出自については、「海北友松夫妻像」の賛や「海北家由緒書」によって、近江国坂田郡の出で、佐々木大原氏の末裔に当たるとする。上記二書は、友松の孫の友竹によって記されたものだが、明らかに先祖を近江源氏に結び付ける作為がある。海北家については、「江州佐々木南北諸士帳」（滋賀県教育委員会『滋賀県中世城郭分布調査』五（一九八七年））が浅井郡瓜生村（長浜市瓜生町）を本貫としており、友松も同村の生まれとするべきと考える。「海北家由緒書」などでは友松の父・善右衛門や兄たちは天正元年（一五七三）の小谷籠城時に討死したが、友松は京都東福寺に預けられていたので助かったとする。なお、海北友松に関する基本的な文献は、海北顕英『海北友松とその族（珀清寺住職海北顕英遺稿集）』（私家版、一九八二年）、京都国立博物館開館一二〇周年記念特別展覧会『海北友松』（毎日新聞社など、二〇一七年）を参照。

（5） 小和田哲男『浅井三代文書集』（浅井家顕彰会、一九七二年）久政五

（6） 小和田哲男『浅井三代文書集』（浅井家顕彰会、一九七二年）亮政二〇

（7）雨森芳洲については、長浜市長浜城歴史博物館・高月観音の里歴史民俗資料館編『雨森芳洲と朝鮮通信使』（二〇一五年）参照。
（8）本章二参照
（9）第二章一参照
（10）遠藤直経については拙稿「姉川合戦で奮戦した遠藤直経」拙著『浅井長政と姉川合戦―その繁栄と滅亡への軌跡―』（サンライズ出版、二〇一一年、増補版二〇二三年）参照。
（11）堀秀村とその宿老の樋口直房については、拙稿「京極氏・浅井氏と江北の国人・土豪」米原市『米原町史』通史編（二〇〇二年）や谷口克広『信長と消えた家臣たち』（中公新書、二〇〇七年）を参照。磯野員昌については、本章三の他、谷口氏前掲書を参照。阿閉貞征・貞大については本章四参照。
（12）豊臣政権下で鳥取城主となった宮部継潤の子長熙は、関ヶ原合戦で西軍につき改易になったとされている（高柳光壽・松平年一『戦国人名辞典』（吉川弘文館、一九六二年））。長熙が関ケ原合戦の前、下野国小山からの西上の際に田中吉政に騙されて西軍となった旨を陳述した身上書が「宮部文書」に残っている『早稲田大學所蔵荻野研究室収集文書』上（吉川弘文館、一九七八年）。
（13）例えば、関ヶ原合戦後に筑後国柳川四十三万五千石となった田中吉政の分限帳には、「磯野」・「国友」・「口分田」といった北近江の地名を冠した家臣の名が並ぶ（「惣支配方玄蕃今高目録」『柳川市史』資料編Ⅱ（二〇一三年））。
（14）「嶋記録」の詳細については、本章六を参照。
（15）小和田哲男「浅井氏の滅亡と遺臣の動向」『歴史手帖』一〇―五（一九八二年）
（16）この嶋俊通は岸和田藩主岡部行隆に仕えたとされるが、同藩の家臣一覧にあたる年未詳「岡部家家中名録」（岸和田市立郷土資料館蔵）には、寛文九年（一六六九）十月に出仕した「嶋半兵衛」が記されている。俊通は最初、丹後国宮津藩京極家に仕えたとされるが、同藩が改易されるのは寛文六年（一六六六）である。しばらく牢人して岡部家に出仕したとすれば時期はよく合致する。この点から、「嶋記録」の俊通と、岡部家の「嶋半兵衛」は同一人物だろう。また、岸和田藩の元禄十三年（一七〇〇）十二月「御家中物成切米扶持方帳」『岸和田市史』三、別冊（二〇〇〇年）には、二十五石二人扶持の「嶋八右衛門」が記されるが、幕末の藩士録には嶋氏の記載はないとのことである。以上、山中吾郎氏のご教示を得た。
（17）オーテピア高知図書館保管「山内家資料」
（18）筒井稔「近江土豪「嶋」（飯村）氏の土井家仕官」刈谷市郷土文化研究会会誌『かりや』二二（二〇〇一年）。以下の刈谷藩士の嶋氏に関する記述は同論による。

（19）筒井稔「刈谷藩士飯村氏と百々家」『三河地方史研究』一八（二〇〇〇年）
（20）第五章三に下坂氏と近世大名家臣の通婚などについて記した。
（21）平井上総『兵農分離はあったのか』（平凡社、二〇一七年）参照
（22）滋賀県教育委員会『滋賀県中世城郭分布調査』六（一九八九年）参照
（23）ふるさと神田研究会『ふるさと　神田』（一九八七年）
（24）註（23）書
（25）西島太郎「松江藩士雨森家の残した文書群―「雨森文書」調査概要と文書目録―」『松江歴史館研究紀要』一（二〇一一年）

二　浅井氏家臣・赤尾氏の基礎的研究

はじめに

戦国大名浅井氏の家臣団研究について、私は前節において個別の家臣ごとに、その役割や地位を明らかにする作業が必要と述べた。本節以降は家臣の個別研究を行なう。まず、浅井長政の時代、その筆頭宿老と目される赤尾清綱を出した赤尾氏について、文献を中心に基礎的な考察を試みよう。(1)

なお、これも前節で触れたが、江戸時代において、浅井郡瓜生村（長浜市瓜生町）の海北氏、伊香郡雨森村（長浜市高月町雨森）の雨森氏、伊香郡赤尾村（長浜市木之本町赤尾）の赤尾氏が、「三士」・「三傑」・「小谷三人衆」と呼ばれ、浅井氏の三重臣と考えられていた。しかし、残された古文書からは、三重臣の内赤尾氏についてのみは歴史的事実であるが、他の二氏については重臣と考えることが出来ないと結論した。

1　赤尾氏の本貫地について

文献（古文書）の検証に入る前に、赤尾氏の本貫地である伊香郡赤尾（長浜市木之本町赤尾）の同氏屋敷について考えてみよう。赤尾氏が如何なる出自を持つかを考える際に参考になると思われるからである。『近江伊香郡志』の「赤尾氏」項には、次のように記されている。(2)

赤尾氏の邸址と称せらるゝもの伊香郡赤尾にあり。後には山を負い、数町にわたれる俗に猪止めと称する塹壕を繞らし、豪族邸宅歴々として見るべきものあり。邸内の一部が蛇が池と称する池水あり、清冽なる水滾々として湧出す。古来不浄を禁じ妄に人の立寄るを許さず、伝説によれば赤尾美作の妻某氏、浅井氏滅亡の際この池水に投して主家の難に殉じたりと。然るに其後白蛇ありて屢ば池畔に出現す、或夜藹たけたる一人の美女忽然として現はれ守邸の人に告げて曰く、我は赤尾美作の室にして蛇ヶ池の主なり。汝須く後方の山麓に祀るべしと。其人愕き醒むればこれ南柯の一夢にてありける。然るに其後も同様の事屢々ありければ人々相謀りて祠を山麓に建てこれを祀りたり。これより怪異の事なかりしという。毎年九月三十日を以て祭典をとり行い伝えて以て恒例とせり。

現在の木之本町赤尾は、南流する余呉川の西に位置し、西野丘陵を背にして所在する（図1）。集落は大きく二つに分かれ、北の大きな谷にある集落を「本郷」、南の小さな谷にある集落を「田居前」と呼ぶ。『近江伊香郡志』が赤尾氏の邸址が所在したとする箇所は、後者の「田居前」の集落内であると考えられる[3]。しかし、同書に記す「蛇ヶ池」の伝承は現在失われており、現存する「布勢立石神社」の社頭に存在する「清水」が、これに相当する可能性もある。また、この「田居前」には「太郎兵衛屋敷」と呼ばれる宅地があり、その前栽には敵が来る際に泣いたという「夜鳴き

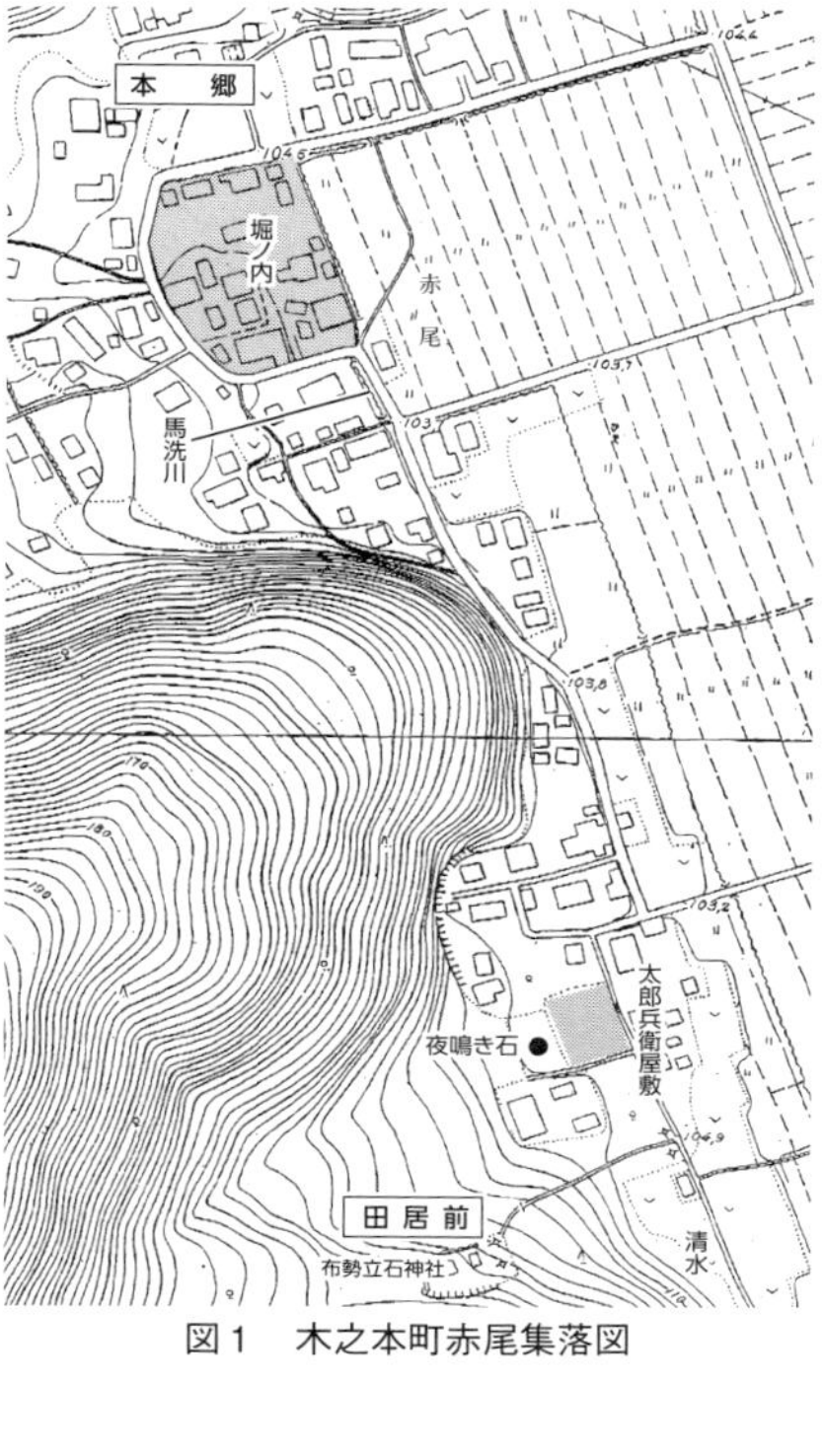

図1　木之本町赤尾集落図

石」と呼ばれるものが現存する。『近江伊香郡志』の通り、「田居前」で赤尾氏屋敷を想定すれば、この「太郎兵衛屋敷」附近が該当することになろう。

しかし、明治の地籍図等の検討を行うと、赤尾氏の屋敷は「本郷」の小字「堀ノ内」にあったと考えるのが至当であろう。(4) 明治十八年（一八八五）の地籍図や現状を見ると、「堀ノ内」の周囲を回るように道が付けられており、同地を中心に集落が形成されていることが分かる。「堀ノ内」自体が、城館地名として一般的であること考慮すれば、赤尾氏の屋敷は「堀ノ内」とすべきと考えられる。また、「堀ノ内」の南を流れる小川を「馬洗川」と呼ぶが、館内の馬を洗う場所との推測もなされている。

この「堀ノ内」が赤尾氏本来の屋敷地とすれば、同氏は元来、赤尾一村のみを支配する地侍・村落領主であったことが確認できる。しかし、後述するように『江北記』(5)によれば、赤尾氏は戦国期前半の守護・京極高清の時代から、地侍よりは規模が大きい「国衆」と認知されており、(6)さらに浅井長政の時代には、その筆頭宿老までつとめる。このように「国衆」となってからの赤尾氏の本拠が、依然としてこの「堀ノ内」であったとすると、城館規模が小さ過ぎると考えられる。「国衆」に成長してからの赤尾氏屋敷は、本貫の地を離れ、後述する小谷城内の赤尾屋敷などに移ったと考えるべきだろう。

2　清綱以前の古文書

戦国大名浅井氏の家臣・赤尾氏が古文書に最初に登場するのは、竹生島の大工で浅井郡富田村（長浜市富田町）に居住した阿部家伝来の「阿部文書」中、天文九年（一五四〇）十一月二十四日付の「とんた太郎ひやうへ」宛の赤尾清世等判物（表1・1）である。本書は「いわまつ」と「あかをしんひやうへ（赤尾新兵衛）清世」が債権の質流れとして取得した「やしき（屋敷）」を、阿部家の当主である富田村の太郎兵衛へ渡すことを保証した文書である。この清世は、実名に赤尾氏当主が使用する「清」を用いていること。『淡海温故録』の記述に当主・美作守（清綱）の子息の通称が新兵衛であったことから、新兵衛は当主若年時の通称と考えてよいこと。この二点からして、赤尾氏当主・清綱の先代か先々代と考えるべきだろう。(7)

また、この屋敷の所在地は、阿部氏が居住した浅井郡富田村周辺か、阿部氏が大工をつとめた浅井郡竹生島にあったと考えられよう。伊香郡赤尾村の地侍である赤尾氏が、隣郡である浅井郡内の屋敷に権利を所有していた事実は、すでに赤尾氏は通常の一村規模の地侍ではなく、浅井氏領国内で広域に力をもつ、比較的規模が大きい「国衆」に成長していたことを示している。これは、北近江の守護京極氏の年代記『江北記』において、赤尾氏を今井氏・河毛氏・堀氏・安養寺氏・三田村氏・浅井氏などと共に、京極氏の「根本当方被官」十二家の一つとして扱っている点とも符合する。『江北記』に見える「根本当方被官」は、浅井氏が戦国大名として成長する以前、戦国前期の京極高清の時代に、北近江の有力「国衆」を列挙した記録と考えられる。

「阿部文書」にはもう一通、赤尾氏関連の文書がある（表1・3）。弘治二年（一五五六）十一月十日付の「とん田太郎兵衛」宛の赤尾久右衛門尉清彦書状である。(8)これも、質流れした「藤の木畠、五郎介下地」を礼物二十疋（二百文）で、富田村の太郎兵衛へ譲り渡すことを記した文書である。「藤の木畠」の所在地は不明だが、阿部氏が居住する富田村周辺と考えられよう。赤尾氏の郡域を越えた広範囲の土地集積活動を確認できる。また、久右衛門尉清彦は、赤尾氏当主の通字である「清」の字を名としており、時代的には清世—清彦—清綱という家系も想定できなくはない。

さらに、坂田郡飯村（米原市飯）の地侍・嶋氏の年代記「嶋記録」所収、四月六日付の今井左近尉書状は（表1・2）、坂田郡箕浦の「国衆」今井氏が、坂田郡忍海庄（長浜市布勢町・小一条町付近）の知行状況を、浅井氏の重臣である浅井

表1　戦国期赤尾氏関連文書一覧

番号	年月日	文書名	差出	宛名	内容	出典	刊本	備考
一	天文九年十一月二十四日	赤尾清世等判物	あかをしんひやうへ清世（花押）	とんた太郎ひやうへ	屋敷の譲渡	阿部文書	『東浅井郡志』4	
二	天文二十一年四月六日	今井左近尉書状	今井左近尉	浅井又兵衛・赤尾美作・雨森弥兵衛	忍海庄本所の所職の安堵	嶋記録所収文書	『滋賀県中世城郭分布調査』7	
三	弘治二年十一月十日	赤尾清彦書状	赤尾久右衛門尉清彦（花押）	とん田太郎兵衛	藤の木畠陥落禁止	阿部文書	『東浅井郡志』4	
四	永禄三年十二月二十八日	浅井賢政書状	浅新九賢政　判	赤尾美作守	嶋若狭の今井方出頭依頼	嶋記録所収文書	『滋賀県中世城郭分布調査』7	
五	永禄三年十二月晦日	赤尾清綱書状	赤尾美作守清綱　判	嶋若狭	嶋若狭の今井方出頭依頼	嶋記録所収文書	『滋賀県中世城郭分布調査』7	
六	永禄四年閏三月十三日	赤尾清綱書状	赤尾美作守清綱（花押）	中島日向守（直頼）	横山入城衆の狼藉禁止	大原観音寺文書	滋賀県文化財保護協会『大原観音寺文書』	
七	永禄四年六月二十日	浅井長政書状	浅井備前守長政（花押）	垣見助左衛門尉	垣見新次郎の赤尾新兵衛尉従臣の詫状	垣見文書	『改訂近江国坂田郡志』6	
八	永禄四年七月三日	赤尾清綱書状	赤尾美作守清綱　判	今井藤九郎　他5人	今井定清味方討の詫状	嶋記録所収文書	『滋賀県中世城郭分布調査』7	
九	永禄九年七月二十六日	赤尾清綱書状	赤尾美作守清綱（花押）	遠藤喜右衛門尉（直経）	竹生島御供米の納入勧告	竹生島文書	『東浅井郡志』4	年号は推定
十	元亀二年二月十九日	浅井家奉行人連署書状	中島吉介家昌（花押）・赤尾新兵衛尉清冬（花押）	長命寺御房中	放火・乱妨の禁止	長命寺文書	滋賀県教育委員会『長命寺文書調査報告書』	
十一	年欠　八月二十二日	浅井長政書状	長政（花押）	赤新兵（赤尾新兵衛尉）	大工職裁判の指示	阿部文書	『東浅井郡志』4	
十二	年欠　十二月五日	赤尾清政書状	赤尾駿河守清政（花押）	飯福寺年行事御坊中	養蔵跡目を玉泉とする	飯福寺文書	木之本町教育委員会『己高山中世文書』	
十三	天正十年八月十八日	羽柴秀勝黒印状	次　秀勝（黒印）	赤尾孫介	（丹波国）氷上郡新郷の宛行状	五藤家文書		
十四	天正十年八月十八日	羽柴秀勝判物	次　秀勝（花押）	赤尾孫介	丹波国千石の宛行状	五藤家文書		
十五	天正十年九月十五日	羽柴秀勝判物	次　秀勝（花押）	赤尾孫介	（丹波国）多喜郡後河三百石の宛行状	五藤家文書		

又次郎(後の石見守)・赤尾美作・雨森弥兵衛に報告したものである。(9)「嶋記録」の註によれば、本書は「覚、天文廿一ト見ヘタリ」とある。宛名の「赤尾美作」は通常であれば清綱を指すが、天文二十一年(一五五二)の段階では、清綱の先代である可能性が高い。「阿部文書」に登場する清世か、清彦とも考えられる。それはともかく、ここでは赤尾氏は浅井三代の二代目に当たる久政の段階から、浅井氏重臣の一画に加わっていたことを確認しておこう。

なお、時代不明ながら「己高山中世文書」に見える、十二月五日付の「飯福寺年行事」宛の赤尾駿河守清政(表1・12)も、赤尾氏一族の重要人物と考えられる。(10)本書は飯福寺養蔵の跡目について、玉泉への相続を追認した内容である。この清政については、先の『淡海温故録』に見えた「赤尾駿河守教政ハ浅井備前守亮政ノ兄ナレトモ、氏ヲ改テ赤尾ト号ス、大永九年米原坂合戦ノ大将也シガ、六角家ニ打負戦死ス」とある教政と関連あろう。ここで、教政が浅井亮政の実兄だとする記述は検証しようもないが、浅井氏と赤尾氏が深い繋がりがあることを後世に説明しようとしたものので、事実でない可能性がある。

受領名「駿河守」が同一なだけで、清政と教政が同じ人物と見なせるかも不明だが、教政については「江州佐々木南北諸士帳」に「赤尾駿河守教政」と記述があり、(11)坂田郡「上野村今七城〈右郡代ニ而暫居住/則浅井氏族也〉」とある。坂田郡上野村(米原市上野)は伊吹山麓、「今七城」は本項が「石田(村)」の隣にあることから七条村(長浜市七条町)と見られる。赤尾氏の一族が坂田郡に「暫住」していたことが事実なら、赤尾氏の「国衆」としての広域な展開を表わしており興味深い。

3 赤尾清綱の古文書

「嶋記録」に見える赤尾清綱　浅井長政の宿老として活躍する赤尾清綱の確実な初見史料は、「嶋記録」所収の十二月晦日付の「嶋若狭」宛の赤尾清綱書状である(表1・5)。本書は坂田郡飯村の地侍である嶋若狭守秀安に対して、嶋氏の直接の主人である今井定清が幼少なので、逼塞せず家中に出頭して意見を述べよと命じた文書である。「嶋記録」には、直前の十二月二十八日に赤尾美作守宛てに出された、同内容の浅井賢政(長政)書状(表1・4)が収められるが、それを受けた形で発給されたものである。嶋氏が逼塞した経緯は究明し難いが、浅井氏にとって陪臣に当たる嶋氏の出頭を、長政がまず清綱に伝え、清綱はさらに嶋氏に伝えるという形を取っている。これは、浅井氏当主から陪臣への直接の伝達を遠慮した為であろう。さらには、清綱の立場を考えた場合、長政の代弁者(奉者)の立場で、その意向を嶋氏に伝えたことになる。清綱が長政の筆頭宿老であったことを証明するものだろう。本書は、長政についてその初名「賢政」が使用されていることから、永禄三年(一五六〇)の文書と推定されるが[12]、同年十月に家督相続した長政にとって、清綱がその当初から筆頭宿老として在任したことを確認することが出来る。

「嶋記録」には、さらにもう一通、赤尾清綱が浅井長政の宿老としての立場であったことを確認できる文書がある。永禄四年(一五六一)七月三日付の今井藤九郎・今井中西・岩脇筑前守・嶋若狭入道・今井藤介・嶋四郎左衛門尉等の今井家家臣宛、赤尾清綱書状(表1・8)である。この書状は同年七月一日夜に、浅井氏の軍隊が六角氏との「境目の城」である太尾城(米原市米原)を攻撃した際、今井定清が浅井氏の小谷勢の何者かによって、馬上背後から槍で突かれ討死した事件の詫び状である。「嶋記録」ではこの事件を、「定清みかた討にあひし事」と称している。同書には、太尾城攻撃を指揮していた磯野員昌の今井家中への詫び状も掲載するが、本書には「今日参り申し入るべき処、彼是隙を得ず候て其の儀に能わず候、備前(長政―筆者註)定めて御弔いニ参らるべく候、内々其の為に御覚悟申し入れ候」(書下文に改めた)とある文言から、赤尾清綱が浅井長政に代わって出した詫び状である。これは、浅井家の筆頭宿老の立場で、家臣へ不手際の謝罪を行なっていると解することができよう。

浅井氏重臣に指示する清綱　さらに古文書から、清綱の事績を追おう。永禄四年閏三月十三日付の中島日向守宛の赤尾清綱書状(表1・6)では、小谷の支城である横山城(長浜市石田町・米原市朝日等)にいた番衆が、山麓の大原観音寺へ「濫妨」することを禁止している内容である。[13]中島日向守直頼は「志賀の陣」に当たって、小谷城の留守居に当たったとされる浅井氏重臣である。[14]その中島に指示を与えている事実は、清綱が浅井氏家臣として、より高位にいた事実を読み取ることが出来よう。

他方、浅井郡竹生島にも清綱の文書が残る。「竹生島天女御供米」を滞納していた笠原又三郎に対して、供米の催促を行なうよう浅井井規や遠藤直経に命じているのが、永禄九年(一五六六)七月二十六日付の遠藤喜右衛門尉(直経)宛の赤尾清綱書状(表1・9)である。[15]浅井井規は菅浦代官を務めた浅井井伴の子と言われ、元亀二年(一五七一)五月六日に、信長軍と浅井軍・一向一揆軍が戦った、箕浦合戦における浅井氏の主将であった人物である。また、遠藤直経は姉川合戦の際、信長の首を狙って竹中重矩に討ち取られたことで有名だが、[16]「嶋記録」には「東宇賀野侍遠藤喜右衛門尉といふ御前さらすのきり物あり」と称された武将であった。「御前去らずの切れ者」と呼ばれたことは、長政の側近中の側近であった可能性が高い。このような浅井井規や遠藤直経に指示を与えられる赤尾清綱は、やはり長政の筆頭宿老と考える他はなかろう。

赤尾清綱の最期　小谷落城時の赤尾清綱については、「嶋記録」に「赤尾美作・浅井石見ヲ隔テサセ、イケドルヲ見テ、長政ハ家へ下リ入、切腹トソ」とある。すなわち、浅井長政の最期に当たって生け捕られたとのみ記す。これに対し、『当代記』には「浅井備前守腹を切、浅井石見守・赤生美作ヲ生捕、サテ生害され」とあり、[17]『武徳編年集成』にも「浅井石見明政・赤尾美作ハ虜ト成テ誅ニ伏ス」とあり、生捕られて殺害されたと伝える。

小谷落城時の清綱について、最も詳しいのは『総見記』である。(18) 少々長いがそのまま引用する。ここでも両者生捕られて殺害されたと記す。

〔史料1〕『総見記』

九月朔日ニ備前守長政居城ヲ出ラレ、伴ノ者百人アマリ也、然ル處ヘ父下野守久政一昨日切腹ノ由告来ル、長政扨ハ出シヌカレタリ、敵ノ手ニワタリ忽ニ誅セラレン事末代マテノ悪名ナリトテ、其マヽ家老赤尾美作守カ宿所ヘ入テ腹切テ死給ヘハ、【中略】浅井石見守・赤尾美作守ハ生捕ト成テ、信長公ノ御前ヘ引出サル、石見ハ御前ニテ種々ノ悪口申上ル、美作ハ何トモ不申屈服シ居タリ、美作カ子赤尾虎千代生年十五歳、イツクヨリカ馳来テ御前ヘ罷出、父カ介錯仕リ度候間、御慈悲ヲ以テ介錯ノ事御免ナサレ、其後某ヲ誅せられ下さるヘシト申上ル、信長公御感涙ヲタレヲレ、扨々稀ナル童哉、敵ナカラモ加様ノ者ハ孝義ヲ感シテ助置ヘシトテ、美作目ノ前ニテ赤尾カ親類多賀休徳斎ヲ召され、是ヲ汝ニ預ルソ、扶ケ置テ養育セヨト仰せ付けられ、美作心底如何計カ嬉カリケン、扨此虎千代後ニハ赤尾孫助トテ武功ノ者也、其後石見・美作トモニ浅井家ノ老臣トシテ何トテ備前守ヲ諌メ謀反ヲモ起サセヌカ、或ハ又タトヘ一旦謀反ヲシタリトモ、諌メテ味方ニ成ス一家ヲモ相続セス、謾ニ敵対サセ家ノ滅亡ニ及ハスル事、是逆臣ニ非ヤトテ、其外数箇条ノ罪科ヲ仰せ立られ、即二人トモニ誅せられケリ、

ここで、浅井長政が「家老赤尾美作守カ宿所ヘ入テ腹切テ死給」とあるように、浅井長政の最期の場所は、赤尾清綱の屋敷であったとするのが通説になっている。赤尾屋敷の場所は、江戸時代に描かれた「小谷城絵図」によって、天守（鐘丸）の東側に取り付く腰郭であるとされる。北村圭弘氏が小谷城絵図を分析したデータによると、小谷城を南

から描いたBタイプの七種の絵図には、いずれも鐘丸（天守）東の位置に、赤尾屋敷の記載があるとされる。[19] また、新出の小谷城絵図（長浜市新庄馬場町誓伝寺蔵本）は、同じBタイプの絵図だが、該当部分に「此赤尾美作守屋敷江、元亀四年九月朔日ニ、大将長政殿御入御自害有之、生年廿九才」とある。ここでも、小谷城主郭部にあった赤尾清綱宅で、浅井長政は最期を迎えたと記される。[20]

また、小谷城を西から描いたAタイプで、最も著名な小谷城絵図と言える、小谷城址保勝会蔵本では、該当地に「赤尾孫二郎屋敷」の記載を載せる。「孫二郎」は『淡海温故録』に見える「孫三郎」のことだろうが、赤尾屋敷の伝承を伝えることは間違いなかろう。これら、赤尾屋敷を鐘丸東とする伝承は、いずれも江戸中期を遡らないであろう小谷城絵図でしか確認できない。[21] ただ、貞享二年（一六八五）頃には成立していたと見られる先の『総見記』の記事でも、「長政居城」と「赤尾美作守カ宿所」は至近距離との想定で書かれているようである。

このように、通常の浅井氏家臣の屋敷地が清水谷や城下に展開していたと言われている中、赤尾氏の屋敷だけが小谷城の主郭にあるのは、極めて特異なことと言うべきであろう。この事実は、赤尾氏が浅井氏の筆頭宿老であったことを、城郭構造上も表わしていると考えるのが最も自然な見方であろう。しかし、穿って考えれば、江戸時代から赤尾氏の浅井家臣団内での秀でた立場は知られており、その屋敷地を後世の人が適地を求めた結果、鐘丸東郭という結果に至ったと考えることもできる。いずれにしても、小谷城の赤尾屋敷の位置は、後世の推定であったとしても、その筆頭宿老として地位を示すものとして積極的に評価したい。

4　赤尾清綱の子孫

赤尾新兵衛尉清冬　永禄四年（一五六一）六月二十日付の「垣見助左衛門尉」宛の浅井長政書状は、助左衛門尉の与

力であった垣見新次郎が、赤尾新兵衛尉方の与力として働いていることに対して、長政が一連の合戦が終了するまで、新次郎を自分に預けてくれるよう助左衛門尉に断りを入れている内容である[22]（表1・7）。赤尾新兵衛尉は、他人の与力までその支配下としていることから、浅井氏家臣中でも大きな力を保持していたことが読み取れる。さらに、「阿部文書」中に、八月二十二日付、赤新兵（赤尾新兵衛尉）宛の浅井長政書状があり、竹生島大聖院末房東蔵坊大工職をめぐる裁判について連絡を行なっている（表1・11）。

蒲生郡長命寺の所蔵文書に、年未詳二月十九日付、長命寺御房中宛て浅井家奉行人連署書状がある[23]（表1・10）。本書は、長命寺門前である奥島に出された長政禁制の副状であるが、信長と近江勢力の戦いである元亀争乱の中で出されたものと考えられる。ここに差出人として署名しているのは、中島吉介家昌と赤尾新兵衛尉清冬の二人である。本書は浅井家治世の最終段階で萌芽的に整備されたとされる、浅井家奉行人連署奉書の一種であるが[24]、浅井氏長政禁制の副状という性格から、赤尾一族でも当主クラスの者しか署名できないと考える。そう考えた場合、この赤尾清冬は清綱の子で、赤尾当主家を継ぐ予定者と推定できる。先の垣見助左衛門尉宛の浅井長政書状の新兵衛尉や、「阿部文書」中の長政書状の宛名である「赤新兵」も、この清冬を指すと推定できる。また、先に新兵衛尉を当主若年時の通称と推定したのは、この清冬の事例からである。

冒頭に記した『淡海温故録』に「息新兵衛モ共ニ生捕レシガ、コレハ助命シテ召抱ラレ、後京極高次公ニ属シ」大津籠城戦にも参加したとされるのは、この清冬を指すのではないかと推定される。なお、赤尾氏の子孫には、慶長五年（一六〇〇）九月二十四日、大津城を退城した京極高次と共に高野山へ入った家臣の中に「赤尾久助」の名が見え[25]、高次の子息・忠高の出雲国松江城主時代の家臣録である「京極出雲分限帳」に「赤尾主殿助」・「赤尾三右衛門」・「赤尾伊織」が登場するという[26]。これは、清冬一族が京極高次・忠高親子に従い、その家臣として繁栄したことを示していよう。

赤尾孫介　他方、先の『総見記』には清綱の子として、「虎千代」なる人物が登場していた。同書は「此虎千代後ニハ赤尾孫助トテ武功ノ者也」とあるが、この清綱の子とされる赤尾孫助については、土佐国高知城主山内家の重臣で、安芸城主であった五藤家に関連資料が残る（上記系図参照）。この五藤家の当主で、山内一豊に仕えた五藤為重の正室は「まつ」と言い、近江国坂田郡飯村の地侍・若宮左馬助の一人娘であった。それは、永禄九年（一五六六）閏八月十三日付、「若宮左馬助殿御まつ御料人」宛て浅井長政書状によって判明する。(27) この「まつ」は最初、丹波国亀山城主・羽柴御次秀勝の家臣であった赤尾孫助に嫁し、天正十二年（一五八四）に長女「しょろ」を長浜で生んだ。しかし、赤尾孫助が「小牧の合戦」で討ち死にしたので、「まつ」は五藤為重に再嫁したが、為重と側室・法信院との間には「正友」が生まれていた。そこで、「まつ」は五藤家正嫡「正友」に連れ子の「しょろ」を娶せたというのである。(28)

「まつ」の五藤家への婚姻は、生家である若宮家と、前夫の赤尾家の家督を背負ってのもので、複雑な背景が存在した。この「まつ」が赤尾家の家督を背負っていた証拠に、五藤家には赤尾孫助宛ての三通の秀勝文書が伝来する。(29) そのすべてを紹介しておこう。

【赤尾孫助関係系図】

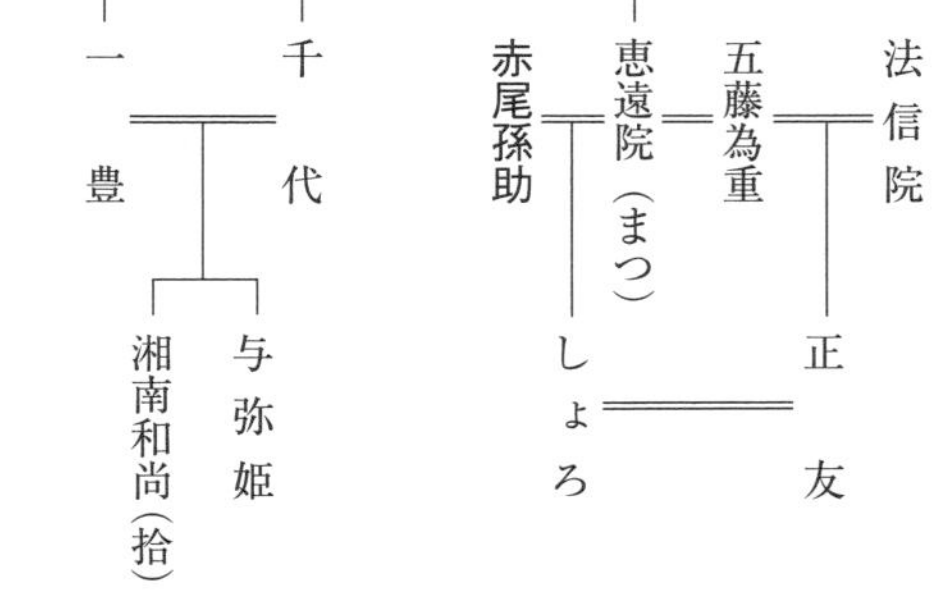

〔史料2〕羽柴秀勝黒印状

以氷上郡新郷之内、五十石余令加増之畢、全可知行之状、如件、

天正十年

八月十八日　　　　次　秀勝（黒印）

赤尾孫介とのへ

〔史料3〕羽柴秀勝判物

赤尾孫介与力分

千石　鉄砲五十丁上下百人

弐百石　何鹿郡八田部村

百五拾石　同山家村

百五十石　ひかみ郡氷上村

五百石　惣七分西足立村

以上

天正十年八月十八日　　　　次　秀勝（花押）

赤尾孫介殿へ

〔史料４〕羽柴秀勝判物

以多喜郡後河三百石、令扶助畢、全可有知行候、恐々謹言、

天正十

九月十五日　　　　　　　　　　　　　　　次

秀勝（花押）

赤尾孫介殿へ

この孫介によって男系が途絶える赤尾家と、京極氏に仕官したとみられる新兵衛尉清冬の赤尾家との関連は不明である。

まとめ

以上、伊香郡赤尾村の地侍から「国衆」に成長した赤尾氏は、浅井長政の時代には、多くの浅井氏家臣の中では秀でた地位を確立しており、筆頭宿老的な存在であったことは確実である。本書の以下の節では、他の重臣である磯員昌や阿閉貞征について個別に検証することで、浅井氏家臣団の全貌を明らかにする作業を続けよう。(30)

そこで、結論として想定されるのは、家臣団内での明確な役割分担は見られず、周辺の戦国大名が採用していた奉行人制も確立されない事実から、浅井氏の支配機構・行政機構は、一見すると「未熟」とすることである。しかし、これは宮島敬一氏が説くように、(31)地方寺社や惣村が力を持つ先進地域・成熟した地域に存立した戦国大名の特性と考えてよいだろう。従って、浅井氏の支配組織を「未熟」の一語で片づけるのは無理がある。浅井氏支配のあり方は、

寺社・惣村と力関係のバランスを図りながら進められたものであり、「柔軟」の文言こそ、その実態を的確に表現していると言えよう。「柔軟」な地域システムには、日本封建制が行きついた「縦の支配」ではく、「横の連携」による国家成立の可能性が秘められていた。

また、本節では赤尾氏子孫の織豊期から江戸初期への展開についても触れた。前節で嶋一族の土佐藩山内家や、三河国刈谷藩土井家への仕官の実態に触れたが、この赤尾氏の場合も、秀吉の養子である於次秀勝（信長五男）や、京極高次への臣従の事実を指摘した。北近江は天正元年（一五七三）から十年間にわたって、後に天下人になる羽柴秀吉によって統治されてきた地域であり、そこに居住した浅井氏旧臣たちは、石田三成の例を上げるまでもなく、多く秀吉家臣に登用されている。さらに、その近江で登用された秀吉家臣の家臣、つまり秀吉から見れば陪臣の中にも、多くの浅井氏家臣出身者がいる。その事例をなるべく多く収集することで、北近江という地域が、戦国の日本社会に果たした役割を浮き彫りに出来ると考えている。浅井氏家臣の個別研究は、その子孫たちの動向を踏まえることで、日本の戦国社会での一地域の役割を考える事例を提供する。

註

（1）　戦国大名の支配機構において、最高職にある家臣（近世大名の家老職に相当する者）を何と呼ぶかについて定説はないと思うが、ここでは一般に使用されている「宿老」という言葉を用いた。『朝倉孝景十七箇条』でも、その第一条で「宿老」という文言を使用している。

（2）　『近江伊香郡志』上（一九五二年）の「赤尾氏」項。

（3）　以下の考察は、長浜市木之本町赤尾での聞き取りによる。二〇〇八年に行なった聞き取りには、赤尾の三家多賀成氏、川合行雄氏、谷口源太郎氏にお世話になった。

（4）滋賀県教育委員会「赤尾村地引全図」『滋賀県中世城郭分布調査』七（一九〇〇年）に掲載されている。

（5）『江北記』は、『群書類従』二一　合戦部（続群書類従完成会、一九六〇年）に掲載されている。本書第一章三を参照。

（6）「国人」と「国衆」は、歴史学上はほぼ同意と考えられるが、私としては一村を支配する「土豪」よりも規模が大きい浅井氏家臣を「国人」と呼ぶのは抵抗があるため、敢て「国衆」という文言を使用した。ただし、北近江において数村を支配する浅井氏家臣を何と称していいかは結論を得ておらず、ここでは取り敢ず「国衆」の言葉を使用することを断っておく。

（7）『淡海温古録』は、貞享年間（一六八四～一六八八）の成立で、滋賀県地方史研究家連絡会『近江史料シリーズ2　淡海温故録』（滋賀県立図書館、一九七六年）によった。

（8）『東浅井郡志』四所収の「阿部文書」は、本書を「弘治十二年」とするが、弘治年間は四年までなので「弘治二年」と判断した。「阿部文書」の原本は現在行方不明である。

（9）「嶋記録」は、滋賀県教育委員会『滋賀県中世城郭分布調査』七（一九九〇年）の翻刻（拙稿）によった。

（10）「己高山中世文書」については、木之本町教育委員会『己高山中世文書調査報告書』（二〇〇〇年）を参照。文書すべての写真と釈文（拙稿）が掲載されている。

（11）「江州佐々木南北諸士帳」は、滋賀県教育委員会『滋賀県中世城郭分布調査』五（一九八七年）に全文翻刻されている。「／」部分の〈 〉は割註記載。

（12）永禄三年十月に長政が家督相続してから、永禄四年四月二十五日付、竹生島年行事御坊宛の浅井賢政書状までは、「賢政」の名を使用していた。「長政」使用の初見は、永禄四年六月二十日付、垣見助左衛門尉宛の浅井長政書状（表1・7）である。よって、「賢政」名の十二月の書状は、永禄三年に特定できる。

（13）「大原観音寺文書」は滋賀県教育委員会『大原観音寺文書』（一九七五年）による。

（14）『東浅井郡志』三（一九二七年）

（15）「竹生島文書」は『東浅井郡志』四（一九二七年）による。

（16）奥野高広・岩沢愿彦『信長公記』（角川文庫、一九六九年）による。

（17）『当代記』と『武徳編年集成』は、滋賀県教育委員会『滋賀県中世城郭分布調査報告』八（一九九一年）によった。

（18）『総見記』は『史籍集覧』十二・十三（京都大学デジタルアーカイブ）による。

(19) 北村圭弘「浅井氏の権力と小谷城の構造」『滋賀県立安土城考古博物館紀要』一一（二〇〇三年）
(20) 長浜市長浜城歴史博物館『戦国大名浅井氏と北近江』（サンライズ出版、二〇〇八年）に写真が掲載されている。
(21) 彦根城博物館には五種の小谷城絵図が収蔵されるが、その内「江陽浅井郡小谷山古城図」と題された一本には、「天正十九年九月吉日図画之」という墨書銘が入る（谷口徹「小谷城の絵図」『彦根城博物館研究紀要』九、一九九八）。また、『近江浅井氏　小谷城と城下をゆく』（小谷城下まちめぐりウォーク実行委員会、二〇一〇年）には、彦根城博物館蔵本と同様に、「天正十九年九月」銘の小谷城絵図が掲載されている。これらは、いずれも写と判断されるが、筆跡を見る限り原本が天正十九年（一五九一）の絵図とは考えられない。おそらく、後から本図の信憑性を高めるため、「天正十九年」の墨書を加えたものと判断され、絵図自体は江戸中期の製作を遡らないと考える。
(22) 『東浅井郡志』四所収の「垣見文書」
(23) 滋賀県教育委員会文化財保護課『長命寺古文書等調査報告書』（二〇〇三年）に釈文が掲載されている。
(24) 大音百合子「近江浅井氏発給文書に関する一考察」『古文書研究』四一・四二（吉川弘文館、一九九五年）を参照。
(25) 『改訂近江国坂田郡志』二（一九四二年）
(26) 註（25）に同じ。
(27) 『改訂近江国坂田郡志』七（一九四二年）掲載の「大脇文書」中の一書。『東浅井郡志』四では「若宮文書」として掲載する。「大脇文書（若宮文書）」の原本は失われているが、オーテピア高知図書館保管「山内家資料」の「土佐国蠹簡集残篇」に忠実な写が掲載されている。
(28) 太田浩司「一豊夫人と同郷だった若宮まつの話」市立長浜城歴史博物館『一豊と秀吉が駆けた時代―夫人が支えた戦国史―』（二〇〇六年）
(29) （高知県）安芸市歴史民俗資料館蔵「五藤家文書」別置分。この三通の写真は、註（28）書に掲載されている。
(30) やはり、浅井氏重臣の遠藤直経については、拙著『浅井長政と姉川合戦―その繁栄と滅亡への軌跡―増補版』（サンライズ出版、二〇二三年）を参照。
(31) 宮島敬一『戦国期社会の形成と展開』（吉川弘文館、一九九六年）

三　浅井氏家臣・磯野員昌の動向

1　問題の所在

戦国大名浅井氏の研究の中で、現在もあまり進展がない分野は、浅井氏家臣団の実態についての研究である。同氏の家臣団については、北条氏や毛利氏のように纏まった家臣団の一覧や系譜集がない以上、個別文書や記録を読み込んで、一家ごとにその立場や役割を明らかにしていく必要がある。その状況の中で、浅井氏の筆頭宿老とも言える赤尾清綱について、その浅井氏家臣団内での地位を前節で考究した。また、俗に言われる「海雨赤の三士」が、実態として浅井氏を担った宿老と言えないことも、前節で考察を加えた。

本節は、浅井氏の重臣として、佐和山城を守護したことで知られる磯野員昌について、まず系譜の考察を行なった上、発給文書や受給文書、それに関連史料を網羅的に分析して、浅井家臣団内での位置づけを明確化する作業を行ないたい。また、員昌について語られる逸話が、古文書等に照らして事実か否かについても言及したい。こういった浅井家臣団の個別研究の集積が、戦国大名としての全貌や性格を明らかにすることにつながり、やがては浅井氏の権力のあり方を解明していくものと考えている。

員昌を当主とする磯野氏は、伊香郡磯野村（長浜市高月町磯野）が本貫地の「国衆」である。磯野員昌については、小和田氏の研究がある。同氏は磯野員昌が、六角氏領国との「境目の城」である佐和山城に配置されたことを指摘して、浅井氏が戦国大名化する中で、上層家臣を本貫地から離し、支城に配置した事例として紹介している。さらに、天野川流域の地侍を配下としていた今井氏（米原市箕浦が本貫の「国衆」）の家臣団を解体させ、佐和山城主となった員昌に、地侍たちを直属させるという処置を行なったと述べる。[1]これは、浅井氏が「国衆」の居城を本貫地以外へ移させる権限と実力を持ち、一方で今井氏のような「国衆」の家臣団を解体させる政治力を有していたことを示し、その大名権力の強化の証と結論づけるのである。

また、谷口克広氏は主に信長投降後の磯野員昌の動向を記した著作で、浅井氏家臣時代の員昌を「浅井氏の家臣の最右翼」と評している。[2]軍奉行として最高位にあったという意であろう。本節はこれらの研究を検証する作業とも見なされよう。

2　磯野氏の系譜

磯野氏の系譜については、江戸時代に編纂された地誌『淡海温故録』に頼らざるを得ない。[3]そこには、磯野家は代々「京極家ノ旗頭也」と記されている。磯野衛門太夫員詮の子・源三郎為員は磯野山城に籠城していたが、山本山城を後詰した際に討ち死にしたとある。その後、為員の弟・源十郎が跡を継ぎ浅井氏に属した。一方、員詮の弟の伊予守員吉も家を立て、犬上郡「佐保山」（おそらく、佐和山城を指す）に在城したとする。員吉には子どもがなかったので、庶流の宮沢平八郎を養子に迎え、この人物が後に丹後守員正を名乗ったとする。もちろん、この員正なる人物が、本節の主題である磯野員昌のことを指す。なお、為員—源十郎家と、員吉—員昌の家系との関係は不明である。

これに対して、「磯野員昭氏家譜」によれば、磯野員昌は磯野平八郎員宗の嫡男とする。[4]この系譜では、その員宗が宮沢家の出身で、員昌は父死亡後、実父の弟で同じく宮沢家から入った磯野員清に養育されたとしている。このように、員昌以前の磯野家の系譜は、混乱が見られるが、磯野氏と宮沢氏が密接な関係にあったことは事実であろう。

磯野氏の系譜について考える場合、茶道や造園で著名な小堀遠州家の系譜に触れざるを得ない。『寛政重修重修諸家譜』の「小堀」の項目を見ると、遠州の父・新助正次の室は、「磯野丹波守員正(昌)が女」とある。(5) また、遠州正一の母は「員正が女」とある。つまり、小堀遠州の母は員昌の女《むすめ》であり、遠州にとって員昌は母方の祖父ということになる。この遠州母(真玉大姉)の肖像画が、小堀家の菩提寺である大徳寺孤篷庵に伝来するが、前に立てた几帳から十二単を着て、半身を現す平安時代の姫君のように描く。(6) 袖で顔を覆っているので、容貌が判然としない。遠州が十三歳の時に死去したので、肖像画の発注主である遠州が、その顔を描写するだけの情報を、絵師に伝えることが出来なかった結果と見られる。

磯野員昌の女と小堀正次の結婚は、浅井氏治世時代のことと見られるが、両家の浅井氏家臣団内での地位を考える際に参考となる。後述するように、磯野家が長政家臣としては最上位であったとしたら、小堀家もそれと並ぶ地位を想定すべきだろう。ただ、小堀家が浅井氏重臣であった確証はない。

3 浅井氏家臣としての員昌

員昌が登場する古文書 磯野員昌が初めて、信頼できる文書に登場するのは、永禄三年(一五六〇)十一月十四日の四木表(米原市世継付近)の合戦における、坂田郡飯村の地侍・若宮藤三郎の功名に対しての員昌の感状である(表1・1)。(7) ここで、六角氏の軍勢と、浅井氏の部将として戦った若宮が、自身負傷しながら敵首を取ったことを賞している。ここで、員昌は善兵衛尉を名乗っているが、翌年七月の文書(表1・2)では丹波守となっているので、名乗りの改変はこの間であったことが判明する。

この文書中で、員昌は、浅井氏の意を奉じることもなく、この感状を出している。これは、前月にあった浅井長政の家督相続の段階から、員昌が浅井家中で強い軍事指揮権を持ち、軍奉行として多くの権限を有した重臣だったと理解できる。他の浅井氏家臣を見回しても、当初からこれだけの権限を与えられた部将はなく、長政の初期から当主を支える重臣だったことになろう。推測の域を出ないが、磯野員昌は浅井家中で浅井久政を引退させ、長政を新たな当主に擁立したグループの中核であった可能性もある。

その翌年に当たる永禄四年（一五六一）、六角氏の勢力によって占拠されていた坂田郡の太尾城を、浅井氏の軍勢が奪回する作戦が展開した。夜中に行なわれた攻城戦にあたって、磯野員昌の家臣が、坂田郡箕浦（米原市箕浦）の土豪今井定清を誤って味方討ちしてしまうという事件が起きる。ここで、同年七月五日に今井家の遺臣に対して詫び状を員昌は差し出している（表1・2）。この詫び状を掲載する「嶋記録」は、「今度夜討の異見悉皆磯野丹波守《（員昌）》也、其上丹州くみ手前のかち侍加勢なれは」との説明（括弧内は筆者註）を付す[8]。これが事実であれば、太尾城攻撃の軍事指揮権を、員昌が長政か

表1　磯野員昌発給文書一覧

宛名	内容	出典	備考
若宮藤三郎	四木表合戦での軍功を謝す	若宮文書	年号は推定
今井中西　他４人	今井定清の討死を悔やむ	嶋記録	
光汲房	長岡村鏡新田の知行安堵を伝える	郷野家文書	
御神官中	多賀大社掟	多賀大社文書	
今井殿御家中衆	今井小法師の所領安堵を伝える	嶋記録	
宗朝公	澤山籠城について謝し領地を与える	嶋記録	
宗朝光	澤山籠城について謝し領地を与える	嶋記録	
嶋新右衛門尉	野村（姉川）合戦での軍功を謝し領地を与える	嶋記録	
河口藤五	澤山籠城についての代官職訴訟を認めず	河口家文書	
雨森菅六	野村（姉川）合戦での兄討死を悼み領地を安堵する	雨森家文書	
嶋宗朝公	還俗し親父若狭守の跡目相続を促す	嶋記録	
嶋若狭守	今井小法師の相続を認める	嶋記録	
嶋新右衛門尉	数年の忠節を謝す	嶋記録	
竹生島年行事	金子６両請取を伝える	竹生島文書	
饗庭百姓中	善積庄と木津庄の山論を裁定する	南新保区共有文書	検討を要する文書
御神官中	三宮御供を河瀬筑後守へ渡すよう命じる	多賀大社文書	
諸浦地下人中	堅田衆役義は前々の如く徴収し射猟は禁止する	堅田郷士共有文書	中島直親との連署
小路太郎衛門	能登瀬村青木宮の竹木伐採禁止を伝える	山津照神社文書	検討を要する文書
竹生島年行事	竹生島蓮華会の障害なき執行を促す	竹生島文書	
観音寺年行事	香盤借用の依頼をする	大原観音寺文書	
観音寺年行事	横山城番手にあたっての贈物を謝す	大原観音寺文書	
上坂八郎兵衛　他8人	普請が出来たので帰還の許可を与える	上坂家文書	

番号	年月日	文書名	差出
1	永禄03.11.14	磯野員昌書状	善兵衛尉　員昌（花押）
2	永禄04.07.05	磯野員昌書状写	磯野丹波守　員昌
3	永禄05.03.28	磯野員昌書状	磯野丹波守　員昌（花押）
4	永禄08.01.11	磯野員昌掟	磯野丹波守　員昌（花押）
5	永禄12.06.22	磯野員昌書状写	磯野丹波守　員昌　判
6	元亀01.07.05	磯野員昌書状写	員昌　判
7	元亀01.07.05	磯野員昌書状写	員昌　判
8	永禄13.07.10	磯野員昌書状写	丹波守　員昌　判
9	元亀01.08.03	磯野員昌書状	員昌（花押）
10	元亀01.09.05	磯野員昌書状	丹波守　員昌（花押）
11	元亀02.05.19	磯野員昌書状	丹波守　員昌
12	元亀02.12.23	磯野員昌書状	磯丹　員昌
13	元亀04.02.28	磯野員昌書状写	丹波守　員昌
14	天正01.12.21	磯野員昌書状	磯丹　員昌（花押）
15	天正04.09.12	磯野員昌書状	丹波守　員昌　判
16	不詳00.01.12	磯野員昌書状	磯野丹波守　員昌（花押）
17	不詳00.02.07	磯野員昌等書状	磯野丹波守　員昌（花押）
18	不詳00.04.05	磯野員昌書状	太郎左衛門　員昌（花押）
19	不詳00.05.27	磯野員昌書状	員昌（花押）
20	不詳00.07.11	磯野員昌書状	磯野丹波守　員昌（花押）
21	不詳00.07.13	磯野員昌書状	員昌（花押）
22	不詳00.09.03	磯野員昌書状	丹　員昌（花押）

ら委ねられていたことになる。

他方、永禄五年（一五六二）三月二十八日、坂田郡長岡村（米原市長岡）の地侍・郷氏の寺庵である光汲坊へ宛てて、長岡村内の「鏡新田」四段半を、員昌は浅井長政の安堵を追認する形で保証する書状を出している（表1・3）。ここから、軍事面のみでなく、民政面においても政治力を持つ長政側近としての員昌の姿を読み取ることが可能である。[9]

永禄八年（一五六五）正月十一日、員昌は多賀大社の神官に対して、七ヶ条からなる極書を差し出している[10]（表1・4）。ここで、多賀大社での衆議は、三人や五人の少数ではなく神官全員の決を取る形で定めることを規定している。具体的には、多賀大社の神宮寺である敏満寺地蔵院が、甲斐国武田家へ使僧を出したのに対し、多賀社の大宮司・新開方・新学方が同意して武田氏宛ての書状を出したことで、社内に紛争が起きていた。この当時、浅井長政と尾張の織田信長とは、お市の結婚を通じて同盟を結んでいたと考えられ、さらに織田家と武田家は、この時は友好関係にあったので、多賀大社の行動が政治的に問題であったのではない。員昌は多賀大社内での議決のあり方が社内の総意でなく、事後に紛争が起きたことを問題視して、この極書を作成しているのである。七ヶ条の最後の条項は、「浅井備前守長政の内証を請け、七ヶ条書付進らせ置き候」（書き下し文に改めた）とある。すなわち、本書は浅井長政の意向を代弁したもので、磯野員昌が浅井氏当主の名代となりうる存在であったことを示している。改めて、員昌の浅井家中での高い地位を確認できる。

員昌の軍事行動　時期は不明であるが、員昌が坂田郡の小谷城の出城である横山城に在番に入った際に（本文では「当城番手ニ参候」とある）、大原観音寺から贈物を得たことへの礼状を、七月十三日付けで出している(11)（表1・21）。今後は気遣い一切無用で、何か観音寺側が必要なことがあれば、員昌として対応すると述べる。また、同じ年かは不明ながら、七月十一日付けで、香盤（香炉）を借用したい旨を、観音寺へ申し入れている（表1・20）。これらは、磯野員昌が小谷城の支城主として、横山城へ在番していたことを示している。

ここでは、後述する佐和山城主としての姿と同様、員昌が本貫地を離れて、戦国大名浅井氏の領国経営にとって核となる城郭を守備する立場にあったことが判明する。例えば、信長との元亀争乱の中で、浅井氏の防衛線を小谷城と共に構築した山本山城は、すぐ麓の集落である伊香郡西阿閉村（長浜市高月町西阿閉）の国衆・阿閉貞征が城主を務めていた(12)。このように、本貫地近くの浅井氏家臣が、近くの山城の在番を務める事例はあるが、伊香郡の本貫地からはるか隔たった坂田郡の城郭を守備していることは、員昌が通常の浅井氏家臣ではなく、浅井氏当主から領国全体を守備する権限を委任された、重臣・支城主・軍奉行であったことを示している。

員昌は江戸時代の初めに成立した『浅井三代記』などによれば、姉川合戦において先陣をつとめたとある(13)。「嶋記録」によれば、嶋秀安を初めとする坂田郡天野川流域の国衆今井氏の家臣団は、幼少な今井氏当主・小法士丸を員昌が入っていた佐和山城に送り、「姉川合戦にも、今井か勢ハ磯野か手につき、粉骨をぬきんて、敵の中を懸ぬけ、おほくハ沢山の城へたて籠り」とある。この記述から、『浅井三代記』が記す、員昌の姉川合戦参陣は事実であったと考えられる。

4　佐和山籠城と長政

姉川合戦後、今井家中を初めとする天野川流域の浅井氏家臣たちは、員昌に従って佐和山城へ籠城した。「嶋記録」には、「(姉川合戦)後、磯野丹波守ハ小谷より沢山の城へ楯籠しかは、相随ふ兵ちそくこそあれ不残入城シ」とある(括弧内は筆者註)。さらに、「嶋記録」はこの項に、「元来丹波守文武かねそなハれる大将なれハ、士卒の気をはけまし、堅固にこそハたて籠けれ」と、員昌の武将としての評判までも記す。佐和山籠城については、『信長公記』にも「夫れ(姉川合戦)より佐和山の城、磯野丹波守楯籠り、相抱へ候へき」とある。[14]

員昌が佐和山城主となった時期であるが、『江濃記』には永禄四年(一五六一)からとあるが確証がない。[15] 私としては、信長との戦いが確実となった元亀元年(一五七〇)四月以降と考える。浅井氏は、すでに信長領国となっていた近江南部との「境目の城」として佐和山城を重視し、最も信頼できる家臣である員昌を、臨時の軍事配備として送り込み、天野川流域の家臣たちを、寄子として付けたと推定する。

姉川合戦後に佐和山城に入った員昌であるが、永禄十三年(=元亀元年、一五七〇)七月十日、嶋新右衛門尉に対して「野村合戦(姉川合戦)」での軍功を謝し、坂田郡法勝寺十五条公文名五十石などの領地を与えた書状を出している[16](表1・8)。また、九月五日付けの書状では、雨森菅六に対して、兄の次右衛門の討死を悼みつつ、菅六が負傷したことを見舞い、次右衛門の跡目と目される与三郎の相続を、長政へ進言すると述べている[17](表1・10)。姉川合戦の感状を出した人物は、浅井氏当主の長政以外、現存する限りは磯野員昌のみが知られる。この点も、員昌が浅井家中で、軍事面において高い地位を占めていたことが伺える。

また、それに先立つ七月五日付けで、嶋氏の親族である「宗朝公」に対して、佐和山籠城を謝し領地宛行を行なっていることが「嶋記録」から知られる（表1・7）。さらに、天野川流域の地侍の一人である坂田郡新庄村（米原市新庄）の河口藤五に対して、佐和山籠城に同意しない一族の左馬允を説得するよう命じた八月二日付けの書状も存在する(18)（表1・9）。このように、姉川合戦後の佐和山籠城については、員昌が長政から委譲された形で、完全な軍事指揮権を所持していたことを確認できる。そもそも、浅井氏の約五十年の北近江治世期間の中で、浅井氏から独立して、所領宛行を行ない得た浅井氏家臣は、員昌をおいて他にはなく、その高い地位を物語っていよう。

同じ元亀元年十二月三日、直前の九月に全国へ向かって一向一揆の蜂起を命じた本願寺顕如は、磯野員昌に対して、佐和山籠城をねぎらった文書を出している(19)。浅井氏当主が、顕如ら本願寺門主からの書状を得ているのは当然だが、浅井氏家中で門主からの書状を得ているのは、中島宗左衛門と員昌のみである。これも、浅井氏家中での磯野氏の独立性を示すものと考えていいだろう。

5　織田信長家臣としての員昌

信長への帰参　姉川合戦の翌年に当たる元亀二年（一五七一）二月二十四日、員昌にとっての大きな転機がおとずれた。佐和山開城と信長への帰参である。『信長公記』は、「磯野丹波降参申し、佐和山の城渡し、進上して、高島へ罷り退く、則ち、丹羽五郎左衛門を城代として入れおかれ候ひき」と記す。また、「堅田郷士共有文書」によれば、員昌に代わって佐和山城へ入城する予定の丹羽長秀が、堅田諸侍に宛て員昌が高島郡へ行くのに対し、堅田の船を所望しているので、二十日以前に百艘の船を、松原浦まで手配するよう、二月十七日付けで命じている。二月二十日にも、早舟を送るよう、長秀が堅田へ依頼している書状が、同文書に残っており、堅田側の慎重な姿勢があったためか、船の調達は難航しているように見える(20)。

このように、佐和山城下にある松原湊へ、大量の船を徴発している事実は、員昌の信長投降と同時に、城内の多くの将兵が高島郡に退去したことを示している。そして、これを信長配下の長秀が準備している事実は、信長の調略に乗る形で、員昌の浅井氏からの離反が行なわれたことが読み取れる。

この佐和山開城と員昌の投降については、浅井氏側の記録として「嶋記録」が存在する。そこには、「沢山の城ニハ兵糧米玉薬つき、かゝハりかたく覚へしかハ、出入八カ月にあたる元亀二年二月、扱にして城をあけ渡しけり」とある。さらに、『信長公記』には、員昌が謀反したように記しているが、城内から攻城軍へ次の申し入れがあったという。籠城兵がすべて小谷城へ移ることを許されるのであれば開城するが、許されなければ城を枕に討ち死にするという内容だった。その結果、籠城兵の小谷への撤退が許されたので、員昌は城中の兵を連れて小谷に向かったが、小谷側は員昌が信長に離反したと判断し、城中に入れなかった。員昌が途方にくれていた所、信長側からは再々投降の誘いがあったが、これを拒否し若狭の守護家・武田氏を頼ることになった。しかし、員昌が若狭へ赴いた事実を知った浅井氏の家中は、小谷城内に人質としていた員昌老母を磔に処したという。これを怒った員昌が、「是非におよはす」として、信長へ投降したと記す。

この「嶋記録」の話、佐和山開城が『信長公記』が記すように二月二十四日なら、先の丹羽長秀の文書と、明らかに矛盾する。長秀は二月十七日の段階で、員昌が投降して高島郡へ行くことを書状に記しており、この段階で員昌も堅田へ書状を送って、城兵輸送のための船の手配を行なっている。「嶋記録」が記す開城の経緯は、二月二十四日以降のことと判断できるが、その段階で員昌が小谷合流を考え、信長への投降の意思がなかったという「嶋記録」の記載は、それ以前から、員昌が丹羽長秀と投降後の行き先の交渉を行なっていた事実とは整合性がとれない。素直に同書を読めば、員昌が開城前に小谷合流を模索した可能性や、小谷籠城衆の中で員昌の裏切りが話題となっていた可能性を想定すべきであろう。

しかし、「嶋記録」の逸話は員昌を「文武かねそなハれる大将」とする絶賛する同書の員昌への贔屓目な視点が入っているると考えるべきだろう。浅井氏側の史料として、多くは正確な情報を伝える「嶋記録」であるが、この部分はそのまま史実と考えることはできない。員昌の浅井氏離反は、他の浅井氏家臣と同じく、信長の調略を受け、離反後の進退を保証されての行動と断ずべきで、小谷合流の思いはなかったと考えるべきだろう。

信長家臣としての員昌　佐和山から高島郡に移された員昌の居城は、当初は小川城（高島氏安曇川町小川）で、後に新庄城（高島市新旭町新庄）に移ったと考えられている。[21] 谷口克広氏によれば、「高島郡にあって、信長麾下の立場で、かなりの権限を認められていた様子である。…高島郡一職を委ねられていたと思われるのである。」と述べる。[22] また、同氏は信長が延暦寺焼き討ち後、近江の分封支配を進め、国内の随所に宿老を配置していくと述べる。その宿老とは、明智光秀・佐久間信盛・中川重政・柴田勝家・丹羽長秀・羽柴秀吉であり、員昌は七人目の近江分封者として遇せられたと考えている。[23]

員昌は、信長へ投降後、四ヶ月余りを経た頃、早速に信長から命を受けた。元亀二年（一五七一）七月五日、朽木元綱宛ての信長朱印状では、朽木氏に須戸荘の請米を保証すると同時に、新たな知行については、員昌に申し伝えるとある。[24] さらに、浅井氏への信長の攻撃が最終段階に入った天正元年（一五七三）八月十六日に、信長が多胡宗右衛門尉へ与えた朱印状では、本貫地や現在の知行地の他、新たな所領を宛行ったので、内容は員昌から伝える旨が記されている。[25] 高島郡の勢力である朽木氏・多胡氏ともに、浅井氏から離反し、信長側に付くことを表明した結果、本領安堵の他に新たな知行を得たものであろう。その高島郡内における知行割りの実務を、信長から高島郡の支配を任された員昌が担っていたのである。

また、信長の意向を受けた員昌の動向としては、竹生島から「青葉の笛」借り上げの一件がある。年号は不明ながら、九月六日の員昌宛ての信長判物によれば、竹生島に伝来した「青葉之笛」と「小笛」が到来した礼を述べ、これらの笛が竹生島の所蔵に帰すに至った経緯を調べるよう命じている。同日付けで竹生島へも信長は朱印状を出しており、二つの笛を実見したことを伝え、さらに静御前が使用したという小鼓も実見したい旨を記し、詳細は員昌に申し付けたとある。(26)この信長文書二通は、本来竹生島にあったものだが、現在は島から流出し、滋賀県甲賀市のMIHO MUSEUMに「雷雲蒔絵鼓胴」と共に所蔵されている。(27)竹生島と員昌の関係は深く、小谷落城直前に当たる元亀四年(一五七三)七月一日に、信長が竹生島に出した安堵状でも、員昌が使者となっている。(28)

員昌の高島郡支配 『信長公記』の天正元年(一五七三)九月六日の記述には、元亀元年(一五七〇)四月、越前国敦賀から退却した信長が、京都から岐阜に帰る際、千草峠で信長を狙撃した杉谷善住坊の逮捕に関する記述が見える。善住坊が高島郡に隠れ住んでいるところを、員昌が召し取ったのである。(29)九月十日に岐阜に送致された善住坊は吟味を受けた後、立ったまま土中に埋められ、首を鋸引きにされ処刑された。善住坊の悲惨な最期はともかく、この事実は員昌が、高島郡の警察権をも得て統治を行なっていた証拠となろう。

しかし、員昌の高島郡統治を、民政面で証拠づける史料は意外と少ない。天正四年(一五七六)九月十二日に、高島郡善積荘と木津荘の境界争いを裁定している文書「南新保区共有文書」が、『今津町史』に紹介されている。(30)員昌が饗庭百姓中へ出したものであるが、文言が当時のものとは思えない部分があり、後世に員昌の名を借りて作成したものであろう。ただ、この文書は真正でないにしても、天正四年の段階において、高島郡は員昌の統治下であったことが、後世に伝えられていたことが知られる。

さらに、員昌は高島郡にいた頃、織田信長の甥である信澄を養子にしたという説が、谷口氏によって紹介されている。[31]『今津町史』には、信澄のことを指すと言う信重という人物の船木・朽木商人衆中宛ての文書（山本清家文書）が掲載されており、その文中に「丹州置目の如くたるべし」との文言があり、信澄が員昌（丹州）の政策を継続し、家督を相続する意思があったと考えられる。しかし、本書も文言など不自然な所があり、後世の作の可能性もある。ただ、同じく本書が真正でないにしても、員昌の後継者が信澄であったことが、伝承として高島郡に後世存在したことを示している。

天正六年（一五七八）二月三日、『信長公記』によれば、員昌は信長の意向を裏切り、その折檻を受け、どこともなく逐電したと記す。谷口氏は、一向に高島郡の支配権を正式に与えられていない織田信澄が、権限委譲を信長に訴えた結果、員昌の更迭が行なわれたと考えられている。[32]私としても、員昌の失脚について、谷口氏が説く以上の理由を見つけることができない。「磯野員昭氏家譜」によれば、同年に伊香郡磯野村に蟄居し、天正十八年（一五九〇）九月十日に死去し享年六十八と記す。[33]ただ、この死没地や享年について、客観的な史料で裏づけできないのは残念である。

6　まとめ

以上のように、員昌は長政の家督相続直後から、その名代として強固な軍事指揮権や領国支配権を保持する浅井氏重臣であったことが知りうる。特に、佐和山籠城など、与えられた軍事指揮権は絶大で、まさに長政が最も信頼していた軍奉行と言える。ただ、この員昌の事例をもってして、浅井氏が重臣（国衆）たちを本貫から離し、その家臣団を解体し、その陪臣たちを他の重臣に付属させる政策を行なっていたと断じるのは少々危険があろう。[34]員昌の強い権限は、長政支持勢力の中核としての立場から与えられたものであり、その個人的な経歴に起因するもので特例と見なされる。今井氏家臣団の員昌への帰属は、姉川合戦後の戦時体制における臨時的軍事措置と考えた方がよい。

総合的に考えると、浅井長政政権内では、家臣団組織上での筆頭宿老は赤尾清綱であったが、長政を個人的に支える勢力の筆頭が員昌と見られ、特に長政の名代として高度な軍事指揮権を与えられていたと考えられる。このような立場であった員昌の離反は、長政の対信長戦において、大きな痛手となったことは想像に難くない。

註

(1) 小和田哲男『近江浅井氏』(新人物往来社、一九七三年)

(2) 谷口克広『信長と消えた家臣たち』(中公新書、二〇〇七年)

(3) 『淡海温故録』は、貞享年間(一六八四～一六八八)の成立で、『近江史料シリーズ2『淡海温故録』(滋賀県地方史研究家連絡会、一九七六年)によった。

(4) 磯野太郎・磯野員彦『近江の磯野氏』(私家版、一九八四年)

(5) 『新訂 寛政重修諸家譜』一六(続群書類従完成会、一九六五年)による。

(6) 小堀遠州母の肖像画は、市立長浜城歴史博物館『小堀遠州とその周辺』(一九九七年)に写真と解説が掲載されている。

(7) 「大脇文書」(『改訂近江国坂田郡志』七所収)による。この文書は、明治時代に高知県吾川郡長浜村(高知県高知市長浜)の大脇之治氏が所有していたので、この名があるが、実態は戦国後期に浅井氏家臣として活躍した若宮家の相伝文書である。『東浅井郡志』四は、同じ文書群を「若宮文書」として掲載している(但し、収録文書は多少相違する)。前説も参照。

(8) 「嶋記録」は、滋賀県教育委員会『滋賀県中世城郭分調査』七所収の翻刻に従った。以下の引用も同じ。また、本章六を参照。

(9) 「郷野文書」による。同文書は、『郷野家文書』調査報告書刊行会『『郷野家文書』調査報告書』(執筆・編集は筆者が行なった、二〇一二年)で、すべての中世文書を写真付きで翻刻している。

(10) 多賀大社の文書は、多賀大社社務所『多賀大社叢書〈文書篇〉』(一九八三年)による。

(11) 「大原観音寺文書」は、滋賀県教育委員会「大原観音寺文書」(一九七五年)による。

(12) 本章四参照

(13) 木村重治『復刻　浅井三代記』（二〇一〇年）による。
(14) 奥野高広・岩沢愿彦校注『信長公記』（角川文庫、一九六九年）による。
(15) 『群書類従』二一　合戦部（続群書類従完成会、一九六〇年）
(16) 「嶋記録」所収文書
(17) 西島太郎「松江藩士雨森家の残した文書群─「雨森文書」調査概要と文書目録─」『松江歴史館研究紀要』一（二〇一一年）
(18) 「河口文書」は、近江町史編纂事務局架蔵写真帳などによる。
(19) 「顕如上人文案」上松寅三編纂校訂『石山本願寺日記』下（清文堂出版、一九三〇年、復刻版一九六六年）
(20) 『東浅井郡志』四（一九二七年）
(21) 『今津町史』二（一九九九年）
(22) 谷口克広『織田信長家臣団辞典』（吉川弘文館、一九九五年）
(23) 註（2）に同じ
(24) 奥野高広『増補　織田信長文書の研究』上（吉川弘文館、二〇〇七年）
(25) 註（24）に同じ
(26) 註（24）に同じ
(27) 市立長浜城歴史博物館『特別展　竹生島宝厳寺』（一九九二年）に写真掲載されている。
(28) 註（23）奥野氏書。なお、大阪城天守閣・長浜市長浜城歴史博物館編『豊臣家ゆかりの「天女の島」─びわ湖竹生島の歴史と宝物─』（二〇二〇年）などに、写真が掲載されている。
(29) 註（14）書
(30) 註（21）に同じ
(31) 註（2）・(22) 谷口氏書
(32) 註（2）谷口氏書
(33) 註（4）磯野氏書
(34) 註（1）の小和田氏の所説

四　浅井氏家臣・阿閉氏の転身―羽柴秀吉と対立した信長家臣―

はじめに

北近江の戦国大名浅井氏の重臣であった阿閉氏の本貫は、後に城主となる山本山城の東麓である伊香郡西阿閉村（長浜市高月町西阿閉）であったと推定できる。[1] 長浜市指定文化財の伝聖観音坐像が収蔵される竹蓮寺の南の地を「万五郎城」と伝え、その南側には土塁も残存する。[2] この竹蓮寺やその西の集会所付近が、阿閉氏の館跡と考えるのが至当であろう。阿閉氏は本来、この西阿閉村の土豪・地侍であったが、貞大の父・貞征の時代に勢力を拡大して「詰の城」として山本山城を持つようになったと考えるべきだろう。

宝暦三年（一七五三）に成立した、近江国中の土豪・地侍の一覧表である「江州佐々木南北諸士帳」には、「西阿閉村」に阿閉五郎・阿閉三河守・阿閉淡路守の名がみえる。[3] また、貞享年間（一六八四～八八）に成立した地誌『淡海温故録』には、「阿閉」の項があり、三河守貞義→淡路守元盛→万五郎の家系を伝えるが、[4] その分析は後述する。以下、一次史料である古文書を中心に、阿閉氏の動向を探ってみよう。古文書からは、以下に示すように、阿閉淡路守貞征と阿閉孫五郎貞大の親子二代が、浅井長政家臣から織田信長家臣に転身したことが分かる。

1　浅井氏家臣時代の阿閉氏

浅井氏家臣時代の発給文書　浅井氏家臣時代の阿閉氏の発給文書は、管見の及ぶ限り、浅井郡種路村（長浜市湖北町山本）の金光寺に残る以下の一通しか確認できない。[5]

〔史料1〕阿閉貞征書状

［　　］此方領［　　］田［　　］作［　　］間敷候、縦少々田畠荒候共、不可被相留候、万一［　　］候者、［　　］［　　］隠候、［　　］しても、［　　］共、我等へ何も不儀之働候間、如何様之者候共、知行内不可被入立候、不及申面々へ出入候ハヾ、承付次第其所へふかく可令違乱候、恐々謹言、

二月十五日　　阿閉淡路守

貞征（花押）

今村殿

井口新左近殿

其他各中

宛名の「今村殿」は、姉川合戦で戦死した浅井郡猫今村（長浜市湖北今町）の土豪・地侍である今村掃部(6)の一族と見られ、また井口新左近は伊香郡井口村（長浜市高月町井口）の土豪・地侍である井口氏の一族で、「中原系図　近江国御家人井口」(7)において、実名が「経貞」であったことが分かる。浅井氏滅亡後は衰退する両氏と阿閉貞征が村の統治に関わるのは、阿閉氏の浅井氏家臣時代と推定できる。

破損部分が多く、完全には文意が読み取れないが、年貢収納に関するもので、阿閉氏が本貫西阿閉以外の伊香郡・浅井郡の村々に対して、代官的な立場であったことが分かる。ここから、阿閉氏が一村規模の土豪ではなく「国衆」であり、複数村を支配する比較的規模の大きな浅井氏家臣であったことが知られる。

なお、先述の「中原系図　近江国御家人井口」によれば、「経貞」の姉に浅井長政の生母阿古がおり、もう二人の姉が月瀬播磨守と阿閉貞征の妻となっている。また、「経貞」の兄で井口氏当主であった「弾正忠（越前守）経親」の娘（つまり「経貞」の姪）は、阿閉貞大の妻となっている。これが事実ならば、浅井氏の有力家臣であった井口氏と阿閉氏は濃い姻戚関係を持っていたことになり、阿閉氏の家格も井口氏に匹敵していたと見るべきだろう。

浅井氏使者の文書　ここでは、阿閉氏が浅井長政の使者や宛名になっているものを紹介する。いずれも、姉川合戦後に出された長政感状である。(8)

〔史料2〕浅井長政書状

去六月廿八日、於辰鼻表合戦之刻、御一家衆歴々御粉骨、無比類次第、此表本意候、弥於御忠節者、聊不可存疎意候、委曲阿閉万五郎尉可申述候、恐々謹言、

元亀元

八月五日　　（浅井）長政（花押）

渡辺周防守殿　御宿所

〔史料3〕浅井長政書状

去六月廿八日、於辰鼻表合戦之刻、御粉骨無比類次第、此表本意候、弥於御忠節者、聊不可（存脱カ）疎意候、委曲阿閉万五郎尉・渡辺周防守可申述候、恐々謹言、

元亀元
八月□(三ヵ)日　(浅井)長政(花押)
小之江彦六尉殿　御宿所

両書とも元亀元年(一五七〇)六月二十八日の姉川合戦の感状である。前者の渡辺周防守は、実名を任と言い、浅井郡速水高田村(長浜市湖北高田町)の土豪・地侍である。阿閉貞征にも仕え、中村一氏・増田長盛・藤堂高虎の家臣としても活躍した渡辺勘兵衛了は、近世の逸話集や現代の小説でもお馴染みだが、この任の養子と伝える。[9]後者の小之江彦六尉は、浅井郡東尾上(長浜市湖北東尾上町)の土豪・地侍と見られるが、詳細は不明である。

ここでは姉川合戦を、「辰鼻表合戦」と称しているが、そこで本感状の内容を伝える使者として、阿閉貞大(万五郎＝孫五郎)の名が見えている。阿閉氏が本貫の伊香郡以外の浅井郡の土豪・地侍と、浅井氏を結ぶ役目を担っていたことが分かる。ここからも、阿閉氏が浅井氏家臣の中でも、一村規模を超え複数村を支配下におく「国衆」で、有力な存在であったことが分かる。以降に見るように、対信長戦においても、阿閉氏は重要な防衛ラインを担う山本山城を任されるが、こういった阿閉氏の存在が大きく関わっていたと考えられる。

阿閉甲斐守の存在[10]

次に、元亀二年(一五七一)五月五日、姉川合戦の状況を、浅井長政が家臣の阿閉甲斐守に伝えた文書を紹介する。

〔史料4〕浅井長政書状

（包紙上書）

「　備前守

阿閉甲斐守殿　長政

御宿所　」

去年六月廿八日、於辰鼻表合戦之刻、御息五良右衛門尉殿を始御家中衆歴々討死之段、別御忠節無比類次第候、此表本意之上、一廉可申付候、聊不可有疎略候、跡目之儀被取立候而、弥御粉骨簡要候、委曲北庄又右衛門尉可申候、恐々謹言、

元亀弐

五月五日　（浅井）長政（花押）

阿閉甲斐守殿

御宿所

本書は元亀二年五月五日付けの書状であるが、前年六月二十八日の「辰鼻表合戦（姉川合戦）」において、子息五郎右衛門尉をはじめ御家中の者が討死し、浅井家に対して忠節を尽くしたこと、信長との戦いが一段落ついたら、それなりの加増を約束した内容である。また、阿閉氏は跡継ぎがなくなったので、跡目をしっかりと取り決め、今後も浅井氏のために尽くすよう命じている。宛名の阿閉甲斐守は阿閉貞征・貞大の一族と見られるが、その関係は不明であ

る。ただ、阿閉氏が長政を支える有力な一族であり、その跡目について長政自身も関心を寄せていたことが知られる。

信長の山本山攻撃　阿閉貞征・貞大親子は、浅井長政と織田信長が戦った元亀争乱において、小谷城に籠城し信長軍と戦う長政と連携する形で、浅井郡の山本山城に立て籠っていたことが、『信長公記』に見えている。山本山城は現在の長浜市湖北町山本集落の北に聳える山本山にあった城郭で、現在も主郭の土塁や、連郭式につながる尾根上の細長い縄張に、堀切など城郭遺構が良好に残存している。(11)

〔史料5〕『信長公記』元亀三年（一五七二）七月十九日条

阿閉淡路守楯籠もる居城山本山へ、木下藤吉郎差し遣はされ麓を放火候、然る間、城中の足軽共百騎ばかり罷出相支へ候、藤吉郎見計ひ、噇と切りかゝり切崩し、頸数五十余討捕る、信長公御褒美斜ならず、

ここで、浅井方の阿閉貞征が立て籠る山本山城を、信長家臣である木下秀吉が攻撃し、麓や城外で戦闘が展開している。山本山城については、この前後の『信長公記』に度々登場する。〔史料5〕の前年の元亀二年（一五七一）八月二十六日条には、小谷城と山本山城の間の中島に、信長軍が一夜の陣を構え、北近江北部の余呉・木之本を放火している。(12)さらに、〔史料5〕と同年三月七日には、前年と同じ場所に信長軍が野陣をかけ、再び余呉・木之本を放火している。

この三月七日の戦闘を記す『信長公記』には、「江北の諸侍、連々申す様、与語・木本へ手遣ひの砌は、節所を越し来たるの間、是非一戦に及ぶべきの由申しつる」が、この時は足軽さへも出合わなかったと記している。つまり、

小谷城と山本山城の間を浅井氏側は「節所」、つまり防衛ラインと捉えていたことになる。さらには、山本山城は「節所」を守る重要な城郭と認識していたことになる。その山本山城を任せられた阿閉貞征の立場は、浅井氏家臣団中でも高位を占めていたと考えるべきだろう。

その阿閉氏の山本山城も、元亀四年(一五七三)八月八日、虎御前山城まで本陣を進めた信長軍の前に開城することになる。『信長公記』は、「江北阿閉淡路守御身方の色を立て」と簡潔に記す。山本山城に居城した阿閉貞征が、信長側についたと述べている。阿閉氏の浅井氏からの離反は、山本山城の開城を意味した。小谷落城の二十日余り前のことである。

2　信長家臣時代の阿閉氏

信長直参としての阿閉氏　『信長公記』の元亀四年(一五七三)八月二十八日条にある通り、戦国大名浅井氏の旧領「江北浅井跡一職」は、長浜城主の羽柴秀吉に引き継がれたと、一般的には見なすべきである。しかし、阿閉貞征・貞大親子は、北近江が秀吉の統治下となった後も、秀吉の家臣あるいは寄子とはならず、信長の旗本衆(直参)に加わったと見られる。この事実は、谷口克広氏・和田裕弘氏らの研究から明らかである。[13]以下、『信長公記』から、その事実を確認しよう。

まず、『信長公記』の天正六年(一五七八)八月十五日条によれば、信長が近江国や京都などの力士千五百人を安土に集め、相撲を辰の時(午前八時)から、酉の時(午後六時)まで取らせ、信長が観覧したことがあった。その時の奉行として、同書は津田(織田)信澄や堀秀政など十一人の名を上げるが、その一人として阿閉孫五郎貞大の姿が見える。

この日、大方、夕方には力士による相撲が終了したが、信長が命じて奉行たちにも相撲を取らせたとある。信長は永田景弘と阿閉貞大が力持ちであることを知っていたので、最後に永田と阿閉に勝負をさせた。阿閉の方が「器量骨柄」が優れており力強いと見られたが、運が良かったか本当に強かったのか、永田が勝利したとある。これを見ると、阿閉貞大は信長家中でも体格に優れ、強力の持ち主と評価されていたことが知られる。

さらに、同書の同年十二月一日条によれば、摂津国大和田城（大阪市西淀川区）の城主安部二右衛門良成が、有岡城主の荒木村重から離反しようとした際、親と叔父から反対されたため、偽りに「蜂屋・阿閉両人陣取りの所」を攻めたとある。その後、安部は叔父を使者に出し遠のけ、親を押し籠め信長への忠節を誓っている。これによれば、阿閉貞大は信長による有岡城攻めにも参加していたことになる。

天正九年（一五八一）九月三日、織田信雄を大将として伊賀攻めが行なわれるが、『信長公記』によれば、その甲賀口の部隊に、滝川一益・丹羽長秀の他、蒲生氏郷・京極高次・多賀常則・山崎秀家ら他の近江衆と共に、貞征・貞大も参陣している。また、九月十一日条では、阿閉貞征が伊賀国阿山郡（三重県伊賀市域）の制圧に尽力していることが記されている。また、天正十年（一五八二）正月十五日の安土での「御爆竹」でも、貞征が近江衆として「南方」を担当している。同年三月二十日条によれば、武田氏攻めの信濃侵攻軍にも貞征が参加している。

羽柴秀吉との確執　　信長旗本衆となった阿閉氏と、長浜城主だった秀吉の関係を知る上で重要な文書が竹生島文書中に残る。(14)

〔史料６〕阿閉貞大書状

如御意其已来、以使者成共御見舞可申上義候、兎角罷過所存外候、仍而竹生嶋寺領之義、彼房主共、可致直訴由付而、先被為拘置御届段、天山忝題目候、則御意趣淡路守申聞候処、今度忠節之筋以、被成御扶持内、過半羽柴筑前守殿へ被押取候、其上又々竹生嶋領返遣候へ者、重々手前知行すき申候間、御分別候て可被下候、偏　長行様可為御才覚次第候之条、何様ニも奉頼候、可得御意候、恐惶」謹言、

十月十七日　　　　貞大（花押）

（封上書）

「　　（封）　　阿閉孫五郎

玖右衛門殿　貴報　　　　貞大」

本書の内容は、阿閉氏と竹生島との所領争いについて、竹生島が信長に直訴に及んだ話である。信長側近の菅屋長行（玖右衛門、後の長頼）は、この問題を担当しようとしていたが、これに対して貞大が謝意を伝えたものである。特に、貞征の話では信長への忠節によって北近江で得られた所領は、過半が羽柴秀吉に押領されており、さらに竹生島へ所領を返すことになれば、自らの所領に隙間が生じてしまうと切実に訴えている。ここで、信長から阿閉氏が与えられた所領は、竹生島がある浅井郡にも設定され、それは信長から秀吉へ与えられた「江北浅井跡一職」、つまり秀吉の領国と重なる部分があったことが知られる。[15]

秀吉としては、浅井氏の領国だった伊香郡・浅井郡・坂田郡をすべて所領として与えられたと判断していたと思われるが、信長はその三郡の一部を阿閉親子に与えたと考えていたと推定される。さらに、中世の竹生島領についても、阿閉氏に新たに与えられた部分があり、その領有権を竹生島が直訴したのが本件なのであろう。阿閉氏が秀吉によっ

て所領を奪い取られたと考えていたことは興味深いが、これが「本能寺の変」後、阿閉氏が明智側について、真っ先に秀吉の居城である長浜城を急襲した遠因となっていたと見られる。阿閉親子と秀吉は、所領問題で以前から関係が悪かったのである。

また、阿閉貞征と貞大の親子は、その所領内の十八石の地を竹生島へ寄進している。(16)

〔史料7〕阿閉貞征・阿閉貞大連署状

知行内北脇下野内にて拾八石、為御日供米寄進申候、然上者後々末代不可有別儀者也、

阿閉孫五郎
貞大（花押）

天正九年五月吉日

阿閉淡路守
貞征（花押）

竹生嶋
惣山中

ここで寄進している「北脇」の地だが、現行地名には存在しない。ただし、天正十三年（一五八五）閏八月に、長浜城主となった山内一豊が、豊臣秀吉から宛行われた二万石の内容を示した「於江州北郡遣知行方目録」に、二八三八石九斗として「北脇所々」があり、その内訳として「うね・阿閉分・高月・西野・西物部」を上げている。(17) これらは、現在の長浜市高月町内の地名である。正しく、この内「阿閉分」とされたのが、阿閉氏の旧領であったと見るのが順

当であろう。だとすると、阿閉氏が信長から与えられた所領が、伊香郡西阿閉（長浜市高月町西阿閉）の本貫周辺にもあったことを証明できる。

阿閉氏の菅浦支配　阿閉氏は浅井郡菅浦（長浜市西浅井町菅浦）の地も、信長から与えられていたようで、三通の文書が国宝「菅浦文書」の中に残る。(18)

〔史料8〕阿閉貞大書状

永夫之義、相断候条、承分候、舟之儀者、涯分令馳走、用可相立事肝要候、謹言、

天正弐
　十月九日　　孫五郎
　　　　　　　貞大（花押）
　菅浦　百性中

〔史料9〕阿閉貞大書状

其浦舟之義、於召遣者、折紙可遣候条、何様候者、召遣族雖在之、墨付無之候者、不可承引候、謹言、

天正参
　二月九日　　孫五郎
　　　　　　　貞大（花押）
　菅浦　舟方中

〔史料10〕阿閉貞征・貞大連署書状

舟のくさりなわ・くさりたゝみ・こも以下候者、持可来候、へいのすさの用候、於安土普請可申付用、ばう・もつこ令用意中三日雑意仕、屋並ニ可罷越候、不寄出家一人も不越者於有是者、堅可令違乱候、恐々謹言、

十月晦日　　孫五郎
　　　　　　貞大（花押）
　　　　　　淡路守
　　　　　　貞征（花押）

菅浦
　地下人中

〔史料8〕は、天正二年（一五七四）十月九日、永久的な夫役を菅浦に命じたが、菅浦はこれを拒否したこと。ただし、阿閉貞大が命じた舟用については十分対応するよう命じたことが記されている。〔史料9〕は、翌年二月九日、菅浦の「舟方」に対して、阿閉貞大の折紙（証文）がなければ、誰であっても菅浦の船を使わせてならないことを伝える。〔史料10〕は安土城の普請に関する文書なので、年号がないが天正四年（一五七六）のものと特定できる。棒（担い棒）や「もっこ」を持って各家一人ずつ、中三日をおいての出役というから、十一月四日に安土城普請に出頭するよう命じている。船の係留に使う縄で古くて腐ったもの、腐った畳・菰などを壁の苆（寸莎《すさ》、壁土に混ぜるつなぎ）とするので持参するよう述べている。

これらを見ると、天正二年から四年にかけて、菅浦は阿閉氏から船や人夫の徴用を命じられており、同氏の所領であったと理解できる。菅浦が所在する浅井郡の村は、秀吉が信長から与えられた浅井氏旧領と考えがちであるが、実際は長浜城主の秀吉ではなく、阿閉貞征・貞大の支配を受けていたことが、ここでも確認できる。このように、北近江三郡において、伊香郡や浅井郡の一部に阿閉領が存在し、これを秀吉が侵害することがあった。阿閉氏の思いは、本貫西阿閉村周辺は安定的な所領であるが、他の伊香郡や浅井郡に散在する所領は、秀吉や竹生島によって押し取られる不安定な所領という認識が存在したと考えられる。

3　長浜城占拠と最期

天正十年（一五八二）六月二日、本能寺の乱が勃発すると、阿閉貞征・貞大は明智光秀に与同し、北近江の守護家出身である京極高次を戴き、秀吉の長浜城を占拠した。しかし、秀吉が光秀に勝利した山崎合戦の後、阿閉親子は長浜城を退去する。すぐさま、秀吉は阿閉親子を追い、一族もろとも殺害することになる。その経緯について、まず秀吉本人の言を引用しよう。天正十年六月二十六日付け、滝川一益宛ての秀吉書状である。七ヶ条の一つ書きからなるが、その五ヶ条目に次のようにある。[19]

〔史料11〕羽柴秀吉書状

一、江州族者、今度明智同意之族為成敗、坂本より直ニ罷越、或刎首、或命を助令赦免候、阿閇事連年構逆心候間、山本山ニ楯籠成御敵候之条、足軽共差遣、父子三人、其外一類女子共一類悉刎首、何も一篇ニ申付候事、

また、天正十年十月十八日付け、織田信孝家臣である斎藤利堯・岡本良勝へ宛てた秀吉書状の二十五ヶ条の一つ書の内、十八ヶ条目には以下のようにある。[20]

〔史料12〕羽柴秀吉書状写

一、即江州致御供、山本之城を阿閇持申候へとも、先人数を申付而、一類刎首、其外悪逆人共首を切可申候へ共、令降参候、人質出申候に付而、尾濃之御成敗可有之と存計ニ命を助、長浜へ御返候事、

これらによれば、秀吉は明智方についた近江の武将たちについて、首を刎ねた者もあったが、降参した者については、今後も美濃・尾張への侵攻の都合もあるので助命したとある。後者は、後述する小川・後藤・多賀・久徳各氏のような例であろう。前者の象徴が、山本山の城主阿閉氏親子三人（貞征・貞大以外の一人は不明）であった。秀吉は足軽を遣わし、阿閉一類の首を刎ねたが、〔史料11〕によれば秀吉に対し「連年逆心を構え」たからであるという。所領問題のこじれが、秀吉の阿閉一族への憎悪感を増したと想像できる。

さらに、阿閉一族の滅亡について、寛永八年（一六三一）八月、美濃国の武将竹中重門によって記された『豊鑑』で見てみよう。[21]

〔史料13〕『豊鑑』

秀吉坂本より舟に取乗り、江北長浜へ越給ふ、此所ハ本より知所なれはなり、北の方もいまた播磨に移らて、爰になんすみたまへり、其外したかふ者ともの妻子も多かりけり、信長討れさせ給ふうへハ、爰にもかたき来るへし、

弓をも引ほとの者ハ備中に趣ぬ、歳老たる者なと少々残れりとても、ふせくへき様にもあらねは、たゝ身をかくすにハしかしとて、伊吹の麓広せと云山の奥に逃まよふさまおもひやるへし、ちり〱に趣行さま、浅ましなともおろかなり、其当り浅井郡山本と云所に、あつぢ万五郎と云う武士あり、明智に心さしありけれは、信長うたれたまふと聞しより、頓而信《ママ》長浜の城へよせ来りぬ、秀吉のすさハみな落うせぬれハ、家々に残るうつは物取もちて、おのかたちに帰りけり、秀吉明智に勝て、長浜に御座しぬときゝ、我か城にて叶ハしとや思ひけん城を出て、塩津・甲斐津の辺に舟をよせ、鶴賀《ママ》の方へ心さし湖水の汀に出舟にのらんとせしを、里人追来て、かうへを切秀吉にたてまつりぬ、長浜に二日逗留ありて、尾張の国に趣たまへり、

ここでは、本能寺の変後、長浜城に残った子女が伊吹山の麓、美濃国池田郡広瀬郷（岐阜県揖斐郡揖斐川町坂内広瀬）へ逃れた話を載せる。その後、秀吉関係者がいなくなった長浜城へ攻め寄せた阿閉貞大が、略奪行為を行なった旨が記される。明智光秀が秀吉によって討たれると長浜城を脱出、船で塩津・海津へ渡り敦賀方面へ逃亡しようとしたが、汀で里人に討たれたと記す。その首は秀吉に献じられたとある。このように、秀吉文書に記されたように、その派遣した軍勢ではなく、里人によって討たれたとするのは、元文五年（一七四〇）に編まれた『武徳編年集成』も同じである。〔史料11〕や〔史料12〕の秀吉の言は、勝利を飾る大言壮語で、里人によって討たれたとする『豊鏡』などの記述の方が正しいと考える。[22]

4　地誌『淡海温故録』の記事

阿閉氏の家系　冒頭で紹介した近江国の地誌『淡海温故録』には、「阿閉」の項がある。江戸時代後期の記事だが、

阿閉氏の履歴として内容も豊富なので、記述内容が史実か否か、全体を①～⑤に区切りながら検証を加えておこう。(23)

〔史料14〕『淡海温故録』

①此村ニ阿閉三河守貞義息淡路守元盛息万五郎、代々京極家より浅井三代共ニ旗頭ノ家ニテ数度ノ軍功アリ、②天正元年小谷額ノ前ニ永田刑部少輔取持ニテ信長公へ降参ス、此ヨリ小谷モ間ナク落去ス、此故ニ賞地トシテ信長公ヨリ伊香胡郡一圓ニ賜ル、五万石計ノ由也、天正十年迄支配セシガ③本能寺ニテ信長公生害ノ後、明智光秀ニ頼マレ一味セシガ、山崎久我縄手ノ合戦ニ明智討チ負ケ、秀吉公阿閉ヲ憎シミニ思シ召シ、一族断絶ニ及べリ、④此時、当国ノ先方衆明智ニ頼レシ人々ハ、後藤喜三郎・小川土佐守・多賀新左衛門・久徳六左衛門五人也、小川賢武ハ旗色ヲ察シテ軍最中ニ降参セシ故、別義ナク其侭六万石ヲ領シテ居レリ、後藤・多賀・久徳ハ日影者ニナリ陪臣ニ下リタル由也、⑤阿閉計リ如此断絶セシハ、秀吉公長浜御在城ノ時、御執持ヲ以テ五万石ニ加預シ、秀吉ノ与力ノ如クアリシニ、明智方ニナリタル故、甚憤リ悪ミ玉フ故也ト云ヘリ、

①では阿閉氏の歴代が、三河守貞義→淡路守元盛→万五郎と続いたとする。残された古文書からは、三河守貞義の存在は確認されず、(24)淡路守の実名は貞征が、万五郎は孫五郎貞大が正しいことは既述した。京極氏・浅井氏に仕えたとあるが、京極氏家臣であったことは確認が取れない。

②では天正元年（一五七三）の小谷落城（小谷額）の前に、信長家臣の永田景弘の仲介で織田方に降伏し、小谷落城後

に信長から伊香郡五万石ばかりを拝領したとある。小谷城落城直前に信長へ降伏したのは事実だが、永田の仲介があったことは本書のみが伝え興味深いところである。永田は先に紹介したごとく、天正六年(一五七八)八月十五日の安土における相撲会の奉行の一人で、阿閉貞大と相撲をとって勝利した人物である。阿閉と共に、信長の旗本衆を構成した一人と見られ、信長に仕えた後も阿閉氏との関係は深かったと見ることも可能だろう。

また、信長から恩賞として伊香郡五万石を拝領したとあるが、長浜城主であった羽柴秀吉は伊香郡内に知行宛行や所領安堵を行なっており[25]、阿閉氏が伊香郡を一円に拝領したというのは確証がない。さらに、江戸後期の天保郷帳や明治初年の『旧高旧領取調帳』[26]では、伊香郡の総石高は三六二四〇石余であり、伊香郡を五万石とするのは数字が大きく根拠が乏しい。古文書からは、菅浦を含む浅井郡の一部、伊香郡内の本貫「北脇」と称する地の一部を拝領したことのみが確認されることは既述した。

明智方についた武将たち　③では天正十年(一五八二)の本能寺の変後、明智光秀に味方になるよう頼まれ加担したが、光秀が山崎の合戦で敗退し、秀吉が明智方についた阿閉氏を断絶に追い込んだと記す。これは、史実通りで特に問題がない記事である。

④には、明智方についた近江衆の名を列挙する[27]。これは、寛永三年(一六二六)に刊行された『(甫庵)太閤記』における、山崎合戦での明智方「山崎表之先手」加勢の武将を参照して記されたと推定される[28]。『太閤記』には阿閉・小川・後藤・多賀・久徳の他に、六角氏の旧臣池田景雄の名がみえるが、彼等について『太閤記』は「是は江州国士《くにざぶらい》たりしが、不及是非参陣してけり」とある。この近江に領地をもつ信長旗本衆は、本能寺の変後、近江国が明智軍に席巻されたため、否応なしに明智軍に従う形になったと記す。しかし、阿閉氏の明智光秀加担は、本論で縷述するように

所領問題のもつれを想定する必要がある。

小川土佐守は、実名をここでは「賢武」とするが「祐忠」が正しい。元六角氏の家臣で阿閉と共に信長の旗本衆を形成、山崎合戦後も本書に言うように武将として生き残り、柴田勝豊・豊臣秀吉の家臣となっていく。ここでは、秀吉と光秀の戦闘途中から旗色を見て、秀吉に降参したから生き残ったと記す。その後の秀吉からの処遇を見ると、事実と見なすことができよう。

後藤喜三郎は実名を「高治」と言う。小川と同じく旧六角家臣で信長の旗本衆を形成、山崎合戦も光秀方として参陣したという。後に蒲生氏郷の家臣となったので、秀吉から見て大名の陪臣となったという本書の記述は正しい。

多賀新左衛門は実名を「常則」と言い、犬上郡の土豪・地侍の出身で、信長の旗本衆をつとめ、山崎合戦も明智方として参陣、戦後は咎を受けず、秀吉やその弟秀長の家臣となっていくので、陪臣となったと言えなくもない。

久徳六左衛門は、多賀と同じく犬上郡出身の土豪・地侍と推定できる。「久徳左近兵衛」と言う人物が、信長文書に登場するが、その一族であろうか。「左近兵衛」は、天正十一年（一五八三）八月一日に、秀吉から旧領三千石を安堵されているので、陪臣となった形跡はつかめない。

⑤では、このように阿閉氏の同僚とみなされる信長旗本衆が、その家の存続を秀吉から許されるなか、阿閉氏のみが断罪されたと指摘する。その理由は、秀吉が長浜城主になった時、その仲介で五万石を領し、秀吉の「与力」のようになったが、明智氏に与同したことで秀吉が激しく怒ったためと説明している。先の論証でも明らかなように、長浜城主秀吉は、阿閉氏と所領をめぐって対立関係にあり、阿閉氏は信長旗本衆であったことも『信長公記』により明らかであることから、この記述は信用できない。阿閉氏断罪の理由は、本能寺の変によって明智方に味方したからではなく、秀吉が長浜城主となって以来の所領をめぐる確執が原因と見られる。

まとめ

以上、阿閉貞征・貞大親子について、浅井長政家臣から織田信長家臣への「転身」の姿を確認した。そこからは、一浅井氏重臣の存在が、盤石とも言える秀吉の北近江支配に、若干の影を落とし、透き間をつくっていたことが確認できた。秀吉の北近江支配が盤石でなかったことは坂田郡南部の堀氏領にも当てはまる。これは、以前拙稿で指摘したことがある。(29)

北近江に約五十年に及び君臨した戦国大名浅井氏の旧臣たちの近世における動向は、本章一で見たごとく多様だが、重臣については武士として成功する例はなかった。その典型として、磯野氏や樋口氏や赤尾・磯野両氏と共に、阿閉氏を上げることが可能であろう。

註

（1）阿閉氏の「閉」の字だが、古文書等では「閇」の字を使用する場合も多いが、本書では、古文書釈文以外は「閉」で統一した。
（2）高月町史編纂委員会『高月町村落情報』（一九九八年）
（3）滋賀県教育委員会『滋賀県中世城郭分布調査報告』五（一九八七年）所収。
（4）滋賀県地方史研究家連絡会『近江史料シリーズ2　淡海温故録』（一九七六年）。なお、註（2）書によれば、「万五郎城」の南東八十メートルの所に「三河屋敷」と呼ばれる所があり、この阿閉三河守の屋敷跡とも考えられる。さらに、「万五郎城」の東二十メートルの地には「刑部」と呼ばれる地があり、中世土豪の屋敷跡とも見られる。この「万五郎城」周辺が、土豪阿閉氏の一族が居住する複郭の平地城館だったのではないだろうか。
（5）「金光寺文書」『東浅井郡志』四（一九二七年）
（6）山本大・小和田哲男『戦国大名家臣団事典』西国編（新人物往来社、一九八一年）

（7）『続群書類従』七上　系図部（続群書類従完成会、一九七七年）

（8）〔史料1〕・〔史料2〕の釈文は、『大日本史料』第十編之四（一九六九年）による。〔史料1〕は南部文書、〔史料2〕は小江神社文書を出典としている。

（9）註（7）書。この勘兵衛了については、江戸中期に成立した『常山紀談』の「藤堂家合戦渡辺勘兵衛功名の事幷渡辺始末の事」に、「（渡辺勘兵衛）了は若き時阿閉《あとじ》淡路守に奉公し、十七歳の時一日に首六ツ取りたり、阿閉の家にて剛の者といはるゝ士、十幅一丈の鶴の丸を絵に書きたる母衣をかくる者六七人有しに、了に此の母衣を許されけり、後中村一氏に奉公せし」とある（岩波文庫『常山紀談』下（岩波書店、一九四〇年））。同書はこれに続いて、増田長盛や藤堂高虎の家臣時代のことを記している。

（10）〔史料3〕は、長浜市長浜城歴史博物館蔵。姉川合戦四五〇周年記念『信長苦戦す！　元亀争乱と湖北』（同館、二〇一二年）に、写真・釈文等が掲載されている。なお、『東浅井郡志』二（一九二七年）では、本書を東浅井郡青名の南部晋氏所蔵文書である「南部文書」として紹介している。その後、長浜市が平成二十四年に古美術商から購入した経緯がある。

（11）中井均編『近江の山城を歩く』70（サンライズ出版、二〇一九年）の「山本山城」（髙田徹氏執筆分）を参照のこと。なお、『信長公記』は奥野高広・岩沢愿彦校注『信長公記』（角川文庫、一九六九年）による。

（12）この中島は、現在の長浜市小谷丁野町にある中島城付近と考えられる。現在は、中島城付近に集落はないが、戦国時代には現在の丁野集落の前身があったと推定される。本書第三章三、及び丁野区誌編纂委員会編『しか湖北　丁野誌燦』（二〇〇五年）を参照。

（13）高木昭作監修・谷口克広『織田信長家臣人名辞典』（吉川弘文館、一九九五年）、和田裕弘『織田信長の家臣団―派閥と人間関係』（中公新書、二〇一七年）。なお、和田氏の著作には、天正七年（一五七九）二月十四日、下野国の佐野宗綱から献上された葦毛の名馬を阿閉貞大が信長から下賜された話を紹介している。「貞大に似合う」との理由で、馬具共に下賜されたとする。

（14）大阪城天守閣・長浜市長浜城歴史博物館『豊臣家ゆかりの天女の島―びわ湖竹生島の歴史と宝物―』（二〇二〇年）の写真による。

（15）この点を最も早く指摘したのは、柴裕之「羽柴秀吉の領国支配」戦国史研究会編『織田権力の領域支配』（岩田書院、二〇一一年）である。

（16）『東浅井郡志』四（一九二七年）の「竹生島文書」による。本書への引用は、長浜城歴史博物館蔵の写真版によって校訂した。

（17）山内家史料刊行委員会『山内家史料　一豊公記』（一九八〇年）。また、財団法人土佐山内家宝物資料館　企画展示図録『近世大名の誕生―山内一豊　その時代と生涯―』（二〇〇一年）も参照のこと。

（18）国宝「菅浦文書」は、長浜市西浅井町菅浦自治会蔵の写真版による。滋賀大学経済学部史料館等『菅浦文書』上・下（一九六〇年・

一九六七年）の文書番号は、〔史料8〕が九四三、〔史料9〕が四二七、〔史料10〕が一二五八である。

(19) 大阪城天守閣蔵。同館テーマ展『秀吉の生涯』（二〇二〇年）の写真版によった。

(20) 滋賀県立安土城考古博物館蔵。同館特別展『信長と光秀の時代　戦国近江から天下統一へ』（二〇二〇年）によった。

(21) 『豊鑑』の該当部分の釈文は、中川泉三『近江長濱町志』一に掲載されているが、同書に載る竹中氏蔵の竹中重門自筆本写真によって校訂した。

(22) 阿閉氏没落に関する一連の史料は、中川泉三編『近江長濱町志』一（臨川書店、一九八八年）に掲載されている。

(23) 註（4）に同じ。ただし、①～⑤の記号は、著者が加えた。

(24) ただし、註（4）にも記したように高月町西阿閉には「三河屋敷」の地名が残る。

(25) 例えば、天正二年（一五七四）九月十一日に、秀吉は浅野長吉（長政）に対して伊香郡持寺郷（長浜市高月町持寺）百二十石を宛行っている（浅野文書）。また、伊香郡古橋（長浜市木之本町古橋）の飯福寺には、天正二年（一五七四）二月二十一日に、秀吉が同寺に与えた安堵状が残っている。前者については『大日本古文書』家わけ二　浅野家文書（一九〇六年）、後者については木之本町教育委員会『己高山中世文書調査報告書』（二〇〇〇年）を参照。

(26) 木村礎校訂『旧高旧領取調帳』近畿編（近藤出版社、一九七五年）による。

(27) 以下の武将の考察は、註（13）の谷口氏や和田氏の論稿による。

(28) 桑田忠親校訂『太閤記』（岩波文庫、一九四三年）による。

(29) 拙著『近世への扉を開いた羽柴秀吉　長浜城主としての偉業を読む』（サンライズ出版、二〇一八年）

五　浅井氏家臣・三田村氏の動向

はじめに

三田村氏は、浅井郡三田村（長浜市三田町）を本拠とする浅井氏の家臣である。その館跡は、北近江城館跡群の「三田村氏館跡」として、平成十八年（二〇〇六）に国指定史跡となっている。[1]本節では、中世から近世（江戸時代）の文献上に登場する三田村氏について紹介しその活動と近世への展開について若干の考察を行なう。三田村氏については、核となる家伝文書はなく、各所に所蔵される古文書群や編纂物から、関係文書・関係箇所を選んで紹介することになる。

また、本章では系図を一切、史料として活用しなかった。現在でも浅井郡の中世史研究の基本となっている『東浅井郡志』は、昭和二年（一九二七）に神奈川県横須賀市在住の歴史研究者・黒田惟信によって編纂されたものである。この『東浅井郡志』でも三田村氏の実名の比定に、広く流布する「三田村系図」を参照しているようであるが、この点は十分な史料による裏打ちが困難である。

本章では、同書による実名の特定は、その旨を註記して掲載することとした。系図類の多くは、江戸時代になってから、自家の由緒を飾る意図で制作されたものが多く、大きく歴史的事実と相違するものが大多数を占めると考えられる。例えば伝世する「三田村系図」では、その祖が三条公綱の落胤であることが『東浅井郡志』で明確に否定されている以上、三田村氏の祖が浅井氏と同族とみる説は、まったく成立しない。

1　三田村代官中西氏の存在

三田村氏が本拠を置いた浅井郡三田村の地は、すでに室町時代の史料に、その名を確認できる（以下、表1も参照）。京都の公家・万里小路時房の日記『建内記』によれば、嘉吉三年（一四四三）六月八日、近江国坂田郡堀部・春近（現在の長浜市堀部町・春近町）の地頭職を有する佐々木堀部熊千代が、万里小路家宅を訪れ、「室町幕府奉行人連署奉書」を差し出した。その奉書は次のようなものであった。[2]

〔史料1〕『建内記』所収文書

佐々木堀部熊千代申近江国堀部春近地頭職事、被成御教書之処、名主沙汰人并百姓等寄事相国寺領、年貢相語庄主憑隣郷、或致狼藉或令或逃散者、堅可被処罪科、若猶於令許容彼等輩者、可為同罪之旨、可被相触三田村之由候也、仍執達如件、

嘉吉三

五月廿五日　　　　貞基判（布施）

　　　　　　　　　永祥判（飯尾為種）

万里少路家雑掌

表１　文献資料に見る三田村氏一覧

記号	年号	西暦	閏	月	日	人名	内容	本文〔史料〕番号	出典
●	嘉禎３	1237	0	5	23	三田村左馬尉定義	水論につき、三田村左馬尉定義と東上坂村の大野木左近将監秀政、合戦に及ぶ。		田辺文書
●	応永25	1418	0	6		三田村出雲	水論につき、三田村出雲と上坂伊賀守、合戦に及ぶ。	4	上坂家譜
●	応永年間	1394～1428				三田村	水論につき、三田村と上坂、合戦に及ぶ。		嶋記録
	永享11	1439	0	12	5	中西	佐々木五郎が「江州三田村中西具足事」を幕府に訴える。		政所方書
	嘉吉元	1441	1	9	27	中西	「湯次中西借物事談合」とある。		建内記
	嘉吉３	1443	0	6	8	中西範継	三田村の領主万里小路時房、地元代官の三田村郷政所・中西範継に、坂田郡堀部・春近の百姓に与同しないように伝える。	1	建内記
	文明11	1479	0	7	23	三田村（地名かも）	三田村と上坂との間で水論があり、数百人が死亡する。		雅久宿禰記 など
＊	文明18	1486	0	10	11	三田村又四郎	京極材宗、味方したことについての感状を、三田村又四郎へ与える。	2	三田村文書
＊	文明18	1486	0	11	9	三田村	将軍足利義尚、草野荘への三田村の押領をやめさせるよう、京極政経・高清に伝える。	3	昔御内書符案
	長享２	1488	0	9	29	三田村又四郎	京極高清、甲良荘内50石の所領を三田村又四郎へ与える。		三田村文書
	明応５	1496				三田村	京極高清が、斎藤利国支援のため、浅井・三田村を美濃へ派遣する。		船田後記
	文亀元	1501	0	6		三田村	浅井・三田村が、上坂家信・京極高清が籠もる今浜城を攻撃する。		江北記・東寺過去帳
	永正16	1519	0	5		三田村又次郎勝元	三田村勝元、大路村の田地を、岩崎次郎左衛門に売却する。		黒田文書
＊	大永５	1525	0	10	17	三田村又四郎・小法師	浅井亮政、敵方へ行った三田村与力・同名の配当分を、味方に残った者へ配分するよう、三田村又四郎へ伝える。	5・6	三田村文書
	年欠		0	11	1	三田村又四郎	浅井亮政、浅井帯刀領の八幡荘の年貢納入を、三田村又四郎に催促する。		三田村文書
＊	享禄４	1531	0	4	6	三田村又四郎・小法士	浅井亮政、箕浦合戦への出陣の感状を、三田村又四郎へ与える。		三田村文書
	年欠		0	3	14	三田村九郎・兵衛尉	浅井亮政が、吉槻郷土居の所領について三田村九郎・兵衛尉の年貢収納権を認める。	7	『明治古典会』出陳文書
	年欠		0	11	9	三田村千法士	浅井亮政が、「弥十郎配当」のことについて、三田村千法士に伝えることを命じる。	8	布施美術館所蔵文書
	年欠		0	12	26	三田村	浅井久政が、替地のことについて三田村へ伝えることを命じる。	9	慶應義塾大学図書館所蔵文書
	永禄３	1560	0	8		三田村左衛門大夫国定	野良田合戦に、三田村国定が４番備えとして出陣する。		浅井三代記
	永禄９	1566	0	7		三田村	浅井長政の蒲生野出陣に、三田村が５番備えとして出陣する。		山中文書
	永禄12	1569	0	1		三田村左衛門大夫	三田村左衛門大夫が、大野木土佐守・野村肥後守と共に、京都足利義昭屋敷の工事奉行となる。		浅井三代記
	元亀元	1570	0	6		三田村(1)、三田村左衛門大夫国定(2)	三田村、上坂・野村などと共に、横山城に立て籠もる。	10	信長公記・浅井三代記
	元亀４	1573	0	9	1	三田村佐衛門佐	三田村佐衛門佐、浅井七郎、大野木土佐守と共に信長へ降伏したが誅伐される。		総見記
○	貞享年間	1684～1688				三田村左衛門太夫定元・国定・定政		11	淡海温故録
○	享保19	1734				三田村左衛門		12	近江輿地志略
○	宝暦３	1753				三田村左衛門太夫氏光・相模守		13	江州佐々木南北諸士帳
○	寛政４	1792				三田村左ヱ門太夫定光・国定		14	淡海木間攫

註１）記帳欄●の年号は、誤伝と考えられる。

註２）記号欄＊の年号は、推定による。

註３）記号欄○は、江戸時代の地誌類に見える三田村氏。年号は地誌類の編纂年である。

佐々木堀部熊千代の訴えによれば、堀部・春近の名主ら百姓たちが、当地の荘園領主であった相国寺と結託し、堀部熊千代へ払うべき年貢を支払わない。さらに、隣郷を味方にし、乱暴狼藉をはたらき、さらには隣郷に逃げ込む者も現れている。この訴えを受けた室町幕府は、熊千代の言い分を認め、隣郷の者でこの百姓らに味方するものがあれば同罪である旨、地元「三田村」に触れるよう、同所の領主であった公家の万里小路時房に伝達した。本書は、その幕府からの伝達文で、訴訟の当事者から時房に渡されたものである。同書によれば、熊千代は管領畠山持国の家臣であった。

この奉書を受け取った時房は、早速六月八日付けで、その家臣の名前で在地の代官「三田村郷政所殿」に宛てて、同趣旨のことを伝達している。(3)「三田村郷政所」には、時房による註が施されており、「中西範継也」とある。すなわち、三田村の領主だった万里小路家の地元代官は、「中西範継」なる人物であった。永享十一年(一四三九)十二月五日に、佐々木五郎が「江州三田村中西具足事」を幕府に訴えていることが、室町幕府の裁判史料である『政所方書』に掲載されており、三田村に中西なる代官がいたことが確認できる。(4)また、『建内記』の嘉吉元年(一四四一)閏九月二十七日条でも、「湯次中西借物事談合」とあり、湯次荘内にあたる三田村に中西なる人物がいたことが知られる。(5)

室町中期にあたる永享年間(一四二九~四一)から、嘉吉年間(一四四一~四四)にかけて、三田村に中西範継という代官がいたことは、三田村氏の歴史を振り返る意味でも重要である。すなわち、三田村の土豪として三田村氏が十分成長していれば、この代官職は当然三田村氏が担っていたはずだからである。荘園領主の代官は、室町も後期になればなるほど、地元土豪が登用されることが多かった。十五世紀前期から中期の段階で、荘園領主万里小路家の代官を中西氏が務めていた事実は、三田村氏が土豪・地侍として、十分に自立していなかった状況を物語るものであろう。

2　三田村氏の初見史料

三田村氏の名前が確実な文献史料に登場するは、阿波国に移住した三田村家の相伝文書に含まれる文明十八年(一四八六)十月十一日付けの京極材宗書状である(引用史料中の( )は、筆者による補註、以下同)。(6)

〔史料2〕京極材宗書状

進退事、就多賀兵衛四郎(宗直)申令同心被致身方由候、本望候、手遣以下事、別而入魂、可被加意見候、一段被抽忠節者、可為神妙候、委細兵衛四郎可申候、恐々謹言、

十月十一日　(京極)材宗(花押)

三田村又四郎殿

『東浅井郡志』は、年号を文明十八年(一四八六)と推定しているので、ここではそれに従った。(7)また、宛名の「三田村又四郎」について、同書では実名を「忠政」と記している。本書は、北近江を押さえていた京極材宗と、それに追われて甲賀郡三雲(湖南市三雲)に亡命していた京極高清との合戦に際して出された文書である。北近江へ復帰しようとした高清と戦った材宗が、味方についた三田村忠政へ感謝の意を伝えたもので、後述する『江北記』には、材宗に味方した多賀宗直と共に三田村氏は敗れ、北近江を追われたと記されている。

本書は、徳島県個人蔵の「三田村文書」七通の内の一通であるが、この文書群は浅井亮政(初代)時代までの文書し

かなく、久政・長政の時代については、この三田村氏の状況は追えない。伝承では戦国時代のある時期に、近江国から阿波国(徳島県)へ移住したと伝えている。全国各地に点在する三田村氏の一系統であると考えられる。(8)この「三田村文書」は、三田村惣領家のものではないが、唯一残った三田村氏の家伝文書として貴重である。ここでは、最も古い一通についてのみ触れたが、他の文書については後述する。

ほぼ同時期に、草野荘での三田村氏の動向を伝える史料がある。すなわち、「昔御内書符案」に、次のような「足利義尚御内書写」が掲載されている。(9)

〔史料3〕京極政経書状

大館刑部大輔政重知行分江州草野庄半分事、近年三田村押領之由候、政重知行之様、加下知中務少輔《京極高清》者、可為神妙候也、

十一月九日

(京極政経)
佐々木大膳大夫殿

本書も年号はないが、『東浅井郡志』は文明十八年(一四八六)と推定しているので、それに従う。現在の長浜市上・下草野地域から米原市旧東草野地域に広がる草野荘は、室町幕府の吏僚家である大館氏が、その領有権の一部を所有していた。ここでは、大館政重の草野荘の権益を、「三田村」が侵したので、これをやめさせるよう、近江国の守護権を京極高清と争っていた京極政経に命じた文書である。ここで、三田村氏が隣荘である草野荘の権益を侵せる程、

大きな力を蓄えていることが知られる。この事実や、先に京極材宗の家臣として合戦に参加していることを勘案すれば、三田村氏が十五世紀後期には地域土豪として、確固たる勢力を三田村周辺に築くようなっていたことを読み取ることができよう。三田村氏の権力形成は、十五世紀中期から後期にかけて行なわれたと考えられる。

文中に「中務少輔」とあるのは、政経と対立していた京極高清のことであるが、同日付けで高清にも足利義尚御内書が出されている。[10]〔史料3〕では、政経が高清に下知を加えるように記されているが、実際は敵対していたので、その通りにはならず、高清にも同時に命令が下されたのだろう。おそらく、この当時の近江国守護は政経だったが、実質的な現地の支配権を握っていたのは高清であったと考えられる。

3　上坂村と三田村の用水争論

文明十一年の水争い　文明十一年（一四七九）七月三十日、京都の公家壬生晴富は、その日記「晴富宿禰記」に「去廿三日、江州北郡有用水相論合戦、六百余人打死、希代次第也云々」と記している。[11]これだけでは、北近江のどこで、どういった水争いがあったか分からないが、同じ京都の公家の日記である「雅久宿禰記」の同年八月二十一日条に、「江州事、上坂與三田村依水論合戦」とあり、この六百人以上も討死したという大合戦は、坂田郡上坂村（長浜市東・西上坂町）と浅井郡三田村の間で展開したものだったことが判明するのである。[12]この他、奈良興福寺大乗院門跡の日記「大乗院寺社雑事記」の裏文書でも、「江州北郡衆水論ニ合戦、数百人両方死し候」と、この合戦の悲惨さを伝えている。[13]

一方の当事者である上坂村は、姉川の左岸に位置し、南北に伸びる横山丘陵が姉川に突き出た龍ヶ鼻の地先で、郷里井という井堰を設け農業用水を取水していた。これに対し、三田村は姉川の右岸に位置し、郷里井の上流で取水する赤井の余水を受ける他、郷里井の下流に大井や柴原井を設けて取水し、村落の大半を灌漑していた。雨量が少なく姉川の水が減ると、赤井と郷里井、それに郷里井と大井・柴原井の分水量が問題となり、こじれると水争いまで発展した。この文明十一年は渇水が異常だったようで、このような村と村との大合戦にまで発展してしまったのである。このように、当時の日記類で見る限りは、この水争いは村と村との戦いであり、そこに三田村氏の名前は登場しない。しかし、文明年間に土豪として自立していた三田村氏は、三田村の村落の中核を担っていたはずであり、この争いに関与していなかったとは考えにくい。それどころか、この上坂と三田村の争いは、両村の権益を代表する上坂氏と三田村氏の戦いであった可能性が高い。上坂氏もこの時代に急速に力を蓄えた土豪で、この合戦後しばらくたつと上坂家信が出て、北近江を統治した京極高清政権の執権として活躍する。[14]

坂田郡飯村（米原市飯）の地侍であった嶋秀安が、戦国後期に記述した「嶋記録」に、「応永の比かとよ、坂田郡上坂の井公事とて、上坂・三田村合戦に及ぶ」とある。[15] この記録では、近隣の箕浦（米原市箕浦）の土豪である今井中西氏が、「上坂」とゆかりであったので、この合戦に出陣し討死した旨が記されている。

ここでも、合戦したのは「上坂・三田村」であり、上坂氏と三田村氏という土豪・地侍同士か、上坂村と三田村という村同士かは、あいまいな記述となっている。ただ、今井中西氏という土豪が合力に行った事実からは、「上坂」は上坂氏で、それと合戦した「三田村」は三田村氏と考えた方がよいと思われる。また、応永年間（一三九四～一四二八）とする「嶋記録」の年代は、先の合戦があった文明十一年を誤伝したものだろう。

姉川用水論と三田村氏　これが、江戸時代に編纂された史料になると、「上坂」と「三田村」の水争いは、上坂氏と三田村氏の土豪同士の合戦であったと記述されるようになる。上坂氏に関する由緒を江戸時代にまとめた「上坂家譜」の秋巻に、「龍ヶ鼻井・出雲井濫觴之事」という項目があり、以下のように記す。[16]

〔史料4〕「上坂家譜」秋「龍ヶ鼻井・出雲井濫觴之事」

一、往古浅井郡三田村・野村・大路村三ヶ村地頭を三田村出雲殿と申、三田村に住居被致候、

一、郷里庄十五ヶ村地頭旗頭上坂伊賀守西上坂村住居、尚又東上坂村・垣籠村・保田村之地頭大野木佐渡守戒学〈又海学とも云〉、右三ヶ村知行して東上坂村住居被致候処、応永二十五年六月□就旱魃ニ付、浅井郡相撲庭村古川清水之儀ニ付、浅井三ヶ村と郷里庄と日々夜々詮議有之ニ付、従三田村殿以使者上坂伊賀守へ、当年就渇水水論無止時、此上者遂一戦を勝方へ末代迄井水切落可申条、日限可被極と依被申越、尤可然、則明八日於龍鼻可遂一戦及返答、双方龍ヶ鼻手先立合、卯之刻より相戦所、三田村勢戦負壱町余引退処、【中略】三田村殿首討取旗奪取しより以来、郷里庄之用水之節者、姉川立切龍鼻井骨を練留にして、水一滴も下へ遣わし不申候、

このように、応永二十五年(一四一八)六月、三田村出雲と上坂伊賀守・大野木戒学の連合軍が戦い、上坂・大野木連合軍が勝利したので、姉川の取水については上坂氏が管轄する郷里井が優先権を持つようになり、下流の三田村には水を渡さなくなったと記している。両者の間で水論がやまないので、合戦にて決着をつけようとした話、さらに合戦の年代を応永年間とするのは、先の「嶋記録」の記述と一致している。

結論を言えば、この「上坂家譜」の記事も、先の文明十一年の水論を誤伝したものと考えてよいだろう。三田村出雲・大野木戒学の名前、その領有地域など、確かな史料では確認できない点も見受けられるが、この相論を土豪間の戦いとして表現しているのは興味深い。文明の水論も、敵対する両村の先頭に立ったのは土豪たちで、合戦を主導したのも実際は彼らだった可能性が高い。姉川左岸を代表する上坂氏が、姉川右岸を代表する三田村氏と、地域の用水

権をめぐって戦ったのが、先の文明十一年の合戦であったと推察できる。

同様の話は、東上坂村に居住した土豪・大野木土佐守の末裔田辺家に伝えられた文書の中に見える。慶長七年（一六〇二）三月の年号を持つ「龍ヶ鼻井水ニ付四ヶ条之由来」という史料である。[17]それによると、嘉禎三年（一二三七）五月に大旱魃となったため、取水の優先権をめぐって、東上坂の領主大野木左近将監秀政と三田村の領主三田村左馬尉定義が五月二十三日に一戦を交えた。その結果、大野木方の勝利となり、上坂方面への龍ヶ鼻からの安定した分水が確定したと記されているのである。ここでも、上坂と三田村の戦いは、大野木氏と三田村氏の土豪同士の合戦として描かれている。上坂氏が登場しない点、年号が鎌倉時代と異常に古い点など、不自然な点は多いが、江戸時代に文明十一年の合戦を、このように誤って伝えたと考えるべきであろう。

4　京極氏時代の三田村氏

『江北記』に見える三田村氏　『群書類従』に収められている『江北記』は、坂田郡の土豪・下坂氏が編纂した北近江の政治史を記述した記録で、天文七年〜十一年（一五三一〜五五）の間に成立したものと考えられる。[18]北近江の戦国前期の情況を年代記としてまとめた部分が中心で、下坂氏の主家に当る京極氏の系譜や、同家の年中行事についても記述がある。

この『江北記』では、京極氏の家臣を、①「根本当方被官」・②「一乱初刻御被官参入衆」・③「近年御被官参入衆」に分類している。ここで、「三田村」氏は①の「根本当方被官」、すなわち最も古くからの家臣十二家中の一家として見えている。ただ、本書で京極氏の「根本当方被官」とされた家には、室町中期の京極氏重臣である多賀氏や若宮氏が含まれておらず、どのような基準で家名を上げているか不明な部分も多い。同じ①に分類された今井・赤尾・堀・

安養寺・浅井の各家などは、室町中期になって地域での力を蓄えてくる土豪の家であり、三田村氏も同様に考えることが出来よう。

この点からも、三田村氏の土豪としての成長は、十五世紀半ばを遡らないことが確認できる。また、『江北記』には、文亀元年（一五〇一）六月の上坂家信と、北近江の地侍層との合戦を記し、そこに「三田村」氏が参加していたとする。この戦いは京極高清の執権として権勢を振るった上坂家信を、快く思わない北近江の浅井・三田村・河毛・渡部・堀らの土豪が、家信と高清が籠もる今浜城を攻撃した合戦であった。この戦いで、高清と敵対していた京極材宗が浅井・三田村に合力するため、美濃国から参陣している。一方、家信と高清は、六角高頼に援軍を求めた。(19)

「東寺過去帳」などに見える三田村氏

「東寺過去帳」には、「江州北郡において京極中務少輔《（高清）》、同治部少輔《（材宗）》と合戦、死亡輩数百人」とあり、その裏書に「文亀元六（元年六月）、治部少輔《（材宗）》濃州より打ち入ると云々、アサイ・ミタムラ、治部少輔方へウラカヘリ、中書《（高清）》ヲ責め戦うの處、六角中書《（高頼）》合力の間、入衆大概生涯、アサイ・ミタムラ討死、多賀新左衛門《（経忠）》以下逃散と云々」と記されている。(20)ここで「入衆」と表現された浅井・三田村などは敗れ、討死したと伝える。実名は記さないが、浅井氏・三田村氏の惣領は、この合戦で討死した可能性が高い。後に戦国大名となる浅井氏、それに仕えことになる三田村氏は、この当時の惣領家とは、家系が相違する可能性も否定できない。

なお、美濃国の軍記物『船田後記』によれば、明応五年（一四九六）に、京極高清が石丸利光と戦う斎藤利国を支援するため、「浅井・三田村」を遣わしたとあるが、実名は不明である。(21)また、三田村又次郎勝元は、永正十六年（一五一九）五月に大路村（長浜市大路町、三田村の西の隣村）の五段大（二四〇歩）の田地を、岩崎次郎左衛門に売却している。(22)この又次郎勝元は、『江北記』に見える三田村氏と同時代の人物であるが、その関係は不明である。

5　浅井氏家臣として三田村氏

阿波「三田村文書」に見える三田村氏　現在、徳島県個人宅に残る「三田村文書」七通は、三田村家の家伝文書としては、現存唯一のものである[23]。しかし、その家は元亀争乱の時代まで続いた三田村氏とは別家で、なおかつ浅井亮政時代の惣領家ではなかったと考えられるが、これは後述する。その最も古い文書では、文明十八年（一四八六）の合戦において、三田村又四郎忠政が京極材宗から感状を得ていることは先に述べた[24]。その又四郎は長享二年（一四八八）九月二十九日に、京極高清から甲良荘（犬上郡甲良町周辺）内で五十石の所領を与えられていることが、同文書の京極氏奉行人連署奉書から分かる。戦国前期は京極氏に仕えていたことが確認できる。

上記で「三田村文書」七通の内二通の文書を紹介したが、残り五通はすべて戦国大名として成長した浅井亮政からの文書である。この内、最も有名なのが、大永五年（一五二五）の浅井亮政と六角高頼の合戦に関する史料である。この時、六角軍は北近江まで攻め込んだが、三田村氏の中にも浅井氏から離れ、六角氏に味方する者が出た。以下の二通は、浅井方に踏みとどまっていた三田村忠政の子・又四郎直政[25]に宛て、浅井亮政が出した文書である。

〔史料5〕浅井亮政書状

小法師殿御與力御同名衆、今度敵へ被罷越候者、配当事、可被拘置候、忠節次第に可令配分候間、可被成其御意得候、恐々謹言、

（大永五年）

十月十七日　　浅井備前守

亮政（花押）

三田村又四郎殿
御宿所

〔史料6〕降参人交名注文

今度敵へ被行人衆
草野中方
草野北村方
草野彦六方
嶋寺與太郎方
徳山與一方
三田村伊賀方
三田村與次郎方
三田村彦八方
三田村帯刀左衛門方
三田村五郎兵衛方
三田村八郎右衛門方
三田村七郎右衛門方

以上十二人

（大永五年）

十月十七日　　　　　　　　　　　　　　　浅備

亮政（花押）

三田村又四郎殿

御宿所

〔史料5〕に記された「小法師」は、当時の三田村氏の惣領で、又四郎直政はその後見・執権的立場だったと推測できる。ここで、「小法師」の被官（家来）・同族で、六角方に味方した者の所領は没収し、それを浅井方に残っている被官・同族に、忠節の度合いに従って配分するよう、亮政は三田村又四郎に命じている。

〔史料6〕は、六角方へ寝返った三田村氏の被官・同族の名前をリスト・アップした、非常に珍しい文書である。本書を見ると、三田村氏の家来（被官）には草野を苗字とする者が三名いたことが注目される。文明十八年には草野荘の押領が問題となっていたが、(26)それ以降も三田村氏は草野荘へ大きな影響力を持っていたことが読み取れる。また、徳山を苗字とする家来も見えるが、草野荘内の徳山村（長浜市徳山町）在住の地侍であろう。さらに、三田村同族も七家があり、三田村氏も多くの系統に分かれていたことが知られる。

この他、三田村又四郎直政は十一月一日付けの浅井亮政書状で、三田村帯刀の所領となっていた八幡荘（現在の長浜八幡宮周辺）の年貢につき、百姓が少しずつしか納入しないので、これを催促するよう命じられている。また、享禄四年（一五三一）四月六日、浅井亮政と六角高頼が坂田郡箕浦（米原市箕浦）で合戦を行なった際も、又四郎直政は出陣し、亮政から感状を与えられている。それによれば、直政は多くの負傷を負ったことが記されるが、「小法士殿之御儀、御幼少御不便旁々御人衆散在候て、俄之用ニハ一向難立存候、然者無勿体候間、御同名其外之儀とも、涯分御揃候而、弥御走回簡要候、」と亮政から依頼されている。[27] 三田村家の惣領である小法師（士）が幼少のため、一族でもり立てるよう指示されているのである。この小法師が成長して、姉川合戦や元亀争乱時の惣領となった可能性もあるが、この時代の明確な系譜はなく、確定することは不可能である。

「村山文書」に見える三田村氏　一方、浅井郡当目村（長浜市当目町）の土豪であった村山氏の文書にも、草野荘に土地を所有する三田村氏の姿が読み取れる。当目村も草野荘内に当たる。村山氏は下総守を初代とする浅井氏の家臣であるが、その相伝文書も近世から近代のある時期までは、十七通程がまとまって保管されていたようである。しかし、現在は散逸しており、その内五通の文書が各地に分蔵されていることが知られている。[28] その五通の内の三通に、三田村氏が登場する。

〔史料7〕
吉槻郷土居之事、在斗分者、三田村九郎・兵衛尉両人可有御才判候、前々のこと可《（く脱）》被取事、一向不謂子細候、可被成其心得候、恐々謹言、

浅井備前守
亮政（花押）

三月十四日
村山次郎左衛門尉殿

御宿所

【史料8】

弥十郎殿配当之事、自各之内より出候、公方可有御望之由候、如前々五石可被召候、何にて足付候も、同前之儀候、此等之趣三田村千法士方へも可申候、恐々謹言、

十一月九日　　浅井備前守
　　亮政（花押）

村山次郎右衛門尉殿
　　御宿所

【史料9】

猶々、三田村方へ被帰候事、子細在之所、我等ニ〔　　　〕、

今度三田村方被仰談候儀、最可然候、御行詰等之事令存知候、御領地御替地之儀、爰許可進候、不可〔　　〕入魂簡要候、恐々謹言、

十二月廿六日　　浅井新九郎
　　久政（花押）

村山下総守殿
　　御宿所

〔史料7〕の浅井亮政書状では、草野荘内吉槻（米原市吉槻）に所領を有する三田村九郎・兵庫尉が確認できる。さらに、〔史料8〕の同亮政書状では「弥十郎殿配当」のことについて、三田村千法士に伝える旨を記し、〔史料9〕の浅井久政書状では「三田村」氏の領地替えのことが問題とされている。〔史料8〕・〔史料9〕二通とも、おそらく三田村氏の草野荘内の領地に関連しての書状であろう。ここでは、戦国大名の浅井家初代亮政、二代久政の段階に、草野荘にまで権利を有する三田村氏が存在したことが確認できる。ただ、これらの家が阿波「三田村文書」に登場する又四郎らと如何なる関係にあるかは、不明と言わざるを得ない。

「信長公記」などに見える三田村氏　三田村氏はこれまで亮政と久政に仕えていたことは確認できたが、浅井長政の時代についても、二・三点の史料に登場する。永禄九年（一五六六）七月、六角義弼（義賢の子）が蒲生郡の有力家臣だった布施氏を布施山城（東近江市布施町）に攻めた時、浅井長政は軍隊を蒲生野に展開する。甲賀郡の「山中文書」に収められた、この合戦の陣立によれば、その五番備えとして「三田村」の名が記される。ここでは、官途や実名の記述はないが、『東浅井郡志』は「飛騨守光頼」と註している[29]。これは、「三田村系図」によるとみられるが確証はない。それより以前、永禄四年（一五六一）に、浅井長政が斎藤龍興と戦うため、美濃国美影寺（岐阜県）へ出陣した際、先懸の磯野員昌に続いて、二番備えで三田村左衛門らの軍勢が出陣したと、『江濃記』に見えている[30]。

さらに、三田村氏が横山城の城将の一人であったことが、『信長公記』に見えている。横山城は、滋賀県長浜市と米原市の境にあたる、横山丘陵の最高峰（標高三一二メートル）地点を中心に、三方の尾根に沿った形で縄張が展開する城である。南北四〇〇メートル、東西三〇〇メートルの範囲に、堀や土塁などの遺構か現在もよく残っており、北近江を代表する中世山城である。京極氏によって築城されたというが、確実な古文書で裏づけられるのは、浅井氏の時代になってからで、小谷城の重要な支城として機能した。元亀元年（一五七〇）六月の姉川合戦の時は、上坂・三田村・野村ら浅井氏の部将が籠城していたことが、『信長公記』に見えているので、関連部分を引用する。(31)(32)

〔史料10〕『信長公記』元亀元年六月

よこの山の城、高坂・三田村・野村肥後楯籠り、相拘へ候、廿四日に四方より取り詰め、信長公は、たつがはなに御陣取り、家康公も御出陣候て、同じ龍が鼻に御陣取る、【中略】六月廿八日卯刻、丑寅へむかって御一戦に及ばれ、御敵もあね川へ懸かり合ひ、推しつ返しつ、散々に入りみだれ、黒煙立て、しのぎをけづり、鍔をわり、妥かしこにて、思ひ思ひの働きあり、【中略】大谷まで五十町追ひ討ち、麓を御放火、然りと雖も、大谷は高山節所の地に候間、一旦に攻め上げ候事なり難くおぼしめされ、横山へ御人数打ち返し、勿論、横山の城降参致し、退出し、木下藤吉郎、定番として横山に入れおかる、

姉川合戦はこの横山城を包囲した織田信長軍を、浅井・朝倉の連合軍が「後詰」して起きた合戦である。『信長公記』にもあるように、姉川合戦後に横山城は開城し、三田村氏らは退出、代って織田信長方の木下秀吉が城将として入り、以後三年間続く浅井氏攻めの拠点とした。なお、『浅井三代記』は横山城の「大将」を、大野木土佐守秀俊・三田村左衛門大夫国定・野村肥後守貞元・同兵庫頭直次の四人であったと伝えているが、信用できる史料で浅井長政時代の三田村氏の当主実名を伝えるものはない。(33)

6　江戸時代の書籍に見る三田村氏

『浅井三代記』に見える三田村氏　江戸時代の前期に編纂された軍記物『浅井三代記』には、三田村氏が浅井氏の重臣と登場する。たとえば、浅井長政が六角義賢(承禎)と戦って、歴史的な勝利を得た、永禄三年(一五六〇)八月の野良田合戦の記述では、三田村左衛門大夫国定が十一番備えの内、四番備えとして出陣したとある。

また、永禄十二年(一五六九)正月には、織田信長が京都へ上洛し、将軍足利義昭の京都邸工事を行なうに当り、織田家臣から佐久間信盛・柴田勝家・森可成を奉行としたことが記されている。一方、信長と共に上洛していた浅井家臣からは、三田村左衛門大夫・大野木土佐守・野村肥後守の三人が任命された。ところが、佐久間信盛の丁場から、三田村左衛門大夫の丁場に水を捨てに来た。これには、前年の近江国箕作城の合戦の時、浅井の足軽の動きが悪いと、織田の足軽が日頃から愚弄していたことが背景にあった。三田村の家臣が、なぜこちらへ水を運ぶのかと佐久間の家臣に尋ねると、「其の方の請け取りの丁場へすてずして何方へ持はこぶべき、何の浅井のぬる若か者共」と却って揶揄し、さらに水を浅井側に運んだというのである。

この結果、織田側と浅井側で喧嘩となり、両方で百五十人が死亡したという。『浅井三代記』は「野合の合戦にも、か程多くは討るましきに、かく大きなる喧嘩は候はしと、京中にての評判なり」と記す。この喧嘩は、他の確実な史料に見える訳ではなく、事実か否かは検証しようがないが、江戸時代において三田村氏の当主を左衛門大夫と言い、浅井氏の重臣と考えられていたことは確認できる。[34]

地誌に見える三田村氏　戦国時代の三田村の村落に、「三田村」を名乗る浅井氏家臣がいたことは、江戸時代の地

誌類にも見えているので、それらを列挙しよう。㉟

〔史料11〕『淡海温故録』

三田村左衛門太夫定元、代々京極ノ旗頭也、息国定処々ニテ軍功アリ、定元ノ父定政ハ浅井忠政ノ二男也、三田村へ養子ニ行テ家ヲ相続ス故ニ、亮政上坂初度ノ軍ヨリ長政末後ノ篭城ニ至迄三代ノ間軍功限ナシ、三代記ニ詳也、其後孫諸記ニ見ヘズ、越中ニテ佐々内蔵允成政ノ内ニテ三田村庄左衛門ト云モノ働アリ、彼家記ニ見ヘタリ、

〔史料12〕『近江輿地志略』

伝正寺三田村にあり、本願寺宗、相伝是三田村左衛門が屋敷跡なりしといふ、

〔史料13〕「江州佐々木南北諸士帳」

三田村住　佐々木旗頭浅井随兵　　三田村左衛門太夫氏光
同　　住　　　　　　　　　　　　同　　相模守
同　　住　佐々木京極随兵氏族　　多賀備中守

〔史料14〕『淡海木間攬』

往古此所ニ浅井家旗頭三田村左ヱ門太夫定光・子息左ヱ門太夫国定等住ス、屋敷跡在也、其軍功ハ浅井三代記ニ出ル故妥ニ略ス、又三田村氏家老北川彦右ヱ門ト云者アリ、此末流土民ト成テ今ニ在リ、彼ノ家ニ左ヱ門ヨリ拝領セ

シ鎗アリ、素鎗ニテ下坂兼光ノ作ナリ、又彦右ヱ門後孫三左ヱ門ト云有リ、秀吉ニ仕フ、北川伝左ヱ門ト云、秀吉公ヨリ湯水ノ証文等有之、但、今庄村井水ノ証文ナシ、此北川氏ノ末流ヲ殿方ト唱へ、清水氏トアルヲ百姓方ト呼ト土俗申伝アリト云、子細有事ナリ、

【中略】

一、東本願寺宗大通寺末伝正寺

　此寺三田村左ヱ門古宅跡ナリト云

これらの史料から、江戸時代において三田村の城主は、「三田村左衛門」という人物と認識されていた事実が分かる。しかし、その実名については、〔史料11〕は三田村定政・定元・国定、〔史料13〕は三田村氏光・相模守、〔史料14〕は三田村定光・国定と区々である。『浅井三代記』も三田村国定の実名を採用しており、「国定」が一般的に戦国末の三田村家当主の実名と認識されていた。しかし、繰り返すが確実な史料からは、この実名を裏付けることは出来ない。

7　浅井氏滅亡後の三田村氏

『総見記』によれば、三田村左衛門佐は姉川合戦後、小谷城に籠もっており、元亀四年（一五七三）九月一日には、浅井七郎・大野木土佐守と共に京極丸を守っていた。いち早く降参したが、落城後に誅殺されたとある。[36] 地元では三田村氏は、浅井氏の小谷落城と共に処刑されたという伝承があるが、その後の三田村氏については不明な部分が多い。

しかし、たとえば若狭国小浜藩主であった京極高次の家臣から、万治元年（一六五八）に安芸国広島藩主浅野光晟の家臣になったと言われる三田村安右衛門重堅は、その祖を三田村左衛門尉としている。[37] 同じく小浜藩主であった京極

高次・忠高の家臣であったが、藩主の出雲国松江への転封により浪人となった人物に、三田村如水定永がいる。先祖は近江国の三田村定政・左衛門大輔定元と伝え、定永は江戸で浪人をしていたが、元禄三年（一六九〇）に前田家に仕官したと伝える。定永の娘・町は、第五代藩主前田綱紀の側室となり、第六代藩主前田吉徳を生んでいる。この三田村家は幕末の主計定形まで続き、三三〇〇石を領する大身となっている。[38]

この他、三田村優著『三田村一族の八百年』には、伊勢国藤堂家・伊予国松平家・筑後国立花家に仕えた三田村氏について触れられており、三田村一族は浅井氏と共に滅亡したのではなく、他の浅井氏家臣同様、各大名家に仕官するなどして、日本各地へ分住するようになったと考えられる。[39] 地元に残る三田村氏がなかったので、滅亡したという伝承が生まれたのであろう。

註

（1）三田村氏館跡については、長浜市教育委員会『三田村氏館跡総合調査報告書』（二〇〇七年）、髙田徹『近江の平城』（サンライズ出版、二〇二一年）を参照。
（2）大日本古記録『建内記』六（東京大学史料編纂所、一九七四年）
（3）註（2）に同じ。
（4）「政所方書」は桑山浩然『室町幕府引付史料集成』上（近藤出版社、一九八〇年）に掲載されている。
（5）大日本古記録『建内記』四（東京大学史料編纂所、一九七〇年）
（6）『東浅井郡志』四（一九二七年）所収「三田村文書」。但し、長浜市長浜城歴史博物館所蔵の写真データで校訂した。
（7）註（6）『東浅井郡志』四
（8）全国に散らばる三田村氏の系図は、三田村優『三田村一族の八百年』（二〇〇〇年）を参照。
（9）註（6）『東浅井郡志』四
（10）註（6）『東浅井郡志』四

(11)『大日本史料』第八編之一一（東京大学史料編纂所、一九七一年）文明十一年七月二十三日条
(12)註（11）に同じ
(13)註（11）に同じ
(14)本書第二章一　参照
(15)本書第四章六　参照
(16)長浜市長浜城歴史博物館蔵写真帖による。
(17)長浜市長浜城歴史博物館蔵写真帖による。
(18)本書第一章三　参照
(19)『東浅井郡志』一（一九二七年）
(20)『東浅井郡志』一（一九二七年）。括弧内は筆者註。
(21)『東浅井郡志』一（一九二七年）
(22)『東浅井郡志』四（一九二七年）所収「黒田文書」
(23)註（6）参照
(24)本節〔史料2〕
(25)実名は『東浅井郡志』四による。
(26)本節〔史料3〕
(27)上記二通の文書も阿波「三田村文書」。
(28)本書第五章二　参照。〔史料7〕は『明治古典会七夕大入札会目録』三〇二三号（一九九四年）に掲載。〔史料8〕は布施美術館蔵。〔史料9〕は慶應義塾大学図書館蔵。
(29)『東浅井郡志』二（一九二七年）
(30)『東浅井郡志』二
(31)滋賀県教育委員会『滋賀県中世城郭分布調査』六（一九八九年）を参照。また、本書第三章三を参照。
(32)奥野高広・岩沢愿彦校注『信長公記』（角川文庫、一九六九年）による。
(33)『浅井三代記』は、木村重治『復刻　浅井三代記』（二〇一〇年）による。

(34) 浅井町三田の伝正寺には三田村左衛門像と言われる肖像画が伝来する。長浜市長浜城歴史博物館『戦国大名浅井氏と北近江』(サンライズ出版、二〇〇八年)に写真が掲載されている。
(35) 〔史料11〕の『淡海温故録』は、貞享年間(一六八四~一六八八)の成立で『近江史料シリーズ2 淡海温故録』(滋賀県地方史研究家連絡会、一九七六年)によった。〔史料12〕の『近江輿地志略』は、享保十九年(一七三四)の成立で、『校定頭注 近江輿地志略』(歴史図書社、一九六八年)によった。〔史料13〕の「江州佐々木南北諸士帳」は、宝暦三年(一七五三)の成立で、滋賀県教育委員会『滋賀県中世城郭分布調査』五(一九八七年)所収の翻刻によった。〔史料14〕の『淡海木間攫』は、寛政四年(一七九二)の成立で、『近江史料シリーズ7 『淡海木間攫』(滋賀県地方史研究家連絡会、一九九〇年)によった。
(36) 『総見記』十三。『史籍集覧』一二・一三、及び京都大学デジタルアーカイブによる。
(37) 林保登『芸藩輯要』(芸備風土研究会、一九三三年)
(38) 金沢藩前田家「先祖由緒一類附帳」(金沢市立玉川図書館 近世史料館「加越能文庫」蔵)の「三田村主計」の項。
(39) 註(8)三田村氏書

六　北近江における土豪「一揆結合」の展開―「嶋記録」所収文書の史料批判をめぐって―

1　今井氏と天野川流域土豪

天野川流域土豪の研究史　近江国坂田郡南部を貫流する天野川の下流域には、中世後期、田原藤太秀郷を祖とし、「江北諸藤」と総称された土豪たちが点在していた。(1)今井氏（米原市箕浦・新庄住）を中心に、嶋氏（同市飯住）、井戸村氏（同市箕浦住）、岩脇氏（同市岩脇住）などが上げられる。

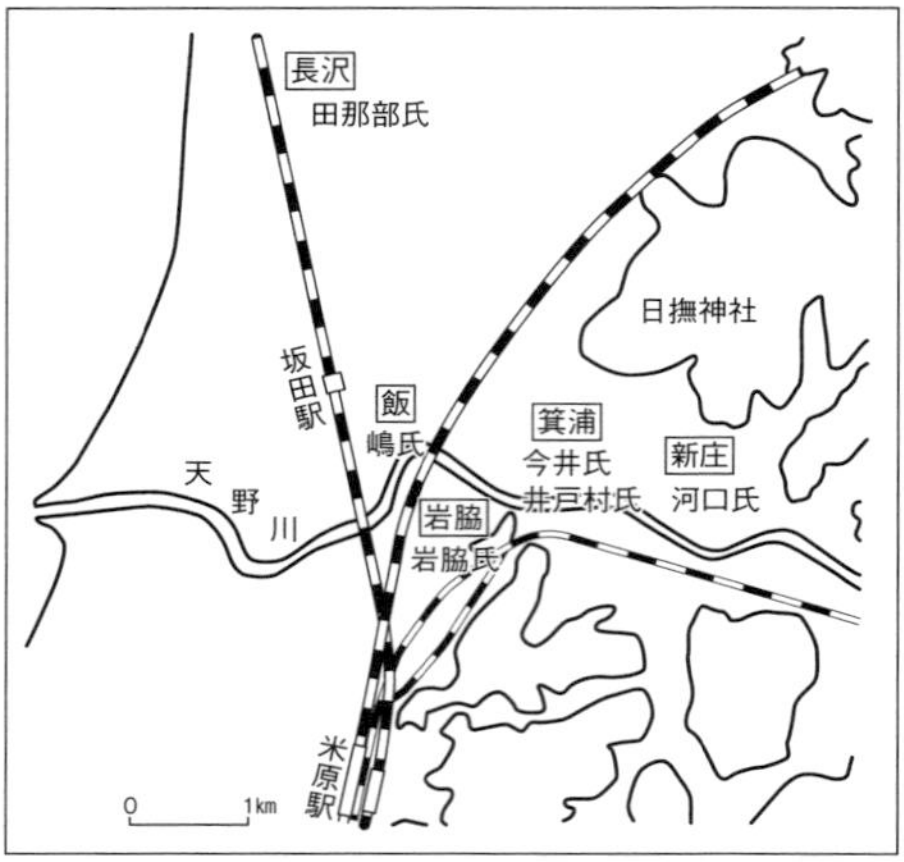

図１　天野川流域の土豪配置図

この内、今井氏は「今井軍記」(2)によれば、承久の乱には朝廷側として活躍し、常喜本荘地頭職など多くの荘園所職を兼帯した、この地域最大の勢力で、土豪より規模が大きい「国衆」とも言える存在である。『江北記』(3)には、北近江三郡守護京極氏の根本被宮の筆頭に記され、その居城箕浦城を拠点に箕浦荘北部に力を及ぼし、嶋氏・井戸村氏・岩脇氏などの土豪を次第に被官化していった。今井氏と、これら庶氏等の関係を示せば、次のようになる（図1、系図、表1）。

この他、河口氏（米原市新庄住）のように、必ずしも「江北諸藤」の系譜に入らない家もあるが、元亀元年（一五七〇）の浅井氏の将磯野員昌に従っての佐和山籠城には、同一行動をとるなど、天野川流域の土豪たちは、密接な連携を保っていた。(4)

［天野川流域の土豪の系図］

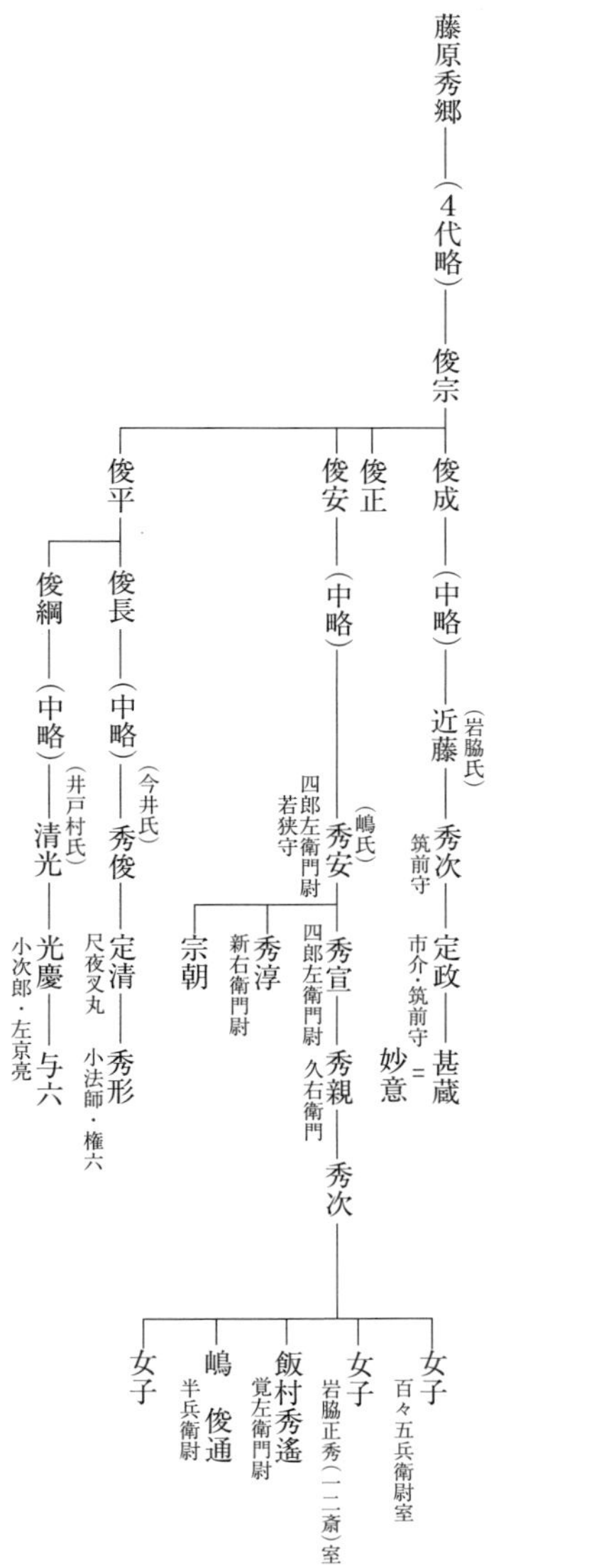

表1　今井氏及び「一揆結合」略年譜

年　号	事　　項
天文2年（1533）	今井秀俊、浅井亮政により、神照寺にて謀殺される。以後、秀俊息尺夜叉丸（のちの定清）は、犬上郡敏満寺に逃げ、六角氏の庇護に入る。
天文21年（1552）	今井定清、浅井氏へ帰順し、箕浦城へ帰る。
永禄4年（1561）	今井定清、太尾城攻撃の際、みかた討ちにあう。定清息小法師丸（のちの秀形）が残る。
元亀元年（1570）	小法師丸を盟主とする「一揆結合」は、姉川合戦の敗戦（6月）を経て、佐和山城へ籠城。
元亀2年（1571）	佐和山城開城（2月）。
天正11年（1583）	今井秀形、秀吉に従い伊勢峰城攻撃にて戦死。

また、当地の特徴としては、嶋氏については「嶋記録」(5)、井戸村氏は「井戸村文書」(6)、岩脇氏は「妙意物語」(7)といった具合に、浅井氏家臣研究において豊富な史料が残存しており、その格好のフィールドといえるのである。「井戸村文書」に伝わる天正十九年(一五九一)の作職書付については、中世土豪の経営とその近世への転換をめぐって多くの議論がなされてきたことは周知の通りである。(8)

今井氏と土豪たちの関係　さて、当地域の戦国史に関しては、昭和二年(一九二七)の発刊である『東浅井郡志』、昭和十七年(一九四二)の発刊である『改訂近江国坂田郡志』の他、小和田哲男氏の論稿がある。(9)小和田氏は、これら土豪層の存在形態を、国人領主今井氏と、その家臣団を構成する嶋氏・井戸村氏という形で捉えている。そして、戦国大名浅井氏の家臣団編成との関連を以下のように考える。

浅井氏に今井氏が帰参した天文段階で、「国人領主今井氏は、従来からの被官である嶋・井戸村・岩脇などの土豪を従属させ、そのまま浅井氏の体制に組み込まれた形で浅井氏の一部将として箕浦城に拠り、在地領主制を展開していたのである。」しかし、永録四年(一五六一)の今井定清の不慮の死により、「今井一族・家臣の間での内訌が生じ、これを契機にして、今井氏家臣団はかなりの変容をせまられることになった。これは、実質上の今井家臣団の解体であり、その浅井氏家臣団への再編成の過程がよみとられる点に注意が払われねばならない。」としている。(10)

その「浅井氏家臣団への再編成の過程」とは、今井氏から家臣団(土豪たち)を切り離し、浅井氏に直接臣従させるようにすることを指している。具体的には、永禄後期に至り井戸村氏が今井氏を通さず、直接浅井氏の重臣磯野員昌から宛行状を得るようになることから、磯野氏の統制下へ今井氏家臣団が編成されていくことを想定しておられる。(10)

しかし、嶋氏・井戸村氏らの土豪が、直接に浅井氏や磯野氏などから知行を宛行われながら、なお今井氏へ臣従していた事実を認め、その理由の一つとして、「在地領主連合、すなわち、土豪間協約を結び、領主が結集していることの関連」を考えていくことが重要とまとめている。小和田氏の説は、今井氏の家臣団編成、その浅井氏家臣団への再編成という、縦の関係での状況が語られ、最後に、彼ら家臣団が完全に浅井氏の統制下におかれなかった理由として在地領主連合という横の関係を想定されるのである。すなわち、横の関係を副次的に考えるのを特徴とする。

私は、これら土豪たちは今井氏を盟主とした「一揆結合」を、天文初期以降、織豊期に至るまで維持していたのではないかと思う。つまり、今井氏や浅井氏との縦の関係よりも、「一揆結合」を維持する横の関係を軸に、この地域の戦国期の状況を見た方がよいと考える。そして、この「一揆結合」は、浅井氏の盛衰に関連なく存在し、同氏はこれを集団として把握するのみで、一揆内部にはまったく手を加えられなかったと考える。

以上の事実を、戦国期の天野川流域の歴史を雄弁に語ってくれる「嶋記録」の史料批判を行なう中から確認していきたい。

2 「嶋記録」の構成と作成意図

ここでは、小和田哲男氏の「嶋記録」についての研究[11]の要点を紹介しながら、同書の構成と作成意図について述べておきたい。「嶋記録」には、三種の伝本がある。その内二種は、米原市本郷の百々保氏所蔵になるもので、かなり古い段階の写本と比較的後世の写本とがある。もう一種は、内閣文庫所蔵の「嶋物語」で、内容は先の二種とほとんど変わらない。「「嶋記録」は、戦国時代における江北の浅井氏と江南の六角氏にはさまれた一国人領主である今井一族と、その家臣団たちの動向を記録したもので、それ自体、史料的価値は高いものと考えられる」と小和田氏は述べている。[12]

全体は十五章から成り、浅井氏三代・浅井氏重臣・六角氏・京極氏などからの発結文書が七十一通引用されており、その文書自体によって事の成り行きを語らせており、記録というよりは古文書集といった感が強い。先の小和田氏による「嶋記録」の史料的価値についての判断は、まさにこの点を重視しての見解である。

構成と、それぞれの部分の成立は以下のようになる。

①冒頭の嶋氏系譜の部分

記録上の最終年号は、元禄十年（一六九七）であり、この部分は、同年以降の筆になるものと推定される。

②本文（古文書とそれを解説した記録部分）

『改訂近江国坂田郡志』が指摘するように、嶋若狭守秀安の筆と考えられると小和田氏は述べている。秀安の死は、天正八年（一五八〇）であるから、それ以前の成立となる。私は、この部分を原「嶋記録」と呼んでおく。これに、①と③の部分が後に書き足されて、現在の「嶋記録」が成立したからである。なお、先に十五章から成るとしたのは、この部分である。

③本文中の「覚へ」の部分と、最後の「従是本書之覚書」の部分

寛文六年（一六六六）以降、嶋半兵衛俊通（秀安から四代後に当る。本節の系図参照）が、原「嶋記録」を考証した部分である。私見によれば、半兵衛は、『信長記』や『甲陽軍鑑』などを参考とし、さらに古老の話を聞くなど、所収文書をめぐる事実関係について相当の考察を行なっている。その目はきわめて客観的であり、原「嶋記録」のあり方を考える上で重要な部分である。

ところで、小和田氏は、「嶋記録」作成の意図として、「嶋秀安自身が、自己の伝記的なものとして記しながら、今井氏に対する忠節、さらには浅井氏に対する戦功などの、いわば顕彰碑的な側面と、由緒を飾るという側面のあったことが指摘しうるのである。」と述べている。[13] そのように、本書が嶋氏の顕彰碑的側面があるのなら、その内容の信憑性について、まず疑ってかかるのが、この史料を使う第一歩であろうと思う。具体的には、小和田氏をして、史料的価値が高いと言わしめた、その古文書集としての性格に問題はないだろうか。次項で、所収文書の史料批判を行ないながら、課題の追究を進めたい。

3 「嶋記録」所収文書についての史料批判

嶋秀安への宛名すり替え　まず、以下の〔史料1〕から考えてみよう。[14]

〔史料1〕（「嶋記録」所収文書6）

尺夜叉殿就御幼少之儀、十五秋迄為御名代諸事可有御異見候、其過候者無相違可有御渡候、其間之事何様ニも御異見次第ニ可相働候、自然背御異見仁躰於在之者、為惣別堅可申付候、若此旨於相背乍恐両宮八幡殊ニハ氏神可蒙御罰者也、仍定状如件、

天文七年　　　　　　　　　　　　　　今井藤左衛門尉

六月十一日　　　　　　　　　　　　　　　象《カタ》秀

今井伊賀守
今井筑前守若名也　秀吉
岩脇四郎兵衛尉　秀次
今井弥六　秀博《ヒロ》
今井忠兵衛尉　秀隆

（秀安）
嶋四郎左衛門尉
　御宿所

天文二年（一五三三）、当時の今井家当主今井秀俊（秀信）は、浅井亮政により、神照寺（長浜市新庄寺町）において謀殺されてしまう。以後秀俊の遺子尺夜叉丸（のちの定清）は、天文二十一年（一五五二）、浅井氏に帰順するまで、犬上郡敏満寺で六角氏の庇護のもと、一族・家臣と共に牢籠生活を送ることになる。本文書は、その敏満寺時代、当主尺夜叉が幼少な為、十五歳の秋になるまで、嶋秀安を名代に立てることを、今井同名が誓約したものである。これについて、従来の研究では、まったく疑問を持たれることはなかった。しかし、本来家臣と考えられる嶋氏が、主である今井氏の名代になることを今井同名が申し合せている事実は、きわめて不自然でないだろうか。[15] 私は、この文書には、宛名の改変がなされていると推定する。

江戸初期に、原「嶋記録」を考証した嶋半兵衛は、巻末の「覚書」の部分に、こう書いている。

〔史料2〕（「嶋記録」「従是本書之党書」）

後勘、此状（「史料二」―筆者註）ニ猶可有加判衆、無其儀同名入魂ノ衆斗加判ト見ヘタリ、加様之儀多之、但今井藤兵衛無加判、但藤左衛門尉藤兵衛ニ名ヲカヘル、此連署藤兵衛方へ参トメ歟、但藤兵衛ト四郎左衛門ト両人へ取、藤兵衛所へハ定頼御直書アリ、其砌此状ノトメアテ所ナシ、但同名老分ト見ヘタリ、今井藤兵衛歟、委可承届候、年疑、若州卅七・八ノ比也、此連状判モナシ、アテモナシ本文ノ写ナリ、

逐語訳をつける。括弧内は、筆者による補足である。

この状には、もっと花押をすえる者があってもよいのに、それがなく今井同名だけが判をすえているようだ。こういうことは多い。今井藤兵衛は、（中西氏と称し今井同名の中でも中心人物なのに）判をすえていない。但し、ここでは藤左衛門尉と名乗っている（のであろう）。この連署状は、藤兵衛方へ来たものの写しであろうか。（しかし、原「嶋記録」には嶋四郎左衛門尉宛になっているので）今井藤兵衛方と嶋四郎左衛門尉秀安の所へ（二通別々に）届いた（のであろう）。藤兵衛（の子孫）の所には、（別に）六角定頼からの書状もある。こちらの書状には、（個人名の）宛名はないが、同名老分に宛てると書いてある。この同名老分とは藤兵衛のことであろうか。詳しくは調べてみる必要がある。この連署状の年号は疑うべきである。嶋秀安三十七・八歳の頃である。（当家に残っている連署状は）花押もない宛名もない案文である（が、〔史料1〕の）写しである。

半兵衛が江戸初期に「覚書」を書いた段階では、嶋家にこの連署状の原本（文書としては案文）が存在し、それは宛名がないものであった。半兵衛は、原「嶋記録」に宛名が嶋四郎左衛門尉となっているので不思議に思い、以上のようにいろいろ思案しているのである。要するに原「嶋記録」の著者は、宛名を勝手に書き入れることにより、文書上で四郎左衛門尉秀安を名代にかつぎ上げることに成功した。

それでは、本来の宛名は誰か。それは、半兵衛が「此連署藤兵衛方へ参トメ歟」と言っているように、今井中西藤兵衛家政であったと考えるのが一番自然であろう。[16] 家政は今井「同名ノ宿老」と呼ばれ、後述するように、井戸村・嶋・岩脇を包摂した「一揆結合」の中心人物であった。従ってこの文書は、本来、当主幼少の為、同名たる中西定政を名代に立てることを今井同名として申し合せたものであったことになる。

このように、所収文書は、「嶋記録」作成の意図を反映し、嶋氏の自家顕彰となりうるよう、改作されている場合がある。ただ、〔史料1〕でもはっきりしたように、文書自体がすべて偽りとするのは速断に過ぎる。所収文書の様式をみても、とりたてて問題があるとは思えない。また、小和田氏も主張するように、所収文書の内三十二通の原本が、江戸初期まで残っていたことが「覚へ」から分かる。他方、所収文書九・五七と同様な文書の写しが、井戸村系の文書の写しである「歴代古書年譜」[17]に二通のみではあるが存在していることも想起されねばなるまい。「嶋記録」所収文書の文書としての実在は、他の史料から客観的に裏付けることが可能なのである。

河口家にも残った連署状

さらに、『近江町史』[18]編纂過程で、河口悠三氏（近江町新庄）宅から発見された文書群の中に、所収文書の信憑性を高める重要な史料が存在することが分かった。この文書群は、嶋氏などと「一揆結合」を結んでいた坂田郡新庄村の土豪河口氏の中世末から近世に至る相伝文書である。注目すべきは、次の〔史料3〕と〔史料4〕の二点である。まったく、これまで紹介されていない史料であるので、全文引用しておく。

〔史料3〕井戸村・嶋氏等連署定書

一、今度之手負、当城へ不入［　］不可有違乱候、但敵方へ罷出輩者、可召失候事、

一、内輪之出入出入《（ママ）》諸事不及申、可為順路候、自然為贔屓御紛候儀者不可然候、何様之儀も、任衆義不可有不足事、

右、定所如件、

井戸村［　］判
□《（嶋）》新右衛門尉秀淳判
［　］秀宣判
井戸村左京亮光慶
嶋若狭入道朴底
今井中西家政
川口藤七郎如順
井戸村与平次定次
岩脇市介定政
佐和山籠□城　人数

元亀元年
　九月十四日
川口新十郎　井戸村与介
井戸村長介　同　又衛門
同　平五　同　修理
同　七郎　同　与八
同　藤七郎

〔史料4〕中西家政等掟書（〔　〕内は割書）

掟

一、各牢籠之間ニ給人縁仕候とて田畠取上、内輪へ宛申候共、本主合点無是ニ於作仕ニ者、作主堅違乱可申候間、誰々雖為被官人、不可有述懐事、

一、給人江申〔仁々／任官〕出聞候仁躰、誰々之雖為被官人憔之儀於有之者、遂糺決可申付候、其時主人何宛被相紛候ハヽ、可為同意候間、互不可有不足候事、

一、籠城中之者、急《以（ママ）》候而在所江之出入被給《（ママ）》人江注進申、及難儀候仁躰於有之者、不寄誰々被官、堅可有違乱候事

中西家政（花押）

岩脇市介定政（花押）

藤九郎秀頼（花押）

嶋若狭守朴底（花押）

嶋新右衛門尉秀淳（花押）

嶋四郎左衛門尉秀宣（花押）

河口藤七郎如順（花押）

井戸村左京亮光慶（花押）

田中弥庄司

井戸村与平二定次（花押）

嶋久右衛門尉秀親（花押）

（後筆）

「右元亀元年庚子年六月廿八日姉川合戦時ヨリ籠城、翌年二月迄堅固ニ包、ミノ浦ノ住中西左馬・井戸村、カウド

今井藤九郎・田中弥庄司・岩脇市介、イムラ嶋父子兄弟四人、都合拾人連□有」

いずれも、筆跡からみて写しと判断すべきと思う。重要なのは、以下に示すように、これとほぼ同様な文書が「嶋記録」所収文書の中に存在することである。

〔史料5〕（「嶋記録」所収文文書48）

条々

一、今度当城江不来衆、不寄誰々、御給可被召上、并代官定使可為同前候、事付御留守居衆之内、員昌不相待令帰城、小法士殿見捨罷帰者可召失候、其子龍城候者、可為各別也、

一、今度之討死衆又ハ当城ニ堪忍候者共、作付置候立毛為傍輩苅取仁躰、永代召失見相ニ可為生害候事、

一、給人江案内者を仕、諸事口をきゝ内輪をなやまし候族、慥之儀有之者生涯可申付事、

一、今度之手負衆、当城へ不入候共、不可有違乱候、但敵方へ罷出輩者、可召失之事、

一、討死之衆子共若年ニ候共、皆々無如在引立、可有異見候、無子ハ如何様之者成共、跡目可仕立事、

一、田式身上之儀、如此之上者、於家中惣別参会不可仕候、万一御参会之輩於在之者、堅違乱可申之車、

一、内輪之出入諸事不及申、可為順路候、自然為贔負御紛之義者不可然候、何様之儀も任衆義不可有不足事、

以上

右、定所如件、

元亀元年　嶋新右衛門尉秀淳判

九月十四日

嶋四郎左衛門尉秀宣判
井戸村左京亮光慶判
嶋若狭入道朴底判
今井中西家政判

〔史料6〕（「嶋記録」所収文書49）

掟

一、各牢籠之間ニ給人縁能候とて、田畠取上内輪へ宛申候共、本主合点無是ニ於作仕ニ者、作主堅違乱可申候間、誰々雖為被官人、不可有述懐事、
一、給人江口を聞候仁躰、誰々之雖為被官人、慥之儀於有之者、遂糺決可申付候、其時主人何宛被相紛候者、可為同意候間、互不可有不足候事、
一、籠城中之を、急候而在所江之出入を、給人江注進申及難儀候仁躰於有之者、不寄誰々被官堅可令違乱之事

以上

元亀弐年
正月廿二日

中西家政
岩脇市介定政
藤九郎秀頼
嶋若狭朴底

嶋四郎左衛門尉秀宣
井戸村左京亮光慶
井戸村与平二定次
嶋久右衛門尉秀親
嶋新右衛門尉秀淳
河口藤七郎如順
田中弥庄司

これらの文書の発見は、「嶋記録」の成立過程について、多くの示唆を与えてくれる。原「嶋記録」の部分が、先に触れた江戸初期に、嶋氏の子孫の家に現存していた三十二通の原文書を参考にして作られたことは明らかである。これらの文書の宛名をみると、ほとんどが嶋氏であることが分かる。つまり、同氏に相伝されてしかるべきものなのである。一方、それら以外に、「嶋記録」所収文書には、今井当主宛の文書や、先にみた連署状など、その原本が嶋氏に相伝される必然性がないものがみられる。これらについては、「河口家文書」と同様に、その写しが、嶋氏にも当時あって、それをもとに原「嶋記録」は作成されたと考えるべきであろう。〔史料2〕で、半兵衛が、「判モナシ、アテモナシ本文」といっているのは、以上をふまえれば、原「嶋記録」のもとになった案文であったことが分かる。

このように、「河口家文書」の二つの史料は、「嶋記録」所収文書の信憑性を、客観的に裏付けてくれるのである。結局、「嶋記録」所収文書を我々が検討する時、注意すべきことは、如何にそこから、嶋氏の自己顕彰となりうる事項を差し抜いて読むことができるかである。(19) 次章では、この点に留意して、天野川下流域に展開した「一揆結合」の存在を、「嶋記録」から読み取る作業に入る。

4　「一揆結合」の展開

今井氏同名・家臣の「一揆結合」　ここでは、先に掲げた〔史料5〕・〔史料6〕の内容を検討することから始めよう。元亀元年（一五七〇）六月、姉川の合戦に敗れた浅井氏の家臣の一部は、佐和山へ籠城するが、翌二年二月、主将磯野員昌の信長への寝返りにより城は開城となる。これら文書は、その籠城中、天野川流域の土豪たちが取り決めた一揆契状である。ここから、今井当主小法師幼少の為、前代の尺夜叉の時と同じく、名代に立っていたと思われる今井同名中西家政を中心に、嶋・井戸村・岩脇らの土豪たちが、「一揆結合」を結んでいたことが分かる。

藤木久志氏は、これを地主層の惣郷的結合と評し、単に土豪間の問題としてではなく、村落結合のレベルで考えている[20]。嶋氏や井戸村氏を村落代表としてみるのは、なお慎重な議論が必要であると思うが、ともかく小和田氏が今井氏と土豪たちの関係を、主に縦の関係でみるのに対し、藤木氏は土豪層の横の関係を軸に考えている点は正鵠を得ていよう。また、藤木氏は浅井氏権力の崩壊とは関係なく、この土豪結合が存在したという予想を述べている。この点も、大いに賛意を表したい。以下、この藤木氏の論説を基にしながら、もう少し「一揆結合」についての考察を深めておこう。

まず、その成立から考えてみる。嶋氏や井戸村氏は、今井氏から安堵状や感状を受ける立場にあり[21]、また「嶋記録」においても、今井「家臣」として扱われており、本来今井氏の家臣であったことは、まず間違いないであろう。しかし、天文二年（一五三三）の今井秀俊の浅井氏による謀殺、永禄四年（一五六一）の今井定消の討死（後述）と、戦国中期以降の今井氏の権力は、きわめて不安定な状況にあった。そこで、今井同名を中心として図られたのが、もともとの家臣である嶋氏らとの横の連合である。今井氏は、これにより今までの領主的地位を保っていく道を選んだのであった。従って、「一揆結合」の成立を、ここでは天文二年以降としておきたい。さらに、元亀元年、姉川合戦での浅井氏敗北の後の佐和山籠城という非常事態は、この「一揆結合」をさらに強固なものにした。その結果が、先に示した二つの連判状の成立と言えるのである。

六角定頼書状の改竄

そこで、次に、この「一揆結合」成立当初に当る天文段階の史料をみておこう。

〔史料7〕（「嶋記録」所収文書9）

折紙旨得其意候、りゃうせんニいたり被打出之由祝着候、多賀畑平野館其外令放火候、かまのは之儀者追而可申付候条、まつ〳〵可有帰陣候、早々働祝着候、如此段最前以妙観院申へく候、恐々謹言、

（天文四年）
二月廿一日　　定頼判

今井藤兵衛尉殿

文書内容は、六角定頼が浅井氏との戦闘について、今井藤兵衛（中西定政）に指示を与えているものである。この時、まだ当主尺夜叉（定清）は幼少であり、その名代として、家政が定頼の下知を受けたものだろう。先に、少し触れたが、これとほぼ同様の写しが、井戸村系の文書集である「歴代古書年譜」に収められている。[22]〔史料7〕と異なる部分は、

細かな字句の使い方と、二月一日の日付であること、それに宛名が、

今井藤左衛門殿
井戸村左京亮殿

となっていることである。今井氏と嶋氏・井戸村氏らとの間が、本来の主家と家臣の関係ならば六角定頼は、当主名代である中西家政にのみ命令を下せば事足りるはずである。ここで、その他に井戸村氏をも、その宛名に含めた文書を作成している事実は重要であろう。「歴代古書年譜」には「嶋記録」のような宛名の改竄は行なわれていないと考えれば、六角定頼書状の宛名には、本来井戸村氏の名前もあったと見るべきだろう。井戸村氏の「一揆結合」での地位の高さを示すと同時に、それを隠蔽するために嶋氏による改竄が行なわれた理解すべきだろう。

存在し続ける「一揆結合」　一方、時代は佐和山籠城の掟書〔史料6〕より一年下る元亀三年（一五七二）にも、この「一揆結合」の存在は確認できる。

〔史料8〕（「嶋記録」所収文書57）

其辺調儀無油断由尤肝心候、彼間之事高宮衆被相談火急之段専一候、当表弥堅固候、甲州信玄到遠江被出馬大略一篇之由候、長嶋《江》切々注進有之旨候間、其方へも定而可相聞候、信長于今横山在城候、日々人数相透敵陣物さひしき為躰候、本意不有程候間、是非各不可有御退屈候、尚以高宮衆被相談、行之儀可被差急候、方々可然調略共有之

事候、即時ニ可為一途候、委脇左可申候、恐々謹言、

（元亀三年）
十月三日　　　　　　長政判

嶋若狭入道殿

嶋四郎左衛門尉殿

進之候

年代は、信玄の遠州出馬の事実から元亀三年（一五七二）とされる。ところで、この史料も、先の〔史料7〕と同じく、同内容のものが「歴代古書年譜」に収められている。[23] そちらの方の写しは、欠落部分があり、内容が書き下し文になっている他、宛名が、

磯野丹波守殿
嶋若狭守殿
井戸村左京亮殿
岩脇筑前守殿

となっている。二者を比較すると、「嶋記録」（〔史料8〕）が、宛名の改変をなしている事実をここでも知ることがで

きる。嶋氏は、自家の浅井氏への忠節の度を増幅する為、他の諸氏を切り捨てているのである。しかし、この〔史料8〕に対応する「歴代古書年譜」所収文書の長政書状も、このままでは信じ難い。なぜなら、磯野丹波守員昌は元亀二年(一五七一)二月の時点で、浅井長政から離反しており、元亀三年に長政から書状を受ける立場にはないからである。そういえば、「磯野+嶋・井戸村・岩脇」という組み合せは、なんとも不自然である。これも、井戸村氏が自家の佐和山籠城を顕彰する為、今井同名(おそらく家政)を磯野員昌にすりかえたのではないだろうか。内容に疑わしい点がないことからして、偽文書と裁定を下すのは速断にすぎよう。とすれば、元亀三年段階、つまり佐和山落城後においても、この「一揆結合」は、一定の団結を保っていたことになる。

浅井氏滅亡後の一揆結合　さらに、浅井氏が滅亡しても、「一揆結合」は、けっして崩壊することはなかった。

〔史料9〕(「歴代古書年譜」54)

各役義之事、前々のことくに申付候間、我等代官在之間ハ毛頭異儀あるましく候、拙子不仕候共、かさねて之御代官へ可被仰理候、恐々謹言、

尚々右之通毛頭異儀あるましく候、其外其村ニおゐて相応之役可承候、以上、

天正十九年十一月十一日　　大音五介判

河口七郎兵衛殿

今井蔵人殿

嶋新右衛門殿
井戸村小二郎殿
まいる

この宛名に表れたように、浅井氏滅亡後の天正十九年(一五九一)に至っても、「一揆結合」は存在した。この事実は、浅井氏がまったくこの一揆内部に手をつけることができなかったことを示す。

近江南部の戦国大名六角氏の場合をみても、その主従制的支配力は弱く、百姓・村落に対する支配の安定強化と相互利害調整の機能を、国人・土豪から期待され擁立、推戴された権力とされている。[24]もちろん、在地における国人・土豪たちの「一揆結合」を崩壊させることなどできなかった。一方、伊勢の戦国大名北畠氏も、その権力構造内部に組み込まれていた沢・芳野・小川・秋山等国人による大和国宇陀郡内一揆の自律体としての機能には、ほとんど介入できなかったとされている。[25]

こういった畿内近国の状況を考えた時、浅井氏のみが、「一揆結合」を崩壊させうる権力として成長していたとするのは、あまりにも不自然であろう。また、今井氏と嶋氏ら土豪たちの関係が、主従的な構造ではなく、「一揆結合」であったと考えれば、小和田氏が説くように、嶋氏らの土豪が、磯野氏や浅井氏から直接書状を宛てられるようになるからといって、浅井氏が彼らを自己の直接統制下におこうとしていると解釈する必要もない。

5 「一揆結合」の構造と性格―まとめにかえて―

「今井同名」の存在　さて、ここまで近江国坂田郡内部において、浅井氏治政期から織豊期に至るまで、今井氏を中心とした土豪たちの「一揆結合」が展開していたことを確認した。ところで、この「一揆結合」とは、如何なる構造と性格を持っていたものであろうか。また、研究史上どういった位置づけが可能なのであろうか。これらの点について、所見を記し本節のまとめとしたい。

この坂田郡南部に展開した「一揆結合」を考える場合、まず「今井同名中」と「一揆結合」をはっきり分けて考えておく必要がある。この「今井同名中」とは、具体的には本節3項で述べた、今井当主（惣領）幼少の為、「同名中之宿老」中西家政をその名代に擁立した〔史料1〕への五名の連署者である。その筆頭として、中西家政がいたのであり、すべて今井を苗字とし、同氏の庶氏であると考えられる。一人、岩脇秀次の名がみえるが、「今井筑前守若名也」と添え書きされているように、今井氏と何らかの姻戚関係にあったものと推定され、「今井同名中」としての扱いをされていたのであろう。この「今井同名中」は、次の場面にも登場する。

〔史料10〕（「嶋記録」所収文書35）

霊社起請文各御存分之通、河口殿為御使被仰候段、承届尤致満足候、先度進之置候、霊社も御照覧候へ、果而備中守（今井定清）御為可然様昼夜情を入候処、結句如此義出来候事、天道いかなる神仏の御罰也、口惜存候、世上静謐御座候者、二度人ニ面を向不可申、雖存知候御取合半事候条、一先山中のすまひ仕候、右之せいたんも御照覧候へ、各御心中不相替難堪存置候、併拙子不運不及是非候、猶存念河口殿へ申入候条、追而可得御意候、恐惶謹言

（永禄四年）
七月五日　　磯野丹波守
　　　　　　員昌判

今井中西殿
今井藤九郎殿
岩脇一介殿
嶋若狭入道殿
同四郎左衛門尉殿
御宿所

永禄四年（一五六一）、今井定清（幼名尺夜叉）は、浅井氏の一部将として六角氏方の太尾城を攻めるその際、暗闇の中、同じ浅井方の磯野員昌のかち侍の手により、定清が「みかた討ち」に合うという事件が起きる。今井氏は、天文二年（一五三三）の浅井亮政による今井秀俊謀殺以来、しばらく当主を失っていたが、またも幼少なるその子息の成長を見守っていかねばならぬ状況に追い込まれた。上記の文書は、この不慮の事件に対して、磯野員昌が「今井同名中」に対して、見舞と謝罪を伝えているものである。それにしても、なぜ嶋氏が宛名に入っているのに「今井同名中」宛と言えるのであろうか。

文中の「起請文」とは、「覚へ」に「右文章、今井備中守味方討にあひし事、同名家来穿鑿をとくへきむね小谷へ訴へけるとそ聞へし」とあることからみて、事実の究明を訴える為、今井定清が味方によって殺されても「今井同名」が結束することを、浅井氏に誓った内容であろう。今井「家来」(26)からの起請文は、「覚へ」がさらに、「今井家来も誓紙せしとそ聞へし」と述べているように、別に作られたか、あるいは作られるはずになっていたと思われる。従って、員昌が、「致満足」したのは、あくまでも「今井同名中」の起請文であり、この文書の宛先には、本来、今井「家来」

である嶋氏は含まれない。

嶋氏が、ここに登場するのは、これまた自己顕彰の為の改作である。岩脇氏については、先に触れたように、親族として「同名中」の一員とみなされていたからであり、不自然ではない。

このように、天文七年（一五三八）の当主名代の選定といい、永禄四年（一五七一）の当主討死に対する謝罪を受けた事実といい、「今井同名」は、今井氏当主不在を補完する機能を持っていたのであり、そこへ「一揆結合」の構成員が介入する余地は、まったくなかった。


「一揆結合」の機能と構造　それでは、「一揆結合」の方は、どのような機能と性格を持っていたのか。これについては、多くの研究史を持ち、戦国期、同じ近江国内で展開した「甲賀郡中惣」との比較をしておくことが、最も有効であろう。

近江国甲賀郡柏木御厨を本拠とする山中氏の研究を中心として明らかにされた「甲賀郡中惣」の構成は、通説に従えば以下のようである。(27)甲賀郡地域における領主層の連合＝「甲賀郡中惣」は、重層的結合からなっていた。まず、惣領を代表者として、部分的には擬制的な同族をも含めた一族結合＝「同名中」が結ばれる。これは、惣領・庶氏の対等性を前提として成り立っていることを特徴とする。このような各氏の「同名中」が結合して、山中・伴・美濃部氏による「三方中」のように、いくつかの「方」集団が形成される。それが、さらに集って「郡中惣」がなるのである。

本節でみた、今井氏を中心とする「一揆結合」が、甲賀でいうどのレベルのそれに当るのかは明確ではない。藤原秀郷をみな祖とするという点で、今井氏と嶋氏らの関係を一族として捉えるとすれば、甲賀での「同名中」レベルでの「一揆結合」をみることができる。しかし、それでは「江北諸藤」を称しない河口氏の扱いが問題となってこよう。また、先程明らかにした「今井同名中」との関連では、果して「嶋同名中」あるいは「井戸村同名中」というものが存在したかが問われなければならない。存在したとすれば、「今井同名中」をも含めたこれらが集まって、「一揆結合」を構成したことになる。

他方、「一揆結合」の性格についても考察は必要である。「甲賀郡中惣」の場合、研究者の評価は大別して二つある。「百姓」身分から成長し新たに侍身分を主張していく「小領主」階級が、在地法秩序にもとづく加地子収取保障体制や、用水秩序の安定を図っていく為に形成したとする説(28)と、一揆の構成員は、「百姓」の延長上にあるのではなく、領主職をもつ在地領主であり、この体制は「百姓」支配の為の地域権力であるとする説(29)である。

本節でみた「一揆結合」について、この点を考究するのは、はなはだ史料不足である。但し、「井戸村文書」に残る売券から、彼らが多くの加地子を集積した事実はみてとれ、この結合が加地子保障体制としての機能を有していたであろうことは推測がつく。さらに、〔史料5〕で、

一、今度之討死衆又ハ当城ニ堪忍候者共、作付置候立毛為傍輩苅取仁躰、永代召失見相ニ可為生害候事、

とあるように、「一揆結合」の機能として、各構成員の直営地保障の働きを付け加えるべきであると考える。

「一揆結合」の構造と性格については、この他にも、〈惣郷―惣村〉論とのからみや、「惣国一揆」論との関係など(30)触れねばならない点が多いが、ここではその存在を確認するだけにとどめたい。また、浅井氏領国内で、ここにみたような結合と同様なものが、他にも存在した形跡がない。ただ、史料がないだけなのか、今井氏や嶋氏などの「一揆

結合」が、この地域においての特殊例なのかは後考を俟ちたい。

註

（1）『改訂近江国坂田郡志』二（一九四二年）参照。
（2）『改訂史籍集覧』一三（近藤出版部、一九二一年）所収
（3）『群書類従』二一　合戦部（続群書類従完成会、一九六〇年）所収。
（4）小和田哲男「嶋記録所収文書について―近江天川流域の戦国誌―」『古文書研究』3（一九七〇年）を参照。後に『近江浅井氏』（新人物往来社、一九七三年）に再録されている。
（5）米原市個人蔵。滋賀県教育委員会『滋賀県中世城郭分調査』七（一九九〇年）の翻刻（拙稿）があるが、註（4）小和田氏書にも翻刻がある。また、註（6）の『井戸村文書』二にも、国立公文書館本の翻刻が掲載されている。
（6）長浜市長浜城歴史博物館蔵。一九九四年（平成六年）に長浜の郷土史家・中村林一氏の遺族から、長浜市へ寄贈された。さらに、その翌年に滋賀県指定文化財となっている。翻刻は『改訂近江坂田郡志』七（一九四二年）にもあるが、その全容は史料纂集古文書編『井戸村家文書』一・二（八木書店、二〇二〇年）によって明らかにされた。
（7）井戸村氏や嶋氏と同様に、天野川流域の土豪・岩脇氏一族の妙意が、戦国時代から織豊期の岩脇氏の動向を記した由緒書である。本論は個人蔵本（長浜市長浜城歴史博物館寄託）を参照したが、東京大学史料編纂所には米原市大野木に所在する章斎（中川泉三）文庫本の謄写本が存在する。
（8）註（4）小和田氏書を参照。
（9）註（4）小和田氏書。また、長谷川裕子氏が次に見るように、精力的に研究をされている。同「戦国期畿内周辺における領主権力の動向とその性格―近江国坂田郡箕浦の今井氏を事例として―」（立教大学史学会『史苑』六一―一、二〇〇〇年）、同「戦国期地域権力の家中形成とその背景」（『ヒストリア』一七七、二〇〇一年）。
（10）註（4）小和田氏書
（11）註（4）小和田氏書
（12）註（4）小和田氏書

(13) 註(4)小和田氏書
(14) 「嶋記録」所収文書の番号は、註(4)の小和田氏書の表に従った。同文書の翻刻は、滋賀県教育委員会『滋賀県中世城郭分調査』七(一九九〇年)所収の翻刻によった。
(15) 先に述べたように、この当時の今井氏と嶋氏らの関係を、主君―家臣としてとらえるのは、小和田氏の所説であるが、本節のように「一揆結合」として見たとしても、単なるその一構成員にすぎない嶋氏が、今井同名の推挙により名代にかつぎ上げられるのは不自然である。
(16) 「藤兵衛」=中西家政であることは、今井藤兵衛尉宛六角定頼書状(「嶋記録」所収文書9)の「覚へ」に、「同名ノ宿老中西事也」と宛名に対する註が記されていることから分かる。なお、米原市箕浦に小字「中西」という地があり、中西家の屋敷跡と推定される。
(17) 註(6)史料纂集古文書編『井戸村文書』一・二
(18) 近江町『近江町史』(一九八九年)。以下の翻刻は、同町史編纂委員会事務局架蔵写真帖による。
(19) 本文では所収文書を解説した記録部分の信憑性については触れなかった。この点は、古文書部分以上に、嶋氏による潤色が多いのではないかと推測される。たとえば、坂田郡長沢(米原市長沢)の土豪・地侍である田那部氏を、意識的に悪者に仕立てるなどしている。
(20) 藤木久志「戦国の動乱」『講座日本史』(東京大学出版会、一九七〇年)、同『戦国社会史論』(東京大学出版会、一九七四年)に再録。
(21) 「嶋記録」所収文書3・17
(22) 「歴代古書年譜」三二一、同書の文書番号は註(6)の史料纂集古文書編『井戸村文書』による。
(23) 「歴代古書年譜」三三一
(24) 宮島敬一『戦国期社会の形成と展開―浅井・六角氏と地域社会―』(吉川弘文館、一九九六年)を参照。
(25) 西山克「戦国大名北畠氏の権力構造―特に大和宇陀郡一揆との関係から―」(『史林』六二―二、一九六九年)、戦国大名論集4『中部大名の研究』(吉川弘文館、一九八六年)に再録。
(26) このように、嶋氏等が「嶋記録」の中では、今井氏の家臣・家来として扱われている理由は、当主が謀殺された天文二年(一五三三)以前の観念に束縛されていた為と考えられる。
(27) 「甲賀郡中惣」については、湯澤(久留島)典子氏「中世後期在地領主層の一動向―甲賀郡山中氏について―」(『歴史学研究』

四九七、一九八一年)、戦国大名論集4『中部大名の研究』(吉川弘文館、一九八六年)に再録。また、石田晴男氏は、山中・伴・美濃部による「三方中」の存在は、「甲賀郡中惣」の中でも例外的であったする見解を出している(同「両中山氏と甲賀「郡中惣」」(『史学雑誌』九五—九、一九八六年)が、ここでは通説に従った。

(28) 宮島敬一「荘園体制と「地域的一揆体制」」(『歴史学研究会』一九七五年別冊特集)、戦国大名論集4『中部大名の研究』(吉川弘文館、一九八六年)に再録。

(29) 註(27)湯澤(久留島)氏論文

(30) 石田晴男『中世山中氏と甲賀郡中惣』(同成社、二〇二一年)などを参照。

第五章　浅井氏家臣の近世的変容

一　浅井氏家臣嶋・若宮氏被官の近世的変容

はじめに

中間層研究の流れ　戦国時代から織豊期へ、さらには近世への社会変動を理解するには、大名論や村落論と共に、中間層である土豪の動向を解く必要があることは、すでに指摘されて久しい。池上裕子氏は、「この階層の動向をどう規定するかが中世後期村落を考える鍵である」と述べている。[1] さらに、藤木久志氏らによる村落論が、[2]「村」対「村」、「村」対「領主」に主に注目し、村落内の土豪(小領主)には議論が及んでいない点に、池上氏は注意を促している。藤木氏の研究では、土豪ら村落上層は、村の共同利害のために働き、村は一枚岩の団結をもった組織体であったかのごとき印象を与えている。最近の研究動向は、中間層論を明らかに忌避してきたと池上氏は指摘する。

しかし、池上氏も紹介するように、近年になって久留島典子氏[3]や稲葉継陽氏[4]・湯浅治久氏[5]らによって展開された「侍衆」論は、新たなる中間層論として注目できるものである。そこでは、「惣の指導者・軍事指揮者の政治的結集」として「侍衆」を描く。稲葉氏は言う。「生産共同体としての村落内には、村落自身が戦国期というすぐれてシビィアな社会を生き残っていくための活動を支える諸器官が存在し、そこにおける侍身分は、その諸器官の一部として固有の職能を果たす者の社会的地位の表現として形成されてきたものである。」「侍衆」が担う「固有の職能」とは、稲葉氏によれば、a守護権力との人的関係、b武力の保持と発動、c貨幣運用、d領域治安・用水・信仰施設の維持であるという。

他方、湯浅治久氏は、本節のフィールドとなる坂田郡南部の小領主たちの動向を追う。元亀元年（一五七〇）の姉川合戦の後、坂田郡南部の浅井氏家臣たちは、磯野員昌に従って佐和山へ籠城するが、意図的に籠城しない者もいた。つまり、大名に従って戦闘におもむく「侍衆」もいれば、村の安全を守るために村に残る「侍衆」もいたことを見出したのである。「侍衆」の職能としての村落危機管理に注目し、村の領主と村落が地域的に共同して、戦争を遂行するシステムが出来上がっていたことを明らかにした。

村の中での中間層　これら「侍衆」の論稿に流れる考えは、村の中で役割を担う中間層の姿である。しかし、湯浅氏の言う様に、地縁の論理が創りだす村落内身分と「同名中」の家中の論理が創りだす身分は、中間層の中で重複・拮抗している。「惣」という横の論理と、大名に従い自らも「被官」をもつという縦の論理、この両者の交差点に立つのが中間層であるといえよう。

兵農分離は、単に兵と農を身分的に分けたという単純な政策でないことは、すでに藤木久志氏の研究で明らかである。それは村から二つの武力を追い出すものであった。一つは刀狩りを通し、「人を殺す権利」を中央権力に独占させることによって、農民同志が戦わざるを得ない「自力」の惨禍から中世の村を救った。もう一点の武力は、西村幸信氏が述べる如く⑥、中間層の否定である。村を守る職能を持った土豪は、まさに村の武力の象徴であり、その存在がある限り百姓は「被官」や人夫役として合戦にかりだされる可能性があった。その否定は兵農分離にとって不可欠な要素である。

一部の土豪は、近世武士となって村を離れていった。多くは大名の家臣としてであるが、幸運な者は脇坂安治や小堀遠州のように、自身大名となった家もあった。土地と離れることによって、村の武力としての役割は同時に否定される。しかし、一方で多くの土豪たちが村に残った。彼らは刀狩りや太閤検地がすんだ後も、中世以来の権利を行使し村の武力として存在し続けようとする。(7)

土豪たちが村に及ぼした影響は、稲葉氏が説く様にさまざまであろうが、本節で問題にしたのは百姓の「被官」化である。中世の土豪たちは、村の数人の百姓を「被官」として組織し、村の中に「家中」という縦の論理を持ち込んでいた。惣という横の議論の中に、主従制に基づく縦の論理が介在し、それが土豪のもつ武力の背景となっていた。村の中の武力を否定するには、村からこの「家中」の論理を追放する必要があったのである。「被官」の否定は、すなわち村に残った土豪を丸裸にすることを意味する。逆に「被官」の側から言えば、村における主従制論理からの解放であり、村の武力の放棄でもあった。

当時の社会状況は、村落内の土豪が戦国大名など既成武士団と「被官」関係を結び、さらに土豪自らが村落内の百姓を「被官」化するといった具合に、二重の「被官」関係が成立していた。これも稲葉氏の発言を借りねばならないが、(8)前者については、戦国大名の家臣団論として多くの成果を生んでいるが、後者について実証的に明らかにした研究は、これまで皆無と言ってよいであろう。(9)本節は、近世史料や現行民俗からの遡及的な手法を用いて、土豪による百姓「被官」化を実証的に明らかにする意図を持っている。

フィールドは北近江に設定し、前半では中世から近世への移行期の史料をひもとき、土豪「被官」の実態を探ることから始める。後半では、現在も北近江に残る、土豪の菩提を弔い続ける「組」を紹介し、そこから推定できる移行期の土豪と「被官」の関係に迫ってみたい。

ところで、本節で想定する土豪と「被官」の関係は、稲葉氏が述べる様な非固定的・流動的なものではない。同氏は百姓側の高度な政治力・自律制を強調するので、百姓はどの土豪の「被官」となるか、時と場合により変化していくと考えている。さらには、小和田哲男氏が井戸村氏の場合で論及した散り懸り的関係でもない[10]。固定的で一対一の契約のもとに主従の関係を結ぶものである。そうでなければ、村の中で「家中」の論理を構築し得ないであろう。この点は、論を進めるうちに、次第に明らかになってくる。

1　湖国の土豪「被官」の実態

浅井領国下の「被官」　近江の戦国期村落では、領主や土豪などから「被官」となることを勧める誘いの手が、絶えず差し伸べられていたことはすでに知られている。たとえば、浅井郡菅浦の惣村では、戦国大名・浅井久政の家臣中村甚左衛門尉の「被官」となっていた菅浦出身の者が、他の菅浦村人に故なく「生害」された[11]。その理由を、小和田哲男氏は村人の結束を保つため「被官」化を拒否するという「惣」の決定を、「生害」された「被官」が破った為と推定している[12]。

大永五年（一五二五）八月七日、竹生島神領早崎（長浜市早崎町）の百姓四十人は、以後「余人之被官」となることはしないと、竹生島の牛玉宝印の裏に記した起請文を作成した[13]。これに先だって、当地の土豪早崎孫三郎と竹生島の「政所職」をめぐる争いがあった点を加味すれば、この「余人」とは具体的には早崎氏のことと推定される。浅井氏治世初期の北近江においても、竹生島の支配と対抗する土豪が、村人を一本釣りして「被官」とする動きがあったことが読み取れる[14]。一方、浅井氏発給の文書の中にも、「被官」が登場する。一例を上げよう。

〔史料1〕浅井長政書状

此砌御届御忠節至候、就其加藤内介跡家来共進之候、弥無弐御覚悟簡要候、恐々謹言、

元亀四

八月十二日 備前守

長政（花押）

上坂八郎右衛門尉殿

御在所

〔史料2〕浅井賢政書状

為替地加藤石松跡弁被官進之候、御知行不可有異儀候、恐々證言、

十二月廿三日 浅井新九郎

賢政（花押）

小堀善介殿

御宿所

ここではまず「家来」と「被官」がほぼ同じ意味の言葉として、使われていることを確認しておこう。さらに、「家来」・「被官」が、跡職＝土地と共に宛行の対象となっている点も見逃せない。[15]当時の浅井氏家臣である土豪たちは、財産としての「家来」・「被官」集団を所有していたことが知られる。

「被官」の姿は、合戦場にも見られる。江戸初期の成立と推定される坂田郡岩脇の土豪・岩脇氏の由緒書「妙意物語」[16]には、岩脇家の二十人以上の「被官」の名を列挙した部分がある。その内、岩脇市介定政の「被官」であった奥田三郎兵衛については、「奥田ヲ名乗、姉川ニ而市介殿ニつき、かひなをきられ申候」と注記がある。元亀元年（一五七〇）六月の姉川合戦に定政の従者として出陣し、腕を切られて負傷したというのである。浅井氏の家臣となった土豪たちが、何人かの従者を従えて合戦にのぞんだことは容易に推定できるが、その従者が本節で問題にする「被官」であった。姉川合戦に村の百姓が土豪の「被官」となって出陣したことは、坂田郡飯村の土豪・嶋氏の由緒書である「嶋記録」からも読み取れる。[17]

〔史料3〕野村合戦討死侍分等書付

元亀元年六月廿八日、於野村合戦討死上下合三拾人内、侍分書付申候、此外又若党・定使・中間等略之、小法士丸十歳

田那部満牟介式部息　河口新十郎若州子也、養父与介嶋若狭ヲイ也、　嶋勘右衛門飯村住人
細見満介田式オイ　河瀬七介常喜ノ住　大沢清右衛門尉中山衆
丹下新五郎感状衆合四人之内ニアリ、手負候テ以後果申候カト存候、宇ノ善三ヂイ也、
河尻孫右衛門　田那部源右衛門尉　田那部十右衛門
伴藤助三郎　森野一右衛門尉三浦住　北村左助
北村与介　遠藤与太郎　以上

野村合戦とは、姉川合戦のことである。浅井氏が合戦の際、陣を置いた場所が浅井郡野村であったため、この名がある。この合戦で、嶋氏が居住していた坂田郡南部地域の土豪たちの家では、上下三十人が討死したという。その内、土豪とその同名衆クラスの十五人の名前が列挙されているが、これは「侍分」のみ記したものである。他に、十五人の「若党・定使・中間」が討死したが、これは記載を省略したとある。「若党・定使・中間」は、本節でいう「被官」に相当する人々と推定してよいであろう。[18]

「被官」化の意味

それにしても、「被官」たちは合戦への出陣という危険な目にあうことを知りながら、なぜ土豪と主従関係を結ぶのであろうか。池上氏や稲葉氏は「被官」が土豪の人的隷属下にあったとは、必ずしも考えられないと発言しているが、私も以下に示す様に、百姓が進んで「被官」となる傾向がある以上は同意見である。そうであればなおさら、一般の村人が「被官」になる理由を追求しておく必要がある。稲葉氏は、百姓の「被官」化を、その「被官」が居住する村落の高度な政治的判断であったと説くが、それぞれの「被官」個人にとっての意味が問われなければならない。

坂田郡北部、姉川左岸に蟠踞した土豪上坂氏が相伝した文書に次の様なものがある。[19]

〔史料4〕上坂正信判物案

態染筆候、其方之儀先年浅井籠城之砌、祖父親二代之間尽忠功所我等雖幼少候慥覚候、右宇々之節者、当所主計被官共、何も不忠候之処ニ、其方事ハ伊州・八郎兵衛山中ニ忍在之跡迄尋、五年之間相詰奉公仕、其後両人自大閤《ママ》

様被召出、安堵之刻以右忠功即任侍、大窪成候者也、依如件、

上坂八右衛門
正信　判

元和二年
三月二日
大窪孫介殿へ

此書面考るに、往古上坂伊賀守全盛之節、主計村ニ領地有之候得ハ、其節之被官と相聞へ候、其時代ニ被官と言ハ、領地ニ居住する譜代を言う、其頃者手前に召抱たる家中計にあらす、自分〱の領地之内武之志有者を扶持し、或者田畑を宛行ひ、軍に出る時ハ右之者共召集め、出陣するなり、又村々ニ名主・庄官之族者籏頭之被官ニともない幕下ニ付たるよし、此大窪孫介と言、先祖ハ其頃之籏頭、伊賀守家臣ニ而

【中略】

上坂八右衛門尉正信五代之孫
上坂八右衛門朝信（花押）

延享二乙丑年正月吉辰

上坂正信は豊臣秀長に仕えた父・意信の跡を継ぎ、豊臣秀吉の直臣となった織豊期の上坂氏の当主である。その正信判物に続き、五代後の上坂朝信が付した注記は、延享二年（一七四五）という江戸中期のものとはいえ、いきいきと戦国末期から織豊期の上坂家と「被官」の関係を物語っている。当時、上坂氏は「被官」を持っていたがそれは村内に抱えた「家中」のみでなく、自分の勢力範囲の「武之志」ある者で、扶持を与え田畑を宛行っていた者も含んでい

た。そして、合戦には彼らを伴って出陣したとある。「被官」とは、「武之志」ある者なのである。さらに、「被官」は大窪孫介がそうであったように苗字を与えられた。

先の由緒書『妙意物語』には、「被官」の名を列挙した後、次のような記述が続く。

〔史料5〕「妙意物語」

一、岩脇家来苗字ノ覚　奥田　藤本　山村　井上　谷口　中谷　田辺　中田　横田

右之内ニ、藤六左衛門・一二斎被官も有之由、右之外ニ岩脇被官之苗字名乗者もあり、是皆厚意を結ひ、あやかり候事也、と妙意申侍りしそ、

ここには、岩脇家の「家来」＝「被官」に、苗字が与えられていたことが記されているが、岩脇家の「家来」以外でも、「被官」と同様な苗字を名乗っていたという。それは、「是皆厚意を結ひ、あやかり候」ためという。すなわち、「惣」の結合から距離を置いて、土豪の「被官」となり苗字を与えられることは、「あやかる」必要がある程、さまざまな特典があったことを示している。その一つは、以下に示すように土地を扶持されることである。他の特典を示す史料は北近江では残らないが理論的には課役免除や村内での地位上昇などが想像できよう。

弘治三年（一五五七）、戦国大名六角氏の伊勢国柿城（三重県三重郡朝日町）攻撃のための人足賦課命令に対して、得珍保の両沙汰人が「当郷諸百性、右ノ衆（後藤・布施なとの六角氏家臣―筆者註）与力・被官ニはつれたる物無御座候、勿論、しゆうなしの百性ハ無御座候」と言って、賦課を拒否したことは余りにも有名である。この記述は、文字通り村人すべてが「被官」化していた事実を示すものではなく、戦国大名からの賦課拒否の口実として「被官」の言葉が使われ

たと理解すべきてあろう。とすれば、やはり「被官」には、上部権力からの課役免除の特典があったことを示していよう[20]。その代償として、「被官」たちは、村落防衛や合戦への出陣など「武」のリスクを負っていたわけである。

井戸村与六作職書付の意味

ここで、土豪が「被官」に扶持を与える事実に注目しよう。すると、大閤検地論以来さまざまな解釈がなされてきた「井戸村与六作職書付」は、実にスムーズに読み解くことができることに気がつく[21]。

この「作職書付」は、坂田郡南部の箕浦に居住した土豪・井戸村が「おころ彦三郎」以下二十八名に扶持した土地を列挙したものである。成立したのは天正十九年（一五九一）三月。太閤検地を目前にして、宛行っていた扶持地が、検地帳に「被官」の名前で登録され、自らの権利が失われることを恐れた井戸村氏が、「被官」に命じて作らせた文書である。最後にこれらの土地が、井戸村氏によっていつ何時召し上げられても、支障なき旨の誓約文が付されて、井戸村与六に進上されている。しかし、実際には以下にみるように、江戸時代に至る扶持地は、「被官」の所有に転化していった。

井戸村氏と、この「作職書付」に連署する二十八名との関係については、安良城盛昭氏の太閤検地研究以来、膨大な研究がある[22]。それらを大まかに分類すると、二者の間を①土豪大経営内における名主と小農民の関係とする説[23]、②作職付与による地主―小作関係とする説[24]、③土豪（地主）と一般百姓との加地子収取関係でとらえる説などに分かれる[25]。しかし、これらは何れも正しくない。二者間は土豪と彼から土地を扶持された「武之志」がある百姓＝「被官」関係でとらえなくてはならない。ここで「作職書付」の冒頭をみてみよう。

〔史料6〕井戸村与六作職書付

被成御扶持候作職書付上申候事

い村川原西庄境北ハ春日
七段小　　おころ
彦三郎（略押）

かいそへ　五反小之内
壱畝　　同

立岩川原　但孫左衛門渡り
小　但与六様徳分共ニ御ふち　　同

同西のせ河かけ共ニ
壱段半　但与六様御ふち　　同

小門前
壱反　同地壱職共ニ御ふち　　同

以上

天王前
壱反　是ハ御被官ニ罷成候時御扶持之由候　　右衛門太郎（略押）

同所
壱反　　同

さいかち
壱反半　御被官ニ罷成候時五郎兵衛跡にて被下候　　同

からと
半　是ハ次郎九郎殿作にて候へ共、年貢未進を
　　まとい候て作仕候也、　同

立町屋敷
壱畝　同

のせ河原
壱反　是ハ与六様徳分共御ふち　同

かいそへかわら　五反小之内
小　是も与六様徳分共御ふち　同

【中略】

小なわしろ
壱反　弥七形部（略押）

河角
壱反　同

上河原
三反　同

いやしき
壱所　同

一反《なかれ》　　同

【後略】

冒頭の文言の意味は重大である。「おころ彦三郎」以下の二十八名は、井戸村氏から「作職」を扶持されたのである。したがって下作職が成立したことなる。反別の下に註記があるが、「徳分共ニ御扶持」は加地子と共に下作職を扶持されたことを示し「壱職共ニ扶持」は作職と共に下作職を扶持されたことを示している。[26]

江戸時代における作職争論　この「作職書付」に載せられた土地は、太閤検地によって「被官」たちの名請となり、末尾の誓約とは相反し、井戸村氏の手からは離れていくことになる。その結果、江戸前期には井戸村氏と「被官」との間で、扶持された土地所有権をめぐって争論が起こされている。寛永六年（一六二九）に「作職書付」に載る弥七形部の孫・介若の後家から起こされた四反半の土地をめぐる裁判で、井戸村与六の子に当たる喜吉は、この土地は父から請け取ったものだと主張し「わたくし請取候分ハみな〳〵家来共ニかたき預り状をいたさせ候而、おやの代より預ヶ置申候」と述べる。そして、預けたはずの四反半の土地が検地において「被官」（この場合は、介若後家）の名請になっている理由を、「江州国中家来とも持申候者ハ大かた家来共の名請ニて御座候、わたくし一人ニかきり不申御事ニて御座候」と弁明している。[27]

さらに、寛文十一年（一六七一）には、「作職書付」冒頭にのる彦三郎の子孫に当たる彦作後家と、井戸村氏は田一ヶ所について、同じような争いを行なっている。井戸村与六の孫である三郎右衛門は言う。「私先祖相伝之田地数年家来之もの共ニ預ヶ置申候へ共、子孫ニ罷成候故当春相改手形仕替させそれ〳〵ニ預ヶ申候、然ルニ彦作預り候田地ハ先祖に二忠孝あるニよって申請候間唯今手形いたしかへ間敷と申候」。さらに、「此田地彦作ハ百年余四代先之左京ニ中請候由申上候へ共、偽りニ而御座候、其証拠ハ三代以前之与六と申もの〻代天正拾九年三月ニ田地之分家来ニ堅ク連判之手形させ預ヶ置申田地ニ而御座候」と続ける。(28) 問題の土地は、与六の父・左京から与えられたものだと彦作後家は主張するのに対し、三郎右衛門は与六の「作職書付」に載る田地であり、彦三郎に預けたものであると応酬している。

両度の裁判での井戸村氏の主張は、「作職書付」が現存する以上、「被官」側の主張よりはるかに説得的である。井戸村氏を含む付近の土豪たちは、自らが作職を所有する土地を、太閤検地以来「被官」に預けてきた。それは、以前から「被官」に扶持を与えてきた慣行を継承したものである。太閤検地によって、この預けている土地が「被官」の名請となることで、所有権を失うことを恐れた土豪たちは、預かり状を「被官」に提出させ、従来からの所有権を確保しようとした。その預かり状の一形態が、この「作職書付」なのである。しかし、江戸時代になると、「被官」たちは預けられた（扶持された）土地は、与えられたものと解釈し、その権利を主張し裁判になっているのである。

小和田哲男氏は、かつて「作職書付」に登場する二十八名の百姓の内、三人にみえる「御被官ニ罷成」・「与六様御ふち」などという注記に注目し、「御被官」・「ふち」記載のある彼ら三人のみが井戸村氏の「被官」であって、残りは他の土豪の「被官」であるという、散り懸り的な「被官」関係を想定した。(29) しかし、この解釈では、「作職書付」冒頭の言葉が全体に懸かる意味、二十八名全員に扶持地が与えられた事実を理解できない。扶持を与えられることは、すなわち「被官」になることだからである。また、寛永や寛文の裁判をみても、「被官」が散在的かつ少数であったとは思えない。井戸村氏の「被官」は、「作職書付」にある二十八名全員であり、この中に他の土豪「被官」が混じっていたとは考えがたい。
土豪とその「被官」たちは、小さいながらも「家中」を形成していた。そこでの奉公が「被官」による「武」の行使であり、御恩が土豪による作職の扶持や苗字の下賜であった。この時代、「惣」という横の結合原理に、「家中」という縦の結合原理が割って入っていた。それは、平安後期以来の封建制のシステムが、戦国時代において村落という最も下層までも及んでいたことを示しているのである。

2 土豪の菩提を弔う「仲間」

文献から分かる嶋氏　坂田郡の南部を東西に流れる天野川流域の村々の内、坂田郡飯村(米原市飯)には嶋氏と若宮氏という、二家の土豪が中世在村していた。(30) この内、嶋氏は浅井氏領国下、藤原秀郷を祖とする天野川流域の同族土豪たちと「一揆結合」を結んでいたことが知られている。盟主となったのは、秀郷流藤原氏の本家である今井氏で、嶋氏の他に岩脇氏や井戸村氏らによって一揆は構成されていた。もちろん、構成員すべてが秀郷流藤原氏であったという伝承は、そのまま信じることはできず、結束をより強固とするための擬制的な一族結合とみるのが妥当であろう(図1)。

康安二年(一三六二)九月十七日、性光が今井雲西房へ田地一町二段六十歩を売却した売券の裏書に、嶋孫三郎入道念西の名がみえるのが嶋氏の初見である。(31) その後も断片的な史料が残るが、その本格的な動向が判明するのは、同氏の軍功につき古文書を引用しつつ解説した「嶋記録」にみえる、嶋秀安の時代からである。(32)

「嶋記録」によれば、今井氏を盟主とし嶋氏も参加した「一揆結合」は、天文二年(一五三三)に盟主である今井秀俊が浅井亮政に謀殺された後、一時南近江の戦国大名・六角氏を頼り犬上郡敏満寺(犬上郡多賀町敏満寺)に逃れる。し

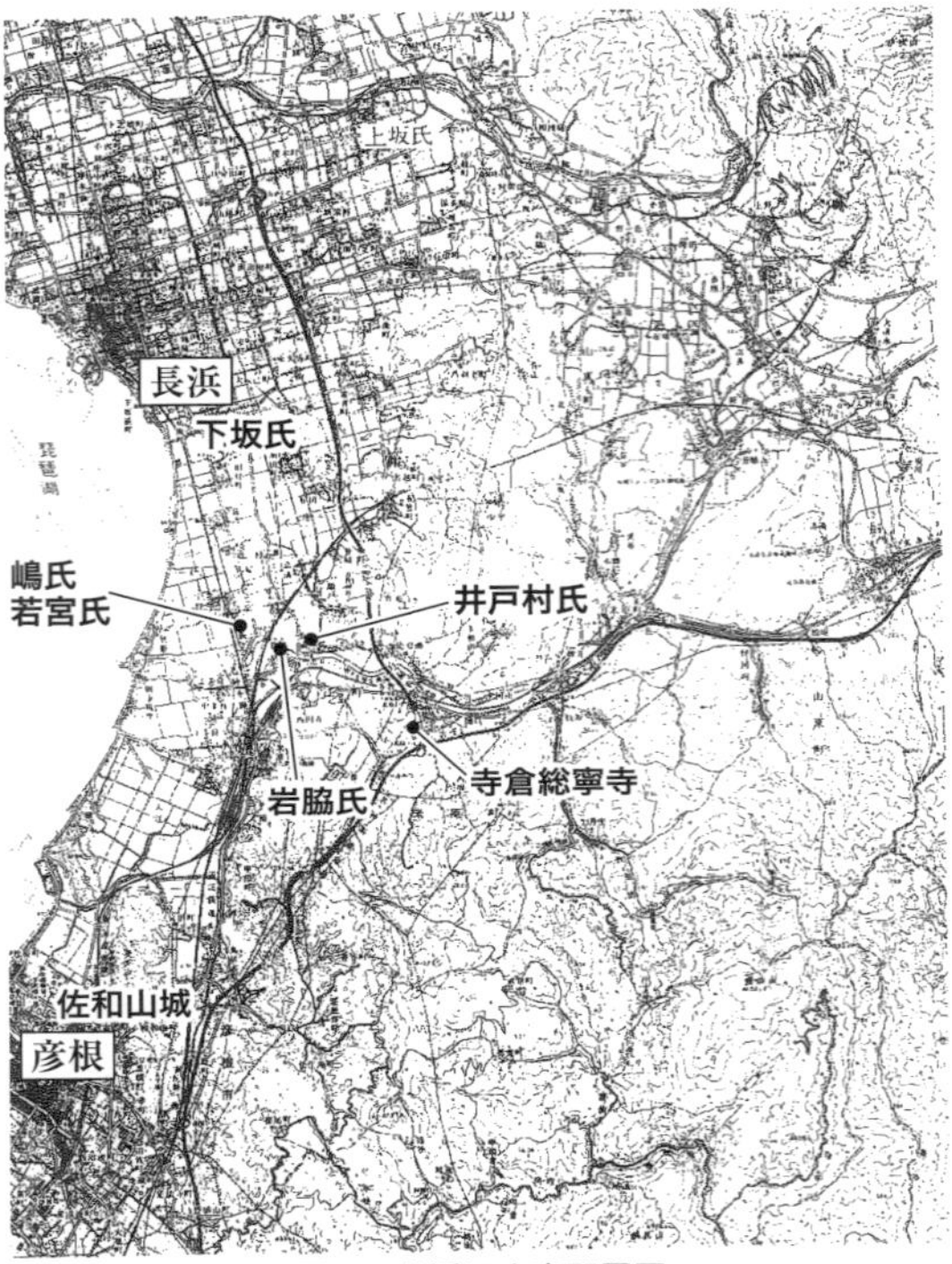

図１　北近江土豪配置図

（国土地理院50,000分の１地形図「長浜」・「彦根東部」より作成。）

かし、天文二十一年（一五五二）に至り、「一揆結合」は浅井氏に帰順し、本貫の地である天野川流域の村に帰ることになる。その後、浅井久政やその子長政の家臣として、「一揆結合」の面々は数々の合戦で奮戦する。

元亀元年（一五七〇）六月二十八日の姉川合戦には、浅井方として参陣。敗戦の後、浅井長政の部将である磯野員昌に従って佐和山城に籠城する。ここで、嶋氏らの「一揆結合」は、九月十四日と翌年正月二十二日の二回に及び、本貫を離れてもお互いに作職保護することなどを取り決めた一揆契状を結ぶ。この一揆契状には、今井氏同名や岩脇氏・井戸村氏を初め、嶋秀安やその子秀宣・秀淳、秀宣の長子である秀親と、嶋氏が三代にわたって署名している。

その後の嶋一族は、秀親の長子・秀次が片桐且元に仕えたと言われている様に、武士となった者が多かった。「嶋記録」によれば、秀宣の三男の嶋八郎五郎は、秀吉に従って長久手合戦に[33]参陣し戦死している。その弟の嶋作右衛門尉も、豊臣秀次に従い紀州攻めに参加、和泉国千石堀城攻撃で戦死している。嫡流家である秀次の長男の覚左衛門尉秀遙は、飯村を姓として名乗っており、一時は帰村したようたが、以後は「嶋記録」に記述がなく子孫については第四章一に見るごとく刈谷藩士となった。

現在、米原市飯(村)に嶋を名乗る家はなく、土豪・嶋の子孫と称する家もない。地元では近世初期から中頃に、嶋氏は江戸へ転出したと伝えている。ところが、この嶋氏の遺領を預かり、毎年その菩提を弔う「仲間」とか「組」とか呼ばれる集団が現存する。それは、仁左衛門・新六・覚左衛門・十郎右衛門の四組の「仲間」である。(34) 以下、嶋氏の「仲間」を紹介しよう。

嶋氏の「仲間」とその構成

嶋氏の四組の「仲間」の構成員・法要の日・遺領などは、表1に示した通りである。(35) それぞれの「仲間」は、嶋氏の位牌、その他文書などを「組」で所有し、それを毎年の当番(「ヤド」・「トウヤ」とか「おもり」とか呼ばれる)が預かり、朝夕の礼拝を欠かさない。当番は「組」の中の輪番で、法要の日かそれに先立って次の当番へ回る。(36) 法要の費用は、共同管理の嶋氏の遺領がある組はその小作料から出し、遺領がない組は米などを持ち寄りまかなっている。

ここで、「嶋新六仲間」の法要の様子を簡単に紹介しよう。(37) 午前十時頃、組の者が当番宅へ集合し、嶋氏の菩提寺である米原市寺倉総寧寺の僧と飯村善照寺の僧も、当番の家へ入る。総寧寺・善照寺の順で読経を行い、昼過ぎから善照寺を導師として「正信偈」を読む。その後、宴をもち夕方に散会する。他の組もほぼ同様であるが、善照寺が参るのはこの新六組だけである。なお、弘化三年(一八四六)の「嶋角仲間順番帳」(嶋覚左衛門仲間蔵文書)によれば、七月に「志納」を集めており、かつては盆にも法要が行なわれていたようである。

嶋氏の各「仲間」の内、「十郎右衛門仲間」を除き、三組は総寧寺に位牌を持つ。地元には、「新六仲間」のみ位牌

嶋覚左衛門　仲間	嶋十郎右衛門　仲間	若宮外記　仲間
北川２軒・小川３軒・ 上田４軒・成川１軒・ 堤２軒 計12軒　（20軒）	成宮１軒　（３軒）	牛尾田５軒・伊部４軒・吉田３軒 吉用３軒・宮崎２軒・日比１軒 計18軒　＊１　（19軒）
法要　２月５日	法要　年末	逮夜　　２月11日（もとは12日） 盆逮夜　８月13日
割畑　約２畝×12 〔小字　石丸〕 藪少々	なし	田　約６段１畝　畑　約２段４畝 宅地約３段７畝　山林約１段 計１町３段２畝　＊２
総寧寺に位牌（天正８年10月５日／嶋若狭守秀安～元禄２年２月17日／飯村覚左衛門　５名連記）あり、組にも位牌（天正８年10月５日／嶋角在《(ママ)》衛門）あり	組に位牌（貞享９年８月28日／嶋十良右衛門）あり	組に位牌（永禄９年８月13日／円融庵成徳信士－俗名記載なし）あり
組の共有文書あり	組の共有文書なし	組の共有文書あり

を持たない。さらに、「新六仲間」については、新六の墓が総寧寺にある。文書については、「十郎右衛門仲間」を除き、各組とも江戸後期からの文書を所蔵するが、[38]「新六仲間」はこれとは別に新六の妹が本願寺から持ち帰ったという実如の御文も所蔵する。なお、飯村善照寺は初め新六の持仏堂であったと伝え、新六の遺品という太鼓を所有する。

飯村は、東九十軒、西四十軒と言われるが、嶋氏の四組の「仲間」は東の九十軒の中で構成されている。しかし、その中で嶋氏の「仲間」四組に所属しているのは、半分にも満たない。一方、西の飯村四十軒の中で作られているのが、若宮氏の「外記仲間」である。「外記仲間」については、後述することになる。

さて、現状は以上であるが、これら土豪の菩提を弔う「仲間」の構成員と、弔われている土豪の関係が問題となる。まず注目したいのは、

表１　飯村に現存する「仲間（組）」一覧

項目　組の名前	嶋仁左衛門　仲間	嶋新六　仲間
構成 （　）内は昔の件数	成宮６軒　（７軒）	山村３軒・成川２軒 計５軒　（９軒）
行事	法要　１月６日	法要　１月14日
遺領 （　）内は戦前まであり	田１段〔小字　松田〕 割畑　約１畝半×６ 〔小字　石丸〕	宅地426坪 （田１段）
位牌	総寧寺に位牌（寛永２年正月７日／嶋仁左衛門尉秀長）あり、組にも位牌（同上）あり	総寧寺に位牌（享保21年正月13日／嶋忠左衛門尉秀重　他１）あり、総寧寺にも墓あり
文書	組の共有文書あり	組の共有文書あり

＊１：当番は３軒で１組。その内の１軒のヤドは、３軒の互選による。
＊２：伊部重与茂『外記由来－若宮氏の系譜』（私家版、1972年）による。したがって、数値は1972年現在。

「仲間」の人々は、かつて嶋氏や若宮氏の「家来」であったと言われている事実である。安政二年（一八五五）の「嶋氏御物成勘定帳」（嶋新六組蔵文書）の裏表紙に、「家来 山村 成川 組中」とあり、組の構成員を「家来」と呼んでいるのは、その伝承を裏付けている。

また、仁左衛門組では、今の遺領は少ないが、昔は「仲間」全員が嶋氏から、それぞれ田一町や畑一・二段程度を与えられており、小作料なしで作っていたという。これらの耕地は、嶋氏が江戸へ登る際、[39]「仲間」の者に預けて行ったものであり、その後、嶋氏は江戸から戻ることはなかったので、事実上「仲間」の人々の土地となってしまった。しかし、その多くはすでに「仲間」の人々の手から離れているという。

そして、もっとも注目すべきは、成宮太蔵氏宅には、いつ何時でも小作している土地は嶋氏に返す旨記した「仲間」の人々が連署した証文があったという事実である。この証文と、「井戸村文書」に残る天正十九年（一五九一）の「井戸村与六作職書付」との類似性は、誰もが認めるところであろう。

これらの話を総合すると、「仲間」と土豪たちの関係は以下のように整理できよう。近世初期から中期の間、嶋氏の各家は村を出るに当たり、中世から所有していた「家来」への扶持地や自らの直営地を、すべて村内の「家来」に預け借用証文を取った。この「家来」たちの集団は、主家ごとにまとまり、預けられた土地を耕作して、その一部を共同管理しながら、主家の菩提を弔う「仲間」という組織に変化していった。これが、現在の嶋氏四組、そしてこれから述べる若宮氏一組の「仲間」である。

文献から分かる若宮氏　若宮氏は、嶋氏と同じく坂田郡飯村に居住した土豪である。嶋氏が東飯村の土豪であるのに対し、若宮氏は西飯村に居を構えた。同氏は室町時代には、京極氏の家臣として史料に表れる。明徳三年（一三九二）八月、相国寺の落慶供養にのぞんだ将軍義満の帯刀十二人の一人・京極高光の家臣として若宮新右衛門秀重がみえる。(40)さらに、今谷明氏のまとめによれば、たびたび室町幕府侍所頭人となった京極氏の所司代として、若宮氏の名が散見される。(41)このように、室町中期においては忠実な京極家臣であったことが確認されるのである。

しかし、応仁・文明の乱後、京極氏が京都の中央政界から身を引き、北近江の地域政権となると、若宮氏の活動も同地へ移ることになる。早くも、文明十八年（一四八六）には、京極氏の重臣・多賀宗直から坂田郡長沢（米原市長沢）の関の知行を認められている。(42)戦国前期、北近江の支配権を掌握していたのは京極持清であった。その居城である上平寺城（米原市上平寺）の「上平寺城南館」と言われる家臣団屋敷に、「若宮屋敷」と呼ばれた地があることも知られている。(43)

浅井亮政が台頭した頃には、京極高慶やその背後にいた六角定頼に与したことが確認される。(44)その後は浅井久政から三通、同長政から五通の宛行状や感状を得ており、浅井氏家臣団に包摂されていった。ところが、永禄九年（一五六六）

に若宮家に悲劇が起こった。当主若宮左馬助が討死するのである。若宮家には、当時男子の相続者がいなかった。浅井長政は、左馬助の女「まつ」に対して、本領安堵とともに恩賞である新知を与えている。[45]「まつ」は、この時若干五歳であった。若宮家の「被官」＝家臣であった吉田忠右衛門・牛尾田九郎右衛門・伊部清右衛門・宮崎加兵衛の四人は、「まつ」を養育し、やがて羽柴秀勝の家臣赤尾孫助に妻わせる。四人の家臣も赤尾家の家臣となるが、不幸は重なるもので、この孫助も天正十二年（一五八四）には討ち死にしてしまう。その時、「まつ」は孫助の子を身籠っており、同年無事出産し、「しよろ」と名づけた。

家臣四人の懸命の努力があったのだろう、「まつ」は山内一豊の重臣・五藤為重のもとに再嫁することになった。その時期は明確には分からないが、[46]山内一豊が長浜城主となった天正十三年（一五八五）閏八月からそう下らない時期と推定される。四人の家臣も、「まつ」に従い五藤家の家臣となる。天正十八年（一五九〇）、山内一豊は遠州掛川に転封となり、「まつ」とその家臣も掛川に移ったと思われる。

関ヶ原合戦の恩賞として、慶長五年（一六〇〇）山内一豊は土佐二十万石の大名として、土佐一国を与えられ高知に入る。一豊は、譜代の重臣を土佐国の要衝に配置し、その支配の安定を図ったが、五藤為重はその一人として、土佐の東・安喜（芸）郡土居に入った。「まつ」や四人の家臣もそれに従い、安喜に赴き土着する。

「まつ」は、寛永十六年（一六三九）十月十三日、七十七歳で没する。前夫赤尾孫助との子「しよろ」[47]は為重の嫡子・正友の室となる。四人の家臣も、代々安喜城の家臣団居住地である土居廓中に屋敷を持つことになった。四軒の家臣の内、少なくとも吉田家・宮崎家は幕末まで家が存続した。[48]牛尾田家・伊部家は、江戸時代の途中で土居を離れている様だが、牛尾田家は近江坂田郡に残った一族との間に、江戸初期貴重な交信を残している。

坂田郡飯村に残った牛尾田家（善五右衛門・善右衛門、勘四郎）には、安喜の牛尾田九郎右衛門家から送られた江戸時代初期の書状九通が残っている。[49]それらの文書には、安喜の牛尾田家が、飯村から「若宮まつ」の供として土佐に入国したことが記され、「外記殿（五藤正友）儀ハ土佐守御家老役、殊ニ安喜郡土為城御預り、成程御前（正友室のしょろ）も能御座候間、飯村古侍輩衆も御噂可被成候」と述べられている（括弧内は著者註）。

「若宮外記仲間」とその構成　前記の文書に「飯村古侍輩衆」と述べられているように、本来の若宮氏家臣は「まつ」に従った四家のみではなかった。村に残った若宮氏の「家来」もいたのである。それが、米原市飯に現在も残る「若宮外記仲間」である。[50]表1にみる様に「若宮外記仲間」は、先の牛尾田家はもちろん、吉田・伊部・宮崎という土佐に赴いた家来たちと同姓の者を含む十九軒で構成されていた。この仲間では、表に「円融庵成徳信士」、裏に「永禄九年八月十三日」と記された位牌を共有し、二月十一日と命日の八月十三日の毎年二回、位牌の人物の供養を現在までも続ける。位牌の人物は、その命日から「まつ」の父・若宮左馬助であることは明らかである。[51]

仲間の共有地も、田地約六段一畝など、嶋氏の各仲間よりも多く、昔はその小作料で法要の経費が賄え、さらに「仲間」の各家に配当を給せた程であったという。現在は相対的に小作料が下がったので、法要の経費を賄うのがやっとだとのこと。この共有地は、若宮氏が「家来」たちに預けていった所領の一部であろう。組には嘉永四年（一八五一）を筆頭に江戸時代末期の勘定帳八冊が伝わる。[52]これらからは、この仲間が当時から「外記様」の法要と認識されていたこと、毎年の当番は現在と同じく三軒であったことなどが分かるが、江戸初期の「若宮外記仲間」成立の経緯を示す記述がないのは残念である。

しかし、以上の状況証拠から、「若宮外記仲間」が中世の若宮氏「被官」組織の近世的・近代的変容であることは明らかであろう。若宮氏の「被官」は、永禄九年の若宮左馬助の死によって二つに分かれた。一グループは、左馬助の女「まつ」に従って山内家の家老・五藤家の家臣となり近世武士になった四家である。もう一グループは、飯村に残り一般の百姓となり「飯村古侍輩衆」と呼ばれた。そして、本貫を離れた主家・若宮氏の田畑を管理し、戦死した左馬助の菩提を弔うことで結合を確認し合い、江戸時代を通じて現在に至るまで、「若宮外記仲間」を存続させているのである。

むすび

以上、現在も北近江の村々に残る、土豪の菩提を弔うことで結束する「仲間」に、戦国時代の「被官」組織の残影をみた。それは、村における主従関係―「家中」論理の貫徹であって、村における連帯関係―「惣」論理とは相反するものであった。織豊政権の兵農分離政策によって、土豪「被官」は土豪自身と同じように、村を離れ近世武士となるか百姓となるかの選択を迫られた。それは、同時に村の中の主従制の消滅・崩壊であり、純粋な百姓による連帯関係が残ることになる。その結果が近世村であった。その意味では、近世村は中世の「惣」よりも、はるかに純化された共同体と言えるかもしれない。兵農分離は、村の中から「被官」関係という封建制を放逐した意味も持っていたのである。

しかし、「被官」組織は、土豪が在村するかしないかで大きく近世的変容を異にした。井戸村氏は、江戸時代を通じて在村し続けた。その場合、「被官」は中世以来の主従関係を強要され、検地帳に名請したかつての扶持地も、自らの所有地と主張することもままならず訴訟に及んだ。嶋氏・若宮氏は、近世において在村しなかった。土豪が村を離れることで、主従関係は早くから自然に解消する。さらに、「被官」への扶持地や土豪が残した屋敷地・田畑(直営地)を共同管理することで、旧「被官」組織の結束は維持された。

ここで論を閉じる前に、戦国期の村に存在した「被官」組織と、「村」組織の関係が問われなければならない。最近の研究動向では、「被官」が土豪の人的隷属下になかったことが明らかになっていることは既に述べた。さらに、私は「被官」たちには多くの村落上層が含まれていたと推定している。例えば、寛永十四年（一六三七）に井戸村彦四郎から河原の土地を返さないと訴えられている久七は、井戸村氏の「被官」であったが、箕浦村の「年寄」をつとめる村落上層であった。これは、同六年に井戸村喜吉と作介が屋敷の境目を争った際、箕浦村が仲介に入り、そこに庄屋と共に年寄・久七の署名があることで分かる[53]。

長浜市当目には、現在も「村山組」と「諸頭」の組織がある[54]。前者は、嶋氏や若宮氏の「仲間」と同じ土豪・村山氏の「被官」組織である。村山氏は、やはり浅井氏家臣だが江戸初期に伊賀国上野に移住し在村しなかった。一方、「諸頭」は大化の改新よりこの地に住んでいたという伝承がある十二軒で、村全体の年頭行事であるオコナイとは別に、「諸頭」のみのオコナイを一月十三日に行なっている。村の宮座組織でいえば、彼らより遅れて村民になった人々によって構成される新座に対して、さまざまな特権を有した旧座と考えられよう。実は、この「諸頭」にも村山氏「被官」の後裔である「村山組」の家が二軒含まれている。村の上層が「被官」であった事実を、ここでも読み取れる。

このように、戦国期の「被官」組織と「村」組織は、その構成員が重なる。しかしながら、二つの組織はその編成原理からしても全く異質な組織であったことは、これまでも縷述してきた。稲葉氏らが説くように、土豪とその「被官」が村の防衛を担う役割を果たしていたことを否定するものではないが、理論上「被官」組織と村は全く別の組織であったと考える方がよい。それは、以下に示す祭祀の面でも実証される。

長浜市下坂中町には、現在も中世土豪の末裔である下坂氏の屋敷が残されているが、その屋敷の東隣には菩提寺である不断光院が現存する。この寺の法要は村内の世話方の手を借りるとはいえ、毎年二月二十四・二十五日の両日、下坂氏の手によって行なわれている。一方、下坂中町では村のオコナイ行事が、一月六日・七日の両日、村内のカコ組・マル組・ウロコ組の三組で行なわれる。ところが、下坂氏はこのオコナイには参加しない。村の中で、土豪と村がまったく別の祭祀を行なっていることが分かるであろう。(55)

また、長浜市当目の場合にも、村の八幡神社とは別に「村山組」では日高神社を持ち、別の祭祀を行なっていた。信仰面での村と土豪との独立性を伝える。さらに、大塚活美氏の研究によれば、蒲生郡蒲生町大塚(東近江市大塚町)でも同じ様な慣行がみられる。(56)村内は、三つのショコウ(小村)からなるが、それぞれ四月十六日の八幡宮の春祭にショウシ(宮座)を営む。しかし、戦国大名六角氏家臣の流れをくむ大塚氏一族は、この春祭には参加しない。大塚一族は、その村内の集住地域内にある天神社を別に祀っているという。

村内においては、土豪と村は別の論理で動いていた。特に北近江の場合、土豪の家が庄屋などの村役人にはならない傾向がある。土豪の家が村役人として近世初頭の村組織をリードするという通説は、当地には当てはまらない。浅井氏の旧臣たちである土豪は、近世社会になっても、村落上層のさらに上に君臨する「郷士」的身分を、村を越え横断的に形成する。彼らは、婚姻関係で強く結ばれていた。(57)

このように、近世・近代に至っても、土豪が在村し続けた場合、村の論理が通用しない旧土豪たちの社会が存続した。そこでは、土豪の「被官」組織も容易には解体しない。しかし、また一方では井戸村氏にみたように、「被官」の自立は確実に進展していった。重要なことは、村からの主従制の放逐は、織豊政権の兵農分離政策によって、一気に果たされたわけではなかった事実である。江戸時代を通じて、「被官」組織は徐々に解体し、土豪が形成した小さな封建社会は、村の自治組織に呑み込まれていく。その中で、土豪「被官」組織の一部は、祭祀組織または土地管理組織として、近世的変容を遂げるのである。

註

（1）池上裕子「戦国の村落」岩波講座『日本通史』一〇・中世（岩波書店、一九九四年）

（2）藤木氏の著作は多いが、取り敢えず『豊臣平和令と戦国社会』（東京大学出版会、一九八五年）・『村と領主の戦国社会』（東京大学出版会、一九九七年）を上げておく。後者で、自らの村落論について「領主権力の存在意義の過小視」との評価があるのは、印象批判に過ぎないと反批判している。

（3）久留島典子「中世後期の「村請制」について」（『歴史評論』四八八、一九九〇年）

（4）稲葉継陽「中世後期村落の侍身分と兵農分離」（『歴史評論』五二三、一九九三年）、のちに同『戦国時代の荘園制と村落』（校倉書房、一九九八年）に再録。

（5）湯浅治久「「惣国一揆」と「侍」身分論」（『歴史評論』五二三、一九九三年）、のちに、同『中世後期の地域と在地領主』（吉川弘文館、二〇〇二年）に再録。

（6）西村幸信「中世移行期における侍衆と在地構造の転換」（『ヒストリア』一五三、一九九六年）、後に同『中世・近世の村と地域社会』（思文閣出版、二〇〇七年）に再録。一方、土豪層の百姓「被官」化否定が兵農分離政策の一眼目であることを明らかにした論文に、村田修三「兵農分離の歴史的前提」（『日本史研究』一一八、一九七一年）がある。

（7）この点、中世の中間層が近世になって郷士身分として存続する事実に注目する藤田達生氏の主張は重要である。氏は織豊政権が中間層を完全には否定し得なかったとし、近世身分制の中に郷士身分を位置づけるべきという。藤田達生「兵農分離政策と郷士制度─和歌山藩隅田組を素材として─」（『国立歴史民俗博物館研究報告』六九、一九九六年）、同「村の侍と兵農分離─伊賀の事例を中心に─（上）（下）」（『人民の歴史学』一三二・一三四、一九九七年）を参照。

（8）註（4）稲葉氏論文。

（9）管見の限りでは、村田修三「戦国時代の小領主─近江国甲賀郡山中氏について─」（『日本史研究』一三四、一九七三年）が、土豪の連合組織である「山中同名中」とその下部に存在した「若党」組織の関係について触れ、両者が合わさって「家中」を構成したと述べる論稿が知られるのみである。

（10）小和田哲男『近江浅井氏』（新人物往来社、一九七三年）

(11) 年未詳七月二十二日付、中村甚左衛門尉書状(『菅浦文書』九〇一)。『菅浦文書』の文書番号は、滋賀大学経済文化研究所史料館・滋賀大学経済学部附属史料館編『菅浦文書』上・下(一九六〇年・六六年)による。

(12) 註(10)小和田氏書

(13) 大永五年八月七日付、早崎村百姓起請文(「竹生島文書」六九)。文書番号は、『東浅井郡志』四(一九二七年)の文書番号。なお、市立長浜城歴史博物館『特別展　竹生島宝厳寺』(一九九二年)には、本書の写真と解説(拙稿)が載る。

(14) 「加藤文書」一二・七。文書番号は、『改訂近江国坂田郡志』六(一九四二年)による。また、小和田哲男『浅井氏三代文書集』(浅井家顕彰会、一九七二年)にも翻刻が載る。

(15) 勝俣鎮夫氏は、「被官」と土地との一体性を指摘し、土地を媒介にして、はじめて主人・被官関係が成立する事例を多く集めておられる。「下地の被官」と氏によって仮称されたこの関係は、土地に付されて宛行の対象となっている本書の「被官」にも当てはまる。勝俣氏は、この土地を介した「被官」関係を、百姓(被官)の土地に対する「所持権」を表すものとして評価されている(勝俣鎮夫「下地の被官について」『年報中世史研究』一〇、一九八五年)。

(16) 「妙意物語」の内容ついては、『近江町史』(一九八九年)参照。現在は、本書の釈文は公刊されていないので、長浜市長浜城歴史博物館寄託本によった。なお、東京大学史料編纂所にも謄写本が架蔵されている。

(17) 「嶋記録」については、註(10)小和田氏書や本書第四章六を参照されたい。翻刻は註(10)小和田氏書にも全文掲載されているが、ここでは滋賀県教育委員会『滋賀県中世城郭分布調査』七(一九九〇年)に載る翻刻(拙稿)によった。

(18) 甲賀山中氏の場合、「被官」組織を「若党」と呼んだことは、註(9)村田氏論文に詳しい。

(19) 〔史料4〕は「上坂家文書」七一。本文書の文書番号は、長浜市西上坂町自治会・市立長浜城歴史博物館『上坂家文書』(私家版、一九九二年)による。同文書は、長浜市西上坂町共有で、一九九六年に一一〇点一括で長浜市指定文化財となった。主な文書は、『改訂近江国坂田郡志』六に掲載されているが、〔史料4〕は含まれていない。

(20) (弘治三年)七月七日得珍保両沙汰人書状案(仲村研編『今堀日吉神社文書集成』(雄山閣、一九八一年)・文書番号一一五)

(21) 「井戸村家文書」の一点で、中村林一氏旧蔵文書。現在は、中村氏の遺族から長浜市に寄附されて、長浜市長浜城歴史博物館が所蔵している。平成七年、「井戸村家文書」六十五点一括して滋賀県指定文化財となっている。ほとんどの中世文書が『改訂近江国坂田郡志』六・七に掲載されている(但し、七は「中村文書」となっている)が、宮川満『太閤検地論』Ⅲ(御茶の水書房、一九六三年)にも、「井戸村与六作職書付」など数点の『井戸村家文書』が掲載されている。

(22) 安良城盛昭「幕藩体制社会の成立と構造」(御茶の水書房、一九五九年)、宮川満『太閤検地論』Ⅰ(御茶の水書房、一九五七年)など。
(23) 註(22)安良城氏・宮川氏論文
(24) 峰岸純夫「中世社会の階級構成」(『歴史学研究』三一二、一九六六年)、同「室町・戦国時代の階級構成」(『歴史学研究』三一五、一九六六年)、同「村落と土豪」『講座日本史』(東京大学出版会、一九七〇年)
(25) 黒川直則「十五・十六世紀の農民問題」(『日本史研究』七一、一九六七年)、宮島敬一「小領主をめぐって」(『歴史公論』一一五、一九八五年)
(26) 天正五年(一五七七)十二月二十六日、井戸村光慶一職売券(「井戸村家文書」四六、文書番号は『改訂近江国坂田郡志』七による)は、事書に「永代売渡申壹職之事」とあるが、本文の徳政文言では、「徳政行候共、於此作職ハ行申間敷者也」とある。明らかに「一職」を「作職」と言い換えている。一般に「一(登・壱)職」は、「加地子名主職＋作職」の意味で理解されているが、こと北近江に限っては「作職」の意に当時使われている。
(27) 井戸村喜吉申分覚書写(「歴代古書年譜」智巻所収)。「歴代古書年譜」は、智・仁・勇三巻からなる「井戸村文書」の写三三三通を集成した冊子である。現在、原本が残る中世分の写も含むが、原本が失われている近世分を収録しているのは貴重である。中世の原文書と共に滋賀県指定文化財。なお、最近、近世分原本の一部の所在が判明しており、西野耕三「井戸村文書紹介」(『滋賀文教短期大学紀要』七、一九九五年)に紹介されている。また、「作職書付」とこの寛永の相論を関連づけて初めて論じた論稿として、河崎幸一「在地土豪の近世的変貌について―近江井戸村氏の場合―」(『近江地方史研究』二三、一九八七年)がある。
(28) 寛文十一年四月二日付、井戸村三郎右衛門田地かり作ニ付陳状写(『歴代古書年譜』智巻　所収)。
(29) 註(10)小和田氏書
(30) 嶋氏・若宮氏については、『改訂近江国坂田郡志』三(一九四二年)に詳しい。また、嶋氏については、小和田氏註(10)書や本書第四章六を参照。
(31)「井戸村文書」一。文書番号は註(26)に同じ。
(32) 註(17)参照。
(33) 嶋一族の近世の動向をまとめた論稿に、小和田哲男「浅井氏の滅亡と遺臣の動向」(『歴史手帖』一〇―五、一九八二年)がある。
(34) この内、嶋新六と覚左衛門は、「嶋記録」冒頭の系譜に、その名が見えるので、以下に抄録を掲載する。これによると、覚左衛門が戦国期の当主で「嶋記録」の著者といわれる秀安の直系の嶋家嫡流である。

嶋若狭守秀安（天正八年没）──四郎左衛門尉秀宣──久右衛門次秀親──又右衛門尉秀次（後、権右衛門尉）元禄二年没──飯村覚左衛門尉秀遥──飯村覚太夫（後、覚左衛門）
　　　　　　　　　　　　└─新六秀淳──新六（後、新右衛門尉）

註(38)にみるように、覚左衛門組は所蔵文書の名前に「嶋若狭守」を用い、組の位牌にも嶋秀安の命日（天正八年十月五日）を刻んでおり、この点を裏付けている。また、新六は秀安の二男の流れだが、仁左衛門・十郎右衛門は系譜に見えない。「十郎右衛門仲間」の言い伝えによれば、十郎右衛門は新六秀淳の五男で秀安の三男・語右衛門尉の娘婿となった五右衛門尉の流れであるという。なお、同組は、かつては三軒で構成されていたが、いずれも村内に不在となったので、三軒の内の一つ茂兵衛家の分家が位牌を現在預かっている。地元では、それぞれの組のことを「新六さん」「覚左衛門さん」と愛称で呼んでいるが、「嶋仁左衛門仲間」に対してだけは、「嶋仁《しまにん》さん」と略して呼んでいる。

(35) 本項は、まだ筆者が明治大学大学院に在籍中、修士論文作成のための調査として、昭和六十年（一九八五）七月十七日、八月一日・二日に、現地で聞き取り・調査を行った記録をもとにしている。その時の聞き取りに際して、お世話になったのは、次の方々である（敬称略）。
〔嶋仁左衛門仲間〕成宮丈雄・成宮直一　〔嶋新六仲間〕山村寛雄　〔嶋覚左衛門組〕堤重博
さらに、平成五年（一九九三）七月三日、飯公会堂において、追加の聞き取り・古文書調査を行った。お世話になったのは、以下の方々である（敬称略）。
〔嶋仁左衛門仲間〕成宮丈雄・成宮直一　〔嶋新六仲間〕山村寛雄　〔嶋覚左衛門仲間〕成川孫八　〔嶋十郎右衛門仲間〕成宮正太郎　〔近江町史談会〕北川泰太郎・田辺勇・泉朝美
なお、成宮丈雄氏には、同年九月七日の総寧寺調査にもご同行いただいた。

(36) 次の当番へ交替する時期は、組によって多少異なる。「嶋仁左衛門仲間」は、法要をそれまで一年当番であった家で行なった後、次の当番にまわす。これに対し、「新六仲間」は、法要に先立って当番の引き継ぎがあり、法要は新しい当番の家で行なう。また「覚左衛門仲間」も、年末に当番の交替があり、その年の法要は新しい当番宅で行なわれる。

(37) 筆者は、昭和六十三年（一九八六）一月十四日に行われた法要に同席した。

(38) 各「仲間」蔵の主な文書は次の通りである。

〔嶋仁左衛門仲間〕
①陽雲院殿御忌控　文化十三年正月　一冊（長帳）
②陽雲院殿御忌控　天保十年正月　一冊（長帳）
③陽雲院殿御忌控　明治十二年一月　一冊（長帳）
（裏表紙「俗名嶋仁左衛門成宮同家仲間五軒組」）

〔嶋新六仲間〕
①新庄村加田市郎兵衛新六殿刀等送状　天明三年四月三日　一通（①・②で一幅）
②新庄村加田市郎兵衛実如御文返納状　弘化三年秋　一通
③嶋新六様日記帳　文政五年正月　一冊（長帳）
④嶋氏御物成勘定帳　安政二年正月　一冊（長帳）
（裏表紙「家来　山村　成川　組中」）

〔嶋覚左衛門仲間〕
①嶋角仲間順番帳　弘化三年正月　一冊（長帳）
②掛銀請取帳　嘉永五年三月　一冊（長帳）
（裏表紙「坂田郡　飯むら　嶋若狭守講元中」）
③頼母子雑用控帳　嘉永五年三月　一冊（長帳）
（裏表紙「嶋角左衛門講元中」）
④嶋覚殿仲間順番帳　明治十九年　一冊（長帳）
⑤嶋若狭守永続帳　明治二十三年二月　一冊（長帳）
（裏表紙「坂田郡　大字飯村　仲間拾八人組」）

(39)「仁左衛門仲間」は、位牌にある寛永二年（一六二五）没の秀長が、飯村の「仲間」と通信があった最後の当主であったようだ。同じ様に、「新六仲間」は位牌の享保二十一年（一七三六）没の秀重、「覚左衛門仲間」は位牌の最後の人物で、「嶋記録」の系譜にも見える元禄二年（一六八九）没の覚左衛門が、通信があった最後の当主になるとみられる。「十郎右衛門仲間」は、位牌の貞享九年（一六八八）没の人物が、通信があった最後の当主であろう。

(40)『相国寺供養記』（『群書類従』二四　釈家部十（続群書類従完成会、一九八〇年））

(41) 今谷明「増訂室町幕府侍所頭人並山城守護付所司代・守護代・郡代補任沿革考証稿」同『守護領国支配機構の研究』（法政大学出版局、一九八六年）。なお、同考証によれば、山城守護をつとめた京極氏の郡代としても若宮氏が登場している。

(42) 文明十八年九月十三日、多賀宗直書状（「大脇文書」一、「大脇文書」の文書番号は、『改訂近江国坂田郡志』七）による。この文書は、明治時代に高知県吾川郡長浜村（高知県高知市長浜）の大脇之治氏が所有していたので、この名があるが、実態は戦国後期に浅井氏家臣として活躍した若宮家の相伝文書である。『東浅井郡志』四は、同じ文書群を「若宮文書」として掲載している（但し、収録文書は多少相違する）。大脇家は土佐藩士の家で、之治氏の父・順若は幕末の志士であった。如何なる理由で、若宮家の文書が大脇家に伝わったのかは不明である。あるいは、若宮家の一人娘・まつの嫁ぎ先である土佐藩山内家の家老・五藤家の分家と大脇家との間に、江戸後期に至って姻戚関係が認められるのは、文書の相伝と何らかの関連があるかもしれない。現在、文書原本の行方は不明である。

(43) 上平寺城については、滋賀県教育委員会『滋賀県中世城郭分布調査』六（一九八九年）、中井均・高橋順之「上平寺城とその城下町―遺構と絵図からの再検討―」（『近江地方史研究』二九・三〇、一九九四年）に詳しい。

(44)「大脇文書」（「若宮文書」）

(45) 永禄九年閏八月十三日浅井長政書状（「大脇文書」一二）

(46) 若宮まつは、天正十五年三月十九日に屋敷地を、同年十一月二日には家領半を売却しているが、時期から見て五藤為重への再嫁と関連があるかもしれない（「吉田文書」『改訂近江国坂田郡志』六）

(47) 以上の経緯は、五藤元治『五藤家系譜資料集』（富士書房、一九九〇年）に載る系図・五藤家由緒書に詳しい。なお、従来から若宮「まつ」は、その後若宮喜助友興の猶子として、山内一豊の妻となり「千代」と改名したと言われてきた（『近江町史』など）。これは、山内家の系図や『寛政重修諸家譜』などに、山内一豊夫人の出自を「若宮喜助友興の女」としているからで、若宮左馬助の女である「まつ」と同一視されてきたのである。しかし、『近江町史』の古野四郎氏や北川泰太郎氏の調査により、「まつ」は五藤家の史料や後述する「牛尾田文書」から、五藤為重夫人であることが明確になった（古野四郎「山内一豊の妻見性院の出自について」（『息長氏論叢』一、一九九四年））。「千代」が出た若宮喜助家も飯村の土豪と推定されるが、若宮左馬助家との関係は不明である。

現在、土佐藩家老五藤家の相伝史料は、安芸市立歴史民俗資料館に収蔵されているが、その中に「まつ」が五藤家に持参したと推定される文書群がある。それらは、「まつ」の前夫・赤尾孫助宛ての羽柴秀勝宛行状二通や、註（44）の浅井長政書状の写などである。文書の閲覧や五藤家関係の調査については、同館の学芸員小林和香氏に大変お世話になった。

(48)　四軒の一つ宮崎家の子孫・宮崎了氏からの聞き取りを、安芸市立歴史民俗資料館で確認した。なお、藩政末期から明治にかけての土居廓中の絵図（『安芸市立歴史民俗資料館図録』（一九九五年）に掲載）には、四軒の一つ吉田直継の屋敷地が記されている。

(49)　『改訂近江国坂田郡志』六には『牛尾田文書』として、四通が掲載されているが、最近五通の文書が新たに発見された。「まつ」が五藤家に嫁入したことは、新発見分の書状により明確となる。なお、註（47）古野論文参照。

(50)　「若宮外記仲間」については、平成六年（一九九四）六月十九日、「仲間」の吉田利衛氏と吉田敬麿氏、それに近江町史談会の北川泰太郎氏から聞き取りを行った他、伊部重与茂「外記由来―若宮家の系譜―」（私家版、一九七二年）を参考とした。

(51)　ところで、「若宮外記仲間」の名の由来が解明されなければならない。祀られている人物は「左馬」であるとすれば、「外記」とは誰のことであろうか。五藤為重と法信院の間の子で、五藤家を継いだ正友は「外記」を称した。正友は「まつ」とその前夫・赤尾孫助の子である「しよろ」（すなわち異父母姉）を正室として迎えており（第四章二参照）、「まつ」を通じて若宮家の縁が二重にある人物である。したがって、五藤正友は若宮家の継嗣も兼ねており、近江ではその正友のことを「若宮外記」と呼び、それが江戸時代を通して組の名となったものとも推定される。

(52)　以下に、文書名を列挙する。

①諸事勘定帳　嘉永四年正月十二日　一冊（長帳）
（裏表紙「当番安平・吉郎平・平四郎」）
②諸事勘定控帳　安政四年正月吉日　一冊（長帳）
③外記様雑用之控　安政五年正月十二日　一冊（長帳）
④外記様逮夜雑用引替之内勘定帳　万延元年八月二十八日
（表表紙「当番利右衛門・十平・左平」）

⑤外記控帳　万延二年正月十二日　一冊（長帳）
（裏表紙「当番左平次・新蔵・喜三郎」）
⑥諸事勘定控　元治元年極月　一冊（長帳）
（裏表紙「当番重五郎・儀兵衛・重左衛門」）
⑦外記様当番所替諸勘定帳　慶応四年八月　一冊（長帳）
（表表紙「当番利右衛門・十兵衛・左平」）
⑧（勘定帳）（江戸時代）　一冊（長帳）
（表表紙「当番重兵衛・左五兵衛・善右衛門」）

(53) 寛永十四年八月二日、井戸村彦四郎訴状写（『歴代古書年譜』智巻　所収）、寛永六年三月、井戸村喜吉・作介屋敷境目ニ付手形写（同上）。

(54) 村山組や「諸頭」については、小川泰人氏・古川寅氏から聞き取りを行った。なお、村山氏と村山組については本章二を参照。

(55) 下坂氏と下坂中町の現状は、梅本菊二郎氏からの聞き取りによる。なお、本章三を参照。

(56) 大塚活美「大塚城跡とその周辺」（『近江の城』九、一九八四年）

(57) たとえば、下坂氏の当主の内、元禄八年（一六九五）に没した市之助高光の室は、井戸村三郎右衛門信澄の女である。さらに、そのひ孫に当たり寛政三年（一七九一）に没した甲内高知の室も、井戸村三郎左衛門の女であった。その他、岩脇（坂田郡岩脇村）・野一色（坂田郡野一色村）、それに寺田下坂（坂田郡寺田村）など旧土豪の家との婚姻関係が認められる。さらには、土佐藩士や彦根藩士とも婚姻をもち、江戸中期に至っても、坂田郡宮川（長浜市宮司町）に政庁をもった宮川藩の藩士・松林家に養子を出している。士族とも通婚可能であった事実は、下坂氏が「郷士」的身分であったことを証していよう。以上は、「下坂文書」の「下坂家近世系図」による。

〔付記〕

本稿は、一九九五年七月十一日、日本史研究会・中世史部会で行なった報告を基にしている。また、「妙意物語」

や「井戸村家文書」をめぐる解釈などは、十年以上前から一九九五年当時まで、毎月一回地域の皆さんと行なっていた「長沢文庫」(米原市旧近江町内で開催)での勉強会の成果である。「長沢文庫」参加の皆さんには、心から御礼申しあげたい。

〔補注〕

本節の初稿は、二〇〇〇年六月に発表したものであるが、その後、神田千里「「天正十九年作職書上」に関する一考察」大野瑞男編『史料が語る日本の近世』(吉川弘文館、二〇〇二年)が発表され、井戸村氏と「被官」との間に債権債務関係があったことを指摘している。また、神田千里氏を中心に史料纂集古文書編『井戸村家文書』一・二(八木書店、二〇二〇年)が編まれた。本節に記した「井戸村文書」の内容については、同翻刻も参照して頂きたい。

さらに、近世史の視点から井戸村氏や「井戸村与六作職書付」について触れた、牧原成征氏の論考がある(「江北の土地制度と井戸村氏の土地所有」(『論集きんせい』二五、二〇〇三年)、後に同『近世の土地制度と在地社会』(東京大学出版会、二〇〇四年)に再録)。牧原氏の論は、検地と近世の土地制度の関係究明が主で、本論とは議論が嚙み合わない。

二　浅井氏家臣村山氏と被官の近世的変容

はじめに

前節において、現在も米原市飯（江戸時代の坂田郡飯村）に残る嶋氏四組、若宮式一組の「仲間」を紹介した。それぞれは、少ない組で三軒、多いところで二十軒の村人によって構成される。そして、現在も戦国時代から江戸初期の土豪（嶋氏と若宮氏）の名前を刻んだ位牌を共同で所有し、年一回の法要を行ない、組で共有の田畑・山林を所有している場合もあった。

これらの組員と位牌の主である土豪は、戦国時代の「家来（被官）」と「主人」の関係であると結論したが、一般に土豪とその「被官」は、村の中で小さいながらも「家中」を形成していた。そこでの「奉公」が「被官」による合戦などでの「武」の行使であり、「御恩」が土豪による所領の扶持や苗字の下賜などであった。この時代、村には「惣」という横の結合原理が存在したが、そこに土豪が居住することで、「家中」という縦の原理が割って入っていた。これは、平安後期以来の封建制のシステムが、戦国時代において村落という最も下層まで及んだことを示している。

江戸時代の村は、織豊政権によって押し進められた兵農分離政策によって、土豪とその「家中」が崩壊した結果、出現したものである。その意味では、中世の村落よりは、はるかに純化された共同体と言える。兵農分離は、村の中から「被官」関係という封建制を放逐することに成功した結果だったのである。このように、近世に至り制度的には、村中の「家中」は崩壊の方向に向かった。しかし、実態的には「家中」の崩壊は徐々に進行し、また完全に崩壊せず近世的変容を遂げる場合も多かった。

嶋四組と若宮一組の当主は、近世それぞれ武士となって飯村を離れたが、残された「被官」組織は、その主家を弔いその遺領を管理する組を組織し、その団結を保っていく。彼らは村を離れた土豪との音信も、当初は保っていた。だが、時代がたつにつれ、それも薄らぎ遺領も独自に管理するようになる。これが、現在も飯村に残る五組の「仲間」である。それは、当主との関係を絶ったという意味においては「家中」の崩壊だが、「仲間」組織自体は残ったので、近世的変容を遂げた姿と考えられよう。[1]

本節では、嶋氏や若宮氏の「仲間」の場合と、同一の関係がみられる浅井郡当目村の村山氏と「村山組」の関係を紹介する。

1　村山氏と村山家文書

現存する村山氏宛ての文書　村山氏は、浅井郡草野荘内当目（長浜市当目町）に居住した土豪で、村山下総守を初代とする浅井氏の家臣である。[2] 加賀出身とも越前出身とも言うが、美濃関の村山氏の一族が移住したとも考えられる。[3] 江戸後期から近代のある時期まで、村山氏の文書は後述するように、一括して保存されていたとみられる。しかし、現在は散逸し五通の文書が各所に分蔵されている。五通すべてにつき、釈文を掲載しておく。[4]

〔史料1〕浅井亮政書状

吉槻郷土居之事、在斗分者、三田村九郎・兵衛尉両人可有御才判候、前々のこと（く脱）可被取事、一向不謂子細候、可被成其御心得候、恐々謹言、

浅井備前守

三月十四日　　　　　　　　　　　　　　亮政（花押）

村山次郎左衛《（ママ）》門尉殿

御宿所

〔史料2〕浅井亮政書状

弥十郎殿配当之事、自各之内より出候、公方可有御望之由候、如前々五石可被召候、何にて足付候も、同前之儀候、此等之趣三田村千法士方へも可申候、恐々謹言、

浅井備前守

十一月九日　　　　　　　　　　　　　　亮政（花押）

村山次郎右衛門尉殿

御宿所

〔史料3〕浅井亮政書状

大原之内高番之内以百石可進之候、不可有相違候、恐々謹言、

浅井備前守

七月廿四日　　　　　　　　　　　　　　亮政（花押）

村山次郎右衛門尉殿

御宿所

〔史料４〕浅井久政書状

猶々、三田村方へ被帰候事、子細在之所、我等ニ［　　］、

今度三田村方被仰談候儀、最可然候、御行詰等之事令存知候、御領知行御替地之儀、妥許可進候、不可［　　］入魂簡要候、恐々謹言、

十二月廿六日　　浅井新九郎
久政（花押）

村山下総守殿
御宿所

〔史料５〕浅井久政書状

平方寺用半分、為配当進候、別而被抽御粉骨、御忠節簡要候、委曲同名五郎兵衛尉可申候、恐々謹言、

天文十壱
九月廿一日　　浅井新九郎
久政（花押）

村山侍従殿

〔史料1〕は浅井亮政からの書状であるが、浅井郡吉槻郷土居内の三田村氏の所領の安堵につき、浅井氏の命を受けている。この吉槻（米原市吉槻）は草野荘内にあり、村山氏は草野荘の代官的立場にあったことが推定される。〔史料2〕では、「弥十郎」なる者への配当分を、村山氏が管理している所領から出すべきことを、亮政から命じられている。〔史料3〕は、浅井亮政からの大原荘内高番（米原市高番）の地百石の宛行状である。

〔史料4〕では、三田村氏所領の替地について、浅井久政から指示を受けており、〔史料1〕と同じく草野荘代官としての立場で書状を受け取ったものであろう。〔史料5〕では、「平方寺用半分」（長浜市平方町の一部と推定される）を、久政から宛行われている。これら残された史料からみても、村山氏は少なくとも浅井久政の段階までは、忠実な浅井氏家臣で、草野荘の代官をつとめていたと推定できる。

上坂氏と草野荘　ところで、先述のように村山氏が本拠を置いた浅井郡当目は、中世草野荘に含まれる。当荘は、戦国期において、坂田郡西上坂村（長浜市西上坂町）の土豪・上坂氏が大きな力を持っていたことが知られている。『鹿苑日録』の明応八年（一四九九）十二月四日条によると、京都鹿苑院の院主は、草野代官に対して三通の書状を送っている。この代官の名は、翌年正月十三日の条によれば、上坂伊賀でその子を将監といったことが分かる。(5)この上坂伊賀は、上坂伊賀守景信の祖先のことと推定され、当時北近江を支配していた京極高清の宿老・上坂家信の一族で、のち浅井氏の家臣となる家系である。(6)

この上坂氏と草野荘域との関係は、同氏が天文十年（一五四一）の当目合戦で、京極高広から感状を得ていることや、

表１　『古筆判鑑』（上坂家文書）に見る村山氏関係文書

番号	年月日	差出人	宛名
1	年次　８月20日 内容：感状	京極宗意（高清）	村山次郎右衛門尉
2	天文２年12月11日 内容：知行之事	浅井亮政書状	村山次郎右衛門尉 備考：亮政状は合計５通有り
3	天文10年９月21日 内容：知行之事	浅井久政書状	村山侍従 備考：久政状は合計４通有り
4	11月11日 内容：草野庄料所藤堂備前守可被渡状	河瀬遠江守家加	村山次郎右衛門尉 備考：何カ３通有り
5	天正10年９月25日 内容：為合力知行五百石之折紙	木下助兵衛尉秀次	村山右近亮
6	天正９年５月21日 内容：為知行七拾石遣し候折紙	宮部次兵衛尉吉継	村山与介
7	11月26日 内容：賀東郡我等ニ被下候内以百石遣し候折紙	前野将右衛門長誉	村山与介
8	正月12日 内容：伊賀上野より来状共之内	村右近	上坂八右衛門

荘内東主計村に被官がいたことなどからも確認できる。さて、上坂家の文書に、「古筆判鑑」という冊子がある。[7]本書は江戸時代の上坂家の当主上坂信門が、延享四年（一七四七）に同家が管理する文書中に残る花押（判）や印判を集成したものだが、署判・印判部分に加えて簡単な文書内容と、宛名も記されている。そこには、表1にみるような村山氏宛の文書や、村山氏から上坂氏に当てた文書数通が確認される。このように、村山氏の文書を上坂氏が江戸時代に引き継いだ理由は、正確には分からない。先に示したように、村山氏の居住地草野荘に、上坂氏が権益を保有していたことから、両氏は密接な関係があり、村山氏はこの地を離れる際、文書を上坂氏に託したと推定される。[8]

上坂家文書「古筆判鑑」にみる村山氏　表1に示した「古筆判鑑」によって「村山家文書」の全体像を復元することが可能となると同時に、先に掲示した五通の文書からのみでは分からない、浅井氏滅亡後の村山氏の動向を追うことができる。「古筆判鑑」の差出人からは、村山氏が北近江の戦国期の地域権力京極氏や浅井氏に仕え、浅井氏滅亡後は、宮部吉継や前野長誉、それに木下秀次など、秀吉配下の武将たちに仕えたことが知られる。また、これとは別に、豊臣秀長の家臣となり、大和郡山に行ったという言い伝えもある。(9) 上坂氏は天正八年(一五八〇)の出石城主時代から秀長に仕え、天正十三年(一五八五)には秀長と共に、大和郡山に入っている。村山氏も秀長の姫路城主時代に播磨国賀東郡の地を与えられていることから、秀長家臣として大和郡山に入ったことは十分考えられる。

村山氏は、最終的には伊賀・伊勢を領国とした津藩祖となる藤堂高虎の家臣となり、伊賀上野に住し矢倉代右衛門と名のったといわれる。(10) この点は、藤堂家側の史料である『宗国史　兵賦志』の「乙卯夏大阪役兵制」の中に、矢倉大右衛門が「二千石(一日千石)」と見えており、すでに大坂夏の陣の際には、藤堂家の家臣となっていたことが確認できる。(11) また、『宗国史』の「功臣年表」によれば、矢倉氏が高虎に仕えたのは天正十一年(一五八三)、但馬国でのことであったという。(12) 当時、高虎は羽柴秀長に仕えており、秀長家臣であった上坂氏との接点がここでも見受けられる。

当目町の村山氏屋敷跡　さて、当目の村山氏の屋敷跡について触れておこう。図1にみるように、村山氏の屋敷地と伝えられる所は、村の南東の山際で、「殿ヤシキ」と呼ばれている。西側が正面と考えられるが、この部分と道との間に「バンバ」と呼ばれる所と門跡がある。北東に小さな池があるが、この水は屋敷の用水に使われていたという。その上に広がる山は、村山氏所有の山であった。後述する村山氏家臣の系譜をひく家は、かつてはいずれもこの屋敷地付近にあったことが分かり、家臣屋敷の集住状態を復元できる。

2「村山組」と村山氏

「村山組」の構成と行事　現在長浜市当目には村山氏の遺領を譲り受け、その位牌を守っている五軒の家か存在する。(13)「村山組」と呼ばれるその組織は、古川家二軒と山崎家三軒の計五軒で構成される。村山氏の遺領は、田地と山

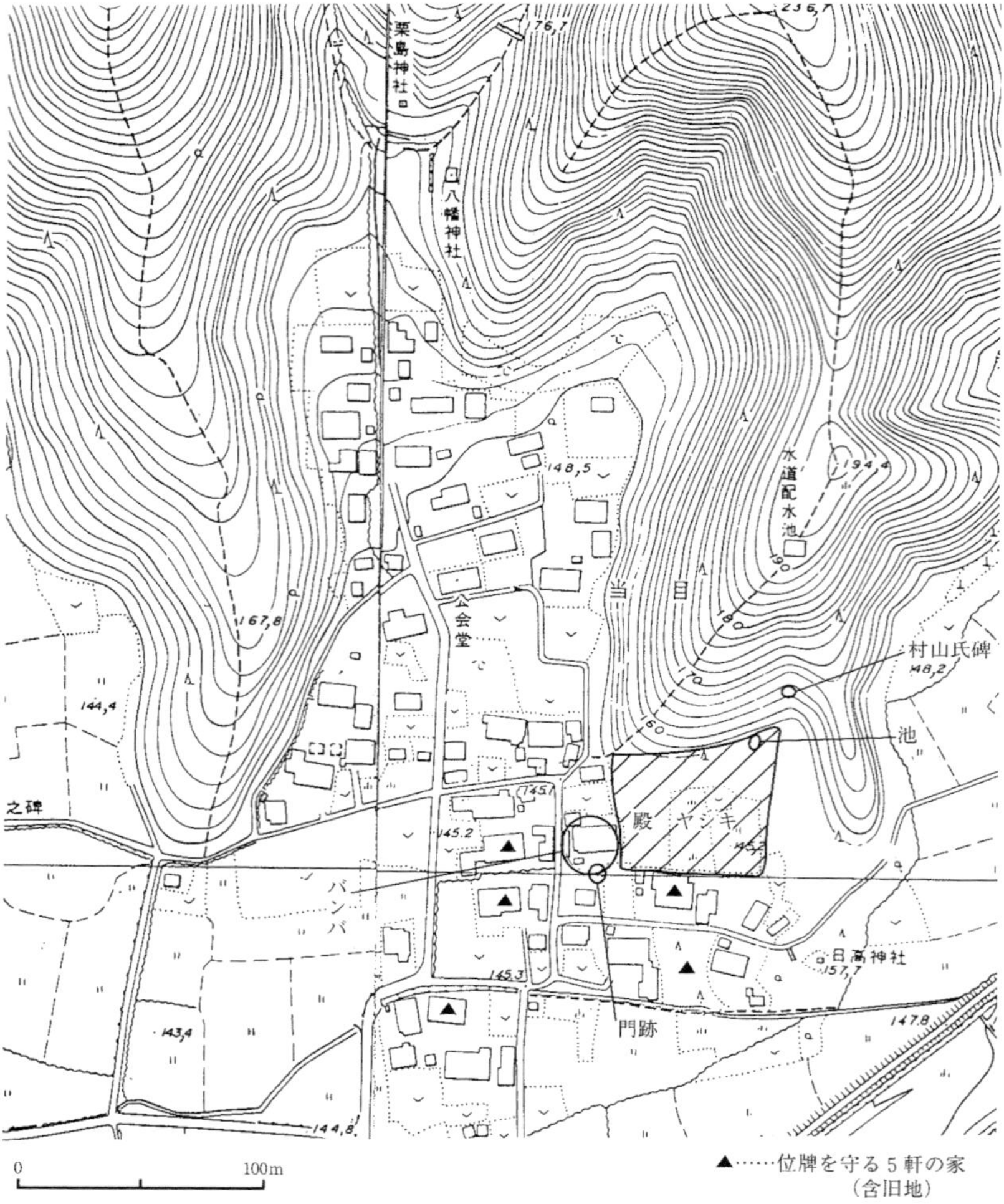

図１　当目現況図

林がある。田地については、五軒の個人有となっているものもあるが、現在も五人の共有地として登記されている土地があるという。[14]後者も、事実上は各個へ平均五・六畝ずつ割っており、その合計は三段程になる。田地の所在地は、圃場整備によって大きく変っているが、もとから一ヶ所にかたまることはなく、散在的であったという。

また、山林も五軒で分けているが、登記上は共有地として保有しており、その合計は一町五・六段にも及ぶという。

現在、直接村山氏につながるものとしては、同氏が残していったという位牌があり、次のような文字が刻まれている。

〔史料6〕村山家位牌

（表）（ア）…（胎蔵界大日）

成光院殿一覚正円大居士

各霊

晴真院殿本空還入大居士

（裏）江州浅井郡当目邑

村山右近末葉　矢倉大右衛門　政倫

正倫長子　矢倉源左衛門　政賀

元禄四辛未天五月六日

同内容が刻まれた石碑が、村山氏の屋敷跡の奥の谷に建っている。これは、大正末から昭和の初めころに、以前の碑文の風化が甚だしいので、再建されたものである。この石碑に向かって左前に、花岡岩の小さな石碑が建てかけてあるが、これが前の石碑で同内容が刻まれている。

「村山組」の行事の多くは、同氏の氏神であったという日高神社の神事として行なわれる。(15) それらを列挙し、簡単な行事内容を記すと以下のようになる。

一月九日　日高神社・オコナイ　餅つき・餅の奉納・直会
二月九日　ヤマコ　組内の会計決算
七月三日　日高神社・湯の花
九月三日　日高神社・灯明
十二月九日　すの　神嘗祭・直会・読経（当番が導師）

その年、一年間位牌を預かる家を「当番」と呼んでいる。五年に一回まわってくることになる。この当番は十二月九日から年末までの間に、次の当番に位牌と「村山中」と書かれた帳箱を届け、役の引き継ぎを行なっている。この「村山組」では、オコナイも独自に斎行している。オコナイは、北近江で広く行なわれているもので、中世の宮座行事の系譜をひく、年頭の予祝祭である。(16) 北近江の各村では、この行事が一月から三月にかけて行なわれているが、五軒が所属する当目村でも、一月十五日に八幡神社で執り行なわれる。一月九日の日高神社のオコナイは、この村のオコナイとは別に「村山組」独自で行なわれるもので、五軒の家は村のオコナイにも参加している。

「村山組」と村山氏の関係　さて、ここで「村山組」の五軒と村山氏との関係について考える。組では村山氏が伊賀上野へ出て行った際、組の者に位牌や田畑山林を預けていったという伝承がある。さらに、『東浅井郡志』には、次の様にある。村山氏の戦国末期の当主である村山右近允は、藤堂高虎に仕え矢倉代右衛門と改名、伊賀上野に住するようになる。その際、当目にあった屋敷・田畑・山林は「被官」に預けていった。しかし、正徳五年（一七一五）に至って、右近四世の孫・大右衛門正倫が、「被官」に対して屋敷以下を与えた。[17]

『東浅井郡志』がいう「被官」こそが、山崎・古川姓を名乗る「村山組」の各家である。この記述の基になった「矢倉政倫処分状」が、やはり『東浅井郡志』に掲載されているので、紹介しておこう。[18]なお、この文書は延宝八年（一六八〇）に矢倉源左衛門が作成した文書を、さらに代（大）右衛門政倫が確認の意味で出し直したものである。この両者の名前は、先の位牌に見える。彼らは「村山組」の各家が最後に交流をもった村山氏で、以後はこの文書が記す様に、交信を行わなくなったとみられる。

〔史料7〕矢倉政倫処分状

覚

一、江州浅井郡当目村ニ有之候我等先祖村山旧跡・田畠山林等、被官のよしみを以其方共江年来預置候、然共我等老年、其上子孫も無之に付、此度右之田畠山林等、永代五人江遣候間、中間相対致割符、異論無之様ニ面々所持ニ可仕候、

一、江川畠、是迄

五郎助
久右衛門江

預置候得共、已後致相対、右五人之支配ニ可仕候、

一、藤太夫
　　三左衛門
　　覚大夫
　　伝内
右四人之者共、従先年差置候居屋鋪之儀、弥是迄之通ニ差置申候間、少も以後相違無之様ニ、五人共ニ相心得可申候、
一、延宝八申年　同名源左衛門
　　　　　　　　加藤藤左衛門
連判之書付遣置候処、藤左衛門死去ニ付、天和二戌年、源左衛門書付委いたし、其方江渡置候、御地頭之年貢、其外不及申、村役法式少も背申間敷候、向後不何寄庄屋・代官・御地頭之御家来江申入、指図をうけ、勿論此方江不及付届候、例年正月ニ指越、其節年貢之印に、鳥目祝儀等、致持参候得共、以後相止、便状差越候儀も、可為無用候、以上、

正徳五未年二月廿三日　矢倉代右衛門㊞
　　　　　　　　　　　政倫（花押）
江州浅井郡当目村

山崎助右衛門との
山崎権右衛門との
市之助
久左衛門
佐五右衛門

延宝八年(一六八〇)の段階の文書は、伊賀上野藩士の矢倉源左衛門が、「先祖村山旧跡・田畠山林等」を、老齢で子孫がないことを理由に、これまで預けていた被官五人に与えたことを示している。[19]「江川畠」を預けられていた五郎助と久右衛門、それに屋敷を預けられていた藤太夫以下四人は、宛名にある被官五人とは別の家である。あるいは、冒頭の「一つ書」に見える「中間」に当たる人々であろうか。五人の被官と共に、村山氏と主従関係にあった者と推定されるが、五人との関係は不明である。[20]ともかく、ここでは村山氏の跡職を被官五人に渡すことが述べられている。この五人が現在の「村山組」の先祖であることは言うまでもない。本書も、「村山組」を構成する一家に伝来したが、現在は原本を確認できない。

正徳五年(一七一五)の段階の文書は、矢倉代右衛門政倫が、延宝八年の文書を引用して五人の被官に、村山跡職の譲渡を確認している。[21]さらに、被官たちが当目の領主や庄屋の命に従うべきこと、毎年伊賀上野まで持参したという正月の祝儀や時候の手紙なども、今後は不要であると断っている。この文書で見る限り、江戸中期に至るまで、伊賀上野に去った村山氏と当目の被官たちの主従関係は、形式的ではあるが存続していたことが分かる。

「村山組」の各家は、村山氏の「家来」=「被官」であり、村山氏が当目を去るに当たり、その屋敷や田畠・山林などを預けられたのである。その中には、戦国時代に村山氏から与えられた「被官」への扶持地も含まれていた可能性がある。

おわりに

以上、村山氏と「村山組」の間に、戦国時代における土豪と「被官」の主従関係を想定した。重要なことは、近世における村からの主従制の放逐は、織豊政権の兵農分離政策によって、一気になされなかった点である。少なくとも、「村山組」の場合は、正徳五年まで形式的ではあるが、伊賀に去った村山氏との主従制は存在した。戦国時代の土豪の「被官」組織は、江戸初期を通じて徐々に解体していく。土豪が村の中に形成した小さな封建制は、江戸時代には村の自治に呑み込まれていく。その中で、土豪「被官」組織の一部は、祭祀組織または土地管理組織として、近世的な変容を遂げ現代に至っているのである。それが、「村山組」の歴史と姿であった。

註

（1）　前節では若宮氏の遺児「まつ」が、土佐山内家の家老五藤為重の妻となったことは、詳しく述べたが、嶋氏については江戸初期から中期にかけて、「江戸へ転出した」とのみしか記さなかった。しかし、筒井稔氏の研究により、嶋四家の内の覚左衛門家が、三河国刈谷藩士・土井家の家臣となっていることが判明している。本書第四章一参照。

（2）　この村山氏の出身地を含む、同氏に関する地元の言い伝えについては、当目の小川泰人氏から多くの話をお聞きした。以下、同氏の話が根拠の場合は、聞き取り〔小〕と表記する。

（3）　古田憲司氏のご教示による。古田氏によれば、村山氏は中世において現在の関市付近に所領を持っていた京極氏の同族か家臣である可能性が高いという。とすれば、京極家の本拠・近江への移住は十分考えられる。美濃村山氏については、荒井金一編『美濃国・

関安桜山城と村山氏』（一九七一年）や、古田憲司「美濃関と時宗」（『年報中世史研究』一九、一九九四年）を参照。

（4）〔史料1〕は平成六年『明治古典会・七夕大入札会目録』（一九九四年）三〇二三番。同書には写真が掲載されているが、筆者は一般公開下見展観において原文書を実見した。〔史料2〕は布施美術館（長浜市高月町唐川）蔵文書。〔史料3〕・〔史料4〕は慶応義塾図書館蔵文書。〔史料5〕は長浜市長浜城歴史博物館蔵文書（『東浅井郡志』四・『改訂近江国坂田郡志』六には、長浜町の「四居文書」の一通として紹介されている。なお、『東浅井郡志』三の「人物志」では、この侍従を村山下総守の子で、八幡宮の僧であるとしている。さらに、「菅浦文書」中の天文十二年（一五四三）九月十六日の引替銭請取状（滋賀大学経済文化研究所史料館（滋賀大学経済学部附属史料館）『菅浦文書』上・下（一九六〇年・六七年）五五九）に箕浦秀清と連署している「侍従」が、村山侍従に当たると記している。

（5）『東浅井郡志』一（一九二七年）

（6）「上坂家文書」二二・七一。本文書の文書番号は、長浜市西上坂町自治会・市立長浜城歴史博物館『上坂家文書』（私家版、一九九二年）による。

（7）「上坂家文書」七九

（8）『古筆判錯』では表1の8の項に、村山右近につき「藤堂佐渡守殿へ召付、伊賀上野ニ居住、矢倉代右衛門ト云、当目村一切預リ置」とある。伊賀上野への移住については後述するが、村山氏の跡職一切を上坂氏が預かったという記述は注目すべきであろう。村山氏の相伝文書も、同様な経緯で上坂氏の管理となったと推測できる。ところで、註（3）で言及した美濃村山氏は、時宗門徒であったことが分かっている。上坂氏も西上坂に乗台寺という時宗寺院を持ち、第二十二代遊行上人意楽を一族から出すなど、熱心な時宗門徒であった。ここで、村山氏が美濃出身と仮定した場合、両氏の関係は同じ時宗門徒としての交流から生じたものとも推定できる。

（9）聞き取り〔小〕

（10）『東浅井郡志』三（一九二七年）　人物志「村山右近允」の項

（11）上野市古文献刊行会編『宗国史』（一九八一年）による。この他、同書には、「越前戒厳簿書」と「筑紫戒厳簿書」の項に、「千五百石　矢倉大右術門」とある。本書の存在については、上野市史編さん室の北出楯夫氏のご教示を得た。

（12）この点も、北出楯夫氏からのご教示を得た。

（13）当目の古川実氏からの聞き取りによる。以下、同氏からの聞き取りは、聞き取り〔古〕と表記する。

(14)　以下、五軒の家に関する記述は、聞き取り〔古〕。
(15)　日高神社は、正暦二年（九九一）の創祀と伝え、古川家・山崎家が勧請したと言われるが（滋賀県神社庁編『滋賀県神社誌』（一九八七年））、地元ではもともと村山氏の持仏堂であったとも伝える（聞き取り〔小〕）。明治初期に「日吉神社」と県庁に届け出たが、県庁の方で「吉」の字を「高」と見誤り、日高神社となり現在までこの社名を継承してきたという。今でも、通称は「山王さん」と呼ばれている（聞き取り〔小〕）。
(16)　オコナイについては、とりあえず高橋秀雄・長谷川嘉和編『祭礼行事・滋賀県』（桜楓社、一九九一年）を参照。市立長浜城歴史博物館『湖北のまつり―雪そして花―』（一九八六年）や同『近江のオコナイ』（一九九〇年）には、各地のオコナイ行事が写真入りで紹介されている。
(17)　註（10）に同じ。
(18)　『東浅井郡志』四（一九二七年）所収「山崎文書」。なぜ、「藤左衛門」が加藤を苗字とするのかは分からない。
(19)　北出楯夫氏の調査によれは、源左衛門は高虎に仕えた初代代右術門から数えて五代目に当たるという。
(20)　当目にはこの五軒の他にも、村山氏から屋敷や田畠を分け与えられたと言われる家があるという（聞き取り〔小〕）。
(21)　北出楯夫氏の調査によれば、五代目代右衛門（源左衛門）は元禄四年（一六九一）に死去し、矢倉家は絶家になったという。しかし、正徳五年（一七一五）に代右衛門政倫という人物がいたことも事実で、先の絶家となったとする記述は誤りともみられる。あるいは、政倫は分家で本家の名跡を継いだとも考えられる。

三　浅井氏家臣下坂氏の中世から近世—国指定史跡「下坂氏館跡」の歴史的背景—

はじめに

戦国大名浅井氏の家臣で、中世の土豪・地侍下坂氏の館跡であるこの「下坂氏館跡」は、滋賀県長浜市下坂中町に所在する。二〇〇六年一月二十六日に国指定史跡に指定され、翌年七月二十六日には、長浜市三田町所在の「三田村氏館跡」と共に、浅井氏家臣の屋敷群である国指定史跡「北近江城館跡群」の一つとして改めて指定された。本節は、この館跡の分析から始めて、そこに居住した土豪下坂氏の中世から近世の変遷について、居住地の下坂中村との関係を意識しながら追ってみよう。

1　下坂氏館跡について

下坂氏館跡の立地　館跡は今も「幸内さん」（十八世紀後半の下坂家当主の通称）と呼ばれ、医業を営む子孫が創業した医院に隣接して存在する。館跡が所在する下坂中町は、江戸時代に下坂中村と呼ばれたが、その館は東西に長い下坂中村集落の北部に存在する。下坂中村は、下坂荘の「中村」の意味で、他に下坂浜町・高橋町・大戌亥町が荘域に含まれた。下坂氏が荘園の所職である地頭職・公文職を得ていたことと、その屋敷が荘園の中心を意味する「中村」にあったことは、密接な関連があると推定できる。

また、近江の戦国期の地侍館と村落の関係を考えた場合、「三田村氏館跡」のように村落の中心にあり村を主導するタイプの館が多く見られる。一方で、集落内に埋没するように館がある場合もあり、これらいずれも支配領域が小さく、村人に近い存在であった十六世紀の村落領主・地侍の館であったと見られる。これに対し、下坂氏館が下坂中村の集落から外れた北部に立地していることは、下坂氏が村落領主として荘園規模の支配を行なう広域性を持ち、南北朝期（十四世紀）からの由緒がある、地侍よりは規模が大きい国人・国衆に近い立場であったことを示し、村人からも遠い存在であったと見られる。このように、下坂氏と村落との関係が、村落から独立性が高い館の立地に表われていると言えよう。(1)

下坂氏館跡の発掘成果　長浜市教育委員会では一九九五年に屋敷全体の測量調査を実施し、二〇〇四年・二〇〇五年には、遺構の時期等を確認するため、合計十ヶ所のトレンチを設定して発掘調査を行なった。その結果、土師器や輸入陶磁器など十四世紀〜十六世紀の遺物が出土し、また建物・土塁・排水路などの跡や階段状遺構などを検出した。これにより、十四世紀つまり南北朝時代から、下坂氏が地侍・村落領主として活動していたことが確認された。後述する文献の初見年代と、発掘結果が、ほぼ一致したのである。(2)

なお、二〇〇七年・二〇〇八年には国指定範囲外への遺構の広がりを確認する調査を行ない、二〇一四年には主屋内の地盤確認調査が実施され、現在の主屋の地盤面の造成が戦国時代に当たる十六世紀に短期間に行なわれたことが分かった。これらの成果から、主屋を中心とする現在の景観が、戦国時代の状況を踏襲していることが立証されたのである。まさしく、戦国大名家臣の館跡が眼前に広がっていると言えよう。(3)

下坂氏館跡の形状　下坂氏館の主郭は、図1のように東西約八十九メートル、南北約八十七メートルの範囲があり、高さ約一メートルから二メートル、幅約二メートルから約五メートルの二重の土塁が、北から西に回っている。土塁

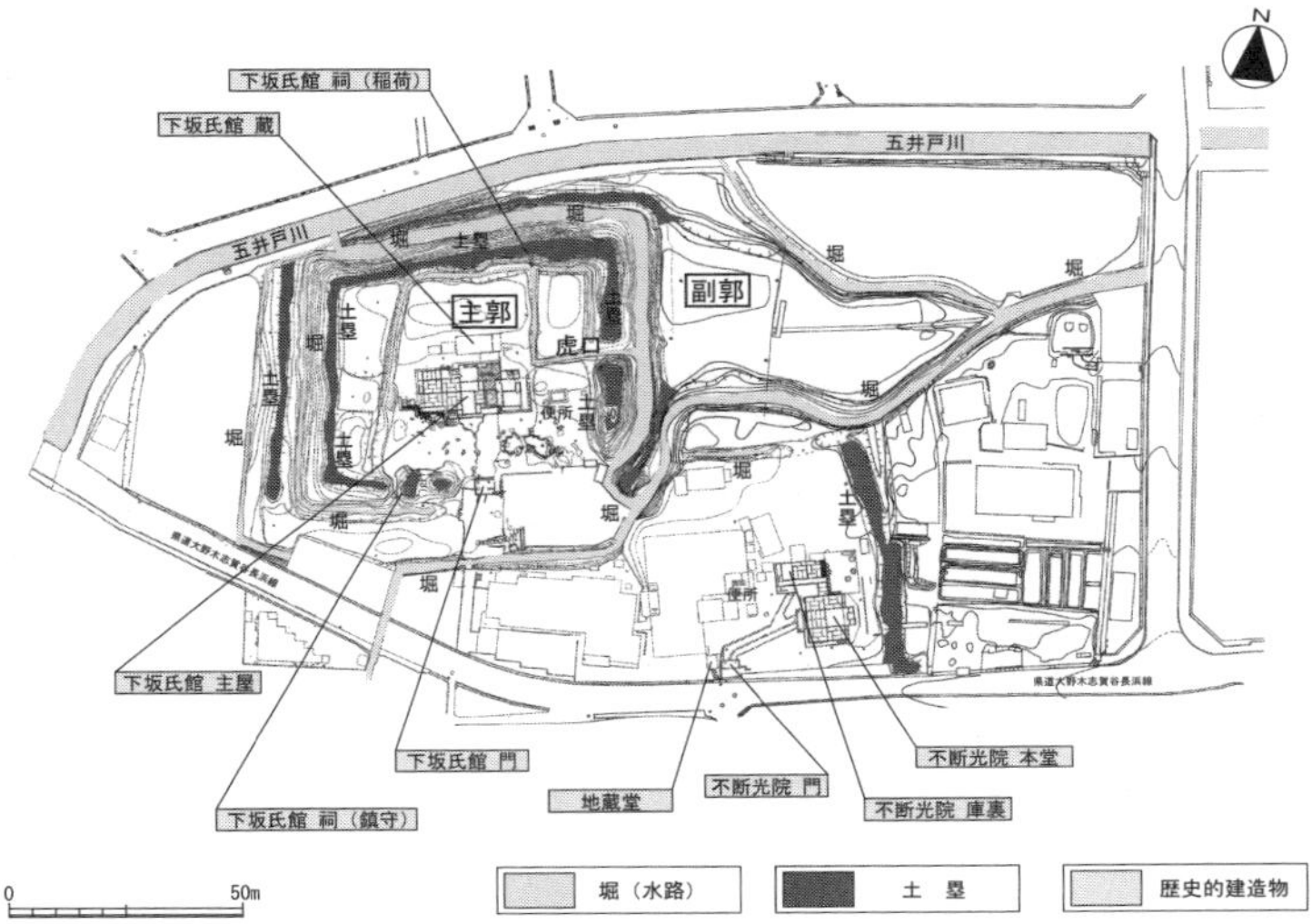

図１　下坂氏館跡現況図　長浜市提供

は東側にも良好に残るが、ここは一重で後述する東の副郭につながる。また、南側は西半分には一重の土塁が残るが、東半分については近代になって崩されている。主郭内の南西部分の高まりについては、下坂家の者が有事の際、当所に立て籠もって防戦したという伝承がある。

南側のヨシ葺きの表門は、切妻の薬医門で桁行柱間三間・梁行一間、十八世紀前期の建築と推定され、当初からの虎口（城の入口）の場所に建つと考えられる。また、主郭の東側には幅七メートルの虎口が現存しており、東側の副郭につながる。この副郭は東西六十メートル程の平坦地であり、副郭の主郭虎口につながる部分から、二〇〇四年・二〇〇五年の発掘調査によって階段状の遺構が発見されているので、主郭と関連した施設が存在したことが明らかである。

館跡の建物と菩提寺　主郭に建つ主屋はヨシ葺きで、明治以降は医院として使用されてきた。建設は十八世紀後期にまで遡り、入母屋造りのヨシ葺きで、桁行十間・梁行二間半の巨大な豪農住宅である。正面やや右寄りに入口を設け、入口から入った所から梁方向にニワ（土間）が続き、その西方に二列三室に居室を並べる。昭和五十年代前半まで医院だった頃は、居室のニワに近い部分に診療室や薬局があり、奥に居間・座敷・仏間が並んだ。

屋外に目を向けると、屋敷の鬼門に当る東北の土塁上に稲荷社を祀っており、その反対に当たる裏鬼門の西南には鎮守社を祀る。上座敷の南に当たる主庭には、後鳥羽天皇の腰掛石と伝承される景石も存在する。表門の南に子孫が創業した医院と駐車場があるが、ここはかつて畑で「馬場」と呼ばれていたという。その他、主屋の周辺には土蔵・便所・灰小屋が現存する。

主郭の東南、副郭の南には下坂家の菩提寺である高雲山不断光院が存在する。(4) 同寺は浄土宗でその開基は不明だが、後述するように、下坂氏が台頭した南北朝時代からの寺院と考えられる。現在のヨシ葺の入母屋造り、梁行五間・梁行四間の本堂は、棟札から正徳五年（一七一五）建造で古式な浄土宗本堂の形態を伝える。ヨシ葺きで薬医門の表門は、館跡の表門と同じ形態で、時代も同じ十八世紀前期の建立と見られる。本堂の北にある切妻造りで桟瓦葺の庫裏は、十八世紀後期の建造物と考えられている。

中世の地侍クラスの屋敷が、これほど良好に残存している遺構は、近江国内はもちろん、全国的に見ても例がないと見られる。かつ、菩提寺が隣接して現存している点は、室町・戦国時代の地侍・村落領主の生活形態を知る上で、きわめて貴重な文化財と言える。

2　南北朝期までの下坂氏

下坂氏の出自と相伝文書　下坂氏の出自については、貞享年間（一六八四～八八）成立とされる地誌『淡海温故録』

では「下坂右馬介・同式部少輔・同甚太郎記ニ出ヅ、当処ハ下坂田ト云ヒシヲ下略シテ下坂ト称ス、後鳥羽院ヨリ先祖ニ勅宣を賜リ持伝タリト云へリ、先代ハ坂田氏ナルベシ、後ニ大阪《ママ》へ召出サレ下坂上総ト云フ、高麗陣ノ時、異国ニテ戦死ス、孫流ハ蟄居ス、此処昔鍛治《ママ》下坂八郎カ出処所也、天文ノ比也」とある。[5] また、『改訂近江国坂田郡志』には、下坂氏は清和源氏の出で、もともと「河内」と称したという。その祖である筑前権守久兼は高島郡田中郷（高島市安曇川町）に居住したが、久兼四世の孫で「北面の武士」であった刑部丞基親が、初めて坂田郡下坂荘内に住み、「下坂」の姓を名のったとされる。[6]

これらの所伝はもとより伝説の域を出ないので、その相伝文書である「下坂家文書」に従って、確実な歴史をここでは辿ってみよう。まず、「下坂家文書」の概要を説明する。[7] その総数は巻子十一巻（二三六通）、状三〇二通、冊子四三冊、絵図九枚、帖一帖、その他六点で、合計六九七点で構成される。一九九六年に長浜市指定となった時は、下坂家の子孫が所蔵していたが、二〇一四年に長浜市へ寄附され、現在は長浜市長浜城歴史博物館で保管されている。南北朝時代から伝存する中世文書は、甲巻と呼ばれる巻子一巻にほとんどが収められており、丙巻にも天正五年（一五七七）から慶長十五年（一六一〇）までの文書が六点含まれるが、他は基本的に江戸時代から明治時代に至る文書群である。

近世文書は中世地侍が近世郷士となっていく過程が辿れる文書で、その分析も地域社会にとっては貴重である。本節は十六世紀の戦国期における下坂氏の動向を考察することに主眼をおくが、近世初頭の状況についても触れたい。「下坂氏館跡」の遺構は、この十六世紀以降、戦国期から近世初期に至る下坂氏の活動の場であり、近世の十七世紀に及ぶ考察を加えることで、史跡としての館の背景を探る本節の目的を果たすことが可能となるからである。

南北朝の下坂氏　「下坂家文書」の中で最も古い文書は、建武三年（一三三六）七月二十五日に、基親四世の孫と言われる治部左衛門尉へ宛てた足利尊氏の弟・直義の文書（A甲1）である。(8)

〔史料1〕足利直義感状

度々合戦軍忠事、近江国伊祇代宮合戦、親類新兵衛尉重宗［　　］朝氏被疵、法勝寺合戦舎弟三郎貞兼被疵候、於西坂本北尾若党源太頼重被疵、［　　］尤神妙、於恩賞者、追可有其沙汰之状、如件、

建武三年七月廿五日　（花押）

下坂治部左衛門尉殿

本書は、近江国の伊岐代宮の合戦（草津市片岡町付近での合戦）で、親類新兵衛尉重宗が討死したことや、京都「法勝寺合戦」において弟の三郎貞兼が傷を受けたことなど、下坂家が足利方として奮戦したことを足利直義が謝し、恩賞については追って沙汰する旨を伝えている。当時、建武新政後の内紛によって、足利尊氏と後醍醐天皇の軍が京都周辺で戦闘を行なっており、下坂氏はこの戦いにおいて足利方として参戦していたことが知られる。

〔史料2〕足利義詮感状

於八幡致忠節之由、近江守秀綱所注申也、尤以神妙弥可抽戦功之状、如件、

観応三年六月廿八日　（花押）

下坂治部左衛門尉殿

観応三年(一三五二)六月二十八日付で、二代将軍の足利義詮が、下坂治部左衛門尉へ宛てた感状(A甲2)である。京都の石清水八幡での南朝軍との戦闘において、戦功があったことを認める。文中、京極秀綱(導誉の子)の「注申」によりとあるので、下坂氏は守護京極氏の指揮下で足利軍に加わっていたことがわかる。

その後、下坂治部左衛門は、佐々木氏一族の高島氏から養子・能登守重秀を迎えたとされ、応永七年(一四〇〇)の申状(A甲5)で、重秀の子高重は「佐々木下坂豊前守高重」と記す。これにより、下坂氏は佐々木氏の一族を称するようになる。幕末の下坂家当主下坂高凱が編纂した「下坂氏由緒記」(D17)によれば、家紋も佐々木氏の家紋「四つ目結」の一種である「丸に隅立四つ目結」で、これを現在まで使用する。それに先立ち、応永三年(一三九六)四月十七日、下坂高秀は近江国守護である京極高詮(導誉の孫)から、余呉荘内菅並・八戸を恩賞として与えられている(A甲3)。

戦国期まで守護を務めた京極氏や戦国大名浅井氏の家臣となった村落領主を、地侍・土豪と呼ぶが、彼らが武士として台頭するのは、応仁文明の乱があった十五世紀である。その以前の南北朝時代である十四世紀から、合戦参陣や知行宛行の対象となっている武家は、北近江国内では他に類例を見ないと言ってよいだろう。その意味では、下坂氏は地侍・土豪よりは由緒が古く、他国で言えば鎌倉時代からの国人や国衆と呼ぶべき存在である。その規模も、下坂荘の所職を得ており、一村規模の地侍・土豪よりは規模が大きいことは既述した。ただ、北近江においては、このような属性の武家を国人・国衆と呼ぶべきは、南近江の蒲生氏や、西近江の朽木氏に比して領主としての規模が小さく、判断に窮する所がある。

表１　「下坂家文書」甲巻　目録

番号	年月日	資料名	受取人	備考
A甲１	建武３（1336）７．25	足利直義感状	下坂治部左衛門尉	
A甲２	観応３（1353）６．28	足利義詮感状	下坂治部左衛門尉	
A甲３	応永３（1396）４．17	京極高詮宛行状	下坂豊前守	郡志１
A甲４	応永４（1397）６．27	沙弥正善田地寄進状		郡志２
A甲５	応永７（1400）12．17	市四郎佐々木豊前守高重証状		
A甲６	応永19（1412）12．５	詮貫（宇賀野孫六）田地売券		郡志４
A甲７	応永22（1415）12	安念たのもし惣衆中田地寄進状		郡志５
A甲８	応永24（1417）12．20	下坂西重兼田地寄進状		郡志６
A甲９	応永31（1424）８．10	箕浦村岳左近御服座売券		郡志７
A甲10	無年　５．８	浅井亮政書状	下坂四郎三郎	郡志18
A甲11	無年　７．12	浅井亮政書状		郡志12
A甲12	無年　９．15	浅井亮政書状		郡志13
A甲13	無年　10．12	亮忠書状		郡志15
A甲14	天文11　９．15	京極氏奉行人連署奉書	下坂左馬助	郡志20
A甲15	無年　卯．19	今井秀清書状	下坂左馬助	郡志26
A甲16	天文11（1542）９．15	京極氏奉行人連署奉書	下坂左馬助	郡志21
A甲17	天文13（1544）10．10	京極氏奉行人連署奉書	下坂左馬助	郡志22
A甲18	無年　10．19	京極高広書状	下坂左馬助	
A甲19	無年　拾．10	法印宣賢書状	西村甚左衛門入道	郡志14
A甲20	無年　９．５	京極高広書状	下坂左馬助	郡志29
A甲21	無年　10．13	浅井亮政書状	下坂四郎三郎	郡志16
A甲22	無年　６．21	某書状	下坂三郎	
A甲23	天文21（1552）２．７	浅井久政書状	下坂左馬助	郡志27
A甲24	無年　正．11	京極高広書状	下坂四郎三郎	郡志19
A甲25	無年　閏　７．４	京極高広書状	下坂左馬助	郡志25
A甲26	無年　卯．20	浅井久政書状	下坂左馬助	郡志30
A甲27	無年　６．26	京極高広書状	下坂左馬助	郡志24
A甲28	天文21（1552）２．７	浅井久政書状	下坂左馬助	郡志27
A甲29	無年　７．24	京極高広書状	下坂左馬助	郡志28
A甲30	享禄４（1531）10．12	六角氏奉行人連署奉書案	諸関奉行	郡志10
A甲31	無年　６．４	己牧院正瑞書状		郡志23
A甲32	無年　７．21	奥津秀勝連署書状	下坂左馬助	
A甲33	無年　10．晦	浅井亮政書状	下坂四郎三郎	郡志17
A甲34	大永元（1522）12．23	神照寺最勝坊瞬雄請文		郡志９
A甲35	永禄９（1566）７．28	名越寺光盛等請文		
A甲36	無年　12．20	下坂慈徳書状案	福勝寺	
A甲37	無年　２．12	上坂信光書状	下坂三郎	郡志11
A甲38	天正12（1584）２．27	下坂四郎三郎田地売券		
A甲39	元亀３（1572）５．17	浅井長政書状	下坂四郎三郎	郡志32
A甲40	無年　12．28	進藤賢盛書状	下坂伊予守	郡志31
A甲41	無年　３．14	下坂一智入道覚書	下坂久左衛門	郡志33
A甲42	無年　正．15	栗山内蔵允書状	下坂久左衛門尉	
A甲43	無年　２．14	上野貞盛書状	下坂久左衛門	
A甲44	無年　６．26	小浅重成書状	下坂一智入道	
A甲45	無年　５．13	某書状	下坂市丞等	郡志15

＊備考欄の「郡志」は、滋賀県坂田郡教育会編『改訂近江国坂田郡志』６（1942年）の文書番号。

3　室町中期の下坂氏

寄進状・売券が残る意味　室町時代の「下坂家文書」には、只越社へ宛てた、応永年間(一三九四〜一四二八)の寄進状・売券が三点存在する。[9] 只越社は下坂中村の南に位置する寺田村(長浜市寺田町)にあった神社で、現在は忍海神社と称する。只越社関連の文書の内、最も古い文書を引用しておこう。

〔史料3〕沙弥正善田地寄進状

寄進　只越社　事

合壹反者　在近江坂田下坂庄内南縄本廿四坪、西縄本於四反次壱反也、公田、

右、件名田者、沙弥正善之相伝之私領也、雖然為後生菩提、只越社寄進處也、但本証文者、依有地類本証文不相副候、雖経後々代々子々孫々、向後更々不有他妨者也、仍寄進之状、如件、

応永四年丁丑六月廿七日　　沙弥正善(花押)

只越社は、寛政四年(一七九二)に成立した地誌『淡海木間攫』の寺田村「牛頭神社」の記述から、下坂荘七ヶ村(下坂中村・大戌亥村・高橋村・下坂浜村・加田村・寺田村・田村)の荘園鎮守だったと見られる。しかし、同書が伝えるように、ある段階で加田荘三ヶ村(加田村・寺田村・田村)が独立し、残りの四ヶ村の鎮守となったようである。[10] 江戸時代は只越山牛頭天王(天皇)と呼ばれていたが、明治四十三年(一九一〇)に大字寺田の鎮守一簀神社と合祀、忍海神社と改称さ

れている。(11)

下坂家の家伝では只越社は、同家の氏神とも言われているが、「下坂氏由緒記」においても「抑此社ハ当家鎮守ニテアリシヲ後ニ七郁トナルヨシナリ」とある。さらに、〔史料3〕を含む三通の売券・寄進状が下坂家に伝来している事実は、居住する下坂中村のみでなく下坂荘全体の領主として、下坂氏は同社の運営に大いに関与していたことを示す。近世の話だが、寛政年間（一七八九～一八〇一）に、神社本殿の改築が行なわれた際、本殿内部の扉に下坂氏の定紋である「丸之内ニ四ツ目」が付けられていることが問題となった。氏子四ヶ村は下坂氏の神社ではないとして取り外しを要求したが、下坂氏が扉を寄附するということでそのままとなっている。

「下坂氏由緒記」も、先の文章に続き「(只越社の)扉ニ定紋ヲ附来レリ、後世度々争論出来セリ、是旧地ノ愁ト云ヘシ」とある。これらから、下坂氏が下坂荘全体を支配するため、その荘園鎮守としての只越社を、室町中期において管理していたことは明らかだろう。(12)

商権と流通網の掌握　「下坂家文書」には、以下のように坂田郡内の商権に関わる文書（A甲9）が残っている。

〔史料4〕**箕浦村岳左近御服座売券**

売渡御服之座事

合七貫伍百文者

右件御腹坐《(ママ)》、箕浦□村岳正現先祖之坐にて候、可依有用々、平方之小次郎介御服坐人成敗まゝ東ハ車借さかいニ、南ハいない河、西ハ海、北ハのうミ坂を限ニ売渡処実正也、此坐ニ置権門勢家路次海上ニ違乱煩不可有者也、仍為

後日証文状、如件、

応永卅壹年八月十日

売主箕浦村岳左近（花押）

坂田郡箕浦村（米原市箕浦）の村岳左近（正現）が、坂田郡平方村（長浜市平方町）の小次郎介へ、絹織物や反物類を扱う商権である御服（呉服）座の権利を、七貫五百文で売却したことを示す売券である。箕浦村は中世における東国道と北国道との分岐点で「八日市場」と称する市があったことが知られる。[13] 平方村も湊を持ち、山門領の年貢の積み出しを行ない、蒲生郡の得珍保の商人とも関わりを持った中世の市場であったことが知られている。[14] ここでは下坂氏が登場しないが、この売券が「下坂家文書」に残っている事実は、この御服座について、下坂氏が関与したことを示していよう。下坂荘はこの箕浦と平方の中間に当たり、室町中期には下坂氏が周囲の商権に関与する程、地域において勢力を伸ばしていたことが知られる。

また、次のような六角氏からの文書があり、下坂氏が年貢輸送に関わっていた可能性がある。[15]

〔史料5〕六角氏奉行人連署奉書案

運送

合佰石者

丹音院奉行□具御神楽米・下坂領家年貢事、

右、諸関無其煩［　　］可勘過之状（衍）之状、如件、

文亀二九月日

日吉聖真子神［　］楽米・下坂年貢五拾石運送事［　］無其煩可勧過者也、仍執達如件、
享禄四年拾月十二日　（隠岐カ）忠広　在判
（池田）高雄　在判
諸関奉行中

本書は享禄四年（一五三一）十月十二日に、近江国の守護六角氏の奉行人二人が発給した、「日吉聖真子神楽米」と下坂荘年貢五十石の過書である。前半になぜ文亀二年（一五〇二）九月の過書が引用されているのかは不明であるが、本書のような写が「下坂家文書」の中に存在するのは、下坂氏が下坂荘の地頭・公文として、基本的には皇室領荘園であった下坂荘年貢の輸送に関わっていたことを示すのだろう。下坂氏が郡内の商権と共に、流通経路もある程度掌握していた形跡を伝える文書である。

4　戦国前期の下坂氏

戦国期における下坂氏の三系統　『群書類従』合戦記に掲載されている『江北記』は、戦国時代の中頃に、下坂一族によって記された、守護京極氏が力を持った北近江の政治動向を記した年代記である。そこには当然のことながら、下坂氏の動きについても詳細な記録がある。本書の中では、応仁・文明の乱以降の四十年間の動乱で、以下の下坂氏の三系統が並立する（「下坂家系図」を参照）。

①下坂秀維（秀雄）と弟・与一、秀維の子・秀隆の系統（秀隆の子が『江北記』を著す）
②下坂太郎左衛門尉と弟・注記の系統

下坂氏系図

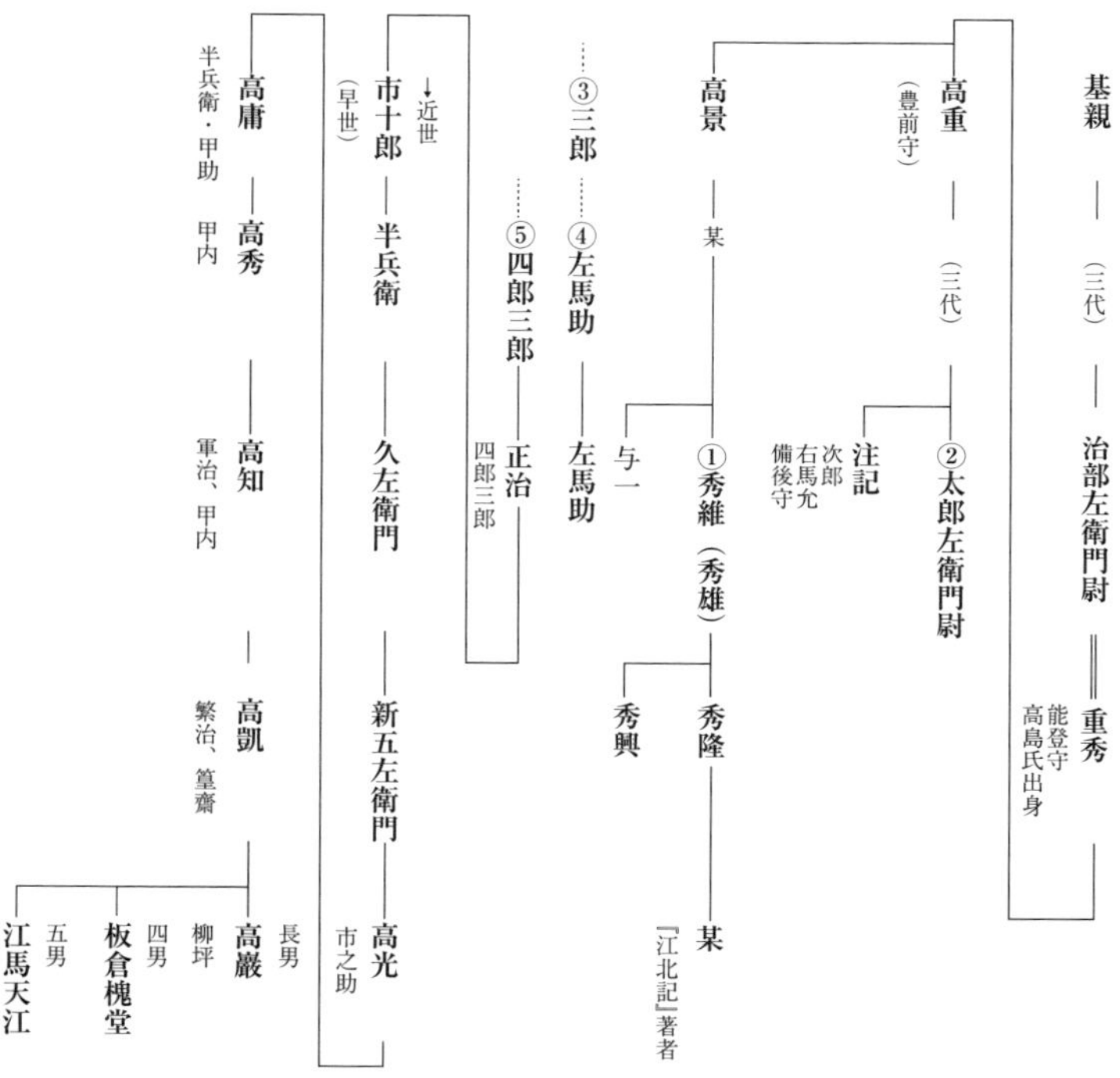

＊四郎三郎正治まで（中世）は、「下坂家文書」や『江北記』からの推定による。四郎三郎正治以降（近世）は、主に下坂氏由緒書（D17）によった。

③下坂三郎（左馬助）の系統

この系統の内、③三郎（左馬助）の系統が戦国後期にも続く下坂氏であると推定される。というのは、後述するように現在残る市指定文化財となっている「下坂家文書」は、④左馬助の系統と、⑤四郎三郎の系統で、その経歴等から③の系統が先祖と見られるからである。①秀隆系統、②注記系統は、その後の動向が不明であり、かつその館も現在の下坂氏館とは別の場所にあった可能性もある。[16]『江北記』の記述は、「下坂家文書」が戦国後期の④と⑤の動向しか記さないので、戦国前期の状況を語る上で重要である。以下、『江北記』に沿って下坂氏の戦国前期の下坂氏の動きについて、概略を追ってみよう。[17]

下坂秀維と応仁文明の乱

において、北近江の守護家京極持清は細川勝元側の東軍、南近江の守護家六角高頼は山名宗全側の西軍となり近江国は二分される。ところが、文明二年(一四七〇)に京極持清が死去すると、近江国内は西軍の力が優勢となり、京極持清の重臣であった多賀高忠は、京極氏の家督も混乱する中、京都にいて近江に入ることが出来ないでいた。近江には一族の多賀清直がおり、持清の孫である京極孫童子を守護し西軍となり活動していた。文明三年(一四七一)一月十三日、東軍の細川勝元の援助を受けた多賀高忠は近江へ侵入し、二月二十八日に米原山(太尾山)で敗れて若狭に逃れている。下坂秀維(秀雄、①)は、この時侵入してきた多賀高忠側に付き下坂荘を安堵されるが、味方が敗れたので知行実態があったかは不明である。

秀維の後、下坂の惣領は太郎左衛門尉(②)に移る。『江北記』は「下坂惣領太郎左衛門尉」と記す。この太郎左衛門尉なる人物について、『東浅井郡志』は秀維の祖父・高景の兄である高重から数えて五代目となる人物とする。『江北記』によれば、この太郎左衛門尉には、注記(後に次郎・右馬允・備後守、②)という僧侶となっていた弟がいたが、兄が死去したことにより還俗して、当時北近江に覇をとなえていた多賀宗直(清直の子)に取り入り、下坂荘の支配権を得たと説明されている。

下坂秀隆と注記との戦い　その後、下坂荘に復帰していた下坂秀維(①)は、文明十四年(一四八二)に甲良上郷の支配のため犬上郡へ赴く。その間に下坂注記(②)が多賀宗直を頼り、下坂荘代官職と下坂屋敷を占拠してしまった。この後、下坂秀維は文明十七年(一四八五)に宇治へ引退し、その弟の与一(①)が京極高清に仕えることになる。秀維・与一系統(①)の下坂氏は、この時代、同族の下坂注記(②)に下坂荘の屋敷を占拠され、北近江には入れなかったと推定される。

文明十八年（一四八六）四月二十八日、下坂与一（①）は舅の浅井直種（浅井亮政の実父）の協力を受け、多賀宗直方の下坂注記のいる下坂屋敷を攻め周辺の支配を回復する。しかし、同年八月十七日になって、多賀宗直が京極高清の殺害を計画したため、高清は甲賀郡三雲へ逃れる。この時、下坂与一（①）は舅の浅井直種を頼って浅井郡丁野（長浜市小谷丁野町）に逃れた。

一方、秀維の子息とみられる秀隆（①）は、父・秀維の隠棲地の宇治から、高清の北近江への復帰軍に参加し、十月二日に宗直を美濃へ走らせる。秀隆（①）は高清から、下坂屋敷の支配権を与えられ、さらに草野荘本所方代官職を与えられる。宗直の援助で力を得た注記（②）であったが、高清の復帰で力を失った。注記は下坂荘付近から逃亡することになるが、多賀宗直は翌年に高清の軍隊に攻められ、五月一日に月ヶ瀬（長浜市月ヶ瀬町）において敗死する。

秀隆の二度にわたる亡命と復帰　延徳二年（一四九〇）、応仁文明の乱で京極高清と対立して、東軍方についた京極政経が攻め込み、高清は北近江を追われ六年にわたって坂本で亡命生活を送る。政経は高清の叔父に当たり、出雲国に拠点を持っていた。明応二年（一四九三）に至り、幕府の援助を得て京極高清が、美濃から北近江へ入り政経を追い落とし、北近江の支配権を手に入れた。下坂秀隆（①）も美濃から高清と行動を共にする。秀隆は高清の坂本亡命中も側にいたと見られる。

ところが、明応五年（一四九六）十二月、京極高清は再び北近江を追われ、高島郡海津（高島市マキノ町海津）へ逃亡する。この亡命生活は四年間にも及んだ。下坂秀隆（①）は宇治真木島に移住したとされる。高清は明応八年（一四九九）七月十八日に、上坂家信の協力を得て北近江に復帰している。この後、高清政権内での上坂家信の発言力が増すなか、大永三年（一五二三）の「大吉寺梅本坊の公事」に至るまで、家信が支える安定した京極高清政権が維持される。

その間、文亀元年（一五〇一）に至り、上坂家信の執政を快く思わない、浅井・三田村・河毛・渡辺・堀などの京極氏の重臣らは、上坂家信が守る今浜城（後の長浜城の場所にあった）を攻めた。この時、下坂秀隆（①）は宇治から北近江へ帰り、下坂注記（②）と共に上坂方として奮戦した。この戦いは「今浜陣」と呼ばれたという。その直後と翌年、京極政経の子・材宗は二度にわたって北近江に侵攻するが、上坂家信が擁する高清側に敗退している。これ以降、下坂三郎（③）は、上坂家信の被官となったと『江北記』は記すが、下坂秀隆も今浜城へ入り京極高清方として活躍した。

永正二年（一五〇五）には日光寺で京極高清と浅井氏等の重臣を背後から動かしていた材宗が講和し、長く続いた高清と政経・材宗系統の戦いが収束し、上坂家信が支える京極高清政権のさらなる安定期を迎えるが、下坂秀隆（①）や三郎（③）はその被官となったと見られる。ただ、下坂三郎家は、以降の左馬助家につながっていくようだが、『江北記』を記述した秀隆の系統は、その後の動向がつかめなくなる。

5　戦国後期の下坂氏

京極家臣の左馬助家　大永三年（一五二三）から、再び北近江は戦乱に巻き込まれる。京極高清の家督相続をめぐって家臣が戦いを始めた。この混乱のなか、京極氏の有力家臣の一人であった浅井亮政が力をつけ、京極氏に代わる北近江の支配者となった。戦国大名浅井氏の登場である。以後、浅井氏は久政・長政と三代続く。この時代、下坂氏では二人の対照的な人物が活躍している。左馬助（③からつながる④）と四郎三郎（⑤）である。

〔史料6〕上坂信光書状

下坂地頭職之事連々致訴候、相拘上江申入可遂之候、但相違候ハヽ、惣次様躰引合我等以知行之内可進之候、猶七

郎次郎可申候、恐々謹言、

信光（花押）

二月十二日

（端裏ウハ書）

「

上坂治部丞

（封）　下坂三郎殿　御宿所

信光」

本書（Ａ甲37）で京極高清の重臣である上坂信光から下坂荘地頭職の安堵されている下坂三郎は、京極氏に仕えている事実と、「下坂家文書」に残存したことなどから、左馬助（④）家の先祖と考えられる。その左馬助は、親子二代にわたり、北近江の戦国大名浅井氏が京極氏に代わって覇権を握った後も、京極氏に仕え続け浅井氏二代の久政の時代まで京極氏家臣であったことが「下坂家文書」によって分かる。すなわち、同文書群には、天文年間（一五三二～五五）に京極氏奉行人からの書状が三通（Ａ甲14・16・17）、京極氏の当主高広からの書状が五通（Ａ甲18・20・25・27・29）、それぞれ左馬助宛への文書が伝わる。戦闘での軍功を謝した感状や、領地を与えた宛行状である。ここでは、京極氏奉行人と京極高広からの文書を一通ずつ紹介しておこう。

〔史料７〕京極氏奉行人連署奉書

中山左馬亮跡職加田八郎兵衛跡并一類被官人事、被仰付訖、被成其心得、全知行不可有相違之旨、被仰出候也、恐々謹言、

天文十三

拾月十日　（山田）清良（花押）
（大津）秀信（花押）

下坂左馬助殿

「下坂家文書」に残る京極氏奉行人の連署奉書の内、年紀が最も遅い文書（A甲17）である。この天文十三年（一五四四）は、天文十一年（一五四二）に浅井氏二代目久政が家督相続した後であり、この時期に至っても、浅井氏から独立して京極氏政権が存在したことを示し、かつ下坂左馬助がその家臣であったことが知られる文書である。内容は坂田郡八幡中山村（長浜市八幡中山町）の地侍中山左馬亮と、坂田郡加田村（長浜市加田町）の地侍加田八郎の跡職を、被官（家臣）ともども下坂左馬助へ宛行ったものである。文中、「仰せ出され候」の主語は、守護家京極氏の当主高広である。

京極高広からの左馬助宛文書も、「下坂家文書」中に五通存在するが、その中で閏月の発給のため、唯一年代が確定できる書状（A甲25）を紹介する。

〔史料8〕京極高広書状

加田新兵衛跡職之事、国於本意上者、得其心候、但先約候条遣替地、於其上不有別儀候、然間弥忠節簡要候、猶若宮与一兵衛尉可申候、恐々謹言、

閏七月四日　高広（花押）

下坂左馬助殿

京極高広が下坂左助に対して、合戦に勝利した場合は、加田新兵衛丞の跡職を与えるが、先約があるので替地を与えることを約した書状である。閏七月なので、天文十六年(一五四七)と年代が特定でき、天文年間(一五三二〜五五)後期まで、京極氏政権が浅井氏政権と並立して持続していた事実を確認できる。同政権の場合、正式な知行宛行は〔史料7〕のような奉行人連署奉書で行なった。このような当主書状においては、軍忠状や感状が中心で、本書も知行宛行の本紙ではなく、代替地の知行を約束する感状的なものとなっている。すなわち、京極氏政権では迅速な知らせが必要なものは当主書状で出し、永久的な保証となるような正式な文書は奉行人連署奉書で出していた。

長く京極氏に仕えて来た左馬助だが、天文二十一年(一五五二)二月七日付けの浅井久政書状(A甲23)により、浅井氏に仕えることになったことが知られる。

〔史料9〕浅井久政書状

御進退之儀申談付而、御遺跡・御同名・寺庵・被官跡、進置候、可有御知行候、但、公文職相除候、其外出入之儀、追而遂穿鑿可申究候、如御契約向後御届簡要候、恐々謹言、

天文廿壹

二月七日　浅井左兵衛尉

久政(花押)

下坂左馬助殿　御宿所

左馬助は京極氏家臣から浅井氏家臣となることを、浅井久政に相談したと見え、知行地や寺庵それに家臣を安堵されている。ただし、下坂荘公文職については他者との争いがあったと見え一旦除外し、改めて審理を行なった上で知

行を認めるか否かを判断すると述べている。京極氏政権の正式な文書である奉行人連署奉書は、天文十八年（一五四九）をもってなくなっているので、同政権はこの時期に実権を失ったと考えられる、その家臣団などは浅井久政の許に集約されていったと見るべきであろう。本書は、守護家である京極氏政権の実権消滅を示している文書と言える。なお、「下坂家文書」にはこの他に二通の左馬助宛の久政書状が存在する。一通（A甲28）は本書と同じ同年月日付で、被官の召し寄せを命じた書状、もう一通（A甲26）は年未詳四月二十日付けで、合戦においでの左馬助家臣たちの負傷を労わった書状である。

浅井氏家臣の四郎三郎家　同じ時代、久政の前代である浅井亮政の時代から浅井氏に仕えていた下坂四郎三郎がいた。こちらも、親子二代にわったて同じ名前を継いだと考えられ、親の時代に亮政から五通（A甲10・11・12・21・33）の文書を得る。その内、二通（A甲11・12）については宛名に「四郎三郎」の名前はないが、状況から四郎三郎宛と考えていいだろう。一通のみ正月十一日付、四郎三郎宛の京極高広書状（A甲24）があるが、味方に付くように誘った文書であり、その家臣であったことを示すものではない。

〔史料10〕　浅井亮政書状

当庄上無田畠幷公文新田・公文公田御代替勘料之儀可被仰付候、万一兎角申族候者、以古帳之筋目堅可有御催促候、恐々謹言、

浅井備前守

十月十三日　　亮政（花押）

下坂四郎三郎殿　御宿所

下坂四郎三郎宛の亮政書状の内一通を紹介しておく（A甲21）。下坂荘内の年貢負担のない田畠、さらに公文職にともなう新田・公田について、代替の勘料を懸ける旨を伝えたものである。これに応じない者については、古帳に従い催促を行なうように述べている。代替の勘料についての詳細は不明だが、浅井氏も「被仰付」と命じられているものと見れば、京極氏の代替と考えるのが常識的である。とすれば、京極高清から高広への代替であろうか。ここでは、四郎三郎は亮政からの命を受けているので、早くから浅井氏に従っていたことが読み取れる。

子の四郎三郎は浅井長政にしたがって小谷籠城をし、織田信長と戦っていた。四郎三郎宛の久政からの書状は残っていないが、長政から文書は一通（A甲39）現存するので引用してみよう。

〔史料11〕浅井長政書状

御在所公文職、河毛次郎左衛門尉知行分渡進之候、此方御届御忠節之至難謝候、弥御粉骨簡用候、猶以不可有異儀候、恐々謹言、

元亀参　　　　　　　　　　浅井備前守

五月十七日　　　　　　　　長政（花押）

下坂四郎三郎殿　御宿所

浅井長政が下坂四郎三郎に対して、御在所（下坂荘）公文職と河毛次郎左衛門尉知行分を忠節への感謝として与えたことを示す文書である。下坂氏が下坂荘の地頭職を得ていたことは、〔史料6〕から明らかであるが、公文職も得ていたことは本書をもって証明できる。下坂氏が荘園の所職（地頭職・公文職）を背景にして、下坂荘全域に領主支配を及ぼしていたことが推察される。さらに、本書には次の文書（A甲41）が付属し、長政から下坂四郎三郎に下された経緯が分かる。

〔史料12〕下坂一智入道覚書

尚々、御書共懸御目返し可然候［　］其方ニ御おき候ハヽ、可為曲事候、以上、

此御書ハ、小谷御籠城之御時、被下候御おりかみにて候、小谷御取出之入城仕候時被下候御書に御座候、まへかと被下候御知行之御書共ハ、山崎丸より水之手へ取入候時持せ候者討死仕失、此御書ハ我等の火うち袋へ入候て相残候、山崎丸へ参候時、御加増として千石被下候、御代々之御書とも遣之候間、被懸御目候て、其にても惣而之ニ候ハヽ、いそき御かへり候へく候、此方御所様御改に候、我等気遣申候、以上、

三月十四日　　　下坂一智入《ママ》（花押）

下久左衛門殿参

下坂一智入道は、「下坂氏由緒記」などによれば、二代目四郎三郎と同人物一で実名を正治と言った。江戸時代から現代に至るまで、下坂氏館に居住した下坂家の先祖に当たる人物と推定される。ここでは、ひ孫である久左衛門に対し、先の浅井長政からの書状が、小谷籠城中に得たものであること。この他にも与えられた知行宛行状があったが、

小谷城の山崎丸から清水谷を通って水の手に移った時、所持していた者が戦死して紛失したこと。この長政書状だけは、四郎三郎が火うち袋(ひうち石を入れる袋)に収め所持していたので無事であったこと。山崎丸へ籠城した時に千石を頂戴したこと(これが、下坂荘公文職と河毛知行分の石高を指すか)などを伝えている。四郎三郎は、浅井長政からも多くの書状を得ていたと思われるが、現在一通しか残存しないのは、この小谷城での戦闘で、所持していた従者が討死したためとも考えられる。

以上、下坂家が戦国後期、左馬助家と四郎三郎家との二家に分かれ、当初は京極氏と浅井氏で主人を違えていたのは、戦乱で各家の盛衰が激しい中、いずれかの家が生き残ることで、下坂家の存続をはかったものとも理解できよう。

6　江戸時代の下坂氏

大地主としての姿　浅井氏滅亡後、下坂氏は浅井氏家臣の石田三成や片桐且元のように、長浜城主となった羽柴(豊臣)秀吉に従うことはなく、下坂中村で帰農する道を選んだ。この近世の下坂氏については、長浜市指定文化財の内に多くの文書が残され、様々な分析が可能である。その内、巻子五巻の内一巻(甲巻)は、前節まで紹介した浅井長政までの中世文書が収納されているが、他の四巻(乙・丙・丁・戊巻)の多くは近世の書状類からなっている。

ただし、丙巻には天正五年(一五七七)十月七日のイヌイ村介衛門壱職売券(C丙1)を始めとして、近世中期までの歴代の当主である半兵衛・久左衛門・市之助・甲助・甲内に宛てられた二十通以上の土地・屋敷売券が収められており、下坂氏が近世において多くの土地を集積する地主として地域において力を有していたことが知られる。ちなみに、慶長七年(一六〇二)の下坂中村検地帳(18)では、下坂中村の村高二二九石一斗二升の内、二一石六斗八升四合が下坂氏の持高であった。村高の九・五%を所持する大地主であったことが分かるが、後述する家臣への宛作地は、検地帳上は下坂氏の名請地とはならず、その所有地は帳面高以上であったと見られる。

また、「下坂家文書」丙巻には零細農民が年貢未進により、下坂氏から金銭を貸し与えられ、その代償として年貢未進者が下坂家の被官となることを示した「被官身売状」の類が五通程確認できる。最も古いもの（C丙3）を紹介しておこう。

〔史料13〕孫二郎被官身売状

乍恐一筆申上候、我等進退不弁仕ニ付て、中嶋宗左衛門殿江出申、前給取候へ共、高橋村御年貢米ニ算用申候へハたり不申、たちとに成敗ニおよひ申候を、一智様立入西村新右衛門殿を以、永代可成罷御ヒ官ニと種々御なけきを申候處、銀子拾文目預借シ、則子共まて後々末代御被官身売参候事実証也、自然走無所存之働仕候ハヽ、永久寺弟之孫一ニ御かゝりあるべく候、仍為後日之状、如件、

慶長三年

正月十三日　孫二郎（略押）

初千代（略押）

駒千代（略押）

一智様　参

孫二郎は下坂荘内の高橋村の住民で、年貢支払いに窮したので、佐和山城主石田三成の家臣であった中島（嶋）宗左衛門[19]に依頼して前給（中島の被官になろうとしたか）をもらい受けたが、それでも年貢は支払えず成敗される所、西村新右衛門を仲介として、銀子十匁を借り受けることを引き替えに、子どもの代まで下坂一智（四郎三郎）の被官となるこ

とを誓約している。下坂氏は近世に帰農した後も、年貢支払いができない住民へ、金銭を貸し与えることで被官を増やしていた。下坂氏は帰農して農民身分となりながらも、困窮農民を経済的に救うことで、被官への取り込みを行なう郷士であった事実を知ることができる。

家臣への耕地宛作　また、この被官と同じ立場と見られる「中間」に、下坂氏が江戸時代に宛作を行なっていたことを示す文書（C丙21）がある。

〔史料14〕下坂氏中間衆宛田畠預状

今度田畠御宛被成候田高預り申候手形之事

一、高三拾五石七斗七升七合七夕内　田高三拾三石三斗六升三合、畠高弐石四斗升（ママ）三合七夕
預申候所実証也、御公方年貢少も御如才仕間敷候、若御無沙汰仕候者、此連判の者共、急度済可申候事、

一、田畠荒不申候様ニ精を出シ作可申事、

一、御田作荒シ申候者、中間ニ候者、取戻シ脇へ宛上米ヲ取、其方様へハ懸ケ申間敷候事、

一、預り申候高ニ御公事より懸り申候義ハ不申及、其外諸役義等迄、少も御無沙汰仕間敷候事、

一、高三拾五石七斗七升七合七夕内ニ而、御年貢之米ハ不及申、上米二十四俵申付、惣成所ふせ升ニ上ケニ、米之義ハ御年貢ニ入申候、幷ニ吟味仕進上可申候、此義少シモ御無沙汰仕間敷候、若御如才仕候者、如何様之御さいそく可被成候、其時一言之義申間敷候事、

一、田畠之義、此方よりハ、其方へ上ケ申間敷候、其方様御用候者、何時成共田畠をそろへ急度上ケ可申候、其時

一言申間敷候事、

一、水折・風ふき・ひそん其外何様之義出来候共、御年貢之義ハ不及申、上米の義少も御わひ事仕間敷候事、

一、田畠ニ是有くわ・茶其外木之根、せゝり木之枝等迄、壱本もきり上ケ、又候折り申間敷候、若左様ニ仕る者候者、中間ニ而吟味仕、貴様へ可申上事、

一、預り申候中間ニ死去申候共、壱人成共残申候者として急度済可申候事、

一、水折・風ふき・ひそんニ存之外免相申候方へ、其方へ可遣候いゝふんなく、つけのことくの外ハ急度算可仕候事

右之条々少も相違仕間敷候、若違背仕候者、御望次第ニ面々壱職御取上被成候、其時一言之事申上ヶ間敷候、為後日手形如件、

慶安五年
　辰ノ拾月八日

甚右衛門㊞
甚九郎㊞
七郎㊞
助右衛門尉㊞
清兵衛㊞
勘大郎㊞
助三㊞

下坂久左衛門様参

本書は慶安五年（一六五二）十月八日に、下坂氏の「中間」と称する七人の農民が、下坂氏から貸し与えられた田畑

を滞りなく耕作することが誓約されている。ここで文書の表題に「今度田畠御宛被成候田畠預り申候手形之事」とあるように、下坂氏が田畑を「中間」と称する被官に宛作し、「中間」はその土地を預かって、公方年貢（本年貢）の他に上米を下坂氏へ支払って耕作していることが分かる。上米は家臣への知行に当たり、下坂氏が持つ作職にともなう取分となり、家臣らは下作職の付与により耕作権を得ることになる。

この行為は、中世から近世への過渡期に、坂田郡箕浦（米原市箕浦）の地侍井戸村氏が残した天正十九年（一五九一）の「井戸村与六作職書付」に見られる家臣（被官）への土地宛行と同じ行為が行なわれていたことを示す。[20] また、坂田郡野一色村（米原市野一色）の地侍野一色氏の場合も、家臣への宛作が確認されており、十七世紀中頃に至っても、中世の地侍は農民の家臣（被官）化を行なうと共に、彼等への土地宛行を行なっていたことが判明する。[21] これらの土地は、検地帳において家臣（被官）の名請となっていた可能性が高い。

江戸時代に至って、戦国大名など村外領主との主従関係は断たれたものの、村内あるいはその周辺地域の農民との家臣（被官）関係は持続していたことになる。中世封建制の所領宛行に基づく主従制は、近世において都市に集住した大名・家臣間のみに引き継がれたのではなく、地域の村落内に内包される郷士・家臣（被官）間にも引き継がれたのである。[22]

下坂氏の家格　文化十三年（一八一六）にまとめられた『高凱随筆』（D5）には、次のような江戸時代における下坂家と「出入方」と呼ばれる家臣と、村人との関係を記した「家格之記」と題された文書が引用されている。

〔史料15〕下坂家々格之記

家格之記

一、正月元日村方不残上下ニテ年賀ニ参、尤出入方内義不残参ル、当方ヨリハ寺二軒ノ外ハ不参、
一、同七日年越之礼出入方不残参、
一、同月廿三日弓開キト名ツケ、出入方亭主不残集リ、弓ノ稽古致セシ由申伝、
一、三月節句出入方亭主并内義礼ノ事、
一、四月茶摘出入方一人宛手伝ノ事、
一、五月節句出入方亭主参ル事、
一、七月七日出入方亭主礼之事、
一、盆礼村中不残上下ニテ参ル事、并出入方内義不残、
一、九月九日亭主分礼ノ事、
一、九月竹納之砌、出入方不残手伝ノ事、
一、歳暮村中不残上下ニテ参ル、
一、人行司并夜番等当家ヨリ出シ不申、
一、当家妻女臨産ノ砌、甚太郎〈近来弥右エ門／弥四郎ト云〉家ニテ安産、尤七日ノ内宿ナリ、
一、氏神修復等ノ節ハ、当屋敷ノ内へ奉遷ナリ、
一、神主甚内断絶以前迄ハ、コノ甚内ニ申付、毎月朔日神酒ヲ捧シムル也、
一、当家ニ死去有之セツハ、輿（ママ）出入方ニテ相務ム、先肩七左エ門・同添弥兵衛、後肩弥右衛門、同添平治郎、其外役々香奠帳ニ委シ、
一、川瀬平治郎妻ヲ於方ト名ツケ、其外ノ妻ヲ於添ト云、

一、先代ヨリ当家ニヲイテ庄屋・横目堅相務不申、
一、出入方ノ内養子取幷入妻致シ候ヘハ、三日ノ日、目見ヘトシテ当家ヘ連参ル、其後相招キ盃致候、

この後に続く六つの一つ書部分には[23]、「出入方」と呼ばれる下坂家の家臣（被官）衆は下坂中村に十七軒あり、かつての下坂荘内になる田村（長浜市田村町）・下坂浜村（長浜市下坂浜町）・戌亥村（長浜市大戌亥町）・高橋村（長浜市高橋町）・永久寺（長浜市永久寺町）にも若干の「出入方」がいたと記されている。

ここでは、正月元旦・歳暮と盆には、村方の者が残らず裃を着けて下坂家へ挨拶に行くこと。「出入方」は五節句はもとより、正月七日の「年越之礼」、同月二十三日の「弓開き」、四月の「茶摘」、盆礼、九月の「竹納」には、手伝いのために下坂家に参向することが定められている。さらに、「出入方」は下坂家の葬式で輿を担ぐ役を任され、養子・入妻に当たっては三日目に下坂氏当主の「目見」を必要とした。下坂家は村の「人行司（村落内の連絡係）」・夜番は務めず、また庄屋・横目（彦根藩の場合の庄屋助役）も務めない。下坂家の者の出産に当たっては館外に出て産み、氏神只越社の修理に当たっては、神体を下坂家に遷宮させるとある。まさに「出入方」を含む村落住民とは一線を画す一方、城下町にいた大名家とは違う主従関係の実態が窺い知れよう。この点からも、下坂家が「農」と「士」の中間身分である郷士であったことが容易に読み取れよう。

『高凱随筆』（D5）において、下坂氏がその由緒を語る上で、最大限に主張するのは、足利氏や浅井氏に仕えた家柄である点である。ここに郷士身分を主張する最大の根拠があったと見られる。さらに、引用した「家格之記」に続く「親類之覚」には、近江国彦根藩・膳所藩・仁正寺藩の藩士の他、土佐国高知藩・陸奥国一関藩士と姻戚関係を結び、坂田郡野一色村の野一色氏、坂田郡箕浦村の井戸村氏など浅井氏旧臣との姻戚関係も存在したことが分かる。近

世村内で特殊な地位にある郷士身分の具体相を知り得る興味深い記録と言えよう。

板倉槐堂と江馬天江　時代が少々飛んで幕末になるが、下坂家では二人の勤皇の志士の援助者を出す。板倉槐堂（一八二二～七九）と江馬天江（一八二五～一九〇一）である。[24]板倉槐堂は「下坂氏由緒記」によれば、幕末の下坂家の当主である下坂高凱（篁齋）の四男と言われ、京都東郊の伏見街道五条下ルの薬屋武田以成の養子となり家業を継ぐ。また、薬商を維持しつつ公家・醍醐家の家臣となり、板倉筑前介を名乗った。文久二年（一八六二）頃、洛東大仏境内に土佐山内家陣屋を誘致、同じく大仏境内の「日吉山」に文武道場「並修館」を設置する。文久三年（一八六三）八月、大和で挙兵する天誅組は、離京に先立ちこの「並修館」に集結している。

元治元年（一八六四）六月の池田屋事件では、受難した志士二人が板倉邸に逃れている。幕府から勤皇に心寄せる者と捉えられ、翌月の禁門の変の後、三十三ヶ月間投獄されている。慶応三年（一八六七）四月七日に出獄し、その年の十一月十五日、京都河原町蛸薬師の醤油商近江屋新助方にいた坂本龍馬へ自画の「寒梅図」を届けた。龍馬暗殺はその直後で、床の間に掛けられた「寒梅図」には龍馬の血が飛び散った跡が残り、現在国の重要文化財に指定されている。[25]維新後は一時新政府に出仕したが、やがて官を辞し「淡海」を姓としている。

同じく「下坂氏由緒記」によれば、江馬天江は高凱（篁齋）の五男とされる。大垣の医師江馬家で医術を学び、その親類に当たる京都の江馬家の養子となり医師を継ぐ。大垣の江馬家は大垣藩主戸田家の侍医で、当主蘭斎の娘・細香は頼山陽との親交があった。天江も細香や、大垣出身の儒学者・梁川星巌やその妻・紅蘭の他、勤皇の志士と親交する。維新後は一時新政府に出仕したが、やがて官を辞し、明治七年（一八七四）から京都柳馬場御池下ルの居宅を購入、「退享園」と名づけて書画を楽しむ生活を送った。特に、その漢詩と書は評価が高い。

この下坂家から、勤皇を志す者を出した背景には、江戸初期以来、郷士として地域に影響力を持った家格の高さ、それに基づく教養力があったと考えるべきだろう。

7　不断光院の歴史

「下坂家文書」にみる不断光院　「下坂氏由緒記」によれば、「往古ハ名超寺也、（中略）近年迄当家墓処ノ跡アルヨシナリ、只今ハ不知」とあり、下坂氏の本来の菩提寺は坂田郡名越村（長浜市名越町）の名超寺（天台宗）であったとされる。以下の文書（A甲35）が「下坂家文書」に含まれる事実は、そのことをある程度裏付けるものであろう。

〔史料16〕名超寺光盛等請状

御先祖為御吊之御経一部并三部経一部之儀、七月十三日御はか参ニ相立候之処、今度致如在付御意乱尤候、然者向後少も致如在付者、御寄進儀可被仰付候、意儀申間敷候、然者御はか参之刻、衆僧一人罷出、御経読可申候、旁々以如在申候者、諸事堅可被仰付候、仍為後日之書状、如件、

永禄九年七月廿八日

名超寺
光盛（花押）
弘運（花押）
光圓（花押）

本書では「先祖御吊・墓参」のことを述べており、下坂氏の法事・墓参のことを示すとも考えられる。しかし、宛

名がない（下坂氏の名がない）ので明確なことは言えない。「下坂氏由緒記」では上記に続いて「当郡ニ不断光院ト云ヲ建立シテ菩提処トス」とあり、現在も下坂氏館の東南に建つ不断光院が下坂氏の菩提寺となった。さらに、同書は「不断光院ハ高雲山谷勝寺ト云、元亀元年庚午起立也、此事淡海輿地志ト云書ニモ載之」とある。事実、享保十九年（一七三四）に成立した『近江輿地志略』[26]には、元亀元年（一五七〇）に天誉実道和尚によって開基されたとある。

ただ、この不断光院の建立時期については、下坂家の中でも混乱があり、下坂高凱が記した「高雲山不断光院書記」（D24）によれば、下坂治部左衛門尉重兼法名実道によって建立されたとし、南北朝時代まで遡るとする。一方、明治十三年（一八八〇）に下坂高凱の長男柳坪が記した『古書抜粋』（D12）では、観応元年（一三五〇）の建立とする。

先の『近江輿地志略』の記述にも関わらず、不断光院が中世から存在したことは、長浜八幡宮文書の中の永享七年（一四三五）の年紀を持つ「勧進猿楽奉加帳」[27]に「二貫文　不断光寺／下坂殿」とあることから明らかである。下坂氏の奉加と共に登場する「不断光寺」は不断光院と同一の寺を指すと考えていいだろう。

元亀以前建立の証明

さらに、戦国期からの同寺院の存在を示す文書も存在する。[28]

〔史料17〕樋口直房書状

下坂不断光院請所之儀、吉米参拾石分申合候、不可有異儀候、恐々謹言、

元亀元

樋口三郎兵衛尉

九月廿三日　　直房（花押）

下坂若狭守殿　人々御中

下坂家の分家筋寺田下坂家に伝来した本書から、元亀元年（一四七〇）には同寺が存在したことが証明できることになる。浅井氏の家臣であった堀秀村の重臣・樋口直房が、同年九月二十三日に、不断光院の「請所」三十石を保証することを、下坂氏一族の若狭守に伝えた内容である。直房は姉川合戦後のこの段階では浅井氏から離れており、織田信長の意向を伝えたものとなっている。本書を見る限り、不断光院は建立されてから時間が経っていると判断され、元亀建立説は成り立たない。あるいは、「下坂氏由緒記」や『近江輿地志略』が元亀元年建立説を取るのは、この「請所」安堵＝創建という誤った理解をしたからとも考えられる。

現在まで伝来し、長浜市長浜城歴史博物館蔵となっている同寺什物の法然上人像や、阿弥陀三尊来迎図は、その成立が室町時代を下らないことからも、元亀建立説は成り立たず、その建立は南北朝時代まで遡ると考えた方がよい。なお、平成末年まで毎年二月二十四日・二十五日には、浄土宗の宗祖・法然の忌日に行なわれる「御忌法要」が不断光院で開催されたが、[29]近年は行なわれていない。往時は法要に際して寺院門前の下坂中町のメイン道路には露店がたち、「甲内さんの祭」として周辺からの参拝者で賑わった。起源は江戸時代以前に遡ると見られるが、史料的には近代以降しか確認できない。ちなみに、「甲内さん」は十八世紀後半の下坂家当主高秀・高知二代の通称である。

おわりに

以上、下坂氏館跡や菩提寺不断光院の現状から解き明かし、下坂氏の南北朝期から中世・戦国期、さらには江戸時代に至る歴史を縷述した。浅井氏滅亡後には帰農する下坂氏だが、江戸時代は農民と士分武士の中間となる郷士身分として、中世同様に地域で大きな影響力をもつ存在であった。近世大名家の家臣や旧浅井氏家臣の家と姻戚関係を持ち、戦国以来の村内家臣との儀礼も継続されるなど、村人から超越した独自の立場を守り続けた。幕末には、板倉槐堂・江馬天江など、主に京都で活躍した「勤皇の志士」の支援者を出している。

このような事例は、中世の封建制・主従制が近世武家社会においてのみでなく、底辺である村落内部においても持続していたものとして注目すべきである。現存する館の建物と遺構を見る時、さらにその感は強まる。近世村落はその自治性も中世村落（惣村）から受け継いだが、村落領主との主従制も中世村落から受け継いだのである。ただ、村によって自治性が強いか、主従制が強いかは差があった。そして、前者は近世の二世紀を通して発展するが、後者は徐々に解消していった。農民自治によって支えられた近世村は、秀吉や家康の登場で突然現われたものではない。中世の残影は近世村に長く影響を与え、幕末に向かって徐々に解消に向かうのである。

註

（1）地侍の館と村落の関係は、中井均「居館と村落―近江を中心とした分類の試み―」同『中世城郭の実像』（高志書院、二〇二〇年）、及び本書第二章三を参照。

（2）長浜市教育委員会『下坂氏館跡総合調査報告書』（二〇〇五年）。以下の遺構・建造物の説明も同書による。

（3）長浜市教育委員会『下坂氏館跡総合調査報告書』２（二〇〇八年）、下坂家住宅　下坂幸正『下坂家住宅主屋及び門修理工事報告書』（二〇一六年）を参照。以下の遺構・建造物の説明は註（2）報告書と共に同書による。

（4）村田信夫『不断光院本堂及び庫裏修理工事報告書』（不断光院、二〇一〇年）を参照。以下の同寺院の説明も同書による。

（5）『近江史料シリーズ2　淡海温故録』（滋賀県地方史研究家連絡会、一九七六年）。なお、引用部分によれば下坂には鍛冶が居住したとあるが、槍鍛冶として著名で、全国へ大名抱えの職人として広がった下坂鍛冶のことである。「八郎」とあるのは、田中吉政に仕えた下坂八郎左衛門を指すと見られる。下坂鍛冶と下坂氏の関係は不明であるが、下坂鍛冶については長浜市長浜城歴史博物館特別陳列『下坂鍛冶と越前康継』（二〇一〇年）を参照のこと。

（6）『改訂近江国坂田郡志』二（一九四二年）

（7）註（2）報告書に文書目録が掲載されている。

（8）以下の下坂家文書の文書番号は、註（2）報告書の文書目録による。また、釈文は長浜市長浜城歴史博物館架蔵写真データによる。その内、表1にA甲巻の文書のみ抜粋した。
（9）只越社への寄進状・売券は、〈史料3〉のA甲4、それにA甲6・7の文書である。
（10）『近江史料シリーズ7　淡海木間攫』三（滋賀県地方史研究家連絡会、一九九〇年）による。同書には坂田郡寺田村「牛頭天皇の項には「当社ヲ下坂田村ノ生土神ト云、下坂田村トハ、下坂中村・戌亥村・高橋村・浜村、右四村ヲ云ナリ、元ハ加田ノ庄三村トトモニ七村ノ生土神ナリ、何レノ時カ加田三村ヲ除キテ下坂四村ノ生土神トス」とある。本記事は先行する享保十九年（一七三四）編纂の地誌『近江輿地志略』の坂田郡田村「牛頭天王社」の記事を転写したものと見られるが、後者は村名を誤っているので、前者の記事を引用する。
（11）日本歴史地名大系25『滋賀県の地名』（平凡社、一九九一年）
（12）「下坂家文書」I群の文書。「下坂氏由緒記」はD17。
（13）本書第一章二を参照。
（14）註（11）書
（15）本書は、滋賀県坂田郡教育会『改訂近江国坂田郡志』六（一九四二年）や、村井祐樹編『戦國遺文』佐々木六角氏編（東京堂出版、二〇〇九年）にも掲載されるが、冒頭の「運送」から「文亀二九月日」の文字までの部分が省略されている。下坂家文書A甲30。
（16）国指定史跡「下坂氏館跡」の東側でも中世の居館跡が出土している。長浜市教育委員会『長浜市埋蔵文化財調査資料』一八（一九九七年）を参照。
（17）東浅井教育会『東浅井郡志』一（一九二七年）、拙稿「京極氏の歴史」伊吹町教育委員会『京極氏の城・まち・寺―北近江戦国史―』（サンライズ出版、二〇〇三年）を参照。『江北記』については、本書第一章三を参照。
（18）中村林一コレクション（長浜市長浜城歴史博物館蔵）
（19）中島宗左衛門が石田三成の家臣であったことは、安藤英男『石田三成のすべて』（新人物往来社、一九八五年）に掲載された安藤英男・斎藤司「石田三成家臣団事典」を参照のこと。また、慶長五年（一六〇〇）九月二十二日付け田中吉政宛「徳川家康書状」（柳川古文書館蔵）によっても、中島が三成の家臣だったことが類推される。
（20）本章一を参照。
（21）本章四を参照。

(22) 平井上総『兵農分離はあったのか』(平凡社、二〇一七年)を参照。
(23) 六つの一つ書には、出入方の姓や屋号などが記され、江戸時代の記載とは言え、個人情報と判断されるので省略する。なお、[史料15]の〈 〉内は割書の部分である。
(24) 長浜み〜な協会『み〜な　びわ湖から』VOL.125「近江の幕末維新」(二〇一五年)を参照。
(25) 京都国立博物館　特別展覧会『龍馬の翔けた時代—その生涯と激動の幕末—』(二〇〇五年)などを参照。
(26) 『校定頭註　近江輿地志略　全』(歴史図書社、一九六八年)による。
(27) 『改定近江国坂田郡史』七(一九四二年)に掲載。
(28) 註(27)書。
(29) 『長浜市史』六　祭りと行事(二〇〇二年)を参照。

〔付記〕

二〇一九年十一月一日、この館跡を今に伝えた子孫から、国指定史跡「北近江城館跡群　下坂氏館跡」の主要部の敷地と敷地内の建物が長浜市へ寄付された。これを受け、長浜市は史跡の公開に向かって整備を行なったが、二〇二〇年八月八日から、十二月〜二月の冬期を除き、土日の一般公開が行なわれている。新型コロナウイルス感染拡大のため、五月の開館を八月に延期しての公開となった。

国指定史跡の面積は約一万七千平米だが、子孫が創業した医院部分などを除いて、寄付された面積は約八千五百平米。館跡部分に主屋や門等など六棟、菩提寺不断光院に本堂・庫裏など五棟、合計十一棟の建造物が建っている。公開に当たり、管理・運営を六荘地区地域づくり協議会、地元下坂中町の住民を中心とした「下坂氏館を守る会」に委託している。地域住民による文化財の保存・活用として、この運営実績は高く評価されるべきだろう。

四　浅井氏家臣・野一色氏の近世―中世土豪の近世的変容―

1　新発見の野一色家文書

野一色家についての史料　著者はかつて、坂田郡野一色村（米原市野一色）の土豪・地侍である野一色氏の由緒書「大原佐々木先祖次第」を翻刻紹介したことがある。(1) その際、野一色氏の関連文書の有無を同氏のご子孫に確認を行なった。その後、長く連絡を取らなかったが、二〇二〇年（令和二）二月になり、その子孫が長浜市長浜城歴史博物館に、後日発見された文書群をご持参された。この新発見文書群を調査・整理したところ、特に寛永三年（一六二六）三月の「野一色秀長田畠屋敷譲状」は、先の「大原佐々木先祖次第」と深く関係あり、かつ中世の土豪の所有地や立場が、近世（江戸時代）に如何に変化するかを知る上で貴重な事例と考えられるので、文書群全体を紹介するなかで内容を詳細に検討したい。

その結果、坂田郡箕浦村の土豪である井戸村氏が残した「井戸村与六作職書付」で様々に議論されている、(2) 太閤検地によって否定された土豪の土地経営について、近世における実態の解明が可能で、かつそれを基に遡及的に中世土豪の姿を知り得ると予測される。(3)

野一色氏の系譜　本節で扱う野一色氏については、「大原佐々木先祖次第」で触れた前稿で詳述したので、ここではそれを要約するに留めよう。野一色氏は宇多源氏佐々木氏の庶流で、坂田郡大原荘（米原市大原小学校区周辺）地頭であった大原氏一族であったと言われる。大原荘内の野一色村に居住し、戦国時代には京極氏や浅井氏に従ったと見られるが、野一色長頼(勝右衛門)・頼母兄弟の時代に、浅井氏攻めのため横山城(米原市朝日・長浜市石田町など)に在陣した木下(羽柴)秀吉のもとに参降し、長頼は秀吉家臣である浅野長吉(政)に仕官、頼母は同じく秀吉家臣の中村一氏に仕官した。

その後も、長頼とその子息である秀忠(外記)・秀長(仁(二)右衛門)の父子三人は、浅野家中に留まり、秀長については和歌山藩主から広島藩主と転封となった浅野家に仕官し続けていたことが知られる。この秀長が「大原佐々木先祖次第」の作者であり、本稿で紹介する譲状の作者でもある。その後、この秀長は譲状の宛名である娘「おこな」への世代交代の頃に、何らかの理由で広島藩浅野家のもとを離れ、野一色村の本貫に帰農し、現在に至っていると見られる。本文書群は、野一色村の同家に伝来したものである。

なお、同じく浅野氏家中となった秀長の兄秀忠の系統については、近世前期以降の広島藩士として、秀長系同様に記録がなく、いかなる歴史をたどったかは不明である。さらに、秀長の叔父に当たる頼母は、中村一氏の弟に当たる一栄軍に属し関ヶ原合戦へ参陣していること。決戦の前哨戦である杭瀬川合戦において東軍の主力として戦い、西軍の嶋左近軍に討ち取られていることは著名である。その子孫は幕臣として、江戸後期まで存続したことが『寛政重修諸家譜』によって確認できる。

文書群の概要　今回調査した野一色家に伝来した文書は、表1に見るように総数一〇六点に及ぶものである。五つの箱に収められているが、大きく分けて次の三種類の文書に大別できる。

①姉川から取水する農業用水である出雲井をめぐり、隣村である間田村(米原市間田)・上夫馬村(米原市朝日)・市場村(米原市市場)との取り決めや訴訟に関する文書。

②野一色村の村社である八幡宮屋根改修にあたり、箱棟に野一色氏家紋「四つ目結」をつけるか否か等、八幡宮の経営に関する村方との争論に関する文書。

③もと野一色氏の寺坊で同村にあった松林坊は、江戸時代には間田村の岡神社の付属となっていたが、明治初年の神仏分離にともない、その坊地や所持田地を岡神社へ寄附する件に関する文書。

この内、②に関する文書の中で、長頼（勝右衛門）についいは、十八世紀後半の野一色家の当主と見られる善内によって、次のような記述がなされている（表1・83）。「野一色村の若宮八幡宮は、野一色家の先祖が屋敷の鬼門除として建立したものだが、その後に蛭子社・稲荷社を合殿として、八幡宮の社地へ移した経緯がある。天正の頃、先祖の長頼が他国に奉公へ出たので、野一色村にあった松林坊へ財産を預けて行ったが、慶長の頃に検地があって八幡宮は惣社（村の神社）同様になってしまった。」ここで、長頼が他国に奉公に出た際、財産を松林坊に預けていったとする事実は、後述する譲状の記述と一致する。

また、野一色村は長頼子の秀長（仁右衛門）について、同じく②に属する寛保元年（一七四一）の文書（表1・32）は、村方の主張として以下のように記す。「間田村に所在する松林坊が、かつて野一色村にある時は伊兵衛が相続していた。この伊兵衛女房に、安芸国広島藩に奉公していた仁右衛門娘を妻合せた。この仁右衛門という者は、どこの者とも分からない浪人が当村に留まった者の末裔で、この仁右衛門の代に百姓をすて、芸州広島藩へ「かせぎ」に出向いていたもので、殿様の勘気を蒙って村へ帰ってきた。」

この文書は、八幡宮の屋根の紋「四ツ目」について、村方が「丸に四ツ目」であると訴え、野一色氏が「丸」がないと反駁することを、「古来之格式」を妨げると訴えた内容となっている。したがって、野一色氏については、村との関わりがないように不利に記述している可能性が高いが、ここでいう「仁右衛門娘」で「伊兵衛女房」となった人

表1　坂田郡野一色村　野一色家文書目録

番号	元号	年	月	日	文書名	員数
1	寛永3	1626	03		野一色秀長田畠屋敷譲状	1通
2	承応3	1654	08	08	大原之庄出雲井懸高付之覚	1通
3	明暦3	1657	01	12	稲荷之儀門前門前衆出入之儀ニ付指上書写	1通
4	延宝2	1674	04	19	出雲井筋掃除場所之儀ニ付一札写	1通
5	延宝2	1674	04	19	野田井・落川井うまり申時之儀ニ付一札写	1通
6	延宝2	1674	04	19	出雲井筋掃除あつかい之儀二付一札写	1通
7	延宝2	1674	04	19	野田井与落川井うまり申時之儀ニ付一札	1通
8	延宝2	1674	04	19	出雲井筋掃除御あつかい之儀ニ付一札	1通
9	延宝2	1674	99		落川井・野田井埋申時之儀ニ付一札写	1通
10	延宝5	1677	05	11	上夫馬村・野一色村境野ニ付取替手形写	1通
11	延宝5	1677	05	11	上夫馬村・野一色村境野ニ付取替手形写	1通
12	延宝5	1677	05	11	上夫馬村・野一色村境野ニ付取替手形写	1通
13	元禄10	1697	04	26	市場村与野一色村川はば出入ニ付取替手形写	1通
14	元禄10	1697	04	30	野一色村けんとう井ニ付願書	1通
15	元禄10	1697	04	30	野一色村けんとう井ニ付申上書写	1通
16	元禄10	1697	08		野一色村けんだう井川幅絵図	1枚
17	元禄12	1699	04	26	野一色村与市場村川幅出入ニ付取替手形	1通
18	元禄12	1699	04	26	市場村大川東之杭等之儀ニ付取為替一札写	1通
19	元禄12	1699	04	26	野一色村与市場村川幅出入ニ付取替手形写	1通
20	元禄12	1699	04	26	市場村大川東之杭等之儀ニ付取為替一札	1通
21	元禄12	1699	04	26	野一色村与市場村川幅出入ニ付取替手形	1通
22	元禄14	1701	06	18	きつねつか溝岩田すゑ石之儀ニ付定書	1通
23	元禄14	1701	06		きつねつか溝岩田すゑ石之儀ニ付口上書写	1通
24	宝永6	1709	06		観音寺領井野一色村小百姓理不尽ニ付申上書写	1通
25	宝永6	1709	08		観音寺領出雲井懸り水田新法之儀ニ付申上書写	1通
26	享保12	1727	03		野一色村中家譜	1冊
27	元文2	1737	02	09	勘当御免之儀ニ付一札	1通
28	元文5	1740	06	26	八幡宮箱棟四ッ目紋之儀ニ付申上書写	1通
29	元文5	1740	07	06	当氏神箱棟紋相調之儀ニ付済状写	1通
30	元文5	1740	07	06	当村氏神箱棟四ッ目紋之儀ニ付済状写	1通
31	寛保1	1741	04		才治方宮相続鋪地宛米村方へ渡之儀ニ付申上書写	1通
32	寛保1	1741	04		才治方宮相続鋪地宛米村方へ渡之儀ニ付申上書写	1通
33	寛保1	1741	04		氏神八幡宮紋之儀ニ付断申上書	1通
34	元文6	1741	06		氏神若宮八幡宮屋根葺替之儀二付赦免礼状	1通
35	寛保2	1742	04		才次委細吟味之儀ニ付申上書写	1通

番号	元号	年	月	日	文書名	員数
36	寛延2	1749	11		氏神稲荷・八幡宮鎖鍵之儀ニ付覚書写	1冊
37	安永8	1779	02	06	次郎吉等勤方和談之儀ニ付口上書	1通
38	安永8	1779	02	26	次郎吉与出入之儀ニ付申上書写	1冊
39	安永8	1779	02		次郎吉等勤方之儀ニ付口上書	1冊
40	安永8	1779	02		次郎吉等勤方之儀ニ付口上書	1冊
41	安永8	1779	02		次郎吉等勤方和談之儀ニ付口上書	1通
42	天明4	1784	02	11	次郎吉居宅仕替之儀ニ付申上書	1通
43	天明4	1784	03	02	善内屋敷地之内屋敷替之儀ニ付一札	1通
44	天明4	1784	03	15	善内殿屋敷地内地替之儀ニ付一札写	1通
45	寛政11	1799	03		氏神両宮大破修復之儀ニ付取替一札写	1通
46	寛政11	1799	03		両宮屋根葺替修復鍵預り之儀ニ付一札写	1通
47	寛政11	1799	03		両宮屋根葺替修復鍵預り之儀ニ付一札写	1通
48	寛政11	1799	03		両宮屋根葺替修復鍵預り之儀ニ付一札写	1冊
49	享和1	1801	99		野一色村茂右衛門跡職貰イ之儀ニ付一札雛形	1通
50	享和2	1802	08		若宮八幡宮棟札写	1通
51	享和2	1802	09		寛政十一年惣社故障之儀ニ付証拠書預り書写	1通
52	享和2	1802	09		惣社修復遷宮棟札御幣等之儀ニ付定書写	1通
53	享和2	1802	09		惣社修復遷宮棟札御幣等之儀ニ付定書写	1通
54	文化2	1805	04		氏神遷宮為替証文指障之儀ニ付覚写	1通
55	文化2	1805	04		氏神遷宮為替証文指障之儀ニ付覚写覚	1通
56	文化2	1805	04		氏神遷宮為替証文指障之儀ニ付覚写覚	1通
57	文政4	1821	03		屋敷地広ヶ申間敷之儀ニ付一札	1通
58	安政4	1821	11		田地返地之儀ニ付為取替一札	1通
59	安政4	1821	11		普代指免シ之儀ニ付為取替一札写	1通
60	嘉永3	1850	02	07	遷宮導師光明院之儀ニ付覚写	1通
61	嘉永7	1854	08	20	宮屋根葺替遷宮導師宿之儀ニ付一札写	1通
62	嘉永7	1854	08	20	宮屋根葺替遷宮導師宿之儀ニ付一札写	1通
63	嘉永7	1854	09		宮屋根葺替遷宮導師宿之儀ニ付約定一札	1通
64	安政2	1855	02		市場村と野一色村と川幅出入ニ付御勘考留書写	1冊
65	安政4	1857	03		調達講金借用書	1通
66	明治2	1869	99		松林坊故障一件之儀ニ付申上書写	1冊
67	明治3	1870	08		松林坊田地七反寄附之儀ニ付為取替証文	1通
68	明治3	1870	08		松林坊寄附田地目録	1通
69	明治3	1870	08		松林坊廃止之儀ニ付野村一ヶ所売払約定一札	1通
70	明治3	1870	12	16	正林坊村方家役之儀ニ付一札写	1冊
71	明治3	1870	12	16	松林坊壱軒役之儀ニ付一礼	1通

番号	元号	年	月	日	文書名	員数
72	明治3	1870	12	16	野一色村方家役之儀ニ付一札	1通
73	明治3	1870			岡神社松林坊仏具等悉地院請取之儀ニ付一札写	1冊
74	明治3	1870			岡神社野一色村松林坊廃止之儀ニ付申上書写	1冊
75	明治9	1876	05	08	岡神社一件書記	1冊
76	明治9	1876	05	11	正林所持地之儀ニ付御願書	1冊
77	明治12	1879	09	30	氏神堂宇修復遷宮之儀ニ付為取替一札	1通
78	明治12	1879	09		氏神堂宇修復遷宮之儀ニ付為取替一札写	1通
79	明治10	1877	09		作人様江喧嘩雑言之儀ニ付誤か条書	1通
80	昭和9	1934	07	15	野一色家頼母家報復文書送付状	1冊
81			01	13	倹約之筋油断有之儀ニ付触書写	1冊
82			02	03	氏神両宮破損之儀二付申上書	1通
83			03		若宮八幡宮等正月鏡餅之儀ニ付申上書写	1通
84			06	20	松林坊一条ニ付出張依頼書	1通
85			07	03	用水掃除之儀二付御あつかい頼入書写	1通
86			07	03	用水掃除之儀二付御あつかい頼入書	1通
87			10		金銭勘定覚	1通
88			12	09	善内殿より御寄附反畝歩之儀ニ付手紙	1通
89			12		出雲井ニ付伊吹村訴訟之儀ニ付覚写	1通
90			12		出雲井ニ付伊吹村訴訟之儀ニ付覚写	1通
91					野一色村·間田村用水二岐論所絵図	1枚
92					上夫馬村·野一色村井水絵図	1枚
93					上夫馬村·市場村·野一色村井川絵図	1枚
94					上夫馬村·市場村·野一色村井川絵図	1枚
95					野一色村·上夫馬村間井水絵図	1枚
96					野一色村けんとう井ニ付申上書写	1通
97					米·小麦勘定覚	1通
98					寛政十一年等当村氏子与故障之儀ニ付定雛形	1通
99					氏神堂宇修復遷宮之儀ニ付為取替一札写	1通
100					氏神堂宇修復遷宮之儀ニ付為取替一札雛形	1通
101					竹越家系図	1冊
102					徳川慶喜大政返上·大逆之儀ニ付書付写	1冊
103					出雲井落書状写等綴	1冊
104					弥高寺と之故障松林坊一件之儀ニ付申上書	1通
105					善内持地内居宅替地之儀ニ付申上書	1通
106					松林坊由緒·徳米之儀ニ付差上状	1通

物が、本節で扱う譲状の宛名「おこな」である。後述する「おこな」が松林坊の財産を継承した事実を、村方の文書から確認できることは重要であろう。

2　譲状の分析

譲状の内容と性格　「野一色秀長田畠屋敷譲状」(表1・1)は、野一色仁(二)右衛門秀長が江戸前期の寛永三年三月に、娘の「おこな」に屋敷を含む土地三十八筆を譲り渡した証文である(釈文後掲)。本書の冒頭には、「江州坂田郡大原庄ニ而、野一色二右衛門代々かゝへ分田地・田畠幷やしき方共之覚」とあるので、合計三十八筆に及ぶ田畠と屋敷を、野一色秀長が自身の所有地(抱え分)と認識していることが分かる。さらに、「野一色二右衛門尉下地分、御けんち帳面ニ松林坊ニ名付仕候」とあるのは、近江国で一斉に行なわれた天正十九年(一五九一)の太閤検地、それに徳川家康による慶長七年(一六〇二)検地では、野一色秀長の所有地でありながら、松林坊という寺庵の名請地として登録されていたことを示している。

この認識について、三十八筆の書き上げの後に、以下のように記す。これらの土地は野一色秀長自身の所有地だが、村内の松林坊に今まで預けていた。この度、これらの土地を娘「おこな」に譲り渡す上は、誰も異議を申し立てることは出来ない。さらに、松林坊には、牛も含めた農具や鍋釜などの家財道具も一緒に預けたので、松林坊によく尋ね、少しも残らず受け返すように指示している。「おこな」は女性であるが、入婿を迎えるようにして、その入婿を秀長が指図する形で、譲り渡した土地を経営すると述べる。この入婿が、先の寛保の文書に言う伊兵衛であろう。秀長自身は広島にいるが、中世以来の野一色家の所有地は、その娘である「おこな」とその夫である養子に譲り、遠方から土地経営のアドバイスをすると主張したものである。

さらに、譲状本文によればこの譲状の他に、もう一通の松林坊への譲状があり、そこには本書に記した田畠以外の土地も記しているとある。本書以外に松林坊へ譲った地がどのくらいあるか同坊へ尋ね、その土地一覧を野一色村の藤左衛門尉と松林坊の署判をもらって、広島の秀長まで送るよう指示している。この記載から、本書に載る田畠・屋敷が野一色秀長が相伝したすべての所有地ではなく、他に性格が異なる所有地が存在したことになる。これが、如何なる土地であるかは後段で検討しよう。

なお、ここで土地を一時譲られた松林坊は、現在も野一色内に跡地が残る「正林坊遺跡」にあった寺庵と推定される。(4)

譲られた土地　それでは、本譲状で譲られた田畠・屋敷の内容について、その内容を纏めた表2を使って概観してみよう。その総合計は三十反十八分となり、その内畠は九反三畝二十二分、屋敷は「屋敷前」と表現された土地も含めて八畝八分となり、残りが田地である。所持石高の合計は、二十三石三斗八升三合四勺となる。「寛永石高帳」(5)の野一色村の村高が三百二十四石余であるので、本譲状所載の土地だけでも、村高の七パーセント余りの作職を野一色氏が所有していたことになる。ただ、後述するように、野一色氏の加地子所有地もあったと推定できるので、中世において同氏が経営した地の全貌は、本書だけではとらえられない。

反別斗代(一反辺りの年貢高)は、上田＝一石五斗、中田＝一石四斗、下田＝一石、下々田＝六斗、下畠＝三斗～五斗、下々畠＝一斗二升～一斗五升、屋敷＝一石である。延宝検地に際しての同郡内の大野木村(米原市大野木)の斗代が、上田＝一石五斗、中田＝一石三斗、下田＝一石、下々田＝八斗、下畠＝二斗五升、下々畠＝一斗五升、屋敷＝一石であるので、(6)本書の斗代が検地帳に記載された石高であることは明らかである。

表２　野一色二右衛門田畠屋敷譲状　譲地一覧

番号	地字(作人)	田品等	田畠面積		田面積換算(反)	石高(石)	反別斗代(反)	持主
			反	分				
1	はね	上田	1	0	1	1.4	1.40	野一色二右衛門
2	小た	中田	0.2	24	0.28	0.336	1.20	野一色二右衛門
3	里ノ東	中田	0.4	4	0.413	0.496	1.20	野一色二右衛門
4	びわくび	下田	0.5	15	0.55	0.55	1.00	野一色二右衛門
5	かご作り	下田	0.9	18	0.96	0.959	1.00	野一色二右衛門
6	在所ノ北	下田	0.4	0	0.4	0.4	1.00	野一色二右衛門
7	くぼた	下田	1.2	18	1.26	1.259	1.00	野一色二右衛門
8	南ノぬれしろた	中田	0.3	0	0.3	0.36	1.20	野一色二右衛門
9	正祐作	中田	0.5	0	0.5	0.6	1.20	野一色二右衛門
10	ひろおさ	中田	0.6	0	0.6	0.72	1.20	野一色二右衛門
11	二郎大郎作り	下々田	1	4	1.013	0.608	0.60	野一色二右衛門
12	しりひろ	中田	0.9	2	0.906	1.088	1.20	野一色二右衛門
13	ちやの木處	下田	0.2	12	0.24	0.239	1.00	野一色二右衛門
14	本郷衆作	上田	0.6	29	0.696	0.976	1.40	野一色二右衛門
15	いわご	中田	1	8	1.026	1.232	1.20	野一色二右衛門
16	大南代	下田	0.8	18	0.86	0.859	1.00	野一色二右衛門
17	同所	下田	0.8	18	0.86	0.859	1.00	野一色二右衛門
18	□□	下畠	1.1	6	1.12	0.558	0.50	野一色二右衛門
19	同所田	下田	1.7	0	1.7	1.7	1.00	野一色二右衛門
20	同所	下田	0.7	10	0.733	0.724	0.99	野一色二右衛門
21	同所	下田	0.9	9	0.93	0.93	1.00	野一色二右衛門
22	長畠	下田	2.4	24	2.48	2.479	1.00	野一色二右衛門
23	同所	下田	1.3	10	1.333	0.367	0.28	野一色二右衛門
24	同所	下畠	0.4	0	0.4	0.2	0.50	野一色二右衛門
25	同所	下々畠	0	26	0.086	0.013	0.15	野一色二右衛門
26	同所	下田	0.1	5	0.116	0.117	1.01	野一色二右衛門
27	同所	下畠	0.1	2	0.1066	0.0534	0.50	野一色二右衛門
28	さらやしき	下畠	0.4	20	0.466	0.234	0.50	野一色二右衛門
29	同やしき	中田	0.3	29	0.396	0.419	1.06	野一色二右衛門
30	同やしき	中田	0.3	1	0.303	0.364	1.20	野一色二右衛門
31	かいとしり	下畠	1	24	1.8	0.544	0.30	野一色二右衛門
32	同所ノ下	下々畠	1	0	1	0.15	0.15	野一色二右衛門
33	同所	下々畠	1.4	0	1.4	0.21	0.15	野一色二右衛門
34	同所	下々畠	0.8	20	0.866	0.13	0.15	野一色二右衛門
35	のかみ	下々畠	1.6	20	1.666	0.25	0.15	野一色二右衛門
36	同所	下々畠	1.1	24	1.18	0.177	0.15	野一色二右衛門
37	屋敷	屋敷前	0.1	18	0.16	0.16	1.00	野一色二右衛門
38	居屋敷	居屋敷	0.6	20	0.666	0.663	1.00	野一色二右衛門
		合計	28.6	438	30.7716	23.3834		
		反単位再合計	30.0	18				

註）23の石高は1石3斗６升7合の誤りの可能性がある。
石高の合計は史料上とは一致しない。

従って、各筆にはこの石高の他に、作職にともなう得分があったはずで、これが野一色氏の収入となった。それは、本書に見える各筆の右上に散見される「正祐」(表2・9)「二郎大郎」(表2・11)・「本郷衆」(表2・14)のような下作人から納入されるものであった。しかし、この下作人からの作職得分が、検地が終了し年貢高が決められたこの段階で、本当に得られたかは不明である。ただ、野一色氏は得られると判断して、本書を作成したことになる。

各筆の地字については、現在の野一色の小字・孫字と比較すると、(7)「はね」(表2・1)＝「刎」、「かご作り」(表2・5)＝「西ノ森」の孫字「籠作」、「正祐作」(表2・9)＝「村ノ内」の孫字「シヨイ作」、「長か田」(表2・22〜27)＝「丁ノ道」の孫字「長田」が一致する。この他、「のかみ」(表2・35)が集落南の「野神」の祠周辺を指すと考えられる。(8)以上から、本書に掲載された土地は、すべて野一色村内にあったと見るべきだろう。

さらに、屋敷地は「屋敷前」・「居屋敷」合わせた八畝八分で、現在も確認される集落東部の野一色城跡を指すと推定される。(9)戦国時代の野一色氏の居館跡で、東北は八幡神社と接する。この居館跡には、最近まで土塁が残存していたが、昭和五十年頃に一部を除き撤去されている。本書で中世以来の居館(屋敷地)を含めた土地を娘に譲っていることは、秀長が野一色村に居住する野一色氏の正嫡で、その跡職全体を広島に居ながら管理していたことを示している。

野一色氏の立場と検地名請　譲状はこれらの土地が、検地帳において野一色氏の名請とならなかったことについて、次のように重要な証言を記す。「野一色二右衛門下地ニ松林坊之名を付候事ハ、さふらいの田地と申候へハ、我等なとつけ候事いかゝと候て、松林坊之名付申候而置申候」。すなわち、野一色氏のような「さふらい(侍)」の土地と検地帳に名請するのは「如何」と判断したからであるという。検地帳の名請人が野一色氏のような在村しない侍では問題があり、村にある野一色氏関連の寺庵である松林坊の名請とした事実を語っている。

ここで想起すべきは、坂田郡箕浦村（米原市箕浦）の土豪井戸村氏が、天正十九年（一五九一）の太閤検地に当たって、本来同氏の所有地である家臣（被官）への扶持地を、井戸村氏の名請ではなく家臣（被官）の名請とせざるを得なかった事例である。(10) 太閤検地の方針は、在村しているかいないかに関わらず、中世以来の土豪（侍）の作職所有地を検地帳へ名請することを否定するものであった。井戸村氏の家臣への扶持地と同様、本書にある田畠も実際の作人が下作職を持つ、得分としての作職であることは、書き上げられた田畠の右上に地字以外の表記として、「正祐作」・「二郎大郎作り」・「本郷衆作」と、実際の作人（下作職の所有者）の名を記述していることから明らかである。

天正十九年検地に当たって、井戸村氏は作職を家臣の名で名請するが、その家臣たちにこれらが本来井戸村氏の作職所有地であることを認めさせる書付を作った。これが、著名な「井戸村与六作職書付」である。野一色氏の場合は、作職を寺庵の土地として名請させ、しばらく経った寛永年間にそれを受け返し、娘へ譲ろうとした訳である。しかし、これらの土地を実際に耕作していた「正祐」・「二郎大郎」、それに隣村本郷村の人々が、江戸時代も三十年余り経過した中で、野一色氏の所有地であることを認めたかは確証がない。あるいは、この不安定を解消するため、秀長が広島藩での奉公をやめて、帰村する道を選んだのかもしれない。昔の野一色氏の権勢を知る者の存在が、その所有地である作職を守るためには必要だと判断したとも考えられる。

3　武士・郷士としての野一色家の立場

野一色氏の由緒　そこで本譲状で引き合いに出されるのが、野一色氏の中世以来の由緒である。それによれば、野一色氏は宇多源氏の流れを汲む大原佐々木氏判官の一族で、大原氏が断絶したので、大原佐々木氏を継ぐ家だと自負する。大原氏は鎌倉中期に近江守護佐々木信綱の子が四家に分かれた一家である。その長男の重綱が大原氏、次男の高信が高島氏、三男泰綱が六角氏、四男氏信が京極氏の祖となったことは周知のごとくである。この重綱からつながる大原氏は、十五世紀後半までは坂田郡大原荘で奉公衆として領主制を展開するが、その後は六角氏に吸収されてしまう。(11)大原荘に展開した大原氏家臣たちは、村落側から見れば土豪であるが、大原氏一族を称する者も多かった。野一色氏もそのような土豪の一家である。

本書の末尾では、野一色家の家紋が佐々木氏と同じ「四つ目結」で、宇多天皇まで遡ることができる家系であることも強調する。太閤検地で松林坊の名請としてしまった、中世所有地の回復を意図する秀長としては、鎌倉時代以来在地において領主制を展開し、多くの土地を所有する家系であるという由緒が何よりも大切であった。ここで、わざわざ自家の成り立ちを説くのはその為であろう。さらに、本書では同氏が野一色村全体を統治し、被官(家臣)はもとより、村の百姓の土地や屋敷も同氏が提供したものであるとする。親の勝右衛門の時代には、百姓を「子分」のように扱い、百姓の屋敷地からは加地子を取っていたと記す。

被官の支配は当然ながら、百姓までも同氏の支配権が及んだかは、少々検討が必要で、その勢力を過大に表現している可能性もある。ただここで、百姓の屋敷から加地子を取っていたと記すのは重要であろう。本書に記載された三十八筆が作職であるのに対して、野一色氏の中世における所有地は、北近江で「作徳」とか「徳分」などと表現される加地子があったことを示唆するものである。あるいは、加地子分がもう一通の松林坊への譲状なのかもしれない。荘園所職を持たない戦国時代に台頭した土豪の収入源は、この作職と加地子の二つが主なものであったと考えられる。加地子は一種の小作料に当たるものだが、太閤検地によって完全に否定された。しかし、作職については井戸村氏の例に見るように、家臣へ扶持されるものであり、江戸時代に至っても土豪が所有権を主張するものだったのである。

野一色氏の系譜　譲状には本節冒頭で紹介した、秀長の父の時代からの系譜についても記されている。父勝右衛門（長頼）・兄外記（秀忠）は、太閤秀吉が未だ「羽柴秀吉」と言っている時に奉公に出たとある。「大原佐々木先祖次第」によれば、秀長を含めた野一色氏の父子三人は、秀吉家臣の浅野長政に仕え、次代の和歌山藩主となった幸長、さらに広島藩主となった長晟の代まで仕官を続けている。本書でも「百姓共もたれへ候て、いにしへハあとのたへたるもの田畠やしきハ、我等のいへ《(家)》へとり申候也、然共今ハ我等奉公人候へハ、無其儀も候」と述べる。かつては百姓で相続人がいない家は、野一色家がその家を接収したが、今は奉公に出ているので、それもできないと記す。

この記述は、本譲状が作成された寛永三年に至っても、野一色秀長が広島藩士として浅野家に仕えていた事実を示す。実は、「大原佐々木先祖次第」によれば、同書が編纂された寛永九年（一六三二）段階においても、同氏は広島藩に奉公していたことが分かっている。その後、秀長以降の野一色氏の記録が広島側にないことから、奉公をやめて近江に帰ったと判断されるが、時期については不明である。秀長隠居後、少なくとも本譲状の宛名である「おこな」の時代には、本貫の近江国坂田郡野一色村に本拠を戻したと考えられる。秀長系の野一色氏が帰農したことは、先に紹介した本文書群の他の文書から明らかである。

ここで重要なのは、野一色氏が浅野家への仕官、それに広島藩士としての活動を、「御奉公ニ罷り出る」、すなわち奉公に出ていると認識していたことである。また、自分たちは「奉公人」であるとの記述もある。そこには、郷里を離れて武家身分となることは一時なもので、自らの本貫の地へ戻ることが、中世土豪身分の近世社会における選択肢としては当然あり得るとの認識が存在したと推定できる。事実、野一色氏は本貫への帰郷を果たすことになる。中世土豪の近世大名への武家奉公は、必ずしも未来永劫ではないという発想が、野一色氏以外の土豪たちにもあった可能性がある。やがては、先祖の地である本貫に帰るという認識が一方にあった。そうした行動は、同じ坂田郡内の上坂氏の場合も知られているが、[12]在地領主制を基本とする日本の封建制度の底辺に流れる思想と言えよう。

まとめ

本稿によって、中世土豪がその戦国時代の所有地を、土豪の作職保有を認めない太閤検地から守るため、関連する寺庵の所有地として検地帳に記載していたことが分かった。そして、それは江戸前期においては、寺庵から受け返して娘に譲渡できるものと認識していた。その根拠は、宇多源氏佐々木氏子孫という由緒と、中世に野一色村を統治した同氏の経歴であった。この譲状の場合、野一色氏の主張は地域では容易には認められず、井戸村氏と同様に、その作職権は徐々に否定され、近世的秩序に呑みこまれることとなる。しかし、近世前期における土豪たちが、近世大名の家臣となっていても、本貫の地についでの所有意識が残り、太閤検地による作人(本稿では下作人となる)名請の事実を認めない態度を取っていたことが分かる。

大名家臣の身分となった本貫地を離れた近世武士が、自らの中世土豪段階の権利に執着する。この事実は、日本における中世から近世への社会変革は、十六世紀末から十七世紀初めに突然なされた訳ではなく、幕初十七世紀の約百年間を通じて、徐々に達成されたことを示している。最近、野一色氏のような大土地所有を行なう「郷士」を近世社会が容認していた事実から、平井上総氏はこれまで中世と近世を分けるメルクマールとされてきた「兵農分離」政策は、徹底して行なわれなかったと述べる。[13]野一色氏の場合も「郷士」としての身分が、所有地や神社をめぐる問題が村方との間に惹起することになる。さらに、湯浅治久氏は中世土豪論について惣村(村落共同体)との関係で論ずる必要性を強調するが、[14]近世の野一色氏の村方との関係から、遡及的に中世の土豪と惣村の関係を考える視点も有効で、本節はその一助に成り得るものと考えている。

註

（1）拙稿「《史料紹介》大原佐々木先祖次第」大原美範編『第二輯佐々木大原の系譜』（私家版、一九九九年）
（2）井戸村氏についでの私見は、本章一を参照のこと。近年の研究動向については、長谷川裕子「中近世移行期土地所有史の論点と課題」（『歴史学研究』七七四、二〇〇三年）を参照のこと。
（3）発見された「坂田郡野一色家文書」の整理と文書目録の作成は、長浜市長浜城歴史博物館の学芸員（二〇二〇年当時）黒岩果歩氏が行なった。本項はそれを基に、文書内容の紹介・分析を行なったものである。
（4）山東町『山東町歴史写真集』（一九九二年）に、「正林坊遺跡」の説明と位置が示されている。
（5）日本歴史地名大系25『滋賀県の地名』（平凡社、一九九一年）
（6）『改訂近江国坂田郡志』二（一九四二年）
（7）小字・孫字については、角川日本地名大辞典25『滋賀県』（角川書店、一九七九年）を参照。
（8）註（4）書を参照。
（9）註（4）書を参照。
（10）註（2）を参照。
（11）本書第一章一を参照。
（12）坂田郡西上坂村（長浜市西上坂町）の土豪であった上坂八右衛正信の場合は、豊臣秀長・秀吉家臣として活動した後、関ヶ原合戦の後、叔父貞信が守り続けていた西上坂村の地へ帰農することとなる。一族には、彦根藩士となったものもあった。上坂氏については、滋賀県教育委員会『滋賀県中世城郭分布調査』六（一九九八年）の「上坂城」の項を参照。
（13）平井上総『兵農分離はあったのか』（平凡社、二〇一七年）
（14）湯浅治久「惣村と土豪」（『岩波講座　日本歴史』九、二〇一五年）

野一色秀長田畠屋敷譲状　釈文

江州坂田郡大原庄ニ而、野一色二右衛門代々かゝへ分田地・田畠幷
やしき方共之覚

野一色二右衛門尉下地分、御けんち帳面ニ松林坊ニ名付仕候
御けんち帳之覚　但松林坊・同藤左衛門書付こし申候也、

一、上田《はね》壱反　壱石四斗也　野一色二右衛門分

一、中田《小た》弐畝廿四分　三斗参升六合者　同人分

一、中田《里ノ東》四畝四歩　四斗九升六合者　同人分

一、下田《びわくび》五畝拾五分　五斗五升者　同人分

一、下田《かご作り》九畝拾八分　九斗五升九合　同人分

一、下田《在所ノ北》四畝　四斗者　同人分

一、下田《くぼた》壱反弐畝拾八分　壱石弐斗五升九合　同人分

一、中田《南ノぬれしろた》三畝　三斗六升者　同人分

一、中田《正祐作》五畝　六斗者　同人分

一、中田《ひろおさ》六畝　七斗弐升者　同人分

一、下々田《二郎大郎作り》壱反四分　六斗八合　同人分

一、中田《しりひろ》九畝弐分　壱石八升八合　同人分

一、下田《ちゃの木處》弐畝十弐分　弐斗三升九合　同人分

一、上田《本郷衆作》六畝弐拾九分　九斗七升六合　同人分

一、中田《いわご》壱反八分　壱石弐斗三升弐合　同人分

一、大南大 下田八畝拾八分　八斗五升九合　同人分

一、同所 下田八畝拾八分　八斗五升九合　同人分

一、□□ 下畠壱反壱畝六分　五斗五升八合　同人分

一、同所田 下田壱反七畝　壱石七斗者　同人分

一、同所 下田七畝拾分　七斗弐升四合　同人分

一、同所 下田九畝九分　九斗三升者　同人分

一、長畠 下田弐反四畝廿四分　弐石四斗七升九合　同人分

一、同所 下田壱反三畝拾分　三斗六升七合　同人分

一、同所 下畠四畝　弐斗者　同人分

一、同所　下々畠弐拾六分　壱升三合　同人分

一、同所　下田壱畝五歩　壱斗壱升七合　同人分

一、同所　下畠壱畝弐分　五升三合四勺　同人分

一、さらやしき　下畠四畝廿分　弐斗三升四合　同人分

一、同やしき　中田三畝廿九分　四斗壱升九合　同人分

一、同やしき　中田三畝壱分　三斗六升四合　同人分

一、かいとしり　下畠壱反廿四分　五斗四升四合　同人分

一、同所ノ下　下々畠壱反　壱斗五升　同人分

一、同所　下々畠壱反四畝　弐斗壱升　同人分

一、同所《　》下々畠八畝廿分　壱斗三升　同人分
一、のかみ《　》下々畠壱反六畝廿分　弐斗五升　同人分
一、同所《　》下々畠壱反壱畝廿四分　壱斗七升七合　同人分
一、やしきのまへなり《　》屋敷壱畝拾八分　壱斗六升　同人
一、居屋敷六畝廿分　六斗六升三合　同人
付やぶ竹七千七百三十本ニ置申候、
右分米合弐拾三石五斗壱升三合

右之屋敷共幷田地・田畠之儀、我等先祖／より相伝タル下地ニ候、松林坊ニ而今迄あつけ置候、／然共其方を野一色の我等かたへ地主ニシテ、丸ニ其方へ遣候、／やしき共田畠下地共ニ其方ニ渡し申候、／其方へ我等よりゆつりとらせ候上ハ、／たれ〳〵もいらん有ましく候、いやしきニ我等／家有之事候、松林ニあつけ申候刻、牛野具ノとうぐニ／なへ人かましよたい道具も、其外も松林房ニ／あつけ置候、能々松林坊へ相尋諸事／慥ニうけ取可申候、其段之の儀少しも／相違無之候、其方女ニて候共、我等より／さしづいたし候、其方ニ入むこのおとこ／仕合候て置申候而、

我等さしづニまかせ可申候、／右之外ニ書物別紙ニ一通かき付て遣候、／松林坊ニ我等いへやしき共、田地・田畠あつけ／申候時の地つほ共かき付置、あつけ申候、／其書物之内ノ田畠やしきなとも、／此書付之外ニ候へ共、此書付の内ニハ／不入候、松林坊よりかきおとし、此分を／かき付のそき、村の藤左衛門尉と松林坊／加判候て、書付御こし申候、あちへ先々にて／田畠・下地之様子いかやうニ被成候哉と、具ニ／松林坊へたつね此方へ可申越候、此書物の／内ノ田畠・やしき下地、此分ハすわり候て、／御けんちニ如此ニ畝もり米もり相／究申候由、松林坊幷ニのいしき村ノ藤左衛門加判候て／かき付ニこし申候、野一色ニ右衛門下地ニ／松林坊之名を付候事ハ、さふらい／の田地と申候へハ、我等なとつけ候事／いかゝと候て、松林坊之名付申候而置申候、／我等のむかし先祖ノ人、大原さゝき／のほうくわんと申人、大原庄之やかたに候而、／其おとゝのいへ我等也、大原ノさゝきたへ候へハ、我等さゝきをつくいへ也、かの／野一色と申所ハ、我等先祖皆々さゝき／のはうくわんニ理り候て、のいしきを丸ニ／こしらへ、ひくわんの事ハ、もとより百姓之／やしき・下地とても、我等先祖こしらへ／皆々おき候との代々申伝也、我等おや／かつ右衛門と申候、若キ時主殿と申候、其／仁ノ時ハこふんニて候、のいしきの百姓の／てまへより、やしきかたのかちしを取候旨候、／其ゆらいくわしく我等あに外記方へ我等おや／かつ右衛門書付置被申候むかしなり、又候、かつ右衛門尉・／外記丸ほうこう被申候時、のふなかさまの御方／はしは筑前様と大かうさまを申候時、／御奉公ニ罷出候時に、のいしきの我等下地／分書付被置候書物有之候、其候てやし／松林坊へあつけ申候間間（衍）、松林坊より其田地／のわけ〳〵を被申可有候、其方へおつとを／我等さしつ候てある也、祝言仕候而、其人へ／具ニ申候て、此書付之通、先々うけ取可申候、／掛り分田地之事ハ、我等より尚々せんさく／可仕候、いへのもんも四つめゆいのもん也、／さゝきの家うだ天王よりわかる我等也、／大原之庄ニ能々ぬの衆も可有之、のいしき／候て、百姓共もたれへ候て、いにしへハあとの／たへたるものの田畠やしきハ、我等のいへへ／とり申候也、然共今ハ我等奉公人候へハ、無／其

儀も候、右我等いへ・やしき共、田地・田畠／の後、丸二其方へゆつりとらせ申候／条、うけ取わか物ニ可仕候者也、
為後日／仍ゆつり状、如件、

寛永三年寅

三月吉日　　　　野一色二右衛門尉

秀長（花押）

のいしき二右衛門むすめおこな殿参

＊随所に黒長印を押し、紙継目裏下には花押を記す。／は、改行を示す。

付論　新出分　浅井氏三代文書

はじめに

本釈文集は、小和田哲男『江州小谷城主　浅井氏三代文書集』（浅井家顕彰会、一九七二年）に釈文が掲載されておらず、その後の調査により著者が確認した新出文書を「新出分」として釈文を掲載した。小和田氏前掲文書集では、浅井氏当主文書は亮政が四十四通、久政が七十九通、長政が百二十三通、合計二百四十六通と決して豊富ではない。ここで、新たに当主文書が三十二通加わることは、浅井氏や小谷城の研究にとって、有益なこととなろう。

なお、冒頭の記号は、▲＝亮政・■＝久政・●＝長政の発給文書を示し、〔　〕内の番号は、前掲文書集での文書番号で、該当文書を挿入すべき箇所を示した。

釈文作成に当たっては、常用漢字を基本的に用い、写真等で確認し得た文書は、本文中に」で改行部分を示す。

▲1〔28～29〕浅井亮政書状　村山次郎左衛門尉宛

吉槻郷土居之事、在斗分者、三田村九郎・兵衛尉両人可有御才判候、前々のこと（く脱）可被取事、一向不謂子細候、可被成其御心得候、恐々謹言、

　　浅井備前守

三月十四日　亮政（花押）

村山次郎左衛門尉殿

御宿所

【平成六年　明治古典会七夕大入札会目録】

▲２〔28～29〕浅井亮政書状　泉助藤宛

赤谷作職之事、」当一作之儀者、」円光坊可作候、来」年よりハ被申付候、」但、年貢米等於無沙汰ハ」可取上候、
謹言、

四月三日　亮政（花押）

泉介藤殿

【個人蔵文書】

▲３〔35～36〕浅井亮政書状　村山次郎左衛門尉宛

大原之内高」番之内、以百」石可進之、不可」有相違候、恐々」謹言

七月廿四日　浅井備前守
亮政（花押）

村山次郎左衛門尉殿

御宿所

【慶応義塾図書館蔵文書】

▲4〔41～42〕浅井亮政書状　井関宛

就丁野郷御公料之儀、御使者被差下段、則申調候而進上仕候、聊以不致如在候、猶御使者江令申候、仍青銅拾疋
致進納候、表例年候間如此候、猶期後音省略候、恐惶謹言、

十一月廿三日　亮政（花押）

井関殿まいる御報

【大覚寺文書】

▲5〔41～42〕浅井亮政書状　村山次郎右衛門尉宛

弥十郎殿配当分」之事、自各々内」より出候、公方可有」御取之由候、如前々」五石可被召候、何」にて足付候
も、同」前之儀候、此等之趣」三田村千代法士方へも」可申候、恐々謹言、

浅井備前守

十二月九日　亮政（花押）

村山次郎右衛門尉殿
　御宿所

【布施美術館蔵文書】

■6〔1～2〕浅井久政書状写　八相遠江守殿并に在々百姓中宛

餅井竪様儀、川筋」共如絵図面不有異」儀候、宜可仰付候、恐々」謹言、

天文十一
五月十一日　　浅井
　　　　　　　久政（花押影）

八相遠江守殿
　并に所々　百姓中

＊本書は研究の余地あり。

【井口日吉神社文書】

■7〔1～2〕浅井久政書状写　大井懸り所々百姓中宛

高月川預り井口」越前守許容之上、餅」井懸越之候間、以来者」心得候而、飢水ニ成、迷惑」之時ハ、水まかし

可被致候、」恐々謹言、

天文十一

五月十五日

浅井

久政（花押影）

大井懸り所々

百姓中

【井口日吉神社文書】

＊本書は研究の余地あり。

■8 〔3〜4〕浅井久政書状　西野弥次郎宛

［（料紙欠損）］」相残分之事、」為配当進候、」別而御忠節」簡要候、恐々」謹言、

天文十弐

十一月十四日

新九郎

久政（花押）

西野弥次郎殿

【大阪城天守閣蔵文書】

■9〔3～4〕浅井久政書状　垣見助左衛門尉宛

下坂又次郎被官進之候、可被召仕候、不可有異儀候、恐々謹言、

天文十三
正月晦日　　　　浅井新九郎
　　　　　　　　　久政（花押）

垣見助左衛門尉殿
　御宿所

【長浜城歴史博物館蔵文書】

■10〔14～15〕浅井久政書状写　若宮藤三郎宛

御遺跡渡」進之候、被申合候、」向後別而御忠節」簡用候、恐々謹言、

天文廿
十月廿八日　　　浅井左兵衛尉
　　　　　　　　　久政（花押影）

若宮藤三郎殿

御宿所

【土佐国蠹簡集残篇】

■11〔28～29〕浅井久政書状写　大野木土佐守・上坂八郎兵衛尉宛

書留」就出雲井下分」木之有所、相違之旨」相撲庭百姓罷上」申候、如何在之義に、如」前々候て可然候、相紛
に」於て者、急度可被遂」詮作候、恐々謹言、

天文廿弐　　浅井左兵衛尉
六月朔日　　久政　在判

大野木土佐守
上坂八郎兵衛尉殿
御宿所

【宮川文書】

■12〔35～36〕浅井久政書状写　下井懸所々百姓中宛

下井竪様、如誓続可」相竪、并ニ乗樋如絵図」面不可有異儀候、恐々謹言、

天文廿三　　　　　　　　浅井
五月八日　　　　　　　　久政（花押影）
下井懸所々
百姓中

【井口日吉神社文書】

＊本書は研究の余地あり。

■13〔48～49〕浅井久政書状写　塩津百性中宛

当庄奥山草之」儀、沓態と雖相」論候、申通無異」儀候条、如先規可」割執候、自然兎」角之族於在之者、」堅
可令紀明候、恐々」謹言、

弘治参　　　　　　　　浅井
九月十四日　　　　　　久政（花押影）
塩津
［文字消ユ］性中

【江北図書館蔵「伊香郡志関係資料」】

■14〔49～50〕浅井久政書状　西野次郎右衛門宛

柏原西方内九人」衆知行壱分米」銭共ニ、拾石如前々」渡進之候、不可有」異儀候、恐々謹言、

永禄弐　　　　左兵

八月十二日　　　　久政（花押）

西野次郎右衛門殿　御宿所

【大阪城天守閣蔵文書】

■15〔53～54〕浅井久政書状　片岡内新堂村地下人中宛

当郷堤之上に」在之下地四・五反、」水不届由候、従」彼在所溝堀可」通候、可成其心」得候、謹言、

永禄参　　　　浅井

四月廿二日　　　　久政（花押）

片岡内新堂村

地下人中

【余呉町新堂自治会蔵文書】

■16〔63～64〕浅井久政書状　西野弥二郎宛

此度籠城忠節至候、」然者御寺之内を以、百石」為知行進之候、」弥御粉骨肝要候、」向後不可有異議候、」恐々謹
言、

元亀四　　下野守

八月廿三日　　久政（花押）

西野弥二郎殿

御宿所

【大阪城天守閣蔵文書】

■17〔63～64〕浅井久政書状　西野弥次郎宛

今度御籠城義」無比類御忠節候、」殊更御届之段」御忠功至候、御芳」志不浅候、恐々謹言、

元亀四　　下野守

八月廿七日　　久政（花押）

西野弥次郎殿

御宿所

【大坂城天守閣蔵文書】

■18〔79～〕浅井久政書状　村山下総守宛

猶々、三田村方へ」被帰候事、子細」［　　］我等ニ」［　　］」、

今度三田村方」被仰談候儀、最」可然候、御新給等之」事令相知候、御領」知方御替地之儀」御緩許可有候、不可」［　　］」入魂」簡要候、恐々謹言、

十二月廿六日　　浅井新九郎

久政（花押）

村山下総守殿

御宿所

【慶応義塾図書館蔵文書】

●19〔3～4〕浅井長政書状　竹生嶋年行事御房中宛

竹生嶋神領早」崎村并所々散在」田畠諸公事臨時」課役・段銭・人夫等」事、従先規免除」筋目向後聊不」可有相違候、恐々謹言、

永禄三
十一月九日　新九郎
賢政（花押）
竹生嶋
年行事
御房中
【竹生島文書】

●20〔15〜16〕浅井賢政書状　玄蕃亮宛

（端裏ウハ書）
「新九郎
玄蕃亮殿　賢政
御宿所　」
状一ヶ条之儀、上坂蔵介方」被申届候旨、別而本望之至候、」弥無退屈馳走候之様、可被仰」越候、以直礼雖
可令申候、御意得候而」伝達肝要候、恐々謹言、
六月十四日　賢政（花押）
【上坂文書】

●21〔27～28〕浅井長政書状　西野次郎右衛門尉宛

為五分一易地、善積・」河上并酒波寺領之内、」弐石五斗進之候、然者」毎年応高頭、以有来」自代官可被請取候、」
酒波寺領之事者、惣別」給人衆被遂算用、」直」可為相所務候、恐々」謹言、

永禄七年　　　　　　　　　　　　　　備前守
十一月廿七日　　　　　　　　　　　長政（花押）

西野次郎右衛門尉殿

【大阪城天守閣蔵文書】

●22〔28～29〕浅井長政書下　東野左京進宛

【袖部分欠損】一、松丸名之事、一、小川御料所、宝蔵院・実泉坊跡之事、」一、正光寺分之事、」一、慶純跡之
事、」一、小川保預所之事、是者井口甲斐知行也、」右旧領七ヶ所之儀、進藤方其行於此方引」合如申付候、無相
違様名主・百姓前可被申付候、」多胡押領之族雖在之、不有承引候、多胡［　］」堅御越候、進藤方代官被申次
第可有裁判事、」専一候、若猶無承引族在之者、可有注進候、随其」可申付候也、

永禄八　　　　　　　　　　　　　　　備前守

六月廿二日　　長政（花押）
東野左京進殿

【徳勝寺文書】

●23〔36～37〕浅井長政書状　［　　］村庄百姓中宛

就当庄井立、」下坂川成、田地」毎年損候由候、言」語道断無是非」子細候、但立毛可」荒候者、急度罷」上可
申候、恐々謹言、

永禄九　　浅井
六月五日　　長政（花押）
［　　］村庄
百姓中

【大雲寺文書】

●24〔44～45〕浅井長政書状　奉行衆中宛

多賀大神主家」中屋数七棟」別之事、可有」用捨候、恐々謹言、

永禄十　　浅井

十二月廿七日　　　　　　　　　　　長政（花押）

奉行衆中

【多賀大社文書】

●25〔46～47〕浅井長政書状　宛名不明

御同次郎右衛門方転」〔　　〕儀ニ付、令違乱、」然間〔　　〕已下」対奉行〔　　〕被相」渡候、貴所ニ〔　　〕」、
〔　〕如斯、不寄多分」於被隠置者、太可為」御越度候、尚以可被成」其返行候、恐々謹言、

（永禄十二年）
閏五月廿七日　　　　　　　　　　　浅備
　　　　　　　　　　　　　　　　　長政（花押）

【慶応義塾図書館所蔵文書】

●26〔62～63〕浅井長政禁制　堅田四方宛

禁制　堅田四方」一、当手軍勢甲乙人等濫妨」狼籍之事、」一、陣取放火之事、」一、伐採竹木之事、」右条々堅
令停止訖、於違」犯者、速可処厳科者也、」仍執達如件、

元亀元年九月　日　　　　　　　　浅井
　　　　　　　　　　　　　　　　長政（花押）

【思文閣蔵文書】

●27〔62〜63〕浅井長政制札　蔵光庵宛

制札　蔵光庵」一、当手軍勢甲乙人等濫妨狼籍事、」一、伐採竹木之事、」一、陣取放火之事、付寄宿」右条々堅
令停止訖、若違背之」輩於有之者、速可處厳科者」也、仍執達如件、

元亀元年九月　日

浅井備前守
長政（花押）

【安勝寺文書】

●28〔64〜65〕浅井長政書状　大浦黒山寺宛

当寺之儀、最前」免除之雖遣折紙候、」猶以向後寺領并本」堂誰々相望候共、聊不」可有異儀候、自然兎」角候族、
於有之者、可有」注進候、恐々謹言、

元亀元
十一月廿七日

浅井
長政（花押）

大浦
黒山寺　床下

【黒山寺文書】

●29〔85〜86〕浅井長政書状　西野弥二郎宛

森修理亮跡并」布施次郎右衛門尉跡」為配当遣之候、」全御知行不可有」異儀、弥御粉骨」肝要候、恐々謹言、

元亀四　　備前守

八月八日　　長政（花押）

西野弥二郎殿

御宿所

【大阪城天守閣蔵文書】

●30〔95〜96〕浅井長政書状　多賀備中守宛

鉄砲青鷺被懸御意候、」□然之至候、誠御懇［　　］本」懐不少候、当春未及見候」別而賞翫此計候、委曲」［　］

可有伝達候、恐々謹言、

二月十三日　　長政（花押）

多賀備中守殿　御宿所

【個人蔵文書】

●31〔104～105〕浅井長政書状　法華寺三珠院宛

於勢州朝熊求聞持有御」修行御下向之最目出候、就其」御祓御札并両種壱荷拝」受珍重存候、誠早々御結願」万慶身可過之候、猶山田阿波守」可有伝達候、恐惶謹言、

七月十六日　　長政（花押）

法華寺
三珠院　玉琳下

【法華寺文書】

●32〔113～114〕浅井長政書状　多賀大社社家衆宛

（端裏ウワ書）
「（封）
多賀大社　浅井備前守
社家衆御中　長政」

両種壱荷被」懸御意候、祝着之至候、」誠遠路御懇之儀」快然候、猶同名縫」殿介可有演説候、」恐々謹言、

十月廿四日　長政（花押）

多賀大社

社家衆御中

【個人蔵文書】

※「令和四年度新収蔵資料紹介」『大阪城天守閣紀要』四八（二〇二四年）を参照した。

終章

一　各章の総括

最初に本書における各章ごとの纏めをしておこう。

第一章　北近江の奉公衆と守護京極氏

浅井氏台頭以前の北近江の政治状況を考究した。当地域には、室町幕府の直臣であった奉公衆が多く所領を持ち、守護家である京極氏を牽制していた。本書では、佐々木大原氏や熊谷氏、それに土肥氏の領主的発展を位置づけた。そこでは、本年貢や段銭を収取することで領主制を展開し、領内の交通を掌握する地域支配者としての姿が浮かび上がった。

奉公衆の出自は鎌倉幕府以来の国人であり、室町中期から台頭し、地域の加地子を経済的基盤とし、浅井氏家臣となる土豪・地侍とは相違する層であった。室町中期までの北近江の主な地域権力が、室町幕府と結びつく奉公衆であった事実は、第二章以降で説く畿内近国の室町幕府―守護体制の残存や、それに依存する浅井氏権力の前史として重要である。

鎌倉時代には坂田郡柏原荘（米原市柏原）を本拠にした京極氏は、南北朝期の導誉の出現以来、北近江の守護家として君臨する。室町中期は侍所所司として京都を主な拠点にするが、応仁文明の乱以降、その拠点を京都から領国内の上平寺城へ移し、当主高清を上坂家信が執権的立場で補佐する体制を確立した。この権力の地域への浸透は、結果的に奉公衆の力を削ぐことになった。

京極氏政権は奉行人に支えられながら、浅井亮政・久政の時代は、浅井氏との二重政権の状態となりつつ、浅井長政の家督相続前の天文年間（一五三二〜五五）末年まで存続する。

第二章　戦国大名浅井氏の政治動向と統治構造

守護京極氏の統治を継承した浅井氏の統治期間は、大永三年（一五二三）〜天正元年（一五七三）の五十年間に及ぶ。この間、小谷城を拠点として、三代にわたって地域権力としての地位を保った。初代の亮政期は近江南部に勢力を張る六角氏の侵攻に悩まされたが、久政期は六角氏の家臣化し統治の安定を目指す。しかし、長政の時代になると織田信長との同盟を結び、六角氏と対立、その力を凌駕していく。元亀元年（一五七〇）四月からは信長と敵対、四年間の「元亀争乱」を経て滅亡した。

浅井氏は越前朝倉氏や六角氏のように、国政上の官位を得ておらず、浅井氏統治期間を通して存続した守護家京極氏の被官（家臣）という執権的立場を脱することができなかった。京極・浅井の二重政権は久政段階までだが、長政の時代もその守護家を抱える形で政権運営を行なったので、京極氏の存在は無視し得なかった。

畿内近国では、浅井氏のような無位無官の武家では、地域権力として独立し得なかったのである。書状という厚礼な文書を公的な知行宛行や寺社領安堵に使用する発給文書の形式も、浅井氏のこうした立場を反映している。

その領国支配は、大名の権力を使った強権ではなく、わずかの例外を除いて、土豪や村落で形成する地域社会の調停者であり、その判断基準は中世の秩序に基づいた旧例であった。また村落の自治に介入することもなく、寺社が構築したネットワークをも温存の上、それらを基盤として政権運営を行なった。

戦国大名の典型として考究されてきた、「自分の力量」で地域を統治する東国（後北条・武田・今川各氏）や、戦国領主の「家中」や「領」を取り込もうとする西国（毛利氏）の戦国大名とは、統治構造が異なる畿内近国の戦国大名として、浅井氏は位置づけられる。

第三章　浅井氏の城郭と合戦

浅井氏の居城である小谷城について、同時代の文献により、曲輪名や寺院などの諸施設の復元を行なった。その結果、居城を通した浅井氏権力の構造も、京極氏や比叡山を代表とする荘園領主を重視した中世的権力だった事実を浮き彫りにした。また、当主や家臣団の屋敷、それに菩提寺があった清水谷の状況も明らかにし、その日常生活の実態にも迫った。さらに、現存の縄張を組み合わせることで、大手清水谷から京極丸に至る、織田信長や羽柴秀吉による最終的な攻撃ルートや、次第に追い詰められる浅井久政・長政の籠城の実像を、その書状などから解明した。

一方、美濃国境におかれた長比城をはじめとする領国内の支城を、文献から詳細に見直すことで、元亀争乱における戦闘の状況を浮き彫りにした。それは、越前朝倉氏の来援による縄張の改修が随所にみられることを特徴とする。裏返せば、浅井氏の築城技術の未熟度が知られるが、これは地域権力としての限界も示している可能性がある。また、元亀争乱における山本山城と小谷城との防衛ラインの重要性が明らかとなり、天正元年（一五七三）八月に至っての山本山開城が、小谷落城の直接的原因となったことを解明した。

第四章　戦国大名浅井氏の家臣団

浅井氏の家臣は国衆クラスの上層家臣と、土豪・地侍と位置づけられる下層家臣に分けることができる。従来、浅井氏重臣の代表とも言える宿老は、海北氏・雨森氏・赤尾氏と言われているが、赤尾氏以外は根拠がないことを、古文書の分析によって明らかにした。さらに、磯野氏は「境目の城」である佐和山城を預けられる侍大将として、また阿閉氏も小谷城防衛の拠点である山本山城を預けられる武将として、浅井家中で一定の地位を構築した上層家臣だったと見られる。

また、小和田哲男氏は、「嶋記録」を残した嶋氏が加わる今井家中の分析から、上層家臣が下層家臣を支配下におく体制を想定されている。しかし、下層家臣も浅井氏から直接書状が送られており、上層家臣と下層家臣の主従関係は、必ずしも明確ではない。浅井氏領国内では、上層家臣も下層家臣も並列して、地域社会を構築していたと考える。一般に国衆と呼ばれる上層家臣たちが、自領内で土豪・地侍を従える状況を構築していくが、北近江ではそのような史料も乏しい。浅井氏家臣団の階層的な編成は確認できず、その組織も明確に説明できない。浅井氏と重臣たちは、浅井当主との個々の繋がりによって編成されていたと考えるべきだろう。よって、浅井氏領国は戦国領主や国衆が、大名とは別の「家中」を持つという議論は有効でない。

また本章では、現在も館跡が国指定史跡として残る三田村氏について、浅井氏家臣としての動向を追い館跡の存在意義を問い直した。

第五章　浅井氏家臣たちの近世的変容

浅井氏滅亡後、浅井氏の家臣であった土豪・地侍は、近世大名の家臣となるか、地元に残って郷士として生きていくのかの選択を行なった。地元を離れ大名家臣となった嶋氏や村山氏を例に、地元に残った嶋氏被官・村山氏被官との交流を通して、遡及的に戦国期の村落内における土豪・地侍と被官の関係を明らかにした。具体的には、井戸村氏や野一色氏の例から、近世前期に土豪・地侍たちが前代の被官たちの台頭に悩まされている実態を示し、戦国期における村落内での主従制の貫徹を映すものと考えた。

一方、武士にならず地元に残った典型として、三田村氏と同様に館跡が国指定史跡として残る下坂氏についても考究した。下坂氏が近世の村組織とは一定の距離をおいた郷士として、特別な地位にあったことを明らかにし、これを中世村の在地状況の残影としてとらえた。また、郷士たちが近世大名の家臣と通婚したり、野一色氏のように近世前期に大名家臣から郷士身分に戻ったりする事実から、織豊政権から始まった兵農分離は、その基底部分においては、近世前期においても徹底されない状況であったことを明らかにした。

二　本書の結論

本書全体を要約すると、以下のようになる。戦国大名としての浅井氏は、自らが守護でもなく、朝廷・幕府からも官位を与えられない地域権力で、それは守護家たる京極氏の公権に頼り、その執権的立場がない限り、北近江を統治する権限が得られない存在であった。また、領国内においては、一部強権を発し、村落を直接統治する場合もあったが、基本的には家臣の村落支配や、村落における惣村の自治権、さらに寺社のネットワークが共生する中世的秩序の中で、調停者として臨む姿があった。

それは、戦国大名の典型とされる東国や西国の戦国大名とは相違する、室町幕府体制が残る畿内近国の戦国大名と位置づけられる。さらに自らが室町幕府による国政上の官位を得ていないという立場は、畿内近国の大名のなかでも、六角氏などとは相違する特異な存在である。

その後、近江に織田信長や羽柴秀吉の本拠（安土城・長浜城）がおかれることで、浅井氏の家臣たちからは、近世大名やその家臣となる者が多く出た。彼らは村においては土豪・地侍であったが、その近世への変容を観察すると、村落民を被官化する動きが根強く存在したことが知られる。

この土豪・地侍の被官は、織豊政権が行なった兵農分離で解消されることがなく、十七世紀を通じて存在した。そこには、中世的な浅井氏にとって代わった織豊政権や徳川政権の近世的政策とは裏腹に、村落内部における中世社会の矛盾が根強く残ることになる。

本書は宮島敬一氏による畿内近国の戦国大名論や浅井氏研究、さらには北近江の在地構造について、次の三点を対置することになった。

第一点は浅井氏がその最終段階まで、室町幕府―守護体制の中で、京極氏の権威を必要としたことである。宮島氏は三代長政段階においては、初代亮政・二代久政の段階とは相違し、浅井氏は京極氏から自立したと考えた。しかし、浅井氏は三代長政の時代まで京極氏を守護家として必要とし、「無位無官の戦国大名」であった特徴を指摘した。このような浅井氏の姿は、全国的にはもちろん、畿内近国の戦国大名の中でも、稀なる存在であったと言えよう。

第二点は、浅井氏の公権の根源に関しての宮島氏の考えとの相違である。ここでは、少々長くなるが、浅井氏が如何なる公権によって、北近江を支配できたかという議論について触れておく必要がある。水林彪氏や村井良介氏は、歴史上で支配関係が成立するための要件として、

①物理的な強制力（暴力）

②社会にとって有意義な職務を果たしているという正統性（実質的正当性）

③所与の法秩序に適合的に支配権を獲得しているという正統性（法的正当性）

を上げる[1]。

これを、浅井氏権力に照らした場合、家臣や村人（被官や一向一揆）を軍事行動に動員している事実から①は容易に説明できる。また、③は本書で述べた浅井氏が守護家である京極氏を奉じていた理由で、室町時代の法に従って適合的に支配を行なっていた事実を本論で説明済みである。したがって、②の問題を如何に理解するかであろう。浅井氏が北近江の中世社会の中に、公権を如何に自力で確立したか、公権を確立して正統な存在と認知されていたかである。

そこで、本書の中から、②に関連すると思われる事象を、以下に列挙してみる。

（1）浅井氏は菅浦から年貢を収取、領内の他の村から「餌刺」の収取や、夫役の徴収を行なっていた形跡がある。したがって、北近江の村落からは年貢・公事を徴取し、領国内の公権（行政権）を行使する存在として認知されていた（第二章二・三、特に第二節の註（2））。

（2）浅井氏が姉川・高時川水系の村落間で起きた用水相論を調停していた事実は、村落を越えた広域を統治する公権（裁判権）を所持していたと考えられる（第二章三）。

（3）浅井氏が領国の寺社に対して所領や山林の保護、祭礼の斎行の保証、それに寺掟を制定していたことは、寺社からも公権（行政権）を持つ存在として認知されていたと考えられる（第二章四）。

（4）浅井氏が今井同名中などの天野川流域の「一揆結合」を解体することになく、その組織を温存して家臣化していたことは、国衆・土豪・地侍が作りだした地域内の公権（行政権）を分有していたと考えられる（第四章六）。

しかし、これらは、宮島氏の論のように[2]、浅井氏が地域にある公権を取り込んだと明確に言えるであろうか。当時の北近江の地域社会は、国衆を含む浅井氏家臣（土豪・地侍）、村落、寺院が共生していたと考えるので、浅井氏としては各組織をそのまま利用して、その内部に介入することなく、地域の統治を貫徹させたと理解したい。本書としては、②の実質的な正当性についても、③の法的な正当性に発するもので、土豪・地侍、惣村、寺社が、浅井氏に公権があると認知するのは、浅井氏が守護京極氏を輔弼する存在、つまり③の属性があるためと考えるべきだろう。

後北条氏は「自分の力量」で領国形成を行ない、毛利氏も大名としての権力で戦国領主の「家中」や「領」を取り込もうとするので、②の議論が大切になるが、浅井氏の場合は①と③の問題を説明すれば、権力論として成立し得ると考える。浅井氏は、北近江に存在した諸組織の盟主・調停者であり、その「横」の連携を再編成し、新たな「縦」の公権を生み出す方向性は持っていなかったと考えたい。

第三点として、本書では宮島氏が議論しなかった、村落内部への被官化の浸透を追究した。戦国期の北近江の社会状況は、浅井氏の有力家臣である国衆、その下層家臣である土豪・地侍、それに村落（惣村）や寺社が共生して存在した。一方で、村落内では封建制における主従制の論理である村落民の被官化が浸透していた。この「横」のベクトルと、「縦」のベクトルが、地域の中で拮抗していたのである。これは、浅井氏権力の構造に、マイナスの影響を与えたと見る。

つまり、浅井氏の基本的な「横」構造の統治を、最下層においては「縦」構造が引き裂いていたことになる。北近江には、この矛盾する動向が渦巻いていた。浅井氏は畿内近国の中世後期社会が生み出した各組織の共生的な社会を保持しようとするが、村落の最下層には中世前期以来、社会に浸透した主従制が深化して存在した。この社会の上層と下層のズレが、浅井氏権力の弱体性を生んだと考えられる。

土豪・地侍や惣村は、自らの領域は守ろうとするが、「縦」構造を持たない浅井氏領国を保持する必要性を、必ずしも感じていなかったのではないか。国衆を含む土豪・地侍は村内における主従性さえ担保できればよく、それは必ずしも共存者である京極氏を仰ぐ浅井氏でなくてもよかった。むしろ、強力な主従制で国衆・土豪層の家臣化を進める織豊政権の方が好都合だったのではなかろうか。織田信長の近江侵攻に際して、浅井氏の家臣団が、もろくも崩壊する要因は、軍事的な面よりも在地構造の中にあったのである。

土豪・地侍と村落は、新たな地域の保証者を、強い「縦」構造を持つ織豊政権に求めた。土豪・地侍は「兵」となり自領を確保する者、「農」となって本貫の地で自領を保持しようとする者に分かれた。前者は在地性を失うが主従性の取り込みには成功する。後者は主従性の取り込みに失敗し、村落共同体の中に包接されていく。一方、村落は惣村的な「横」の構造を保持したまま、近世の社会構造へ移行することとなる。村落は「縦」構造をある程度受け入れることにより、組織としての存続に成功したと見做せるだろう。

戦国大名としての浅井氏の政治状況や支配の構造について、その領域内での矛盾を、社会の基底部分の動向から問い直す分析は、小和田氏から宮島氏に至るこれまでの研究史にはなかった。本書によって、浅井氏権力論や、戦国期北近江の社会構造の説明に、新たな事実を加えられたものと考える。

註

（1）　水林彪『天皇制史論—本質・起源・展開』（岩波書店、二〇〇六年）、村井良介『戦国大名論　暴力と法と権力』（講談社、

二〇一五年）

（2）宮島敬一『戦国期社会の形成と展開―浅井・六角氏と地域社会』（吉川弘文館、一九九六年）

以下、本書に掲載した論文の初出掲載書と発表年を記す。ただし、本書を纏めるにあたり、加除している部分も多い。

序章

新稿

第一章　北近江の奉公衆と守護京極氏

一　北近江における奉公衆の動向―佐々木大原氏を中心として―

『駿台史学』八三（一九九一年）の同名論文

二　中世箕浦庄と奉公衆土肥氏

『米原町埋蔵文化財調査報告書』一八（一九九三年）所収「中世箕浦の在地領主と交通」を改稿

三　京極氏権力の構造

『上平城跡遺跡群分布調査概要報告書』Ⅱ（二〇〇〇年）所収「戦国期の京極氏家臣団」を改稿

第二章　戦国大名浅井の政治動向と統治構造

一　浅井氏の政治動向

市立長浜城歴史博物館　特別展図録『浅井氏と北近江』（二〇〇八年）所収「①京極氏から浅井氏へ」、「②浅井三代の繁栄」、「③元亀争乱と浅井氏」を大幅に改稿

二　浅井氏権力の構造

新稿

三　浅井氏の領国統治

3項は市立長浜城歴史博物館　特別展図録『浅井氏と北近江』（二〇〇八年）所収の「浅井氏の家臣団と領国統治」を大幅に改稿・加筆、それ以外（1・2項）は新稿

四　浅井氏の寺社統制

福田榮次郎編『中世　史料探訪記』（一九九八年）所収「滋賀県伊香郡木之本町『古橋共有文書』の伝来と特徴について」などを改稿

第三章　浅井氏の城郭と合戦

一　小谷城の文献的考察

長浜市『史跡小谷城跡総合調査報告書』（二〇二一年）所収「小谷城に関する文献」を改稿

二　江濃国境「長比城」の基礎的研究

中井均先生退職記念論集『城郭研究と考古学』（二〇二一年）所収の同名論文を改稿

三　文献史料から見た元亀争乱関連城郭

米原市教育委員会『長比城・須川山砦跡総合調査報告書』（二〇二一年）の同名論文を改稿

第四章　戦国大名浅井氏の家臣団

一　浅井氏家臣団の実像

市立長浜城歴史博物館　特別展図録『浅井氏と北近江』（二〇〇八年）所収の「浅井氏の家臣団と領国統治」を大幅に改稿

二　浅井氏家臣・赤尾氏の基礎的研究

小和田哲男先生古希記念論集『戦国武将と城』（二〇一四年）の同名論文を改稿

三　浅井氏家臣・磯野員昌の動向

『淡海文化財論叢』九（二〇一七年）の同名論文を改稿

四　浅井氏家臣・阿閉氏の転身―羽柴秀吉と対立した信長家臣―

『淡海文化財論叢』一二（二〇二一年）の同名論文を改稿

五　浅井氏家臣・三田村氏の動向

長浜市教育委員会『三田村氏館跡総合調査報告書』（二〇〇七年）の「文献に見る三田村氏」を改稿

六　北近江における土豪「一揆結合」の展開―『嶋記録』所収文書の史料批判をめぐって―

『市立長浜城歴史博物館年報』一（一九八七年）所収の同名論文を改稿

第五章　浅井氏家臣の近世的変容

一　浅井氏家臣嶋・若宮氏被官の近世的変容

三鬼清一郎編『織豊期の政治構造』（二〇〇〇年）所収「北近江土豪層と「被官」」を改稿

二　浅井氏家臣村山氏と被官の近世的変容

『市立長浜城歴史博物館年報』八（二〇〇一年）所収「続・北近江土豪層と「被官」」を改稿

三　浅井氏家臣下坂氏の中世から近世―国指定史跡「下坂氏館跡」の歴史的背景―

『十六世紀史論叢』一四（二〇二一年）所収の同名論文を改稿

四　浅井氏家臣・野一色氏の近世―中世土豪の近世的変容―

『淡海文化財論叢』一二（二〇二〇年）所収の「中世土豪の近世的変容―坂田郡野一色氏の事例から―」（黒岩果歩氏との連名）を改稿

付論

新出分　浅井氏三代文書

長浜市『史跡小谷城跡　総合調査報告書』（二〇二二年）所収「新出分　浅井氏三代文書」を改稿

終章

新稿

謝辞 「あとがき」に代えて

本書の最後に記すことは、私の研究を支えてくれた、また今後も支援頂けるだろう多くの方々への感謝しかない。

本書は令和七年二月二十五日付けで博士（史学）を授与された学位論文を上梓したものである。ただし、第二章三の第二項は、学位論文の審査の過程で指摘された課題の解決のため、新たに稿を起こした。学位論文の提出については、明治大学の学生以来の恩師である高島緑雄先生の強力な後押しがあって、初めてなし得たものである。恩師には感謝の念がたえない。

また、論文審査に当たっては、主査の高橋一樹氏、副査の湯浅治久氏・野尻泰弘氏に適切な指摘を頂戴した。特に、学生時代以来の同学の先輩である湯浅氏からは厳しく、かつ温かいご指導を頂いた。深く御礼申し上げる。

ここで敢えて、博士学位取得を強調するには訳がある。現状、少なくとも私の周りでは、大学教員と比較して、博物館学芸員を研究者として低く見る傾向がある。三十年以上に及び博物館に身を置いた身としては、学芸員の研究者としての地位は、大学研究者に比肩するものと考えている。私の学芸員としての実践は、研究者としての営みでもあったことを、学位取得で証明したかった。その意味では、共に働いた学芸員・行政職員の先輩・後輩にも感謝したい。

本書が上梓できたのは、日頃から私の研究成果を、厭わず本に仕上げて頂ける、岩根順子社長をはじめとするサンライズ出版のご尽力がある。地方出版の力をいつも見せつけられている。また私的な話だが、学芸員としての研究や本書のまとめに当たり、絶えず支援してくれた妻の美幸には、改めて礼を述べたい。長浜市退職後の様々な私の身体的異変にも、共に悩み歩んでくれている。最後に、もう一人だけ触れる。私を歴史の道に導いてくれた父の太田恒三郎である。父に本書を献じたい。彼岸で喜んでいることは間違いない。

令和七年三月三十一日

淡海歴史文化研究所で　太田　浩司

■著者略歴

太田　浩司（おおた　ひろし）

昭和36年、東京都世田谷区生まれ。昭和61年３月、明治大学大学院文学研究科（史学専攻）博士前期（修士）課程修了。令和７年２月、博士（史学）を授与される。専攻は、日本中世史・近世史。特に、国宝「菅浦文書」や、戦国大名浅井氏に関する研究を行なう。

昭和61年４月から市立長浜城歴史博物館（現在は長浜市長浜城歴史博物館）に学芸員として勤務。担当した展覧会は、特別展『戦国大名浅井氏と北近江』（平成20年）、NHK大河ドラマ特別展『江～姫たちの戦国～』（平成23年）、企画展『日本中世の村落社会－菅浦文書が語る民衆の歴史－』（平成26年）など多数。

平成26年４月から、長浜市長浜城歴史博物館の館長を3年間勤める。長浜市市民協働部次長を経て、平成30年４月から市民協働部学芸専門監、令和４年３月で長浜市役を定年退職、同４月より淡海歴史文化研究所を立ち上げた他、長浜市曳山博物館館長をつとめる。

著書に『テクノクラート小堀遠州』（サンライズ出版）、『浅井長政と姉川合戦』（サンライズ出版）、『近世への扉を開いた羽柴秀吉』（サンライズ出版）、『近世への扉を開いた羽柴秀吉』（サンライズ出版）。また、編著として『石田三成　関ケ原西軍人脈が形成した政治構造』（宮帯出版）がある。

戦国大名浅井氏と家臣団の動向

～北近江の中世後期における政治・社会構造～

2025年４月25日発行

著　　者／太　田　浩　司

発 行 者／岩　根　順　子

発 行 所／サンライズ出版株式会社

〒522-0004 滋賀県彦根市鳥居本町655-1

TEL 0749-22-0627　FAX 0749-23-7720

印刷・製本／シナノパブリッシングプレス

ⓒ Ohta Hiroshi 2025

ISBN978-4-88325-845-1 Printed in Japan

乱丁本・落丁本は小社にてお取替えします。

定価はカバーに表示しております。